KB001396

수능직방

_능 _방

절대평가를 위한

절대신뢰 독해 솔루션!

READING

도약편

저자 및 연구진

저자 | Jason Lee
연세대학교 영어교육 석사
Jason Lee Academy 대표
www.jasonlee.co.kr
jasonlee@jasonlee.co.kr

연구 | Jason Lee Academy 연구원
연구실장: 김희선
Ryan DeLaney 수석연구원: University of Southern Indiana/ University of Cambridge(CELTA), 現 서울경기초등학교
서지연 연구원: 한국외대 영어과(卒)
박주현 연구원: 고려대 영어교육 석사
박성우 연구원: 연세대 영어영문학 석사
백재민 연구원: 연세대 영어영문학 석사
박동준 연구원: 서울대 경영학과(卒)
황영찬 연구원: 서울대 경영학과(卒)
박국일 연구원: Boston University(卒)
황용준 연구원: POSTECH(포항공대) 전자전기(卒)
Taylor Lagieski 연구원: University of Montana/ University of Cambridge(CELTA)

감수
양유리 선생님: 연세대 영어교육 석사, 양천고 교사
김세리 선생님: 연세대 영어교육 석사, 화곡중 교사
박민정 선생님: 연세대 영어교육 석사과정, 박민정어학원 대표
이평천 선생님: 연세대 국어국문학과(卒), 국어생각 대표
최규형 선생님: 대치 입시아카데미 입시전략분석 실장&영어과 대표 강사

수능직방 READING 도약편

지은이   Jason Lee
펴낸이   최회영
책임편집 김종원
디자인   디자인플러스
펴낸곳   (주)웅진컴퍼스
등록번호 제22-2943호
등록일자 2006년 6월 16일
주소   서울특별시 서초구 강남대로39길 15-10 한라비발디스튜디오193 3층
전화   (02)3471-0096
홈페이지 http://www.wjcompass.com
ISBN   978-89-6697-978-3

10 9 8 7 6 5 4 3
25 24 23 22

Photo Credits
All photos © Shutterstock, Inc.

Printed in Korea

© 2017 (주)웅진컴퍼스
· 이 책의 내용에 대한 일체의 무단복제, 전재 및 발췌는 법률로 금지되어 있습니다.
· 파본은 교환해 드립니다.

이 책을 내며

2014학년도 한 해 수준별 시험(A형, B형)에서 다시 2015학년 이후 통합형으로 실시된 직후 또다시 입시에서 수능영어가 절대평가 반영 방침이 확정(2018학년도 이후)되면서 수험생들의 혼란이 가중되고 있는 시점입니다.

필자와 함께하는 Jason Lee Academy 연구소에서는 영어 절대평가에 대한 고민을 거듭한 끝에 다음과 같은 결론을 얻게 되었습니다. 한국교육과정평가원에서 공개한 "수능영어 절대평가 매뉴얼"을 여러 차례 검토한 결과, 문제의 유형을 분류하는 용어의 차이만 있을 뿐 실제 수험생들의 입장에서 보면 영어 학습법에 크게 영향을 줄 만한 특이점은 없다는 것이지요. 다만, 표준점수 체제하에서는 단 1점이라도 더 올리는 것이 중요했기 때문에 만점을 목표로 공부해야 했다면, 이제는 난이도 최상의 한 두 문제에 집착하기보다는 실수를 줄이고 90점 이상을 얻는 1등급 확보 전략이 필요하다는 것 정도입니다.

이렇게 변화된 시대에 맞춰 절대 평가에 가장 효율적인 수능영어 학습 전략에 대한 고민 끝에, 기본편(수능영어를 처음 접하는 예비 고등학생부터 기초가 부족한 고1), 도약편 (고1부터 고2 중위권), 실전편 (고2 중상위권부터 고3 중위권까지)로 구성된 『수능직방 Reading 시리즈』를 출간하게 되었습니다. 그리고 『수능직방 Reading 시리즈』의 대표적인 특징을 정리해 보면 다음과 같습니다.

첫째, 국내에 존재하는 모든 영어 학습서 중에 **가장 효율적인 지도학습서**입니다. 모든 문제들을 다 풀어보고 정리하기에는 너무나 많은 시간이 필요하기에 이를 부담스러워하는 학생들과 수업 교재로 활용하는 선생님들을 위한 고민이었습니다. 각 유형별 대표 문제들을 선정하여 최대한 빨리 핵심 유형을 정리할 수 있도록 구성하였습니다. 글의 전개 방식 역시 고려하여 다양한 전개방식을 경험할 수 있도록 구성하였습니다.

둘째, **실제 수능에서 적용할 수 있는 진짜 문제 풀이 전략을 제시**하였습니다. 실제로 학생입장에서는 크게 도움이 안 되는 원론적인 이야기들이 아닌 현장에서 바로 활용할 수 있는 실전 전략입니다. 이때, 금방 떠올리기 힘든 너무 복잡한 전략은 가급적 배제하고 간단하게 활용할 수 있도록 하였습니다.

셋째, **효율적인 어휘학습을 위해 확실하게 지원**하였습니다. 모르는 어휘가 나왔을 때 바로 문제 근처에서 확인하기보다는 퀴즈 형태로 나타난 힌트를 통해 한 번 더 고민하도록 하였고 어휘의 난이도를 색깔별로 표시하여 학습 우선순위를 파악하기 쉽게 하였습니다. 또한, 어휘 학습 편의성을 높이기 위해 별도의 어휘책을 첨부하였고 발음이 궁금한 어휘들은 QR코드를 통해 원어민의 음성으로 확인할 수 있습니다.

넷째, **실제 학생들의 정답률을 반영하여 체계적으로 구성**하였습니다. 기본편부터 실전편까지의 모든 대표 수능평가원 기출문제부터 레벨이 올라가면서 난이도도 올라가도록 배치하였습니다. 저난이도에서 고난이도까지 단계별 학습이 이루어지도록 대표 문제들을 선별하였고, 유형 자체의 난이도가 낮은 경우 지문길이가 상대적으로 길거나 어휘 수준이 조금 높은 고학년의 기출문제를 배치하였습니다. 특히, 실전편에서는 수능에서 출제된 지문의 원전의 다른 단락을 가지고 수능과 똑같은 방식으로 제작된 문제를 통해, 실전 수능을 앞두고 최적의 대비를 가능하게 하였습니다.

저희 Jason Lee Academy 연구진과 웅진컴퍼스 모두의 열정과 노력이 여러분의 수능 1등급 달성에 큰 도움이 되길 바랍니다.

강남 Jason Lee Academy에서

이 책의 구성과 특징

수능 영어 절대평가 파트별 비중

파트 별로 실제 수능에서의 출제 비율과 출제 문항 수를 알려줍니다.

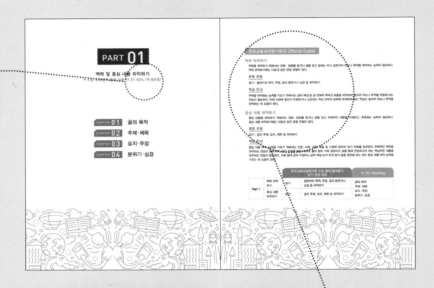

한국교육과정평가원 수능 영어 절대평가 공식 가이드

평가원에서 발표한 각 파트별 평가 목표, 문항 유형, 학습 안내 등을 정리해 보여줍니다.

Pattern Analysis

해당 유형의 문제들을 분석하고 설명해 줍니다.

대표기출 유형 파악

수능 문제와 평가원 모의고사 기출 문제 중 우수 대표 문항을 선별하여 제공합니다.

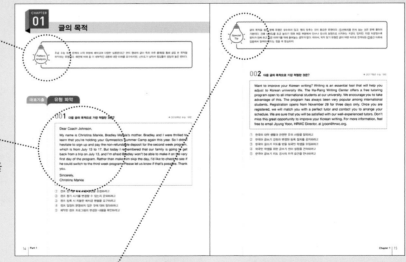

Special Tip

실제 수능에 적용할 수 있는 생생한 유형별 풀이 팁을 통해 어떻게 문제에 접근하고 해결하는지 알려줍니다.

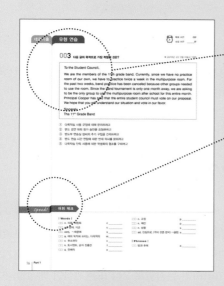

대표기출 유형 연습

시도교육청 모의고사 기출 문제 중 우수 문항을
선별하여 제공합니다.

Speed! 어휘 체크

난이도 별로 구별된 어휘를 간단한 테스트를 통해
암기할 수 있도록 하였습니다.

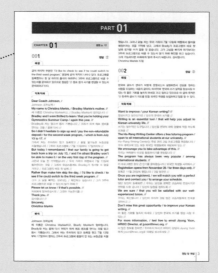

정답 및 해설

문제 해결 과정을 자세히 보여줌과 함께 모든 문제에
대한 직독직해를 제공해 주어 독해력 향상과 풀이
과정을 통해 답을 알아볼 수 있도록 하였습니다.

단어장

지문에 나온 어휘에 난이도 표시를 해서 효
율적 암기학습을 유도하고, QR코드를 통해
원어민의 실제 발음을 들을 수 있도록 하였
습니다.

★ Words & Phrases Level 안내

□□ **Green:** 대부분 중2-3기초난이도로 중학필수수준부터 고교기초어휘입니다.

□□ **Blue:** 중3중상부터 고2중간 수준까지 고교 필수어휘에 해당합니다.

□□ **Red:** 고2중상부터 고3 수준으로 고난도 어휘들이 포함됩니다.

□□ **Purple:** 고3중상위이상의 고교 최고난도 어휘로 수능범위를 넘어선 어휘들도 있습니다.

□□ **Brown:** 기초 중등 숙어를 제외한 대부분의 주요 숙어를 나타냅니다.

수능 영어 절대평가 알아보기

1. 수능 영어 절대평가는 어떤 시험인가요?

2018학년도 수능 영어 시험부터 수능영어는 기존의 상대평가와 달리 절대평가로 시행됩니다. 상대평가에서는 다른 학생의 성적과 비교되어 등급이 결정되지만, 절대평가에서는 본인의 성취 수준에 따라 등급이 결정됩니다.

2. 수능 영어 절대평가는 어떻게 구성되어 있나요?

가. 수능 영어 절대평가의 내용과 형식

수능 영어 절대평가는 기존 상대평가 방식의 수능 영어와 마찬가지로 간접 말하기를 포함한 듣기 평가와 간접 쓰기를 포함한 읽기 평가로 구성되며, 영역별 문항 수, 배점, 시험 시간, 문항 유형 역시 기존과 동일합니다. 즉, 수능 영어 절대평가는 듣기와 읽기를 포함한 총 45문항으로 구성되어 있으며, 내용의 중요도나 난이도를 고려하여 문항별로 2점 또는 3점이 배정됩니다. 듣기 영역은 총 17문항으로서 듣기 12문항과 간접 말하기 5문항으로 구성되어 있습니다. 읽기 영역은 총 28문항으로서 읽기 21문항과 간접 쓰기 7문항으로 구성되어 있습니다. 시험 시간은 70분으로 듣기는 약 25분, 읽기는 약 45분이 배당되어 있습니다.

문항 구성 변화 관련 Special Tip

기존에 공개된 평가원의 문항 영역과 수는 다음과 같습니다. 대의 파악(하향 이해) 6문항, 문법 및 어휘 3문항, 세부 사항(상향 이해) 4문항, 상호 작용(빈칸 추론) 4문항, 간접 쓰기 6문항, 복합 5문항(1지문 2문항, 1지문 3문항) 총 28문항이었습니다. 이번에 공개된 내용을 보면 위의 용어들을 학생들이 이해하기 쉽도록 좀 더 쉬운 용어로 바꿔 설명한 것을 제외하고 아쉬운 점이 많습니다. 복합, 즉 장문 독해와 장문 배열에 대한 설명도 없고, 평가 영역을 세분화해서 문항 수를 공개하지도 않았습니다. 먼저 복합 영역에 대해 살펴보면, 절대평가를 앞두고 마지막으로 시행된 2017학년 6월 평가원 모의고사 장문 독해에서는 빈칸이 2개가 나왔고, 9월에는 장문 배열을 출제되지 않았습니다. 그리고 수능에서는 장문 독해에서 빈칸이 2개, 장문 배열은 그대로 출제되어 세 시험을 비교했을 때 가장 눈에 띄는 변화는 장문 쪽이었는데 이에 대해서 평가원 측의 이야기는 없었습니다.

그런데, 한 가지 사실이 눈에 띕니다. 바로 간접 쓰기인데 2017학년 수능까지는 6문항을 유지하였는데 7문항으로 한 문항을 늘릴 것을 시사하고 있습니다. 간접 쓰기에 해당하는 유형은 문장 삽입, 문장 배열, 문장 삭제, 그리고 문단 요약으로 문장 삭제를 제외하고는 고난도에 속하는 영역에 해당합니다. 이 4가지 유형에서 기존에는 주로 문장 삽입이나 문장 배열 유형에서 2문항, 나머지 유형에서 각각 1문항으로 구성되었다면 이제는 3유형에서 2문항씩 출제된다는 것을 예상할 수 있습니다.

정리하면, 언제든지 장문 독해와 장문 배열의 문항 구성이 고난도 유형으로 달라질 수 있다는 점과 함께 다른 유형의 문항 수를 정확히 공개하지 않은 것으로 보아 언제든지 고난도 유형의 문항 수를 늘릴 여지가 있다는 사실을 우리는 명심해야 합니다.

나. 수능 영어 절대평가의 점수와 등급

수능 영어 절대평가는 기존 상대평가 방식의 수능 영어와 다르게 원점수나 표준점수 등의 점수 정보를 제공하지 않고 원점수에 따른 등급만 제공합니다. 수능 영어 절대평가의 등급은 원점수 100점 만점을 기준으로 10점 간격의 9개 등급으로 구분됩니다. 예를 들어, 수험생이 90-100점 사이의 점수를 받으면 1등급, 80-89점 사이의 점수를 받으면 2등급을 받습니다.

〈표 2〉 2018학년도 수능 영어 절대평가의 성취 등급과 원점수

성취등급	1	2	3	4	5	6	7	8	9
원점수	100~90	89~80	79~70	69~60	59~50	49~40	39~30	29~20	19~0

3. 수능 영어 절대평가는 어떻게 출제되나요?

가. 출제 방향

수능 영어 절대평가는 고등학교 영어과 교육과정 성취기준의 달성 정도와 대학에서 수학하는 데 필요한 영어 사용 능력을 측정하기 위한 시험입니다. 그러므로 수능 영어 절대평가에서는 학교에서 학습한 문법과 어휘 등의 언어 지식, 대화/담화나 글의 내용에 대한 이해력과 사고력 그리고 영어 표현을 상황에 맞게 사용하는 능력을 평가합니다.

- 고등학교 교육과정에서 요구하는 영어에 대한 기본 소양을 갖추었는지 평가하기 위해서 어법과 어휘 등을 묻는 문항이 출제됩니다.

- 영어 듣기와 읽기 이해 능력을 평가하기 위해 친숙한 소재는 물론 다양한 소재를 활용하여 말이나 글의 중심내용과 세부내용 등을 묻는 문항이 출제됩니다.

- 대학에서 수학할 수 있는 능력을 평가하기 위해서 논리적 관계 파악과 맥락 파악과 같은 사고력을 평가하기 위한 문항이 출제됩니다.

- 영어 말하기와 쓰기 표현 능력을 간접적으로 평가하기 위해 각각 듣기와 읽기 평가의 일부로서 말하기와 쓰기 문항이 출제됩니다.

나. 출제 범위

수능 영어 절대평가의 출제 범위는 2017학년도와 마찬가지로 2009 개정 교육과정의 과목인 '영어 I'과 '영어 II'입니다. 이에 따라 수능 영어 절대평가의 문항은 교육과정에 제시된 '영어 I'과 '영어 II'의 성취기준에 근거하여 출제됩니다.

다. EBS 연계

- 학교수업으로 기본적인 개념과 원리를 충실하게 학습하고 EBS 수능 교재와 강의로 그 내용을 충실히 이해하면 별도의 사교육을 받지 않아도 수능 준비를 할 수 있도록 전체 문항의 70% 이상을 EBS 연계 교재의 지문, 자료, 개념이나 원리 등을 활용하여 출제합니다.

- 이 중 중심 내용 파악, 세부 내용 파악, 맥락 파악 유형의 경우 EBS 연계 교재의 지문과 유사한 소재, 요지, 주제를 갖는 다른 지문을 활용하여 출제합니다[1].

- 논리적 관계와 쓰기와 같은 유형의 경우 EBS 연계 교재의 지문을 직접 활용하여 문항을 출제합니다.

- 세부 내용 파악 유형 중 그림이나 도표 문항의 경우 EBS 교재의 그림, 도표 등 시각 자료를 변형하여 출제합니다.

EBS연계 관련 Special Tip

"전체 문항의 70% 이상을 EBS 연계 교재의 지문, 자료, 개념이나 원리 등을 활용하여 출제"에 주목해야 합니다. 수험생들이 EBS 지문을 통해 영어실력을 키우기보다 정답 및 해설을 읽어서 지문 내용을 이해하고 EBS 연계문항에 접근하는 방식에 대한 평가원의 대책입니다. 더 이상 EBS 지문 자체의 소재와 주제를 외워두면서 이해하는 학습방법은 통하지 않을 것이라는 평가원의 경고이기도 합니다. 앞으로 EBS 지문과 단지 비슷한 주제를 가진 내용이라는 이유로 EBS 연계율에 포함시킨다면 아무리 70% 넘게 반영했다 하더라도 실제적으로 학생들이 느끼는 EBS 연계 비율은 점점 떨어질 것임이 분명합니다.

그렇지만, "논리적 관계와 쓰기와 같은 유형의 경우 EBS 연계 교재의 지문을 직접 활용" 부분을 보면 EBS 지문 공부는 여전히 중요하다고 강조하고 있습니다. 평가원 측에서 말하는 '논리적 관계'에 해당하는 유형은 듣기의 화자의 목적, 의견, 주장 파악하기가 있고 읽기에서는 빈칸추론을 뜻합니다. 그리고 쓰기라 함은 문장 삽입, 문장 배열, 문장 삭제, 그리고 문단 요약에 해당합니다. 이처럼 고난도 유형에 속하는 내용들은 EBS 지문을 직접 활용한다고 했지만, 안타깝게도 지금까지 수능 기출을 면밀히 분석해보면 이러한 유형들은 EBS 지문보다 비연계 쪽의 비중이 단연 높았습니다. 이 점을 명심하고 EBS 비연계 지문에 대한 학습을 게을리해서는 안됩니다.

---

1) '수능 출제오류 개선방안(교육부, 2015)'에 따라 2016학년도 수능부터 '대의 파악'과 '세부 정보' 문항유형에 한하여 EBS 교재 지문을 그대로 활용하지 않는 방식으로 연계 방식이 개선됨에 따라 기존의 '대의 파악' 유형에 속했으나 현재 '맥락 파악' 유형으로 분류된 '목적, 주장, 의도, 심경/분위기' 문항도 개선된 연계 방식을 따라 출제됩니다.

Contents

PART 01

맥락 및 중심 내용 파악하기
• 수능 독해영역 출제 비중 약 21.43% (약 6문항)

맥락 파악하기

맥락을 파악하기 위해서는 대화 · 담화를 듣거나 글을 읽고 말하는 이나 글쓴이의 의도나 목적을 파악하는 능력이 필요하다. 맥락 파악하기에는 다음과 같은 문항 유형이 있다.

문항 유형

읽기 | 글쓴이의 목적, 주장, 글의 분위기나 심경 등 파악하기

학습 안내

맥락을 파악하는 능력을 기르기 위해서는 글의 배경 등 글 전체의 맥락과 흐름을 파악하여 필자의 의도나 목적을 추론해 보는 연습이 필요하다. 이에 더하여 필자가 반복하거나 강조하는 핵심 단어와 표현에 유의하여 읽는 연습도 필자의 의도나 목적을 파악하는 데 도움이 된다.

중심 내용 파악하기

중심 내용을 파악하기 위해서는 대화 · 담화를 듣거나 글을 읽고 전체적인 내용을 이해하고, 추론하는 능력이 필요하다. 중심 내용 파악하기에는 다음과 같은 문항 유형이 있다.

문항 유형

읽기 | 글의 주제, 요지, 제목 등 파악하기

학습 안내

중심 내용 파악 능력을 기르기 위해서는 인문, 사회, 과학, 예술 등 다양한 분야의 읽기 자료를 읽으면서 전체적인 맥락을 파악하는 연습이 중요하다. 글의 전체를 빠른 속도로 훑어 읽어 가며 글쓴이가 글을 통해 전달하고자 하는 핵심적인 내용을 유추하는 연습이 필요하다. 이와 함께 글의 구성이나 글의 핵심 논지 전개 방식 등을 정리해 보는 것도 중심 내용 파악 능력을 기르는 데 도움이 된다.

			한국교육과정평가원 수능 영어 절대평가 읽기 문항 유형	수능직방 Reading
Part 1	맥락 파악하기	읽기	글쓴이의 목적, 주장, 글의 분위기나 심경 등 파악하기	글의 목적 주제 · 제목 요지 · 주장 분위기 · 심경
	중심 내용 파악하기	읽기	글의 주제, 요지, 제목 등 파악하기	

글의 목적

| CHAPTER PREVIEW |

GREEN

☐☐ rather	ad. 오히려, ~라기 보다는
☐☐ skip	v. 건너뛰다, 빼먹다, 빠지다
☐☐ sincerely	ad. 진심으로, (격식갖춘 편지) ~올림
☐☐ tool	n. 도구, 연장
☐☐ offer	v. 제공하다, 제안하다
☐☐ tutor	v. 개인 교습을 하다, 가르치다
☐☐ encourage	v. 권장하다
☐☐ opportunity	n. 기회
☐☐ since	conj. ~때문에
☐☐ cancel	v. 취소하다
☐☐ tournament	n. 토너먼트, 승자 진출전
☐☐ situation	n. 상황
☐☐ career	n. 직업, 직장, 경력
☐☐ couple	n. 둘, 두 개
☐☐ provide	v. 제공하다, 공급하다
☐☐ grateful	a. 감사하는, 고마워하는
☐☐ consider	v. 고려하다
☐☐ available	a. 이용할 수 있는
☐☐ employee	n. 직원, 고용인
☐☐ current	a. 현재의
☐☐ request	n. 요청, 요구
☐☐ detail	n. 세부 사항
☐☐ employment	n. 고용, 직(職)
☐☐ resource	n. 자원
☐☐ whether	conj. ~인지 (아닌지)
☐☐ certain	a. 어떤, 특정한
☐☐ department	n. 부서
☐☐ agency	n. 기관, (특정 서비스제공) 단체
☐☐ individual	n. 개인, 개체
☐☐ policy	n. 정책
☐☐ recycling	n. 재활용
☐☐ staff	n. 직원

☐☐ amount	n. 양, 총계
☐☐ container	n. 컨테이너, 용기
☐☐ allow	v. 허락하다, 허용하다
☐☐ natural	a. 자연의, 천연의
☐☐ partnership	n. 동반자 관계(임), 협력
☐☐ community	n. 지역사회

BLUE

☐☐ thrill	v. 열광시키다, 황홀하게 만들다
☐☐ non-refundable	a. 환불이 안 되는
☐☐ deposit	n. 예금, 보증금
☐☐ essential	a. 필수적인
☐☐ registration	n. 등록, 접수
☐☐ arrange	v. 정하다, 정리하다
☐☐ council	n. 의회, 위원회
☐☐ currently	ad. 현재, 지금
☐☐ multipurpose	a. 여러 목적에 쓰이는, 다목적의
☐☐ entire	a. 전체의
☐☐ principal	n. 교장
☐☐ proposal	n. 제안
☐☐ babysitter	n. 아이를 봐 주는 사람, 아기 돌보미
☐☐ flexible	a. 유연한, 탄력적인
☐☐ appreciate	v. 감사하다
☐☐ commit	v. 약속하다, 전념하다
☐☐ safeguard	v. 보호하다
☐☐ former	a. 이전의
☐☐ inquiry	n. 문의, 문의사항
☐☐ permission	n. 허락, 허가
☐☐ establish	v. 설립하다, 구축하다
☐☐ significantly	ad. 상당히[크게]
☐☐ conserve	v. 보존하다
☐☐ enhance	v. 강화하다

RED

□□	gymnastics	n. 체조, 체육
□□	corporation	n. 기업, 법인
□□	regarding	prep. ~에 관하여
□□	legitimate	a. 정당한, 합법적인

PURPLE

□□	dumpster	n. 대형 쓰레기 수거함

BROWN

□□	sign up	등록하다, 가입하다
□□	get back from	~로 부터 돌아오다
□□	make it	제 시간에 도착하다, 참석하다
□□	rather than	~보다는
□□	check to see if	~인지 아닌지 확인하다
□□	let A know	A에게 알려주다
□□	adjust to	~에 적응하다, 순응하다
□□	encourage O to v	O가 ~하도록 격려하다
□□	take advantage of	~을 이용하다
□□	match A with B	A를 B와 맞추다, A와 B를 연결하다
□□	be satisfied with	~에 만족하다
□□	feel free to	자유롭게 ~하다, 부담없이 ~하다
□□	after school	방과 후에
□□	a couple of	둘의
□□	give birth to	아이를 낳다, ~를 출산하다
□□	take care (of)	(~을) 돌보다
□□	at the same time	동시에[함께]
□□	be[feel] grateful for	~를 고맙게 여기다
□□	be committed to (*ing/N)	~(것)에 헌신[전념]하다
□□	pass along	~을 전하다, ~을 알리다
□□	with the help of	~의 도움을 받아
□□	aim to	~하는 것을 목표로 삼다
□□	the amount of	~의 양
□□	would like to	~하고 싶다
□□	in order to	~하기 위하여
□□	so that	~할 수 있도록
□□	succeed in	~에 성공하다

□□	look forward to (*ing/N)	~를 기대하다
□□	give back	돌려주다, 되갚다

Pattern
Analysis
주로 수능 독해 문제의 시작 부분에 배치되며 다양한 실용문(최근 편지 형태의 글이 특히 자주 출제)을 통해 글을 쓴 목적을 파악하는 유형이다. 예전에 비해 좀 더 세부적인 내용에 대한 이해를 요구하지만, 난이도가 낮아서 정답률이 상당히 높은 편이다.

대표기출 **유형 파악**

001 다음 글의 목적으로 가장 적절한 것은?

✤ 2016학년 수능 18번

Dear Coach Johnson,

My name is Christina Markle, Bradley Markle's mother. Bradley and I were thrilled to learn that you're holding your Gymnastics Summer Camp again this year. So I didn't hesitate to sign up and pay the non-refundable deposit for the second week program, which is from July 13 to 17. But today I remembered that our family is going to get back from a trip on July 13, and I'm afraid Bradley won't be able to make it on the very first day of the program. Rather than make him skip the day, I'd like to check to see if he could switch to the third week program. Please let us know if that's possible. Thank you.

Sincerely,
Christina Markle

① 캠프 참가를 위해 여행 일정을 조정하려고
② 캠프 참가 시기를 변경할 수 있는지 문의하려고
③ 캠프 등록 시 지불한 예치금 환불을 요구하려고
④ 캠프 일정이 분명하지 않은 것에 대해 항의하려고
⑤ 예약한 캠프 프로그램의 변경된 내용을 확인하려고

Special
Tip

글의 목적을 찾는 문제 유형은 실수하지 않고, 빨리 맞추는 것이 중요한 유형이다. ①선택지를 먼저 읽는 것은 문제 풀이의 기본이다. 간혹 난이도를 조금 높이기 위해 처음 부분에서 인사나 감사의 표현으로 시작하는 지문도 있지만, 이런 지문일수록 필자가 진짜 하고 싶은 이야기를 뒤에 풀어놓는 경우가 많다. 따라서, 목적 찾기 유형은 글이 어떤 식으로 전개되든 ②중간 이후에 집중해서 읽어야 한다는 점을 꼭 명심하자.

002 다음 글의 목적으로 가장 적절한 것은?

✤ 2017학년 수능 18번

> Want to improve your Korean writing? Writing is an essential tool that will help you adjust to Korean university life. The Ha-Rang Writing Center offers a free tutoring program open to all international students at our university. We encourage you to take advantage of this. The program has always been very popular among international students. Registration opens from November 28 for three days only. Once you are registered, we will match you with a perfect tutor and contact you to arrange your schedule. We are sure that you will be satisfied with our well-experienced tutors. Don't miss this great opportunity to improve your Korean writing. For more information, feel free to email Jiyung Yoon, HRWC Director, at jyoon@hrwc.org.

① 한국의 대학 생활과 관련한 유의 사항을 알리려고
② 한국어 글쓰기 강좌의 변경된 등록 절차를 공지하려고
③ 한국어 글쓰기 지도를 받을 외국인 학생을 모집하려고
④ 외국인 학생을 위한 글쓰기 센터 설립을 건의하려고
⑤ 한국어 글쓰기 지도 강사의 자격 요건을 안내하려고

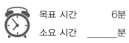

003 다음 글의 목적으로 가장 적절한 것은?

✤ 2016년 고2 3월 서울시 18번

To the Student Council,

We are the members of the 11th grade band. Currently, since we have no practice room of our own, we have to practice twice a week in the multipurpose room. For the past two weeks, band practice has been canceled because other groups needed to use the room. Since the band tournament is only one month away, we are asking to be the only group to use the multipurpose room after school for this entire month. Principal Cooper has said that the entire student council must vote on our proposal. We hope that you will understand our situation and vote in our favor.

Sincerely,
The 11th Grade Band

① 다목적실 사용 규정에 대해 문의하려고
② 밴드 경연 대회 참가 승인을 요청하려고
③ 밴드부 연습실 장비의 추가 구입을 건의하려고
④ 밴드 연습 시간 연장에 대한 반대 의사를 밝히려고
⑤ 다목적실 단독 사용에 대한 학생회의 협조를 구하려고

Speed!

어휘 체크

| Words |

☐☐ n. 의회, 위원회   c _____

☐☐ ad. 현재, 지금   c _____

☐☐ conj. ~때문에   s _____

☐☐ a. 여러 목적에 쓰이는, 다목적의   m_____

☐☐ v. 취소하다   c _____

☐☐ n. 토너먼트, 승자 진출전   t _____

☐☐ a. 전체의   e _____

☐☐ n. 교장   p _____

☐☐ n. 제안   p _____

☐☐ n. 상황   s _____

☐☐ ad. 진심으로, (격식 갖춘 편지) ~올림   s _____

| Phrases |

☐☐ 방과 후에   a _____

004 다음 글의 목적으로 가장 적절한 것은?

✤ 2014년 고2 3월 서울시 18번

I've been a career woman for the past seven years. For a couple of years after giving birth to my first daughter, it was really tough for me to work and take care of her at the same time. So I know how necessary the babysitting service you're providing is. And I feel really grateful for the service too. There is, however, one thing I'd like you to consider. Currently, a babysitter is taking care of my second daughter for eight hours from 9 a.m. to 5 p.m. For me, it would be much more useful if the service were available from 8 a.m. to 4 p.m. Could you be more flexible with your service? I'd really appreciate it.

① 육아 휴직 기간의 연장을 신청하려고
② 육아 서비스 자원봉사자를 모집하려고
③ 육아 서비스 제공 시간의 변경을 알려주려고
④ 육아 시설 확충을 위한 자금 지원을 건의하려고
⑤ 육아 서비스의 탄력적인 시간 운영을 요청하려고

Speed! | 어휘 체크 ▶

| Words |

□□ n. 직업, 직장, 경력	c _____	
□□ n. 둘, 두 개	c _____	
□□ v. 제공하다, 공급하다	p _____	
□□ a. 감사하는, 고마워하는	g _____	
□□ v. 고려하다	c _____	
□□ ad. 현재, 지금	c _____	
□□ n. 아이를 봐 주는 사람, 아기 돌보미	b _____	
□□ a. 이용할 수 있는	a _____	

□□ a. 유연한, 탄력적인	f _____
□□ v. 감사하다	a _____

| Phrases |

□□ 둘의	a _____
□□ 아이를 낳다, ~를 출산하다	g _____
□□ (~을) 돌보다	t _____
□□ 동시에[함께]	a _____
□□ ~를 고맙게 여기다	b _____

005 다음 글의 목적으로 가장 적절한 것은?

✤ 2015년 고2 9월 인천시 21번

At Jayden Corporation, we are committed to safeguarding the privacy of all employees, former and current. If you receive a telephone, e-mail, or written request for any information regarding a former employee, do not provide any details of employment. Please pass along the inquiry to Human Resources. Human Resources will determine whether any such inquiry is for legitimate reasons. In certain situations, the HR Department may contact a former employee to request permission to provide information to an outside agency, business, or individual. If there are any questions about this policy, please contact Human Resources.

① 직원 대상 법률 상담 서비스를 소개하려고
② 다른 부서와의 긴밀한 정보 교류를 독려하려고
③ 회사 기밀 유출에 대한 처벌 기준을 공지하려고
④ 개인 정보 수집에 대한 전체 직원의 동의를 요청하려고
⑤ 이전 직원 관련 정보 요청에 대한 대응 방법을 안내하려고

Speed! | 어휘 체크

| Words |

□□ n. 기업, 법인	c _____
□□ v. 약속하다, 전념하다	c _____
□□ v. 보호하다	s _____
□□ n. 직원, 고용인	e _____
□□ a. 이전의	f _____
□□ a. 현재의	c _____
□□ n. 요청, 요구	r _____
□□ prep. ～에 관하여	r _____
□□ v. 제공하다, 공급하다	p _____
□□ n. 세부 사항	d _____
□□ n. 고용, 직(職)	e _____
□□ n. 문의, 문의사항	i _____
□□ n. 자원	r _____

□□ conj. ～인지 (아닌지)	w _____
□□ a. 정당한, 합법적인	l _____
□□ a. 어떤, 특정한	c _____
□□ n. 상황	s _____
□□ n. 부서	d _____
□□ n. 허락, 허가	p _____
□□ n. 기관, (특정 서비스제공) 단체	a _____
□□ n. 개인	i _____
□□ n. 정책	p _____

| Phrases |

| □□ ～(것)에 헌신[전념]하다 | b _____ |
| □□ ～을 전하다, ～을 알리다 | p _____ |

다음 글의 목적으로 가장 적절한 것은?   ✦ 2014년 고3 3월 서울시 18번

Dear C&G Waste Services,

Westwood High School is currently establishing a paper recycling program. With the help of students and staff, we aim to significantly reduce the amount of paper that goes into the trash by recycling paper. We currently have a dumpster that will hold the paper recycling, but we need containers for individual classrooms to meet our goal. We would like to request 20 containers. We also need 2,000 clear trash bags in order to allow students and staff to get the paper to the recycle dumpster. So, we are asking your company if it will donate these items so that we may succeed in conserving our natural resources. Please contact me if you have any questions. We look forward to establishing a partnership with C&G Waste Services. We know that these types of partnerships help us give back to the community and enhance actions our students can take towards helping the environment.

Sincerely,
Anna Wilson

---

① 빈번한 쓰레기 미수거에 대해 항의하려고
② 구입한 물품의 배송 지연에 대해 문의하려고
③ 재활용 쓰레기 수거 일정의 변경을 요청하려고
④ 지역 환경 보호 운동을 선도한 것에 대해 감사하려고
⑤ 종이 재활용 프로그램 운영에 필요한 물품 기부를 부탁하려고

---

speed!   **어휘 체크**

| Words |
□□ ad. 현재, 지금   c _____
□□ v. 설립하다, 구축하다   e _____
□□ n. 재활용   r _____
□□ n. 직원   s _____
□□ ad. 상당히[크게]   s _____
□□ n. 양, 총계   a _____
□□ n. 대형 쓰레기 수거함   d _____
□□ n. 컨테이너, 용기   c _____
□□ a. 각각의, 개개의   i _____
□□ v. 요청하다, 요구하다   r _____
□□ v. 허락하다, 허용하다   a _____
□□ v. 보존하다   c _____
□□ a. 자연의, 천연의   n _____
□□ n. 자원   r _____

□□ n. 동반자 관계(임), 협력   p _____
□□ n. 지역사회   c _____
□□ v. 강화하다   e _____

| Phrases |
□□ ~의 도움을 받아   w _____
□□ ~하는 것을 목표로 삼다   a _____
□□ ~의 양   t _____
□□ ~하고 싶다   w _____
□□ ~하기 위하여   i _____
□□ ~할 수 있도록   s _____
□□ ~에 성공하다   s _____
□□ ~를 기대하다   l _____
□□ 돌려주다, 되갚다   g _____

주제·제목

| CHAPTER PREVIEW |

GREEN

☐☐	practical	a. 실용적인
☐☐	logic	n. 논리, 생각
☐☐	actual	a. 실제의
☐☐	problem solving	문제 해결
☐☐	struggle	n. 노력, 투쟁
☐☐	enable	v. ~을 가능하게 하다
☐☐	truly	ad. 정말로, 진심으로
☐☐	population	n. 인구, 주민, 개체군
☐☐	billion	n. 10억
☐☐	shift	v. 바꾸다, 전환하다, 이동하다
☐☐	device	n. 장치, 기구, 고안
☐☐	including	prep. ~을 포함하여
☐☐	typically	ad. 전형적으로, 일반적으로
☐☐	beverage	n. 음료
☐☐	drinkable	a. 마실 수 있는, 마시기에 좋은
☐☐	ever	ad. 한번이라도
☐☐	probably	ad. 아마
☐☐	amazed	a. (대단히) 놀란
☐☐	possibly	ad. (부정문에서) 도저히
☐☐	research	n. 연구, 조사
☐☐	appear	v. ~로 보이다, 나타나다
☐☐	magical	a. 황홀한, 마법의
☐☐	simply	ad. 그저, 단순히
☐☐	client	n. 의뢰인, 고객, 민원인
☐☐	ignore	v. 무시하다, 간과하다
☐☐	emotion	n. 감정, 정서
☐☐	evidence	n. 증거
☐☐	crime	n. 범죄
☐☐	survive	v. 살아남다, 견뎌 내다[넘기다]
☐☐	notice	v. 주목하다, 알아차리다
☐☐	lately	ad. 최근에, 얼마 전에
☐☐	air conditioner	에어컨
☐☐	argue	v. 논쟁하다, 주장하다
☐☐	prevent	v. 막다, 방해하다
☐☐	policy	n. 정책

☐☐	strengthen	v. 강화하다, 강력해지다
☐☐	relationship	n. 관계, 관련
☐☐	factor	n. 요인, 요소
☐☐	fund	n. 기금, 자금
☐☐	construct	v. 건설하다, 구성하다
☐☐	randomly	ad. 임의로, 무작위로
☐☐	mass	n. 질량
☐☐	gradually	ad. 서서히, 점차적으로
☐☐	influence	n. 영향
☐☐	rate	n. 속도
☐☐	eco-friendly	a. 친환경적인
☐☐	method	n. 방법, 방식
☐☐	rotate	v. 회전하다, 회전시키다

BLUE

☐☐	discipline	n. 교과목, 전공
☐☐	mere	a. 단순한
☐☐	abstract	a. 추상적인
☐☐	seemingly	ad. 겉보기에는, ~처럼 보이는
☐☐	philosophical	a. 철학의
☐☐	insight	n. 통찰력, 이해
☐☐	relevance	n. 관련성, 타당성
☐☐	essential	a. 필수적인, 본질적인
☐☐	observation	n. 관찰
☐☐	chamber	n. 방, 칸
☐☐	recognizable	a. 인식할 수 있는
☐☐	strategy	n. 전략, 계획
☐☐	philosophy	n. 철학
☐☐	phase	n. 단계, 국면
☐☐	establish	v. 설립하다, 구축하다
☐☐	regional	a. 지역의, 지방의
☐☐	transmit	v. 전달하다
☐☐	remote	a. 외딴, 멀리 떨어진
☐☐	rural	a. 시골의, 지방의
☐☐	pursue	v. 추구하다, (어떤 일을) 해 나가다
☐☐	promote	v. 향상시키다

☐☐	sufficient	a. 충분한
☐☐	ensure	v. 확실하게 하다, 보장하다
☐☐	throughout	ad. ~동안, ~의 도처에
☐☐	substitute	n. 대체물
☐☐	overall	a. 전체의, 전반적인
☐☐	consumption	n. 소비, 소비량
☐☐	maintain	v. 유지하다
☐☐	adequate	a. 적절한, 충분한
☐☐	function	n. 기능, 역할
☐☐	well-balanced	a. 균형 잡힌
☐☐	secure	v. 보장하다, 지키다
☐☐	excessive	a. 과도한, 엄청난
☐☐	accuracy	n. 정확성
☐☐	process	n. 과정, 처리
☐☐	probability	n. 개연성, 확률
☐☐	statistics	n. 통계(자료), 통계학
☐☐	will-power	n. 의지력
☐☐	disaster	n. 재난, 참사
☐☐	environmentalist	n. 환경 운동가, 환경주의자
☐☐	massive	a. 거대한, 막대한
☐☐	victim	n. 피해자, 희생자
☐☐	socially	ad. 사회적으로, 사교적으로
☐☐	bond	n. 유대, 결합
☐☐	status	n. 지위, 상태, 신분
☐☐	affect	v. 영향을 미치다
☐☐	occurrence	n. 발생
☐☐	primarily	ad. 주로
☐☐	effect	n. 효과, 영향
☐☐	skater	n. 스케이트 타는 사람
☐☐	accidentally	ad. 우연히, 뜻하지 않게
☐☐	rotation	n. (지구의)자전

RED

☐☐	intuition	n. 직감, 직관
☐☐	centrality	n. 중요성, 중심성
☐☐	identifiable	a. 확인 가능한
☐☐	particle	n. (아주 작은) 입자, 미립자
☐☐	relay	v. 전달하다, 중계하다
☐☐	diameter	n. 지름, 직경
☐☐	dietary	a. 음식물의, 식이 요법의

☐☐	adolescent	n. 청소년
☐☐	intake	n. 섭취, 흡수
☐☐	supernatural	a. 초자연적인
☐☐	astrologer	n. 점성술사, 점성가
☐☐	nonverbal	a. 비언어적인, 말이 서투른
☐☐	reservoir	n. 저장소, 저수지
☐☐	hemisphere	n. 반구
☐☐	trillion	n. 조
☐☐	deceleration	n. 감속
☐☐	axis	n. 축
☐☐	unintended	a. 의도하지 않은, 고의가 아닌

PURPLE

☐☐	hydration	n. 수화(水和)(작용), 수분 유지
☐☐	cognitive	a. 인식[인지]의
☐☐	heat wave	폭염
☐☐	whirl	v. 빙그르르 돌다, 회전하다

BROWN

☐☐	enter into	시작하다, 행하다
☐☐	B as well as A	A뿐만 아니라 B도
☐☐	a good deal (of)	다량으로, (of) 많은 양의
☐☐	less than	~보다 적은
☐☐	have access to	~에 접근권이 있다, ~을 사용할 수 있다
☐☐	in this way	이렇게, 이런 식으로
☐☐	by the end of	~이 끝날 무렵에
☐☐	aim to	~하는 것을 목표로 삼다
☐☐	contribute to	~에 기여하다, ~의 원인이 되다
☐☐	enroll in	~에 등록하다
☐☐	at least	적어도, 최소한
☐☐	have access to	~에 접근권이 있다, ~을 사용할 수 있다
☐☐	be known as	~으로 알려지다
☐☐	based on	~에 근거[기반]를 둔
☐☐	depend on	~에 의존하다, ~을 믿다
☐☐	have in common	~을 공통적으로 지니다
☐☐	hand out (to)	(사람들에게 물건을) 나누어 주다
☐☐	take care (of)	(~을) 돌보다, (~에) 주의하다
☐☐	rather than	~보다는
☐☐	be located in	~에 위치하다

주제·제목

Pattern
Analysis

국어사전에서는 **주제**(대화나 연구 따위에서 중심이 되는 문제)와 **제목**(작품이나 강연, 보고 따위에서, 그것을 대표하거나 내용을 보이기 위하여 붙이는 이름)의 정의가 다르지만, 수능 영어에서는 선택지의 구성 방식의 작은 차이가 있을 뿐, '주제'와 '제목' 유형의 문제 풀이 접근 방식은 동일하다고 봐도 무방하다. 여기서 말하는 작은 차이는 주제 유형은 선택지가 한글 또는 영어 소문자로 구성된 단어들의 나열이고 제목의 경우 선택지가 한글로 구성되는 경우는 없고, 각 단어의 첫 글자가 대문자인 영어로 만들어진다.

대표기출 유형 파악

007 다음 글의 주제로 가장 적절한 것은?

✤ 2015학년 수능 20번

Many disciplines are better learned by entering into the doing than by mere abstract study. This is often the case with the most abstract as well as the seemingly more practical disciplines. For example, within the philosophical disciplines, logic must be learned through the use of examples and actual problem solving. Only after some time and struggle does the student begin to develop the insights and intuitions that enable him to see the centrality and relevance of this mode of thinking. This learning by doing is essential in many of the sciences. For instance, only after a good deal of observation do the sparks in the bubble chamber become recognizable as the specific movements of identifiable particles.

① history of science education
② limitations of learning strategies
③ importance of learning by doing
④ effects of intuition on scientific discoveries
⑤ difference between philosophy and science

선택지가 한글인 것은 영어로 되어 있는 것보다 지문의 난이도가 조금 높은 경우가 많다. 따라서, ①선택지를 먼저 읽고 이야깃거리가 무엇인지 예상해 보는 것이 무엇보다 중요하다. ②글의 전개방식을 염두에 두고 독해를 해야 하는 것이다. 마지막으로 정답을 고를 때, ③너무 지엽적이거나 포괄적인 범위를 다루는 선택지는 피한다. 아울러, 지문에서 쓰인 어휘들이 아닌 ④같은 뜻인데 다른 표현으로 쓰인 선택지가 정답으로 매력적이므로 이를 눈여겨보자. 주제문을 생략시키는 경우도 있는데 크게 열거와 이야기 구조로 나뉜다. ⓐ열거로 이어질 경우에는 공통점과 차이점을 생각하면서 글을 읽어야 하고 ⓑ경험담이나 우화 등의 이야기로 시작하는 글은 글쓴이가 하고 싶은 진짜 이야기를 후반부에 배치할 가능성이 높다는 것을 알고 있으면 도움이 된다.

Special Tip

| Bonus Content |
글의 대표 전개방식

열거 – 'First of all, Second' 등의 열거를 나타내는 표현이 보이면 열거되고 있는 것 중 하나는 절대로 주제 제목 등을 나타낼 수 없다고 생각해야 한다. 열거의 방식이 전개되면 반드시 공통점을 찾도록 노력해 봐라! 문제의 정답이 쉽게 눈에 들어올 것이다.

예시 – 뿐만 아니라 'for example' 등의 '예시'를 나타내는 표현이 나오면 'for example'이 나오기 전의 내용을 담고 있는 선택지를 골라본다. 답이 보이면 예시 부분은 훑어 읽어서 시간을 아끼고 글을 흐름을 바꾸는 표현이 나오기 전까지는 계속해서 빨리 읽어나간다. 앞부분에서 답을 찾기가 애매했다면 이 부분에서 확실한 힌트를 얻을 수 있다. 주제를 찾은 듯 싶은데 when절이나 if절이 나온다면, 이는 예를 들어주는 경우가 많으니 빠르게 읽어 나가도록 한다.

대조 – 만약 처음 부분에서 일반적으로 널리 알려진 개념이나 주장 등이 나온 후 'However' 등의 '대조' 표현이 나오면서 흐름을 바꾸고 다음 문장(들)에서 이를 뒷받침한다면 주로 그 대조 표현이 있는 문장이 주제문이 되는 경우가 많다.

인과 – 글의 마지막 부분에 'Therefore, in short' 등 '결과'를 나타내는 표현이 나오면 글이 인과관계를 바탕으로 쓰이고 필자가 하고 싶은 말들을 요약한 내용이 나올 가능성이 높다.

---

008 다음 글의 제목으로 가장 적절한 것을 고르시오. ✦ 2016학년 6월 평가원 21번

Although the Internet seems truly global these days, less than half of the world's population has access to it. Some four billion people are still unconnected. This spring, IT engineers will begin to shift to the next phase in a grand plan to bring the Internet to everyone. Their goal is to establish a network of high-altitude balloons that will rain 4G LTE signals down to anyone with a 4G device. Regional telecom companies will transmit the signals to the balloons, and then each balloon will relay the signals to a ground area many miles in diameter. In this way, farmers in remote areas will be able to access weather data, and rural children will be able to pursue online educations. By the end of the year, the engineers aim to have 100 balloons about 13 miles up.

✦ altitude: 높이, 고도

① Balloons for Weather Forecasting
② Balloons to Connect the World
③ A One-Day Tour in a Balloon
④ Online Education for Farmers
⑤ 4G: The Fastest Connection

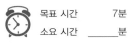

009 다음 글의 주제로 가장 적절한 것은?

✤ 2015년 고2 6월 부산시 21번

Drinking water can contribute to good health, and schools are in a unique position to promote healthy dietary behaviors, including drinking sufficient water. More than 95% of children and adolescents are enrolled in schools, and students typically spend at least 6 hours at school each day. Ensuring that students have access to safe, free drinking water throughout the school environment gives them a healthy substitute for sugar-sweetened beverages. Access to clean and free water helps to increase students' overall water consumption, maintain hydration, and reduce unhealthy calories intake. Adequate hydration may improve cognitive function among children and adolescents, which is important for learning.

① importance of a well-balanced diet
② difficulty of securing clean water sources
③ harm of sugar-sweetened beverages for children
④ necessity of providing drinkable water at school
⑤ warnings against excessive water use in public areas

Speed! 어휘 체크

| Words |

☐☐ v. 향상시키다　　　　　　　　p _____
☐☐ a. 음식물의, 식이요법의　　　　d _____
☐☐ prep. ~을 포함하여　　　　　 i _____
☐☐ a. 충분한　　　　　　　　　　s _____
☐☐ n. 청소년　　　　　　　　　　a _____
☐☐ ad. 전형적으로, 일반적으로　　t _____
☐☐ v. 확실하게 하다, 보장하다　　e _____
☐☐ ad. ~동안, ~의 도처에　　　　t _____
☐☐ n. 대체물　　　　　　　　　　s _____
☐☐ n. 음료　　　　　　　　　　　b _____
☐☐ a. 전체의, 전반적인　　　　　 o _____
☐☐ n. 소비, 소비량　　　　　　　c _____
☐☐ v. 유지하다　　　　　　　　　m _____
☐☐ n. 수화(水和)(작용), 수분 유지　h _____

☐☐ n. 섭취, 흡수　　　　　　　　i _____
☐☐ a. 적절한, 충분한　　　　　　a _____
☐☐ a. 인식[인지]의　　　　　　　c _____
☐☐ n. 기능, 역할　　　　　　　　f _____
☐☐ a. 균형 잡힌　　　　　　　　 w _____
☐☐ v. 보장하다, 지키다　　　　　s _____
☐☐ a. 마실 수 있는, 마시기에 좋은　d _____
☐☐ a. 과도한, 엄청난　　　　　　e _____

| Phrases |

☐☐ ~에 기여하다, ~의 원인이 되다　c _____
☐☐ ~에 등록하다　　　　　　　　e _____
☐☐ 적어도, 최소한　　　　　　　 a _____
☐☐ ~에 접근권이 있다, ~을 사용할 수 있다
　　　　　　　　　　　　　　　　h _____

010 다음 글의 주제로 가장 적절한 것은?

If you've ever visited a fortune-teller you probably came away amazed at the things they knew about you — things no one else could possibly have known. So it must be a supernatural power, right? Research into the fortune-telling business shows that fortune-tellers use a technique known as "cold reading," which can produce an accuracy of around 80 percent when "reading" a person you've never met. While it can appear magical to some people, it is simply a process based on the careful observation of body-language signals plus an understanding of human nature and a knowledge of probability statistics. It's a technique practiced by tarot-card readers, astrologers, and palm readers to gather information about a "client."

* cold reading: 사전 지식 없이 빠르게 알아차리는 것

① Don't Ignore Supernatural Things
② How Fortune-Tellers Know So Much
③ Why People Want Their Fortune Told
④ Nonverbal Signals Show Your Emotions
⑤ Your Future Depends on Your Willpower

Speed! **어휘 체크**

| Words |

□□ ad. 한번이라도	e _____
□□ ad. 아마	p _____
□□ a. (대단히) 놀란	a _____
□□ ad. (부정문에서) 도저히	p _____
□□ a. 초자연적인	s _____
□□ n. 연구, 조사	r _____
□□ n. 기법, 기술	t _____
□□ n. 정확성	a _____
□□ v. ~로 보이다, 나타나다	a _____
□□ a. 황홀한, 마법의	m _____
□□ ad. 그저, 단순히	s _____
□□ n. 과정, 처리	p _____
□□ n. 관찰	o _____

□□ n. 개연성, 확률	p _____
□□ n. 통계(자료), 통계학	s _____
□□ n. 점성술사, 점성가	a _____
□□ n. 의뢰인, 고객, 민원인	c _____
□□ v. 무시하다, 간과하다	i _____
□□ a. 비언어적인, 말이 서투른	n _____
□□ n. 감정, 정서	e _____
□□ n. 의지력	w _____

| Phrases |

□□ ~으로 알려지다	b _____
□□ ~에 근거[기반]를 둔	b _____
□□ ~에 의존하다, ~을 믿다	d _____

011 다음 글의 주제로 가장 적절한 것은?

✤ 2012년 고2 9월 인천시 34번

There's a lot of evidence that strong communities have less crime and survive disasters better. Here's an example: the environmentalist film maker Judith Helfand is making a film about a massive heat wave in Chicago in 1995 that killed about six hundred people. She explains that the victims had one thing in common: they were socially isolated. They didn't have friends or family or trusted neighbors to notice that they hadn't been out of their house lately, or to check that their air conditioners were working well. In fact, three-quarters of Americans don't know their neighbors. Judith argues that the best way to prevent deaths from future heat waves is not having a policy of handing out discount air conditioner coupons, but providing community-building activities that strengthen social ties throughout the year.

① ways to take care of victims of crime
② the necessity of building strong social bonds
③ the relationship of one's social status and health
④ factors that affect the occurrence of natural disasters
⑤ the importance of raising funds for the socially isolated

Speed! 어휘 체크

| Words |

☐☐ n. 증거　　　　　　　　　　　e ＿＿＿＿
☐☐ n. 범죄　　　　　　　　　　　c ＿＿＿＿
☐☐ n. 재난, 참사　　　　　　　　d ＿＿＿＿
☐☐ n. 환경 운동가, 환경주의자　　e ＿＿＿＿
☐☐ a. 거대한, 막대한　　　　　　m ＿＿＿＿
☐☐ 폭염　　　　　　　　　　　　h ＿＿＿＿
☐☐ n. 피해자, 희생자　　　　　　v ＿＿＿＿
☐☐ ad. 사회적으로, 사교적으로　　s ＿＿＿＿
☐☐ v. 주목하다, 알아차리다　　　n ＿＿＿＿
☐☐ ad. 최근에, 얼마 전에　　　　l ＿＿＿＿
☐☐ 에어컨　　　　　　　　　　　a ＿＿＿＿
☐☐ v. 논쟁하다, 주장하다　　　　a ＿＿＿＿
☐☐ v. 막다, 예방하다　　　　　　p ＿＿＿＿
☐☐ n. 정책　　　　　　　　　　　p ＿＿＿＿

☐☐ v. 강화하다, 강력해지다　　　s ＿＿＿＿
☐☐ ad. ~동안, 내내　　　　　　　t ＿＿＿＿
☐☐ n. 필요성　　　　　　　　　　n ＿＿＿＿
☐☐ n. 유대, 결합　　　　　　　　b ＿＿＿＿
☐☐ n. 관계, 관련　　　　　　　　r ＿＿＿＿
☐☐ n. 지위, 상태, 신분　　　　　s ＿＿＿＿
☐☐ n. 요인, 요소　　　　　　　　f ＿＿＿＿
☐☐ v. 영향을 미치다　　　　　　a ＿＿＿＿
☐☐ n. 발생　　　　　　　　　　　o ＿＿＿＿
☐☐ n. 기금, 자금　　　　　　　　f ＿＿＿＿

| Phrases |

☐☐ ~을 공통적으로 지니다　　　　h ＿＿＿＿
☐☐ (사람들에게 물건을) 나누어 주다　h ＿＿＿＿
☐☐ (~을) 돌보다, (~에) 주의하다　t ＿＿＿＿

다음 글의 제목으로 가장 적절한 것은?　　　　✦ 2016년 고2 11월 경기도 21번

We have constructed so many large reservoirs to hold water, and they are located primarily in the Northern Hemisphere rather than randomly around the globe. As a result, enough of Earth's mass has shifted to speed up its rotation. Currently, 88 huge reservoirs hold some 10 trillion tons of water. Before the reservoirs were built, this water was located in the ocean, which has most of its mass in the Southern Hemisphere. The effect is like a whirling skater who pulls her arms in to turn faster. Because natural factors in the environment, such as the pull of tides, are gradually slowing Earth's rotation, the human influence is accidentally working against the natural rate of deceleration. The shift in Earth's mass has also changed the location of the axis on which Earth rotates.

① Reservoir Effect: Unintended Change in Earth's Rotation
② Why Figure Skaters Spin Faster with Their Arms in
③ Factors Affecting the Location of Reservoirs
④ Eco-Friendly Water Holding Method
⑤ What Makes Earth Rotate Slower?

Speed!　　**어휘 체크**

| Words |

□□ v. 건설하다, 구성하다　　　　c _____

□□ n. 저장소, 저수지　　　　r _____

□□ ad. 주로　　　　p _____

□□ n. 반구　　　　h _____

□□ ad. 임의로, 무작위로　　　　r _____

□□ n. 질량　　　　m _____

□□ v. 이동하다, 옮기다　　　　s _____

□□ n. 조　　　　t _____

□□ n. 효과, 영향　　　　e _____

□□ v. 빙그르르 돌다, 회전하다　　　　w _____

□□ n. 스케이트 타는 사람　　　　s _____

□□ ad. 서서히, 점차적으로　　　　g _____

□□ n. 영향　　　　i _____

□□ ad. 우연히, 뜻하지 않게　　　　a _____

□□ n. 속도　　　　r _____

□□ n. 감속　　　　d _____

□□ n. 축　　　　a _____

□□ a. 의도하지 않은, 고의가 아닌　　　　u _____

□□ n. (지구의)자전　　　　r _____

□□ v. 영향을 미치다　　　　a _____

□□ a. 친환경적인　　　　e _____

□□ n. 방법, 방식　　　　m _____

□□ v. 회전하다, 회전시키다　　　　r _____

| Phrases |

□□ ~보다는　　　　r _____

□□ ~에 위치하다　　　　b _____

요지·주장

| CHAPTER PREVIEW |

GREEN

☐☐	doubt	n. 의심
☐☐	natural	a. 자연스러운
☐☐	comment	n. 논평, 언급
☐☐	positive	a. 긍정적인, 확신하는
☐☐	guard	v. 보호하다, 지키다
☐☐	progress	n. 진보, 발전
☐☐	simply	ad. 그저, 단순히
☐☐	heavily	ad. 많이
☐☐	profit	n. 이익, 이윤
☐☐	generation	n. 세대, 생성
☐☐	loss	n. 손실
☐☐	capital	n. 자본(금), 자산
☐☐	political	a. 정치적인
☐☐	challenge	v. 이의를 제기하다, 도전하다
☐☐	whether	conj. ~인지 (아닌지), ~이든 (아니든)
☐☐	technically	ad. 엄밀히 따지면[말하면], 기술적으로
☐☐	position	n. 위치, 지위, 입장
☐☐	bill	n. 고지서, 계산서
☐☐	fundamental	a. 기본적인, 핵심적인
☐☐	basis	n. 근거, 기반
☐☐	relation	n. 관계
☐☐	method	n. 방법, 방식
☐☐	allow	v. 허락하다, 허용하다
☐☐	emotion	n. 감정, 정서
☐☐	return	v. 돌아오다[돌아가다]
☐☐	joyful	a. 기쁜, 즐거운
☐☐	invent	v. 발명하다
☐☐	death	n. 죽음, 사망
☐☐	researcher	n. 연구원
☐☐	nearly	ad. 거의, 가까이
☐☐	average	n. 평균
☐☐	risk	n. 위험

☐☐	author	n. 작가, 저자
☐☐	including	prep. ~을 포함하여
☐☐	naturally	ad. 자연스럽게, 저절로
☐☐	tube	n. (비격식) 텔레비전
☐☐	management	n. 경영, 관리
☐☐	decision	n. 결정, 판단
☐☐	familiar	a. 친숙한, 잘 아는
☐☐	examine	v. 조사하다, 검사하다
☐☐	policy	n. 정책, 수단, 방법
☐☐	aside	ad. 따로, ~외에, 한쪽으로
☐☐	whatever	pron. ~것은 무엇이든지
☐☐	historically	ad. 역사적으로
☐☐	achieve	v. 성취하다
☐☐	value	n. 가치

BLUE

☐☐	process	n. 과정
☐☐	accumulate	v. 모이다, 모으다
☐☐	affect	v. 영향을 미치다
☐☐	negative	a. 부정적인, 나쁜
☐☐	maintain	v. 유지하다
☐☐	ambition	n. 야망, 열망
☐☐	unsustainable	a. 지속할 수 없는, 유지할 수 없는
☐☐	account	n. 계좌, 거래
☐☐	affordable	a. 줄 수 있는, 감당 할 수 있는
☐☐	intention	n. 의도, 의사
☐☐	prospect	n. 전망, 예상
☐☐	repay	v. 갚다, 상환하다
☐☐	blame	v. 비난하다, ~을 탓하다
☐☐	wasteful	a. 낭비적인
☐☐	debt	n. 빚
☐☐	financial	a. 재정적인, 재무의
☐☐	obviously	ad. 확실히[분명히]

□□	judgment	n. 평가, 심판
□□	efficiently	ad. 효율적으로
□□	promptly	ad. 신속하게
□□	efficiency	n. 효율성, 능률
□□	consideration	n. 사려, 배려
□□	satisfactorily	ad. 만족하게, 충분히
□□	philosophy	n. 철학
□□	pleasing	a. 즐거운, 만족스러운
□□	imagination	n. 상상
□□	imaginative	a. 창의적인, 상상의
□□	overweight	a. 과체중의
□□	occur	v. 일어나다, 생기다
□□	tendency	n. 경향, 성향
□□	executive	n. 중역, 경영 간부
□□	objective	n. 목표, 목적
□□	assume	v. 추정하다, 가정하다

□□	move into	~로 이동하다
□□	focus on	~에 초점을 맞추다
□□	at hand	가까이에 있는, 당면한
□□	idle away	빈둥거리며 놀다
□□	regardless of	~에 관계없이
□□	compared with	~와 비교하여, ~와 비교되어
□□	less than	~보다 적은
□□	come from	~에서 나오다, 비롯되다, 생산되다
□□	be glued to	~에 집중되다
□□	cling to	~을 고수하다
□□	put aside	~을 제쳐두다, 치우다
□□	focus on	~에 초점을 맞추다

RED

□□	bankrupt	v. 파산시키다
□□	balance sheet	대차 대조표
□□	inherit	v. 물려받다
□□	render	v. ~이 되게 하다, (어떤 상태가 되도록)만들다
□□	courtesy	n. 공손함, 정중함
□□	insure	v. 보장하다
□□	premature	a. 이른, 조산의
□□	channel-surf	v. 채널을 자주 바꾸다
□□	inherent	a. 내재된, 고유의

BROWN

□□	from time to time	가끔, 이따금
□□	believe in	~을(~의 능력을) 믿다
□□	if not	그렇지 않다면[그것이 아니라면]
□□	blame A for B	B에 대해 A를 비난하다
□□	get away with	피하다, 모면하다
□□	not only A but (also) B	A뿐만 아니라 B도 역시
□□	in order for A to B	A가 B하기 위해서
□□	think back (to)	(~을) 돌이켜 생각하다[보다]

요지·주장

요지(말이나 글 따위에서 핵심이 되는 중요한 내용)와 **주장**(자기의 의견이나 주의를 굳게 내세움)은 역시 거의 비슷한 어감임을 알 수 있다. 실제 수능평가원의 기출문제들을 봐도 선택지 구성에 확연한 차이를 보이지 않는다. 요지와 주장은 선택지가 주로 한글의 문장 형태로 나오며 문제 풀이 접근 방식은 주제 제목과 큰 차이가 없다.

대표기출 **유형 파악**

013 다음 글에서 필자가 주장하는 바로 가장 적절한 것은?

✚ 2015학년 9월 평가원 19번

Everybody has moments of doubt about something or other from time to time; it is a natural process. The challenge is not to let those moments accumulate and affect your self-belief. You will always face the challenge of other people's comments and opinion. There are people that you feel good being around and others you don't. Some people give you positive energy because they believe in you. You feel it and you rise to the occasion. Others may always have a negative comment to make about what you are doing or talking about. Don't let these comments rock your self-belief. Always question the person's reason for the comment. If it is based on fact, you should listen; if not, then it is only their opinion. You will need to stay strong.

✚ rise to the occasion: 위기 상황에서 능력을 발휘하다

① 인맥이 넓은 사람들과 교제하라.
② 성공하기 위해 도전적인 자세를 가지라.
③ 일시적 감정으로 타인을 비판하지 말라.
④ 좌절감을 느낄 때는 성공한 경험을 생각하라.
⑤ 선별적인 의견 수용으로 자기 확신이 흔들리지 않게 하라.

Special
Tip

주제/제목 유형과 거의 같다. ①**선택지를 먼저 읽고** 선택지의 내용을 이야깃거리와 글쓴이의 주장 혹은 의도 부분을 나눠서 확인해 둔다. 그리고 선택지에서 파악한 내용을 바탕으로 지문에서 전개될 내용이 무엇인지 예상해 본다. 지문을 읽어내려 갈 때에는 반드시 ②**글의 전개방식을 염두에 두고 독해**한다. 요지주장에서 특히 필자의 생각을 강조하기 위한 다양한 표현들이 눈에 띈다. 모든 글을 쓸 때 글쓴이의 머릿속에는 ③**'내 생각에 중요한 것은 확실히 주장해야만 한다'**가 가득 차 있다는 점을 기억하자. 문장 속에 '내 생각에(In my opinion)' 등으로 시작하거나 '중요한(important), 확실히(certainly)' 등등의 의미를 지닌 형용사와 부사 그리고 '해야만 한다(must)' 등의 조동사, 그리고 '주장(insist)'과 관련된 동사를 통해 핵심 단서를 제시한다는 점을 명심하자.

| **Bonus Content** |

ⓐ 내 생각에	in my opinion, my belief
ⓑ 중요한 것은	important, absolute, crucial, main, significant, necessary, vital, essential, true, real, certain, clear, sure
ⓒ 확실히	importantly, absolutely, crucially, mainly, significantly, necessarily, vitally, essentially, truly, really, certainly, clearly, surely
ⓓ 주장	assert, think, believe, insist, demand, order, command, claim, suggest, recommend, maintain
ⓔ 해야만 한다	must, have to, had better, should, ought to, need to, be supposed to

014 다음 글의 요지로 가장 적절한 것은?

✦ 2017학년 수능 20번

Many present efforts to guard and maintain human progress, to meet human needs, and to realize human ambitions are simply unsustainable — in both the rich and poor nations. They draw too heavily, too quickly, on already overdrawn environmental resource accounts to be affordable far into the future without bankrupting those accounts. They may show profit on the balance sheets of our generation, but our children will inherit the losses. We borrow environmental capital from future generations with no intention or prospect of repaying. They may blame us for our wasteful ways, but they can never collect on our debt to them. We act as we do because we can get away with it: future generations do not vote; they have no political or financial power; they cannot challenge our decisions.

① 환경 문제를 해결하기 위한 세대 간 협력이 중요하다.
② 인류의 발전은 다양한 환경 자원의 개발에 달려 있다.
③ 미래의 환경 문제에 대비한 국제 사회의 공조가 필요하다.
④ 선진국들은 경제력을 기반으로 환경 자원을 선점하고 있다.
⑤ 현세대는 미래 세대에 대한 고려 없이 환경 자원을 남용하고 있다.

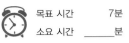

015 다음 글에서 필자가 주장하는 바로 가장 적절한 것은?

✦ 2015학년 6월 평가원 19번

Obviously, one of the judgments the public has of us is whether or not our telephone service is good. Technically, if they get their calls through, efficiently and promptly, they get what they want. That, however, is not all they want. They want to have the service rendered to them in a manner that pleases them; they want not only efficiency but courtesy and consideration; and they are in a position to get what they want. They are in the driver's seat; they are paying the bills; and an understanding of that fact is a real and fundamental basis of public relations. In order, therefore, for a great company to satisfactorily serve the public, it must have a philosophy and a method of doing business which will allow and insure that its people serve the public efficiently and in a pleasing manner.

① 성공적인 기업 경영을 위해 사원 복지 향상에 힘써야 한다.
② 효율적이면서 고객을 만족시키는 서비스를 제공해야 한다.
③ 기업 이익의 일정 부분을 사회에 환원해야 한다.
④ 공공 예절을 지키며 휴대 전화를 사용해야 한다.
⑤ 고객의 요구에 맞는 신제품을 개발해야 한다.

Speed! | 어휘 체크

| Words |

☐☐ ad. 확실히[분명히]   o _____

☐☐ n. 평가, 심판   j _____

☐☐ conj. ~인지 (아닌지), ~이든 (아니든)   w _____

☐☐ ad. 엄밀히 따지면, 기술적으로   t _____

☐☐ ad. 효율적으로   e _____

☐☐ ad. 신속하게   p _____

☐☐ v. ~이 되게 하다, (어떤 상태가 되도록)만들다   r _____

☐☐ n. 효율성, 능률   e _____

☐☐ n. 공손함, 정중함   c _____

☐☐ n. 사려, 배려   c _____

☐☐ n. 위치, 지위, 입장   p _____

☐☐ n. 고지서, 계산서   b _____

☐☐ a. 근본적인, 핵심적인   f _____

☐☐ n. 근거, 기반   b _____

☐☐ n. 관계   r _____

☐☐ ad. 만족스럽게, 충분히   s _____

☐☐ n. 철학   p _____

☐☐ n. 방법, 방식   m _____

☐☐ v. 허락하다, 허용하다   a _____

☐☐ v. 보장하다   i _____

☐☐ a. 즐거운, 만족스러운   p _____

| Phrases |

☐☐ A뿐만 아니라 B도 역시   n _____

☐☐ A가 B하기 위해서   i _____

016

다음 글에서 필자가 주장하는 바로 가장 적절한 것은?

✤ 2016년 고2 3월 서울시 20번

Think back to when you were a kid. How did you play? How did using your imagination make you feel? Being imaginative gives us feelings of happiness and adds excitement to our lives. It's time to get back to those emotions. If you can return to the joyful feelings that you had through play, you'll find that you feel happier about yourself. You can use your imagination to write books or invent something. There is no end to how creative you can be when you move into your imagination. It will also keep you focused on completing the tasks at hand because imagination makes everyday tasks more interesting.

① 다양한 취미 활동을 통해 경험의 폭을 넓혀라.
② 어린 시절처럼 생활 속에서 상상력을 발휘하라.
③ 생활 속에서 즐거움을 찾는 방법을 이웃과 나눠라.
④ 아이들의 눈높이에 맞추어 아이들의 행동을 이해하라.
⑤ 아이들이 상상력을 통해 스스로 문제를 해결하게 하라.

Speed!　어휘 체크

Words	
□□ n. 상상	i _____
□□ a. 창의적인, 상상의	i _____
□□ n. 감정, 정서	e _____
□□ v. 돌아오다[돌아가다]	r _____
□□ a. 기쁜, 즐거운	j _____
□□ v. 발명하다	i _____

Phrases	
□□ (~을) 돌이켜 생각하다[보다]	t _____
□□ ~로 이동하다	m _____
□□ ~에 초점을 맞추다	f _____
□□ 가까이에 있는, 당면한	a _____

017 다음 글의 요지로 가장 적절한 것은?

✤ 2014년 고2 6월 부산시 22번

If idling away in front of a TV is your favorite daily hobby, it may lead you to an early death. That's what Australian researchers found after tracking nearly 9,000 people for an average of six years. Regardless of whether or not they were overweight, subjects who watched television for more than four hours daily had a 46 percent higher risk of premature death, compared with subjects who channel-surfed for less than two hours a day. "Television itself isn't the problem," says study author David Dunstan. Instead, the danger comes from all that sitting, which takes the place of activity - including even the lightest kind that naturally occurs when you are not glued to the tube. "Too much sitting is, simply, bad for you," Dunstan says.

① 비만은 조기 사망의 주요인이다.
② TV 채널을 다양화할 필요가 있다.
③ 자녀의 TV 시청 시간을 제한해야 한다.
④ 장시간 앉아 있는 것은 허리 통증을 유발한다.
⑤ TV 시청으로 인한 움직임의 부족은 건강에 해롭다.

Speed! 어휘 체크

| Words |

☐☐ n. 죽음, 사망   d _____
☐☐ n. 연구원   r _____
☐☐ v. 추적하다[뒤쫓다]   t _____
☐☐ ad. 거의, 가까이   n _____
☐☐ n. 평균   a _____
☐☐ conj. ~인지 (아닌지), ~이든 (아니든) w _____
☐☐ a. 과체중의   o _____
☐☐ n. 위험   r _____
☐☐ a. 이른, 조산의   p _____
☐☐ v. 채널을 자주 바꾸다   c _____
☐☐ n. 작가, 저자   a _____
☐☐ prep. ~을 포함하여   i _____

☐☐ ad. 자연스럽게, 저절로   n _____
☐☐ v. 일어나다, 생기다   o _____
☐☐ n. (비격식) 텔레비전   t _____
☐☐ ad. 단순히, 간단히 말하면   s _____

| Phrases |

☐☐ 빈둥거리며 놀다   i _____
☐☐ ~에 관계없이   r _____
☐☐ ~와 비교하여, ~와 비교되어 c _____
☐☐ ~보다 적은   l _____
☐☐ ~에서 나오다, 비롯되다, 생산되다 c _____
☐☐ ~에 집중되다   b _____

018 다음 글에서 필자가 주장하는 바로 가장 적절한 것은?

❖ 2015년 고2 11월 경기도 20번

In business school they teach an approach to management decisions that is designed to overcome our natural tendency to cling to the familiar, whether or not it works. If an executive wants to examine a company policy, he or she first puts aside whatever has been done historically, and focuses instead on what the policy should be. Follow the same approach as you examine how you should look, speak and act to best achieve your objectives. Don't assume that there is some inherent value to the way you have always done things. Keep focused on becoming the best you can be, not how you have always been.

① 우선순위를 결정한 뒤 일을 시작하라.
② 신중하게 판단하고 신속하게 결정하라.
③ 전문성 개발을 위해 끊임없이 공부하라.
④ 목표 달성을 위해 기존의 방식을 버려라.
⑤ 실패를 성장과 개선을 위한 기회로 이용하라

Speed! 어휘 체크

| Words |

☐☐ n. 경영, 관리　　　　　　　　　m_____
☐☐ n. 결정, 판단　　　　　　　　　d_____
☐☐ a. 자연의, 타고난　　　　　　　n_____
☐☐ n. 경향, 성향　　　　　　　　　t_____
☐☐ a. 친숙한, 잘 아는　　　　　　　f_____
☐☐ conj. ~인지 (아닌지), ~이든 (아니든) w_____
☐☐ n. 중역, 경영 간부　　　　　　　e_____
☐☐ v. 조사하다, 검토하다　　　　　e_____
☐☐ n. 정책, 수단, 방법　　　　　　p_____
☐☐ ad. 따로, ~외에, 한쪽으로　　　a_____
☐☐ pron. ~것은 무엇이든지　　　　w_____

☐☐ ad. 역사적으로　　　　　　　　h_____
☐☐ v. 성취하다　　　　　　　　　　a_____
☐☐ n. 목표, 목적　　　　　　　　　o_____
☐☐ v. 추정하다, 가정하다　　　　　a_____
☐☐ a. 내재된, 고유의　　　　　　　i_____
☐☐ n. 가치　　　　　　　　　　　　v_____

| Phrases |

☐☐ ~을 고수하다　　　　　　　　　c_____
☐☐ ~을 제쳐두다, 치우다　　　　　p_____
☐☐ ~에 초점을 맞추다　　　　　　f_____

분위기·심경

| CHAPTER PREVIEW |

GREEN

☐☐	explore	v. 탐험하다
☐☐	port	n. 항구
☐☐	escort	v. 호위하다
☐☐	mosquito	n. 모기
☐☐	since	conj. ~때문에, 이므로
☐☐	journey	n. 여행
☐☐	relieved	a. 안도하는, 안심한
☐☐	gloomy	a. 우울한, 침울한
☐☐	reflect	v. 반사하다, 비추다, 반영하다
☐☐	stupid	a. 바보 같은, 어리석은
☐☐	frightened	a. 무서워하는, 깜짝 놀란
☐☐	depressed	a. 우울한, 의기소침한
☐☐	comfort	v. 위안하다, 위로하다
☐☐	convincing	a. 그럴듯한, 설득력 있는
☐☐	audition	v. 오디션을 하다
☐☐	shock	v. 충격을 주다
☐☐	scream	v. 소리치다
☐☐	basement	n. 지하, 지하실
☐☐	delighted	a. 아주 기뻐하는
☐☐	support	v. 응원하다, 지지하다, 후원하다
☐☐	probably	ad. 아마도
☐☐	scared	a. 무서운, 두려워하는
☐☐	embarrassed	a. 당혹한, 당황한
☐☐	nor	conj. ~도 아니다, 없다
☐☐	slip	v. 미끄러지다
☐☐	plain	a. 평범한, 수수한
☐☐	sense	n. 감각, 느낌
☐☐	whole	a. 전체의
☐☐	calm	a. 침착한
☐☐	envious	a. 부러워하는, 샘 나는
☐☐	disappointed	a. 낙담한, 실망한
☐☐	handkerchief	n. 손수건

☐☐	huge	a. 커다란
☐☐	spot	n. 얼룩
☐☐	cheerful	a. 쾌활한, 발랄한
☐☐	curious	a. 호기심이 많은
☐☐	track	n. 길
☐☐	remaining	a. 남아있는
☐☐	broken	a. 깨진
☐☐	grain	n. 알갱이
☐☐	aircraft	n. 항공기
☐☐	ever	ad. 언제나, 이전에, 항상
☐☐	appear	v. ~로 보이다, 나타나다
☐☐	sweep	v. 쓸다, 휩쓸고 가다, 밀려오다
☐☐	grateful	a. 감사하는, 고마워하는
☐☐	hopeless	a. 절망적인, 희망을 잃은

BLUE

☐☐	freshwater	a. 민물의, 민물에 사는
☐☐	species	n. (생물 분류상의) 종
☐☐	numerous	a. 많은, 수많은
☐☐	rainforest	n. (열대) 우림
☐☐	swell	v. 부풀다
☐☐	exhausted	a. 기진맥진한, 지칠 대로 지친
☐☐	frustrated	a. 낙담한, 좌절된
☐☐	indifferent	a. 무관심한
☐☐	stare	v. 빤히 처다보다, 응시하다
☐☐	discouraged	a. 낙심한, 낙담한
☐☐	relaxed	a. 느긋한, 여유 있는
☐☐	satisfied	a. 만족한, 충족된
☐☐	rehearsal	n. 리허설, 예행연습
☐☐	smoothly	ad. 부드럽게, 순조롭게
☐☐	accidentally	ad. 우연히, 뜻하지 않게
☐☐	inkpot	n. 잉크병
☐☐	beloved	a. 사랑하는, 소중한

☐☐	heartbroken	a. 상심한, 비통해 하는	
☐☐	stain	n. 얼룩	
☐☐	retouch	v. 손질하다, 수정하다	
☐☐	inky	a. 잉크로 더럽혀진	
☐☐	gorgeous	a. 멋진, 훌륭한	
☐☐	assure	v. 확신시키다, 확인하다	
☐☐	furious	a. 격노한	
☐☐	anxious	a. 걱정하는	
☐☐	regularly	ad. 규칙적으로	
☐☐	motionless	a. 움직이지 않는, 가만히 있는	
☐☐	immense	a. 광대한, 광막한	
☐☐	nothingness	n. 공허, 무(無)	
☐☐	refreshed	a. 상쾌한	
☐☐	abandoned	a. 버려진, 자포자기의	
☐☐	anticipating	a. 기대하는	

RED

☐☐	playful	a. 쾌활한, 명랑한
☐☐	sympathetic	a. 공감하는, 동정적인
☐☐	irritated	a. 짜증이 난, 화난, 속이 탄
☐☐	exclaim	v. 외치다, 감탄하다
☐☐	crumble	v. 바스러지다, 부서지다
☐☐	solitude	n. 고독

PURPLE

☐☐	chubby	a. 통통한, 토실토실한
☐☐	hideous	a. 끔찍한, 흉측한
☐☐	dune	n. 모래 언덕
☐☐	dazzling	a. 휘황찬란한, 눈부신
☐☐	ripple	n. 잔물결, 파문

BROWN

☐☐	wait for	～를 기다리다
☐☐	on board	승선하여, 탑승하여
☐☐	ahead of	(공간, 시간상으로) 앞에
☐☐	cheer up	격려하다, 기운이 나다
☐☐	cross one's eyes	사시 눈을 하다

☐☐	feel down	기분이 울적하다
☐☐	must have p.p.	～했음[였음]에 틀림없다
☐☐	agree to	～하기로 동의하다
☐☐	all the way	내내, 줄곧
☐☐	insist on	～을 강력히 고집하다
☐☐	make sure	확인하다, ～을 확실하게 하다
☐☐	take (something) off	(옷 등을) 벗다[벗기다], (시선을) 떼다
☐☐	for that matter	그 일이라면, 그 문제에 관해서는
☐☐	try on	(옷 따위를) 입어[신어] 보다
☐☐	slip off	(옷 등을) 벗다
☐☐	by itself	그 자체만으로, 그것만으로
☐☐	at the same time	동시에[함께]
☐☐	change A into B	A를 B로 바꾸다
☐☐	hand back (to)	(주인에게) 돌려주다
☐☐	millions of	수백만의 ～
☐☐	thousands of	수천의, 무수한, 많은

분위기·심경

Pattern Analysis

예전에 비해 출제 비중은 줄었지만, 그래도 꾸준히 출제되고 있는 쉬운 난이도의 유형이다. 글을 읽는 사람이 느끼게 될 감정을 묻는 것이 '분위기'라면, 글쓴이 또는 지문에 등장하는 인물이 느끼고 있는 감정을 묻는 것이 바로 '심경'이다. 최근 수능 시험에서 자주 출제되는 문제 유형이 바로 이 '심경' 문제라 할 수 있다.

대표기출   유형 파악

019 다음 글에 드러난 'I'의 심경으로 가장 적절한 것은?

✦ 2016학년 수능 19번

I'm leaving early tomorrow morning, finally! I've always wanted to explore the Amazon, the unknown and mysterious world. At this hour, the great Emerald Amazon Explorer should be at the port waiting for me to get on board. Freshwater dolphins will escort me on the playful river, and 500 species of birds, half a dozen species of monkeys, and numerous colorful butterflies will welcome me into their kingdom. I wish I could camp in the wild and enjoy the company of mosquitos, snakes, and spiders. I'd love to make the world's largest rainforest home. My heart swells as much as my chubby bags; yet, I'd better get some sleep since a long, tough journey is ahead of me.

① excited
② exhausted
③ frustrated
④ indifferent
⑤ relieved

분위기·심경 유형 역시 실수하지 않고, 빨리 맞추는 것이 중요하다. 이 문제 유형 역시 ①선택지를 먼저 읽는 것은 문제 풀이의 기본이다. 주요 분위기·심경 관련 어휘들을 미리 익혀두고 정확한 해석에 집중하기보다 ②단어 중심으로 큰 흐름을 잡는 데 주력한다. 특히 ③중간 이후에 집중해서 읽는 연습을 한다. 심경변화는 중간까지 읽어서 ①먼저 느끼는 심경을 찾아 선택지의 폭을 좁힌 후 나머지 뒤의 심경을 파악할 때 ②이미 제거한 선택지를 보지 않도록 한다.

Special Tip

| Bonus Content |

(분위기·심경 형용사)		
warm 따뜻한, 따스한	pleased 기뻐하는, 만족해하는	upset 당황한, 속상한
calm 고요한	peaceful 평화로운	indifferent 무관심한
excited 흥분한, 초조한	relaxed 느긋한, 여유로운	depressed 우울한
fresh 신선한, 새로운	grateful 감사하는, 고마워하는	embarrassed 당황한, 부끄러운
satisfied 만족하는	envious 부러워하는, 선망하는	frightened 겁먹은, 무서워하는
comfortable 편안한, 안락한	threatened 위협을 느끼는	frustrated 좌절한, 불만스러운
relieved 안도하는	serious 심각한, 진지한	scared 무서운, 두려워하는
proud 자랑스러워 하는	concerned 걱정하는	anxious 불안해하는, 열망하는
determined 확고한	nervous 불안해하는	regretful 후회하는
encouraged 격려된, 고무된	disappointed 실망한, 낙담한	jealous 질투나는

020 다음 글에 드러난 'Amy'의 심경 변화로 가장 적절한 것은?

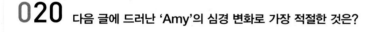 ✤ 2017학년 9월 평가원 19번

Amy was in the classroom staring out of the window beside her. She thought how her gloomy face in the window reflected her mistake. She tried not to think about her terrible performance in class. Watching Amy look so discouraged, Laurie, her best friend, decided she needed some cheering up. So Laurie crossed her eyes and made a stupid face. Amy tried not to look, but Laurie was making another funny face. This time she couldn't help turning back to see what her friend was doing. It was her famous fish face: she was pushing her ears out, crossing her eyes, and opening her mouth wide. Amy laughed hard. She felt that she was lucky to have a friend that could always cheer her up when she was feeling down.

① relaxed → frustrated
② satisfied → ashamed
③ bored → exhausted
④ excited → frightened
⑤ depressed → comforted

021 다음 글에 드러난 'I'의 심경으로 가장 적절한 것은?

✤ 2014년 고2 3월 서울시 36번

I'm not sure which one of us did the talking, but it must have been pretty convincing because Mr. Montague agreed to audition us the very next day. We couldn't believe it. We were shocked. Rehearsal was over for the day. After we stopped screaming and hugging and dancing around Jean's basement, I ran all the way home to tell Mom about our "lucky break." She was delighted, and she insisted on going with us to the audition, as much for support as to make sure everything was going smoothly. I felt like a little kid on Christmas Eve. I didn't sleep even an hour that night. That was probably why the next day seemed like a dream.

① sad and depressed
② excited and happy
③ relieved and sympathetic
④ scared and frightened
⑤ ashamed and embarrassed

Speed!   어휘 체크

| Words |

☐☐ a. 그럴듯한, 설득력있는   c _____
☐☐ v. 오디션을 하다   a _____
☐☐ v. 충격을 주다   s _____
☐☐ n. 리허설, 예행연습   r _____
☐☐ v. 소리치다   s _____
☐☐ n. 지하, 지하실   b _____
☐☐ a. 아주 기뻐하는   d _____
☐☐ v. 응원하다, 지지하다, 후원하다   s _____
☐☐ ad. 부드럽게, 순조롭게   s _____
☐☐ ad. 아마도   p _____
☐☐ a. 우울한   d _____

☐☐ a. 안도하는   r _____
☐☐ a. 공감하는, 동정적인   s _____
☐☐ a. 무서운, 두려워하는   s _____
☐☐ a. 무서워하는, 깜짝 놀란, 겁에 질린   f _____
☐☐ a. 당혹한, 당황한   e _____

| Phrases |

☐☐ ~했음[였음]에 틀림없다   m _____
☐☐ ~하기로 동의하다   a _____
☐☐ 내내, 줄곧   a _____
☐☐ ~을 강력히 고집하다   i _____
☐☐ 확인하다, ~을 확실하게 하다   m _____

022 다음 글에 드러난 'She'의 심경으로 가장 적절한 것은?

✤ 2015년 고2 9월 인천시 19번

She just couldn't take her eyes off it. Nor, for that matter, could she wait to try it on. Quickly she slipped off her own plain red coat. She was breathing fast now, she couldn't help it, and her eyes were stretched very wide. But, the feel of that fur! The great black coat seemed to slide onto her almost by itself, like a second skin. It was the strangest feeling! She looked into the mirror. She looked wonderful, beautiful, and rich, all at the same time. And the sense of power that it gave her! In this coat she could walk into any place she wanted and people would come running around her like rabbits. The whole thing was just too wonderful for words!

① delighted and excited
② calm and relieved
③ envious and irritated
④ disappointed and angry
⑤ ashamed and embarrassed

Speed! 어휘 체크

| Words |

□□ conj. ~도 아니다, 없다　　　　　n _____

□□ v. 미끄러지다　　　　　　　　s _____

□□ a. 평범한, 수수한　　　　　　p _____

□□ n. 감각, 느낌　　　　　　　　s _____

□□ a. 전체의　　　　　　　　　　w _____

□□ a. 아주 기뻐하는　　　　　　　d _____

□□ a. 침착한　　　　　　　　　　c _____

□□ a. 안도하는　　　　　　　　　r _____

□□ a. 부러워하는, 샘 나는　　　　e _____

□□ a. 짜증이 난, 화난, 속이 탄　　i _____

□□ a. 낙담한, 실망한　　　　　　d _____

□□ a. 당황한, 당혹한　　　　　　e _____

| Phrases |

□□ (옷 등을) 벗다[벗기다], (시선을) 떼다　t _____

□□ 그 일이라면, 그 문제에 관해서는　f _____

□□ (옷 따위를) 입어 보다　　　　t _____

□□ (옷 등을) 벗다　　　　　　　s _____

□□ 그 자체만으로, 그것만으로　　b _____

□□ 동시에　　　　　　　　　　　a _____

023 다음 글에 드러난 'Anna'의 심경 변화로 가장 적절한 것은?

✤ 2015년 고2 11월 경기도 19번

Anna received a cute handkerchief as a gift for her tenth birthday. Accidentally an inkpot fell onto her beloved handkerchief causing a huge ugly spot. Anna was heartbroken when she saw the hideous stain. When her uncle saw that she was gloomy, he took the stained handkerchief and by retouching the inky spot changed it into a beautiful design of a flower. Now the handkerchief was more gorgeous than before. As he handed it back to Anna, she exclaimed with joy, "Oh! Is that my handkerchief?" "Yes, it is," assured her uncle. "It is really yours. I have changed the stain into a beautiful rose."

① relieved → cheerful
② irritated → ashamed
③ furious → anxious
④ indifferent → curious
⑤ depressed → delighted

Speed!

어휘 체크

| Words |

□□ n. 손수건   h _____
□□ ad. 우연히, 뜻하지 않게   a _____
□□ n. 잉크병   i _____
□□ a. 사랑하는, 소중한   b _____
□□ a. 커다란   h _____
□□ n. 얼룩   s _____
□□ a. 상심한, 비통해 하는   h _____
□□ a. 끔찍한, 흉측한   h _____
□□ n. 얼룩   s _____
□□ a. 우울한   g _____
□□ v. 손질하다, 수정하다   r _____
□□ a. 잉크로 더럽혀진   i _____
□□ a. 멋진, 훌륭한   g _____
□□ v. 외치다, 감탄하다   e _____

□□ v. 확신시키다, 확인하다   a _____
□□ a. 안도하는, 다행으로 여기는   r _____
□□ a. 쾌활한, 발랄한   c _____
□□ a. 짜증이 난, 화난, 속이 탄   i _____
□□ a. 격노한   f _____
□□ a. 걱정하는   a _____
□□ a. 무관심한   i _____
□□ a. 호기심이 많은   c _____
□□ a. 우울한, 낙담한   d _____
□□ a. 아주 기뻐하는   d _____

| Phrases |

□□ A를 B로 바꾸다   c _____
□□ (주인에게) 돌려주다   h _____

024 다음 글에 마지막에 드러난 'Hogan'의 심경으로 가장 적절한 것은?

✤ 2014년 고3 3월 서울시 32번

Hogan had already been walking for hours along the sand track. He had drunk the last remaining drop of water an hour before. His feet came down regularly one in front of the other, sending up little clouds of dust. The dunes stretched as far as the eye could see, motionless, on either side of the track. Nothing was left but the dazzling sand with its millions of tiny broken grains, and dry stones that crumbled away in layers. No trucks passed. No aircraft ever appeared in the immense sky. The nothingness was so great that it could not even be called solitude any longer. It was like floating on the ocean, thousands of miles from land, while tiny waves sweep forward in ripples.

① satisfied and grateful
② relaxed and refreshed
③ hopeless and abandoned
④ excited and anticipating
⑤ ashamed and embarrassed

speed! **어휘 체크**

| Words |

☐☐ v. 길   t _____
☐☐ a. 남아있는   r _____
☐☐ ad. 규칙적으로   r _____
☐☐ n. 모래 언덕   d _____
☐☐ a. 움직이지 않는, 가만히 있는   m _____
☐☐ a. 휘황찬란한, 눈부신   d _____
☐☐ a. 깨진   b _____
☐☐ n. 알갱이   g _____
☐☐ v. 바스러지다, 부서지다   c _____
☐☐ n. 항공기   a _____
☐☐ ad. 언제나, 이전에, 항상   e _____
☐☐ v. 나타나다   a _____
☐☐ a. 광대한, 광막한   i _____
☐☐ n. 공허, 무(無)   n _____

☐☐ n. 고독   s _____
☐☐ v. 쓸다, 휩쓸고 가다, 밀려오다   s _____
☐☐ n. 잔물결, 파문   r _____
☐☐ a. 만족한, 충족된   s _____
☐☐ a. 감사하는, 고마워하는   g _____
☐☐ a. 느긋한, 여유 있는   r _____
☐☐ a. 상쾌한   r _____
☐☐ a. 절망적인, 희망을 잃은   h _____
☐☐ a. 버려진, 자포자기의   a _____
☐☐ a. 기대하는   a _____
☐☐ a. 당황한, 당혹한   e _____

| Phrases |

☐☐ 수백만의 ~   m _____
☐☐ 수천의, 무수한, 많은   t _____

PART 02

세부 내용 파악하기
• 수능 독해영역 출제 비중 약 14.28% (약 4문항)

한국교육과정평가원의 Official Guide

세부 내용 파악하기

세부 내용을 파악하기 위해서는 대화 · 담화나 글에 제시된 특정 정보를 사실적이고 정확하게 이해하는 능력이 필요하다. 세부 내용 파악하기에는 다음과 같은 문항 유형이 있다.

문항 유형

읽기 | 내용 일치 · 불일치와 실용 자료 내용 일치 · 불일치 및 도표 내용 일치 · 불일치 등 파악하기

학습 안내

세부 내용을 파악하는 능력을 기르기 위해서는 안내문이나 광고문과 같이 일상생활에서 쉽게 접할 수 있는 글과 다양한 소재의 글을 읽고, 글에 제시된 구체적이고 사실적인 정보를 정확하게 파악하는 연습이 필요하다. 추론에 의해 내용을 유추하는 것이 아니라, 글에 명시적으로 제시된 정보를 정확하게 파악하도록 유의해야 한다.

			한국교육과정평가원 수능 영어 절대평가 읽기 문항 유형	수능직방 Reading
Part 2	세부 내용 파악하기	읽기	내용 일치 · 불일치와 실용 자료 내용 일치 · 불일치 및 도표 내용 일치 · 불일치 등 파악하기	내용 일치 · 불일치 안내문 일치 · 불일치 도표 분석

CHAPTER 05

내용 일치·불일치

| CHAPTER PREVIEW |

GREEN

ancient	a. 고대의, 옛날의
rival	n. 경쟁자
coast	n. 해안, 연안
well-known	a. 유명한, 친숙한
local	a. 지역의, 현지의
remain	v. 남다, 계속[여전히] ~이다
destroy	v. 파괴하다, 죽이다
attack	n. 공격
peculiar	a. 특이한, 독특한
soil	n. 토양
notice	v. 알아차리다
overlap	v. 겹쳐지다, 포개다
star-shaped	a. 별모양의
extremely	ad. 극도로
condition	n. 상태, 상황
surrounding	a. 인근의, 주변의
root	n. 뿌리
survive	v. 살아남다, 생존하다
native	a. 토착의, 현지의
include	v. 포함하다
several	a. 몇몇의, 여러 가지의, 각각의
western	a. 서쪽에 위치한
prefer	v. 선호하다
dig	v. 파다
underground	ad. 지하에(서)
thick	a. 두꺼운, 굵은, 숱이 많은
encounter	v. 마주치다, 우연히 만나다
watcher	n. 관찰자
commonly	ad. 흔히
male	n. 남성, 수컷
collar	n. 목덜미
vocal	a. 시끄러운

mate	v. 짝짓기를 하다
directly	ad. 바로, 곧장
require	n. 요구하다, 필요로 하다
attractive	a. 마음을 끄는, 매력적인
valued	a. 귀중한, 가치 있는, 소중한
furniture	n. 가구
harvest	v. 수확하다, 벌목하다
fell	v. 쓰러뜨리다, 베어 넘기다
unless	conj. ~하지 않는 한, 않는 경우[때] 외에는
supply root	공급로, 보급로
highly	ad. 매우
frozen	a. 얼어 붙은, 냉동된
exploration	n. 탐사, 탐험
region	n. 지역, 영역
load	n. 짐, 적재량
generally	ad. 일반적으로, 보통
vehicle	n. 차량, 운송수단

BLUE

devotion	n. 헌신
account	n. 이야기, 설명
approximately	ad. 거의, 대략
depiction	n. 서술, 묘사
blend	v. 섞다, 섞이다
rocky	a. 바위[암석]로 된, 험난한
invisible	a. 투명한, 볼 수 없는
literally	ad. 문자 그대로, 말그대로
shrink	v. 줄어들다, 오그라들다
moisture	n. 습기, 수분
drought	n. 가뭄
drag	v. 질질 끌다
stem	n. 줄기
protection	n. 보호(책), 보호물

☐☐	poisonous	a. 독이 있는, 유해한
☐☐	species	n. (생물 분류상의) 종
☐☐	range	v. ~의 범위에 이르다
☐☐	mature	a. 완전히 성장한
☐☐	throughout	ad. ~의 도처에
☐☐	recognize	v. 인지하다, 인식하다, 알아보다
☐☐	low-pitched	a. 낮은 음역의
☐☐	dense	a. 밀집한
☐☐	lay	v. (알을) 낳다
☐☐	hatch	v. 부화하다
☐☐	tropical	a. 열대의, 열대 지방의
☐☐	annual	a. 매년의, 연간의
☐☐	rainforest	n. (열대) 우림
☐☐	particularly	ad. 특히, 특별히
☐☐	shipbuilding	n. 조선(술), 선박 제조
☐☐	profitable	a. 수익성 있는
☐☐	remote	a. 외딴, 멀리 떨어진
☐☐	joint venture	합작 투자
☐☐	operate	v. 운영하다
☐☐	seasonal	a. 계절적인, 계절에 따라 다른
☐☐	requirement	n. 요구, 필요조건

RED

☐☐	triangular	a. 삼각의
☐☐	burrow	n. 굴, 은신처
☐☐	vegetation	n. 초목, 식물
☐☐	hardwood	n. 단단한 목재
☐☐	reddish	a. 불그스름한
☐☐	behold	v. 주시하다, 보다
☐☐	wilderness	n. 황야, 자연
☐☐	mining	n. 광업, 채광

PURPLE

☐☐	cactus	n. 선인장
☐☐	spineless	a. 가시가 없는
☐☐	foul-tasting	a. 불쾌한 맛이 나는
☐☐	mallard	n. 청둥오리

☐☐	glossy	a. 빛나는, 윤(광)이 나는
☐☐	quack	n. 꽥꽥(우는 소리)
☐☐	teak	n. 티크(목재)

BROWN

☐☐	known for	~로 알려진
☐☐	be known of	~에 대해 알려지다
☐☐	at least	적어도, 최소한
☐☐	carry off	끌고 가다, 나르다
☐☐	step on	~을 밟다
☐☐	as many as	~만큼이나 되는
☐☐	as soon as	~하자마자, ~하자 곧
☐☐	except for	~을 제외하고
☐☐	a series of	일련의
☐☐	native to	~가 원산지인
☐☐	so that	그 결과 ~하다
☐☐	move out of	~에서 나오다[이동하다]
☐☐	consist of	~으로 이루어지다, 구성되다
☐☐	depending on	~에 따라
☐☐	by air	항공기로, 공로로

내용 일치·불일치

Pattern
Analysis

예전에는 내용 일치도 나왔지만 최근에는 내용 불일치만 한 문제씩 출제되고 있다.
이 유형은 글을 얼마나 정확하게 읽고 세부 사항을 이해할 수 있는지를 평가한다. 사람 또는 사물을 주인공으로 하는 글이 주를 이루며, 지문의 내용을 빠르고 정확하게 읽는 능력을 요구한다.

대표기출 **유형 파악**

025 Protogenes에 관한 다음 글의 내용과 일치하지 <u>않는</u> 것은?

✤ 2016학년 수능 25번

Known for his devotion to each of his paintings, Protogenes was an ancient Greek painter and a rival of Apelles. He was born in Caunus, on the coast of Caria, but lived most of his life in Rhodes. Little else is known of him. But there are some accounts of his paintings. The Ialysus and the Satyr were the most well-known among his works. Protogenes spent approximately seven years painting the Ialysus, a depiction of a local hero of a town in Rhodes. After remaining in Rhodes for at least 200 years, it was carried off to Rome. There later it was destroyed by fire. Protogenes worked on the Satyr during Demetrius Poliorcetes' attack on Rhodes from 305 to 304 B.C. Interestingly, the garden in which he painted the Satyr was in the middle of the enemy's camp. Protogenes is said to have been about seventy years of age when the Satyr was completed.

① 고대 그리스 화가였다.
② 일생의 대부분을 Rhodes에서 지냈다.
③ Ialysus를 그리는 데 대략 7년을 보냈다.
④ 적진과 멀리 떨어진 곳에서 Satyr를 그렸다.
⑤ Satyr를 완성했을 때는 약 70세였다고 전해진다.

Special
Tip

대부분 유형에서. 내용이 담기는 선택지는 길이가 번호가 내려가면서 점점 늘어나거나 점점 줄어드는 모양 혹은 대부분 비슷한 길이 등 일정 패턴을 취하는 데 반해. 내용 일치 관련 선택지는 길이가 일정하지 않고 제각각이다. 그 이유는 수능에서는 ①지문에서 언급되는 순서대로 선택지를 구성하기 때문이다. ②선택지를 빠르게 한번 읽고 난 후 지문의 내용과 한줄 한줄 비교해 가며 읽는다. 대개 난이도가 높지 않기 때문에 차분히 정답이 아닌 것을 하나씩 지워 나가면서 풀도록 하자.

026 living rock cactus에 관한 다음 글의 내용과 일치하지 <u>않는</u> 것은?   ✤ 2015학년 9월 평가원 27번

Living rock cactus is one of the most peculiar plants found in the desert. For most of the year, it blends into the rocky limestone soils of the Dead Horse Mountains, Mariscal Mountain, and the hills along the Rio Grande. You may step on one before you notice it. Spineless and flat against the ground, it has triangular tubercles that overlap in a star-shaped pattern. In extremely dry conditions, living rock cactus is almost invisible: it literally shrinks into the surrounding rocky soil. Moisture is stored in the root, and during droughts the root shrinks, dragging the stem underground. These spineless plants survive by blending into their native habitat. As added protection, they store foul-tasting, poisonous alkaloids in their bodies.

✤ limestone: 석회암 ✤ tubercle: 작은 돌기

① 사막에서 발견되는 특이한 식물 중 하나이다.
② 삼각형 모양의 작은 돌기를 가지고 있다.
③ 매우 건조한 조건에서는 눈에 거의 보이지 않는다.
④ 가뭄 기간에는 뿌리가 팽창한다.
⑤ 독성이 있는 알칼로이드를 체내에 저장한다.

⏰ 목표 시간　8분
소요 시간 _____ 분

027 pocket gopher에 관한 다음 글의 내용과 일치하지 <u>않는</u> 것은?

✦ 2015년 고2 3월 서울시 24번

Pocket gophers include several species that range across the western half of the United States. They prefer habitats where the earth is soft and easy to dig in, and they spend most of their time underground. As many as seven young are born in the spring. As soon as they are weaned, they dig burrows of their own and begin life alone. Mature gophers are 6 - 13 inches long and weigh up to a pound. Their bodies are fur covered except for a short thick tail. Gophers eat roots and other parts of plants they encounter while digging underground.

✦ wean: 젖을 떼다

① 부드러운 흙이 있는 곳을 서식지로 선호한다.
② 새끼는 젖을 떼자마자 독립한다.
③ 성장하면 무게가 1파운드까지 나간다.
④ 털이 무성한 긴 꼬리가 있다.
⑤ 식물성 먹이를 먹는다.

| Words |

□□ v. 포함하다　i _____
□□ a. 몇몇의, 여러 가지의, 각각의　s _____
□□ n. (생물 분류상의) 종　s _____
□□ v. ~의 범위에 이르다　r _____
□□ a. 서쪽에 위치한　w _____
□□ v. 선호하다　p _____
□□ v. 파다　d _____
□□ ad. 지하에(서)　u _____
□□ n. 굴, 은신처　b _____

□□ a. 완전히 성장한　m _____
□□ a. 두꺼운, 굵은, 숱이 많은　t _____
□□ n. 뿌리　r _____
□□ v. 마주치다, 우연히 만나다　e _____

| Phrases |

□□ ~만큼이나 되는　a _____
□□ ~하자마자, ~하자 곧　a _____
□□ ~을 제외하고　e _____

028 Mallard에 관한 다음 글의 내용과 일치하지 <u>않는</u> 것은?

✦ 2014년 고2 6월 부산시 30번

The mallard is one of the most popular ducks among waterbird hunters and bird watchers. It's commonly seen in ponds and lakes throughout Minnesota. It is most easily recognized by the male's glossy green head and white neck collar. Mallards are very vocal; males have a low-pitched call, and hens use a loud, long series of quacks. In Minnesota, mallards mate in late winter or early spring. Nests are built in dense vegetation, and hens lay 5 to 14 eggs, which take 26 to 30 days to hatch. Interestingly, mallards swim with their tail held above the water, so when trouble comes, they can spring directly out of the water and into the air.

① Minnesota 지역의 연못과 호수에서 흔히 보인다.
② 수컷은 꽥꽥 소리를 크고 길게 연속으로 낸다.
③ Minnesota에서 늦은 겨울이나 이른 봄에 짝짓기 한다.
④ 암컷은 5개에서 14개의 알을 낳는다.
⑤ 꼬리를 물 위로 하고 수영을 한다.

Speed! **어휘 체크**

| Words |

□□ n. 청동오리   m_____

□□ n. 관찰자   w_____

□□ ad. 흔히   c_____

□□ ad. ~의 도처에   t_____

□□ v. 인지하다, 인식하다, 알아보다   r_____

□□ n. 남성, 수컷   m_____

□□ a. 빛나는, 윤(광)이 나는   g_____

□□ n. 목덜미   c_____

□□ a. 시끄러운   v_____

□□ a. 낮은 음역의   l_____

□□ n. 꽥꽥(우는 소리)   q_____

□□ v. 짝짓기를 하다   m_____

□□ a. 밀집한   d_____

□□ n. 초목, 식물   v_____

□□ v. (알을) 낳다   l_____

□□ v. 부화하다   h_____

□□ ad. 바로, 곧장   d_____

| Phrases |

□□ 일련의   a_____

029 teak에 관한 다음 글의 내용과 일치하지 <u>않는</u> 것은?

✦ 2016년 고2 3월 서울시 25번

Teak is among the most prized of the tropical hardwoods. It is native to India, Thailand, and Vietnam. It is a leaf-losing species that requires an annual dry season, so it is not found in the true rainforests. The wood of teak is particularly attractive, having a golden or reddish brown color. Teak is strong, making it a valued wood in shipbuilding and for high-quality furniture. One problem with harvesting teak is that the wood is very dense, so that when it is first felled and has not been dried it sinks in water. It cannot be moved out of forests by floating down rivers unless the wood has been dried first.

① 인도, 태국, 베트남이 원산지이다.
② 건기가 매년 있는 기후를 필요로 한다.
③ 목재는 금색이나 붉은색이 도는 갈색이다.
④ 선박과 고급 가구를 만드는 데 쓰인다.
⑤ 목재는 건조되기 전에 강에 띄워 운반된다.

speed!

어휘 체크

| Words |

□□ n. 티크(목재)   t _____
□□ a. 열대의, 열대 지방의   t _____
□□ n. 단단한 목재   h _____
□□ n. (생물 분류상의) 종   s _____
□□ n. 요구하다, 필요로 하다   r _____
□□ a. 매년의, 연간의   a _____
□□ n. (열대) 우림   r _____
□□ ad. 특히, 특별히   p _____
□□ a. 마음을 끄는, 매력적인   a _____
□□ a. 불그스름한   r _____
□□ a. 귀중한, 가치 있는, 소중한   v _____

□□ n. 조선(술), 선박 제조   s _____
□□ n. 가구   f _____
□□ v. 수확하다, 벌목하다   h _____
□□ a. 밀집한, 고밀도의   d _____
□□ v. 쓰러뜨리다, 베어 넘기다   f _____
□□ conj. ~하지 않는 한, 않는 경우[때] 외에는
    u _____

| Phrases |

□□ ~가 원산지인   n _____
□□ 그 결과 ~하다   s _____
□□ ~에서 나오다[이동하다]   m _____

030 Tibbitt to Contwoyto Winter Road에 관한 다음 글의 내용과 일치하지 <u>않는</u> 것은?

✤ 2014년 고3 4월 경기도 28번

The Tibbitt to Contwoyto Winter Road is something to behold in the Barren Lands of the North. It is the supply route to highly profitable diamond mines in the remote Canadian wilderness, stretching approximately six hundred kilometers. Approximately 80 percent of the ice road consists of frozen lakes. The road is built by a joint venture of mining companies operating in the area, and shared by many users, from exploration companies to native hunters of the region. This seasonal winter road is only open for eight to nine weeks each year, from February to the beginning of April depending on weather and the season's load requirements. During the rest of the year, the mines can be reached only by air. Travel time on the ice road is generally around 14 hours and speed of vehicles is carefully controlled to protect the ice.

① 캐나다 다이아몬드 광산으로 연결된 물자 보급로이다.
② 대략 80퍼센트가 얼어붙은 호수로 이루어져 있다.
③ 지역 사냥꾼들의 이용이 통제된다.
④ 일 년에 8주에서 9주 정도 개방된다.
⑤ 얼음을 보호하기 위해 차량 속도가 제한된다.

---

speed! **어휘 체크**

| Words |

☐☐ v. 주시하다, 보다　　　　　b _____
☐☐ 공급로, 보급로　　　　　　s _____
☐☐ ad. 매우　　　　　　　　h _____
☐☐ a. 수익성 있는　　　　　　p _____
☐☐ a. 외딴, 멀리 떨어진　　　　r _____
☐☐ n. 황야, 자연　　　　　　w _____
☐☐ ad. 거의, 대략　　　　　　a _____
☐☐ a. 얼어 붙은, 냉동된　　　　f _____
☐☐ 합작 투자　　　　　　　　j _____
☐☐ n. 광업, 채광　　　　　　m _____
☐☐ v. 운영하다　　　　　　　o _____
☐☐ n. 탐사, 탐험　　　　　　e _____

☐☐ a. 원주민의, 토박이의　　　n _____
☐☐ n. 지역, 영역　　　　　　r _____
☐☐ a. 계절적인, 계절에 따라 다른　s _____
☐☐ n. 짐, 적재량　　　　　　l _____
☐☐ n. 요구, 필요조건　　　　r _____
☐☐ ad. 일반적으로, 보통　　　g _____
☐☐ n. 차량, 운송수단　　　　v _____

| Phrases |

☐☐ ~으로 이루어지다, 구성되다　c _____
☐☐ ~에 따라　　　　　　　　d _____
☐☐ 항공기로, 공로로　　　　　b _____

안내문 일치·불일치

| CHAPTER PREVIEW |

GREEN

☐☐	host	v. 주최하다, 개최하다
☐☐	direct	v. (영화를) 감독하다, 지시하다
☐☐	general	a. 일반적인, 보편적인
☐☐	discount	n. 할인
☐☐	purchase	v. 구매하다
☐☐	beverage	n. 음료
☐☐	include	v. 포함하다
☐☐	coast	n. 해안
☐☐	exhibit	n. 전시품
☐☐	display	v. 전시하다, 보여주다
☐☐	perform	v. 공연하다, 수행하다
☐☐	entrance	n. 입구
☐☐	fee	n. 요금, 수수료
☐☐	fund	n. 기금, 자금
☐☐	local	a. 지역의, 현지의
☐☐	environmental	a. 환경의, 주변의
☐☐	offer	v. 제공하다
☐☐	charge	v. 청구하다, 충전하다
☐☐	per	prep. ~마다
☐☐	notice	n. 공지
☐☐	provide	v. 제공하다, 공급하다
☐☐	rate	n. 요금
☐☐	payment	n. 요금, 지불
☐☐	extend	v. 연장하다, 넓히다
☐☐	valuable	a. (보통 복수형으로) 귀중한
☐☐	lounge	n. 라운지
☐☐	cleaning	n. 청소
☐☐	expense	n. 비용, 지출
☐☐	explore	v. 탐험하다, 조사하다
☐☐	common	a. 공통의, 흔한
☐☐	parking	n. 주차, 주차 공간
☐☐	author	n. 작가

BLUE

☐☐	admission	n. 입장(료)
☐☐	valid	a. 유효한, 타당성 있는
☐☐	student union	학생회, 학생회관
☐☐	non-refundable	a. 환불이 안 되는
☐☐	variety	n. 다양성, 품종
☐☐	quality	n. 질, 특성
☐☐	sculpture	n. 조각품, 조소
☐☐	resident	n. 거주자
☐☐	further	a. 추가의
☐☐	annual	a. 매년의, 연례의
☐☐	conservation	n. 보존, 보호
☐☐	reservation	n. 예약
☐☐	overnight	ad. 하룻밤 사이에
☐☐	departure	n. 출발
☐☐	additional	a. 추가의
☐☐	feature	n. 특징
☐☐	tune	n. 곡(조)
☐☐	interactive	a. 함께하는, 상호적인
☐☐	seasonal	a. 계절적인, 계절에 따라 변하는
☐☐	inquire	v. 문의하다, 조사하다
☐☐	secure	v. 확보(획득)하다, 보장하다
☐☐	account	n. 계좌
☐☐	illustrator	n. 삽화가
☐☐	autograph	v. 서명을 하다
☐☐	aged	a. (나이가) ~세[살]의, 고령의
☐☐	permit	v. 허락하다

RED

☐☐	famed	a. 저명한, 유명한
☐☐	fabulous	a. 멋진, 굉장한
☐☐	availability	n. 유효성, 이용 가능성
☐☐	up-close	a. 근거리의, 가까운

PURPLE

☐☐	philharmonic	a. 교향악단 (특정 교향악단의 이름은 P−)

BROWN

☐☐	such as	예를 들어, ～과 같은
☐☐	prior to	～에 앞서, 먼저
☐☐	make a reservation	예약하다
☐☐	in advance (of)	(～보다) 미리, 사전에
☐☐	every other	하나 걸러, 격일(격주)로
☐☐	be used to	(V)하기 위해 사용되다
☐☐	be invited to	～에 초대받다

안내문 일치·불일치

Pattern Analysis

2014학년 수준별 수능 A형에 등장한 이래로 '일치'와 '불일치' 모두 출제되고 있다.
안내문이나 광고문과 같이 일상생활에서 쉽게 접할 수 있는 글을 읽고, 글에 제시된 정보와 선택지의 일치 여부를 파악해야 하는 문항이다. 추론에 의해 내용을 유추하는 것이 아니라, 글에 명시적으로 제시된 정보에 대한 사실적 이해에 근거하여 선택지와의 일치 여부를 판단하도록 유의한다.

대표기출 **유형 파악**

031 Short Film Festival에 관한 다음 안내문의 내용과 일치하는 것은?

✤ 2015학년 수능 26번

SHORT FILM FESTIVAL

We will be hosting nine short films, which were written, directed, acted and produced by students from the College of Performing Arts & Film, Pamil University.

- Date: Friday, November 21, 2014
- Time: 7:00 pm - 10:00 pm
- Place: Pamil Auditorium, Pamil University
- Price: $10 (general admission)
      $5 (discount for all university students with a valid ID)

- Tickets can be purchased from the student union office from Monday, November 17, 2014.
- All tickets are non-refundable.
- FREE beverage included in ticket price

   For more information, please call the student union office at (343) 777-8338.

① 교수들이 제작한 영화가 상영된다.
② 오전에 세 시간 동안 진행된다.
③ 영화 전공 학생에게만 입장료를 할인해 준다.
④ 입장권은 환불이 가능하다.
⑤ 무료 음료가 입장료에 포함된다.

Special Tip

지문은 선택지의 내용보다 더 많은 내용을 담고 있다. 미리 지문 전부를 읽어볼 필요는 없다. 선택지와 비교하면서 ①필요한 정보만 골라 읽는 것이 중요하다. 내용 일치·불일치 유형과 마찬가지로 ②선택지는 지문에 등장한 순서대로 나온다. 현재 수능 유형 중 가장 낮은 난이도로 구성되기 때문에 실수 없이 최대한 빠르게 푸는 연습을 해야 한다.

032 Virginia Art Show 2015에 관한 다음 안내문의 내용과 일치하지 <u>않는</u> 것은? ✢ 2016학년 수능 27번

Virginia Art Show 2015

We invite you to join us at the 20th Virginia Art Show, famed all along the east coast for the variety and quality of its exhibits. Works by famous artists such as Mabel Green, Theresa Peterson, and Ronald McKuen will be displayed. The Virginia Philharmonic will perform on the first day of the show.

Come and enjoy the fabulous drawings, sculptures, photographs, digital works, and the great music!

- Dates: November 1-30
- Hours: 10:00 a.m. - 9:00 p.m.
- Place: Westchester Art Center
- Entrance Fees: - Adults: $15 one day
  - Children: $7 one day
  Free admission for Virginia residents

For further information, please visit our website at www.virginiaartshow.org.

---

① 스무 번째 개최되는 행사이다.
② 유명한 예술가의 작품이 전시된다.
③ 행사 첫날 Virginia Philharmonic의 공연이 있다.
④ 두 달 동안 열린다.
⑤ Virginia 주민의 무료입장이 가능하다.

033 The Great Green Bike Ride에 관한 다음 안내문의 내용과 일치하는 <u>않는</u> 것은?

✤ 2014년 고2 9월 인천시 23번

The Great Green Bike Ride

The Great Green Bike Ride is an annual fantastic two-wheeled weekend adventure event to raise funds for local environmental conservation.

- Date: Saturday 27 - Sunday 28, September 2014

- Route
  - Day 1-City Hall to the Central Forest: 85 miles
  - Day 2-Explore the Central Forest: 35 miles

- Event Fee: $50 and FREE for children under 12

- Bike Reservation

Reserve your free bikes prior to the event day at www.greatgreenbike.org. You can only use our bikes if you make a reservation.

- Overnight Stay

We offer a delicious BBQ dinner and a place to stay.

① 지역 환경 보존 기금을 마련하기 위한 행사이다.
② 둘째 날의 자전거 주행거리는 35마일이다.
③ 12세 미만의 어린이는 무료로 참가할 수 있다.
④ 행사 당일에 자전거 대여 예약이 가능하다.
⑤ 저녁 식사와 숙소를 제공한다.

Speed! 어휘 체크

| Words |

☐☐ a. 매년의, 연간의   a _____
☐☐ n. 기금, 자금   f _____
☐☐ a. 지역의, 현지의   l _____
☐☐ a. 환경의, 주변의   e _____
☐☐ n. 보존, 보호   c _____
☐☐ n. 요금, 비용   f _____
☐☐ n. 예약   r _____

☐☐ v. 예약하다, 비축하다   r _____
☐☐ ad. 하룻밤 사이에   o _____
☐☐ v. 제공하다   o _____

| Phrases |

☐☐ ~에 앞서, 먼저   p _____
☐☐ 예약하다   m _____

034 Off the Chain Bike Bus Tour에 관한 다음 안내문의 내용과 일치하는 것은?

✤ 2016년 고2 3월 서울시 26번

Off the Chain Bike Bus Tour

Off the Chain Bike Bus Tour, the eco-friendly way to see Sycamore City, is here. Experience a pedal-powered adventure with up to 11 of your friends!

- Time: 9 a.m.-5 p.m.
- Place of Departure: Sycamore City Hall
- Fee: A bike bus for an hour is $100, and additional time is charged at $10 per 10 minutes after the first hour.

Special Feature
- You can sing and dance to your favorite tunes and play interactive games, while enjoying all of what Sycamore City has to offer.

   For further information, please visit our website at www.syctownbikebus.com.

---

① 최대 참가 인원은 한 번에 10명이다.
② 오전 9시부터 12시간 동안 운영된다.
③ Sycamore 기차역에서 출발한다.
④ 1시간 이용 요금은 110달러이다.
⑤ 관광 도중 노래와 게임을 할 수 있다.

Speed! **어휘 체크**

Words			
□□ n. 출발	d _____	□□ n. 특징	f _____
□□ n. 요금, 비용	f _____	□□ n. 곡(조)	t _____
□□ a. 추가의	a _____	□□ a. 함께하는, 상호적인	i _____
□□ v. 청구하다, 충전하다	c _____	□□ v. 제공하다	o _____
□□ prep. ~마다	p _____	□□ a. 추가의	f _____

035 Sunrise Inn 이용에 관한 다음 안내문의 일치하는 것은? ✦ 2015년 고2 9월 인천시 26번

Notice for All Guests

We hope to provide you with the best service possible.

Rates
- Our rates are seasonal. Please call or email to inquire.
- 50% of full payment must be paid in advance to secure reservation.

Check-in & Check-out
- Check-in: 2:00p.m.-11:00p.m.
- Check-out: by 11:00a.m.
- To extend your stay, check for availability before 10:00a.m..

Services
- There's a safe at the front desk to store your valuables. A charge of $2 will be added to your account.
- The computers in the lounge are only for searching the Internet. Please do not play computer games or download programs.
- Rooms are cleaned every other day. A $5 service charge will be added for daily cleaning.

---

① 예약 확정을 위해 요금 전액을 미리 지불해야 한다.
② 숙박 연장을 원하면 오전 11시까지 문의해야 한다.
③ 금고를 사용하려면 추가 비용을 지불해야 한다.
④ 라운지에 있는 컴퓨터로 프로그램을 내려 받아도 된다.
⑤ 객실 청소는 매일 무료로 이루어진다.

---

speed! 어휘 체크

Words	
□□ a. 공지	n _____
□□ v. 제공하다, 공급하다	p _____
□□ n. 요금	r _____
□□ a. 계절적인, 계절에 따라 변하는	s _____
□□ v. 문의하다, 조사하다	i _____
□□ n. 요금, 지불	p _____
□□ v. 확보하다, 보장하다	s _____
□□ n. 예약	r _____
□□ v. 연장하다, 넓히다	e _____

□□ n. 유효성, 이용 가능성	a _____
□□ n. (보통 복수형으로) 귀중품	v _____
□□ n. 요금, 책임	c _____
□□ n. 계좌	a _____
□□ n. 라운지	l _____
□□ n. 청소	c _____

Phrases	
□□ (~보다) 미리, 사전에	i _____
□□ 하나 걸러, 격일(격주)로	e _____

036 26th Annual Buckeye Book Fair에 관한 다음 안내문의 내용과 일치하지 <u>않는</u> 것은?

✤ 2014년 고3 7월 인천시 28번

26th Annual Buckeye Book Fair

You Can Meet 100 Ohio Writers and Illustrators and Purchase Autographed Books at a Discount

- **Date & Time**
  Saturday, November 1, 2014, 9:30 a.m. to 4:00 p.m.

- **Admission Fee**
  The $2 admission fee will be used to cover the expenses of the Buckeye Book Fair.

- **Special Event**
  Kids aged 5-12 are invited to explore the amazing, up-close worlds of common North American animals. Learn how butterflies drink and why frogs sing.

- **Parking**
  Parking is free when you present a ticket for admission.

You are not permitted to enter the Book Fair with books brought from home to be signed. Only books sold during the Book Fair will be signed by authors. Thank you for your understanding.

205 West Liberty Street, Wooster, OH 44691
Tel. (330) 262-3244 / www.BuckeyeBookFair.com

---

① 작가와 삽화가를 만날 수 있다.
② 입장료는 박람회를 위한 비용으로 사용된다.
③ 어린이들에게 동물 탐구 이벤트를 제공한다.
④ 입장권을 제시하면 무료 주차가 가능하다.
⑤ 집에서 가져온 책에 저자의 사인을 받을 수 있다.

Speed! ▶ 어휘 체크 ▶

| Words |

☐☐ a. 매년의, 연례의	a _____	
☐☐ n. 삽화가	i _____	
☐☐ v. 구매하다	p _____	
☐☐ v. 서명을 하다	a _____	
☐☐ n. 할인	d _____	
☐☐ n. 입장(료)	a _____	
☐☐ n. 요금, 비용	f _____	
☐☐ n. 비용, 지출	e _____	
☐☐ a. (나이가) ~세의, 고령의	a _____	

☐☐ v. 탐험하다, 조사하다   e _____
☐☐ a. 근거리의, 가까운   u _____
☐☐ a. 공통의, 흔한   c _____
☐☐ n. 주차, 주차 공간   p _____
☐☐ v. 허락하다   p _____
☐☐ n. 작가   a _____

| Phrases |

☐☐ (V)하기 위해 사용되다   b _____
☐☐ ~에 초대받다   b _____

CHAPTER 07

도표 분석

| CHAPTER PREVIEW |

GREEN

☐☐	percentage	n. 비율, 백분율
☐☐	advertising	n. 광고, 광고업
☐☐	media	n. 매체
☐☐	consumer	n. 소비자, 고객
☐☐	rank	v. (등급을) 차지하다
☐☐	gap	n. 격차, 틈
☐☐	mobile	n. 휴대전화
☐☐	survey	n. (설문)조사
☐☐	compare	v. 비교하다
☐☐	minor	n. 미성년자
☐☐	consult	v. 상담하다
☐☐	source	n. 공급자
☐☐	trend	n. 동향, 추세
☐☐	amount	n. 양
☐☐	earn	v. 얻다, 벌다
☐☐	ad	n. 광고
☐☐	since	prep. ～이래로
☐☐	bottom	n. 밑바닥, 기초
☐☐	increase	v. 증가하다
☐☐	broadcast	n. 방송
☐☐	unlike	prep. ～와 다르게
☐☐	remain	v. (～한 상태로) 남다, 계속 ～이다
☐☐	billion	n. 10억
☐☐	rate	n. 비율, 요금
☐☐	eldest	a. 가장 나이가 많은
☐☐	primary	a. 주요한
☐☐	natural gas	천연 가스
☐☐	coal	n. 석탄
☐☐	nuclear	n. 원전, 원자력
☐☐	divide	v. 나누다
☐☐	generation	n. (전기 등의) 발생, 발전
☐☐	category	n. 범주, 항목

☐☐	combine	v. 결합하다

BLUE

☐☐	proportion	n. (전체의) 부분, 비율
☐☐	respectively	ad. 각각, 제각기
☐☐	whereas	conj. 반면에
☐☐	conduct	v. 수행하다, 지휘하다
☐☐	involvement	n. 참여, 개입
☐☐	browse	v. 대강 훑어보다
☐☐	attend	v. 참석하다
☐☐	aged	a. (나이가) ～세의, 고령의
☐☐	revenue	n. (정부·기관의) 수익, 세입
☐☐	continuously	ad. 끊임없이, 지속적으로
☐☐	noticeably	ad. 두드러지게, 현저히
☐☐	previously	ad. 이전에, 미리
☐☐	steadily	ad. 꾸준히, 착실하게
☐☐	production	n. 생산(량), 생성
☐☐	further	a. 추가의, 더 추가된
☐☐	sub-category	n. 하위 범주, 하위 구분
☐☐	reveal	v. 보여주다, 드러내다
☐☐	meanwhile	ad. 한편

RED

☐☐	notably	ad. 현저히, 특히
☐☐	surpass	v. 능가하다, 뛰어넘다
☐☐	petroleum	n. 석유
☐☐	renewable	a. 재생 가능한
☐☐	marginal	a. 근소한
☐☐	hydroelectric	a. 수력 전기의

PURPLE

☐☐	hereafter	ad. 이후로
☐☐	biofuel	n. 바이오 연료, 생물 연료
☐☐	geothermal	a. 지열의

BROWN

☐☐	take up	차지하다
☐☐	account for	차지하다, ~을 설명하다
☐☐	as for	~에 대해서 말하자면
☐☐	in terms of	~ 면에서
☐☐	less than	~보다 적은
☐☐	at least	적어도, 최소한
☐☐	as a whole	전체적으로, 총괄하여
☐☐	compare to	~와 비교하다
☐☐	in total	전체로서, 통틀어

도표 분석

도표 관련 문제는 원 그래프, 선 그래프 등으로도 출제될 수 있지만, 현재 수능에서는 막대 그래프의 비중이 단연 높다. 원래 난이도가 높지 않은 영역인데 2015학년 수능에서 도표 문제의 오류로 인해 평가원 측에서 홍역을 치른 터라 논란의 여지를 만들지 않으려는 출제자들의 의도가 보인다.

대표기출   **유형 파악**

037 다음 도표의 내용과 일치하지 않는 것은?
✤ 2015학년 6월 평가원 25번

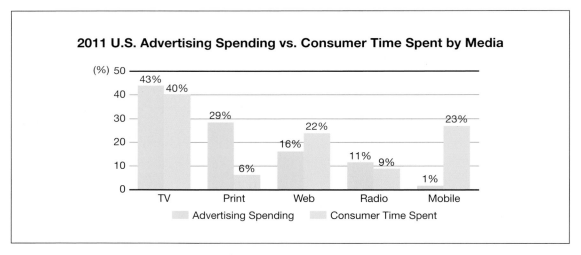

2011 U.S. Advertising Spending vs. Consumer Time Spent by Media

The above graph shows the percentage of U.S. advertising spending by media and consumer time spent using each type of media in 2011. ① In the case of TV, both advertising spending and consumer time spent took up the largest proportion with 43% and 40%, respectively. ② Print ranked second in advertising spending, whereas it ranked last in consumer time spent. ③ Web accounted for the third largest proportion in both advertising spending and consumer time spent. ④ As for the percentage gap between advertising spending and consumer time spent, Radio showed the smallest gap. ⑤ The percentage gap between advertising spending and consumer time spent was larger in Web than in Mobile.

Special Tip

도표의 제목을 먼저 간단히 훑어보고 첫 문장은 빨리 읽는다. 바로 ①번부터 하나씩 도표의 내용을 비교해 나간다. 도표 문제는 특히 다음 세 가지에 대해 평소에 철저하게 익혀둘 필요가 있다. 먼저 ①비교급과 최상급의 형태를 알고 있어야 한다. 두 개의 정보를 비교하고 어느 것이 더 혹은 몇 배 높은지 낮은지를 따지는 건 기본으로 출제되고 있다. 특히 비교급을 활용한 최상급의 표현에 주의하자. 또한 그래프가 증가하다가 감소하는지 꾸준히 증가 또는 감소하는지 등을 보여주는 ②증가 감소를 뜻하는 어휘들을 알아두고, 분수 표현이나 근사치를 나타내는 표현 등 ③다양한 수량 표현을 익혀두고 활용해야 한다.

038 다음 도표의 내용과 일치하지 <u>않는</u> 것은?

✤ 2016학년 수능 24번

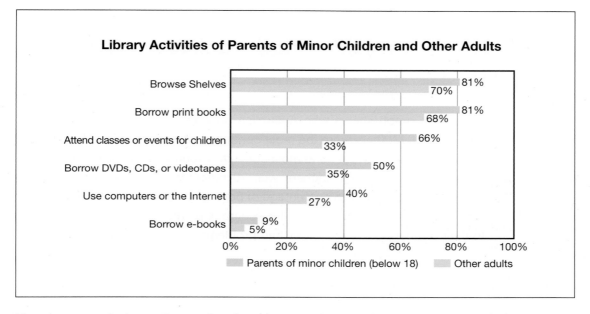

The above graph shows the results of a survey conducted in 2012. It compares the percentage of parents of minor children (hereafter, parents) and that of other adults in terms of their involvement in six library activities. ① Most notably, the percentage of parents is higher than that of other adults in all activity types. ② The percentage of parents who browsed shelves is the same as that of parents who borrowed print books. ③ The percentage gap between parents and other adults is largest in the activity of attending classes or events for children and is smallest in the activity of using computers or the Internet. ④ The percentage of other adults who browsed shelves is twice as high as that of other adults who borrowed DVDs, CDs, or videotapes. ⑤ Finally, the percentage of parents who borrowed e-books is less than 10% but is higher than that of other adults who did the same activity.

039 다음 도표의 내용과 일치하지 <u>않는</u> 것은?

✤ 2016년 고2 3월 서울시 24번

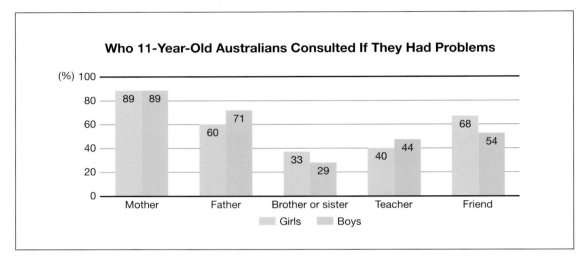

The above graph shows who Australian girls and boys aged eleven consulted if they had problems. ① Mothers were the most consulted source if girls and boys had problems. ② For boys, fathers were the second most consulted source, followed by friends. ③ The percentage of girls who consulted teachers was 20 percentage points higher than that of girls who consulted fathers. ④ The percentage of boys who consulted teachers was higher than that of girls who consulted teachers by 4 percentage points. ⑤ More girls went to their friends than to their brothers or sisters if they had problems.

Speed!

어휘 체크

| Words |

☐☐ a. (나이가) ~세의, 고령의　　　　a _____

☐☐ v. 상담하다　　　　c _____

☐☐ n. 공급자　　　　s _____

☐☐ n. 백분율, 비율　　　　p _____

040 다음 도표의 내용과 일치하지 <u>않는</u> 것은?

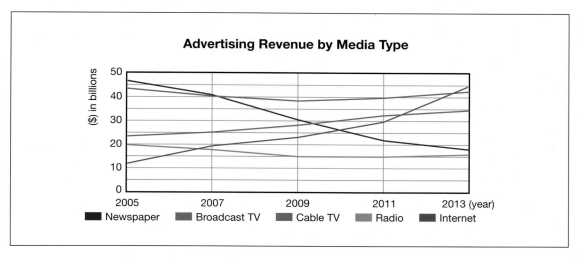

The graph above shows trends in advertising revenue by media type from 2005 to 2013. ① Between 2005 and 2007, the amount of advertising revenue earned by newspapers was the largest among the five media types. ② However, the newspaper ad revenue had continuously dropped since 2005 and ranked the second from the bottom in 2013, next to the ad revenue of radio. ③ Since 2005, the Internet ad revenue had noticeably increased, and in 2013 it surpassed the previously leading ad revenue source, broadcast TV. ④ The ad revenue of cable TV had increased steadily since 2005 and became more than twice that of radio in 2009. ⑤ Between 2009 and 2013, unlike the other four media types, the radio ad revenue changed little, remaining around 15 billion dollars.

---

speed! | 어휘 체크 |

| Words |

□□ a. 동향, 추세   t _____
□□ v. 광고하다   a _____
□□ n. 광고, 광고업   a _____
□□ n. (정부·기관의) 수익, 세입   r _____
□□ n. 매체   m _____
□□ n. 양   a _____
□□ v. 벌다, 얻다   e _____
□□ n. 광고   a _____
□□ ad. 끊임없이, 지속적으로   c _____
□□ prep. ～이래로   s _____
□□ v. (등급을) 차지하다   r _____

□□ n. 밑바닥, 기초   b _____
□□ ad. 두드러지게, 현저히   n _____
□□ v. 증가하다   i _____
□□ v. 능가하다, 뛰어넘다   s _____
□□ ad. 이전에, 미리   p _____
□□ n. 근원, 출처   s _____
□□ n. 방송   b _____
□□ ad. 꾸준히, 착실하게   s _____
□□ prep. ～와 다르게   u _____
□□ v. (～한 상태로) 남다, 계속 ～이다   r _____
□□ n. 10억   b _____

041 다음 도표의 내용과 일치하지 <u>않는</u> 것은?

✤ 2015년 고2 6월 전국연합 25번

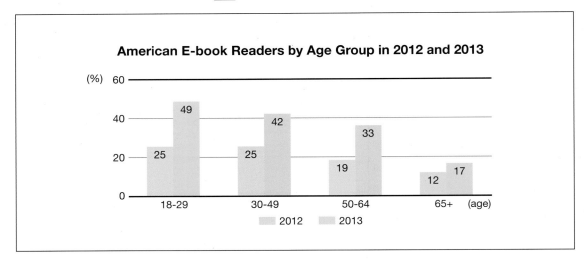

The graph above shows the percentage of American people by age group who read at least one e-book in 2012 and 2013. ① As a whole, the e-book reading rates in 2013 were higher in each age group, compared to 2012. ② The percentage gap between 2012 and 2013 was the smallest for the eldest group. ③ The percentage of young adults aged 18-29 who read one e-book or more in 2012 almost doubled in 2013. ④ The e-book reading rates of the second youngest group increased from 25% in 2012 to 42% in 2013. ⑤ About two out of ten American adults aged 50-64 read at least one e-book in 2012; more than half of the same age group did so in 2013.

| Words |

☐☐ n. 비율, 백분율   p _____

☐☐ n. 비율, 요금   r _____

☐☐ n. 틈, 차이   g _____

☐☐ a. 가장 나이가 많은   e _____

☐☐ a. (나이가) ～세의, 고령의   a _____

☐☐ v. 증가하다   i _____

| Phrases |

☐☐ 적어도, 최소한   a _____

☐☐ 전체적으로, 총괄하여   a _____

☐☐ ～와 비교하다   c _____

042 다음 도표의 내용과 일치하지 <u>않는</u> 것은?

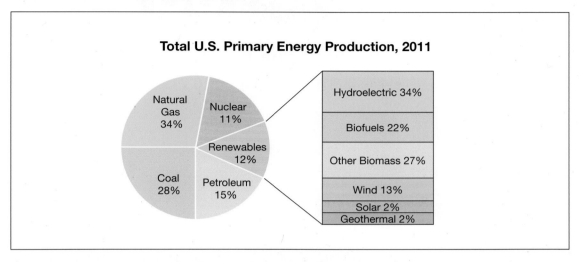

The above graph shows the total U.S. primary energy production in 2011 and the percentage each energy source accounts for. ① The pie chart shows five different energy sources: natural gas, coal, petroleum, nuclear, and renewables, with the last of these divided into six further sub-categories. ② The percentage of natural gas, coal, and petroleum in total takes up more than two thirds of the total U.S. primary energy production. ③ The data also reveals that nuclear power generation ranks last and is close behind renewables with a marginal difference of one percentage point. ④ In the category of renewable energy, biofuels and other biomass percentages combined are larger than half of the renewable energy produced while hydroelectric energy is the single largest source. ⑤ Meanwhile, the two lowest renewables, geothermal and solar, share the same percentage of two percent each.

Speed! **어휘 체크**

| Words |

- ☐☐ n. 주요한   p _____
- ☐☐ n. 생산(량), 생성   p _____
- ☐☐ n. 근원   s _____
- ☐☐ 천연 가스   n _____
- ☐☐ n. 석탄   c _____
- ☐☐ n. 석유   p _____
- ☐☐ n. 원전, 원자력   n _____
- ☐☐ a. 재생 가능한   r _____
- ☐☐ v. 나누다   d _____
- ☐☐ a. 추가의, 더 추가된   f _____
- ☐☐ n. 하위 범주, 하위 구분   s _____
- ☐☐ v. 보여주다, 드러내다   r _____
- ☐☐ n. (전기 등의) 발생, 발전   g _____

- ☐☐ v. (등급을) 매기다, 차지하다   r _____
- ☐☐ a. 근소한   m _____
- ☐☐ n. 범주, 항목   c _____
- ☐☐ n. 바이오 연료, 생물 연료   b _____
- ☐☐ v. 결합하다   c _____
- ☐☐ a. 수력 전기의   h _____
- ☐☐ ad. 한편   m _____
- ☐☐ a. 지열의   g _____

| Phrases |

- ☐☐ 차지하다   a _____
- ☐☐ 전체로서, 통틀어   i _____
- ☐☐ 차지하다   t _____

PART 03

문법 및 어휘
• 수능 독해영역 출제 비중 약 10.71% (약 3문항)

문법 및 어휘

문법 및 어휘를 위해서는 글의 전체적 의미나 문장 간의 의미적 관련성을 통하여 어법의 적합성이나 어휘의 적합성을 파악하는 능력이 필요하다. 문법과 어휘에는 다음과 같은 문항 유형이 있다.

문항 유형

문법 | 문맥에 따른 어법 정확성 파악하기, 지칭 추론하기
어휘 | 문맥에 따른 어휘 적절성 파악하기

학습 안내

가. 문법

문법 능력을 기르기 위해서는 문법 지식에 대한 단순한 암기보다는 담화나 문단의 전체적인 의미나 문장 사이의 의미적 관련성을 통해 문법이 정확하고 적절하게 사용되었는지를 파악하는 연습이 필요하다. 문법에 대한 판단은 하나의 문장 안에서 이루어질 수도 있지만, 전후 문장 및 전체 글의 맥락을 이해해야 하는 경우도 있기 때문에 평소에 다양한 소재의 글을 읽으면서 시제, 수 일치, 수동/능동과 같은 여러 문법 요소들이 어떻게 사용되고 있는지 구체적으로 따져보는 것이 좋다. 또한 문장을 구성하는 기본적인 문법 지식을 익히고, 글을 구성하는 다양한 문장 구조의 특성을 학습하는 것도 도움을 줄 수 있다.

나. 어휘

어휘 능력을 기르기 위해서는 다양한 소재의 글을 읽고 글의 전체적 흐름을 빠르게 파악하고 문맥을 활용하여 어휘의 의미를 유추해 보는 연습이 필요하다. 단순히 어휘의 사전적인 의미를 암기하는 것에 그치지 않고, 글의 중심 내용과 흐름을 고려하여 문맥에 어울리는 적절한 의미를 생각해야 한다. 또한 어휘의 1차적 의미뿐만 아니라 2차적, 3차적 의미까지 고려해서 문맥에 가장 적절한 의미가 무엇인지 생각해 보는 것도 도움을 줄 수 있다.

		한국교육과정평가원 수능 영어 절대평가 읽기 문항 유형		수능직방 Reading
Part 3	문법 및 어휘	문법	문맥에 따른 어법 정확성 파악하기, 지칭 추론하기	밑줄 어법 · 네모 어법 밑줄 어휘 · 네모 어휘 지칭 추론
		어휘	문맥에 따른 어휘 적절성 파악하기	

밑줄어법·네모어법

| CHAPTER PREVIEW |

GREEN

☐☐	baking	n. 제빵, 빵 굽기
☐☐	technological	a. 기술적인, 기술의
☐☐	spark	v. 불꽃을 일으키다, 유발하다
☐☐	old-fashioned	a. 구식의
☐☐	goods	n. 상품
☐☐	research	v. 연구하다, 조사하다
☐☐	method	n. 방법, 방식
☐☐	handmade	a. 수제의
☐☐	experiment	v. 실험하다
☐☐	fit	v. 끼워 맞추다, 맞추다
☐☐	object	n. 물건, 물체
☐☐	investment	n. 투자, 투자 대상
☐☐	purchase	v. 구매하다
☐☐	furniture	n. 가구
☐☐	lifestyle	n. 생활양식
☐☐	consequence	n. 결과
☐☐	decision	n. 결정
☐☐	base	n. 바닥, 토대
☐☐	tip	n. 끝부분
☐☐	highly	ad. 매우
☐☐	desire	v. 바라다
☐☐	professional	a. 직업적인, 프로의
☐☐	thus	ad. 이와 같이, 그러므로
☐☐	increasingly	ad. 점점 더, 갈수록 더
☐☐	salary	n. 급여, 봉급
☐☐	various	a. 서로 다른, 다양한
☐☐	reflect	v. 반영하다
☐☐	typically	ad. 전형적으로, 일반적으로
☐☐	extra	n. 추가분
☐☐	earn	v. 벌다
☐☐	degree	n. 정도, 등급, 단계
☐☐	times	n. (몇) 배

☐☐	since	conj. ~때문에
☐☐	dressmaker	n. 양재사
☐☐	remain	v. 남다, 계속[여전히] ~이다
☐☐	stream	n. 개울, 시내
☐☐	rub	v. 비비다, 문지르다
☐☐	labor	n. 노동
☐☐	automatically	ad. 자동으로
☐☐	detergent	n. 세제
☐☐	technologically	ad. 과학기술로, 기술상으로
☐☐	advanced	a. 진보한, 선진의, 앞선
☐☐	require	n. 요구하다, 필요로 하다
☐☐	feed	v. 먹이다, 공급하다, (기계에) 넣다
☐☐	indeed	ad. 정말로, 사실은
☐☐	allow	v. 허락하다, 허용하다
☐☐	customer	n. 고객
☐☐	product	n. 제품, 상품, 공산품
☐☐	persuade	v. 설득하다
☐☐	approach	n. 접근, 접근법
☐☐	perhaps	ad. 아마도
☐☐	package	n. 꾸러미, 패키지
☐☐	sense	n. 감각, 느낌
☐☐	pressure	n. 압박
☐☐	host	n. 파티 주최자

BLUE

☐☐	sophisticated	a. 세련된, 복잡한, 정교한
☐☐	ingredient	n. 재료, 성분
☐☐	contribute	v. 기여하다
☐☐	popularity	n. 대중성, 인기
☐☐	reaction	n. 반응, 반작용
☐☐	refined	a. 정제된, 세련된, 정교한
☐☐	specialty	n. 특제품, 새 고안품
☐☐	flour	n. 가루, 밀가루

☐☐ Green: 중학필수   ☐☐ Blue: 고등기본   ☐☐ Red: 고등실력   ☐☐ Purple: 최상위권   ☐☐ Brown: 숙어

☐☐	occupy	v. 차지하다, 점령하다
☐☐	belonging	n. 〈pl.〉 소유물, 소지품
☐☐	frustration	n. 불만, 좌절
☐☐	process	n. 과정
☐☐	advancement	n. 승진, 출세
☐☐	altogether	ad. 다 합하여, 전체로, 모두 함께
☐☐	head coach	수석 코치, 감독
☐☐	counterpart	n. 상대
☐☐	right-handed	a. 오른손잡이인, 오른손잡이를 위해 만들어진
☐☐	mostly	ad. 대개, 대부분, 주로, 일반적으로
☐☐	primarily	ad. 주로
☐☐	maid	n. 하녀
☐☐	riverbank	n. 강기슭, 강둑
☐☐	commonplace	a. 아주 흔한
☐☐	homeowner	n. 주택 보유자(소유자)
☐☐	regulate	v. 조절하다, 조정하다
☐☐	mechanical	a. 기계적인
☐☐	appliance	n. (가정용)기기, (가전)제품
☐☐	washer	n. 세탁기
☐☐	excess	a. 초과한, 여분의
☐☐	phenomenon	n. 현상, 경이로운 사람(것)
☐☐	charity	n. 자선, 자선단체
☐☐	affect	v. 영향을 미치다

RED

☐☐	refrigeration	n. 냉장, 냉동, 냉각
☐☐	immeasurably	ad. 헤아릴 수 없을 정도로, 대단히
☐☐	reclaim	v. 되찾다
☐☐	industrialize	v. 산업화되다
☐☐	standardize	v. 표준화하다
☐☐	condominium	n. 아파트, 공동주택
☐☐	fruitless	a. 헛된, 무익한
☐☐	warehouse	n. 창고
☐☐	athletic	a. 운동의
☐☐	scrub	v. 문질러 닦다, 비벼 빨다, 문지르다
☐☐	backbreaking	a. 몹시 힘든

☐☐	rinse	v. 헹구다
☐☐	electrical	a. 전기의
☐☐	obligate	a. (법적·도덕적으로 ~할) 의무가 있는

PURPLE

☐☐	pastry	n. 페이스트리
☐☐	sourdough	n. (발효시켜) 시큼한 맛이 나는 반죽[빵]

BROWN

☐☐	at the beginning (of)	(~의) 처음에, (~의) 초반에
☐☐	search for	~를 찾다
☐☐	move to	~로 이사하다
☐☐	get rid of	~을 처리하다[없애다]
☐☐	lead to	~를 초래하다, ~로 이끌다
☐☐	work one's way up	승진하다
☐☐	in comparison	비교하면, 상대적으로
☐☐	measure out	(필요한 양만큼) 덜어 내다
☐☐	not only A but (also) B	A뿐만 아니라 B도 역시
☐☐	by hand	손으로, 손수
☐☐	compared with	~와 비교하여, ~와 비교되어
☐☐	squeeze out	~을 짜내다
☐☐	in order to	~하기 위하여
☐☐	in return	대신에, ~에 대한 답례로
☐☐	return the favor	호의를 되돌려 주다, 신세를 갚다
☐☐	under pressure	압박을 받는

밑줄어법·네모어법

어법 – 말이나 글의 일정한 규칙이나 법칙
문법 – 말의 구성 및 운용상의 규칙

문법 지식을 바탕으로 문장의 구성을 분석하고 내용을 제대로 이해하고 있는지 여부를 측정하는 유형으로, 최근 흐름으로 볼 때, 밑줄어법 혹은 네모어법 형태 둘 중 하나로 출제될 확률이 높다. 비중은 작지만 고득점자를 가르는 유형으로 자리 잡고 있어서 이를 무시하긴 어렵다. 실제 수능에서도 매번 오답률이 높은 유형 중 하나로 꼽힌다.

대표기출 **유형 파악**

043 다음 글의 밑줄 친 부분 중, 어법상 틀린 것은?

✤ 2015학년 6월 평가원 27번

In the twentieth century, advances in technology, from refrigeration to sophisticated ovens to air transportation ① <u>that</u> carries fresh ingredients around the world, contributed immeasurably to baking and pastry making. At the beginning of the twenty-first century, the popularity of fine breads and pastries ② <u>are</u> growing even faster than new chefs can be trained. Interestingly enough, many of the technological advances in bread making have sparked a reaction among bakers and consumers ③ <u>alike</u>. They are looking to reclaim some of the flavors of old-fashioned breads that ④ <u>were lost</u> as baking became more industrialized and baked goods became more refined, standardized, and — some would say — flavorless. Bakers are researching methods for ⑤ <u>producing</u> the handmade sourdough breads of the past, and they are experimenting with specialty flours in their search for flavor.

Special Tip

대부분의 학교 내신에서 어법 문제의 비중은 상당히 높다. 그 어떤 유형보다도 더 많은 시간과 노력을 들여 공부하고 있음에도 늘 불안하고 자신이 없다면 다시 한번 기본에 충실하길 조언한다. 지금까지 수능에서 그리고 앞으로의 수능에서도 **출제확률이 가장 높은 영역을** 꼽으라면 단연 ①**동사의 쓰임이 적절한지** 묻는 것이다. 동사의 시제가 맞는지, 능동(ing)인지 수동(p.p.)인지, 수일치가 적절한지 그리고 독특한 용법을 지닌 동사가 문맥에 맞게 쓰였는지 묻는다. 다음으로 ②**접속사와 관계사**에 대해 제대로 이해하고 있는지를 중요하게 다룬다. 특히 that과 wh*(what, who, which, when 등등)의 활용에 대해 명확히 알아둘 필요가 있다. 마지막으로 ③**병렬구조**에 주목하자. 특히 밑줄어법에서 and에 밑줄이 그어져 있다면 바로 뒤에 나오는 단어(부사가 나오면 부사 뒤의 단어)와 같은 품사인 단어를 앞에서 찾아서 문맥이 자연스러운지 판단해야 한다.

044 (A), (B), (C)의 각 네모 안에서 어법에 맞는 표현으로 가장 적절한 것은? ✦ 2014학년 9월 평가원 A형 27번

You cannot fit objects (A) | that / what | occupied a 5,000-square-foot house in a 2,000-square-foot condominium. If you are moving to a smaller condominium, that's great. Get rid of your belongings and (B) | buy / buying | the condominium. It is fruitless to look at condominiums when you have spent the past 20-odd years in a large house and then try to move all of your life into the smaller investment. To do so often leads to frustration because what you wind up purchasing is an expensive warehouse for your furniture, and that is usually the wrong investment. If you want to change your lifestyle, you must accept the consequences of that decision. Throwing things out only (C) | hurt / hurts | for a little while.

	(A)		(B)		(C)
①	that	……	buy	……	hurt
②	that	……	buy	……	hurts
③	what	……	buy	……	hurts
④	what	……	buying	……	hurts
⑤	what	……	buying	……	hurt

045 다음 글의 밑줄 친 부분 중, 어법상 <u>틀린</u> 것은?

✤ 2015년 고2 6월 부산시 28번

The process of job advancement in the field of sports ① <u>is</u> often said to be shaped like a pyramid. That is, at the wide base are many jobs with high school athletic teams, while at the narrow tip are the few, highly desired jobs with professional organizations. Thus there are many sports jobs altogether, but the competition becomes ② <u>increasingly</u> tough as one works their way up. The salaries of various positions reflect this pyramid model. For example, high school football coaches are typically teachers who ③ <u>paid</u> a little extra for their afterclass work. But coaches of the same sport at big universities can earn more than $1 million a year, causing the salaries of college presidents ④ <u>to look</u> small in comparison. One degree higher up is the National Football League, ⑤ <u>where</u> head coaches can earn many times more than their best-paid campus counterparts.

| Words |

☐☐ n. 과정   p _____

☐☐ n. 승진, 출세   a _____

☐☐ n. 바닥, 토대   b _____

☐☐ a. 운동의   a _____

☐☐ n. 끝부분   t _____

☐☐ ad. 매우   h _____

☐☐ v. 바라다   d _____

☐☐ a. 직업적인, 프로의   p _____

☐☐ ad. 이와 같이, 그러므로   t _____

☐☐ ad. 다 합하여, 전체로, 모두 함께   a _____

☐☐ ad. 점점 더, 갈수록 더   i _____

☐☐ n. 급여, 봉급   s _____

☐☐ a. 서로 다른, 다양한   v _____

☐☐ v. 반영하다   r _____

☐☐ ad. 전형적으로, 일반적으로   t _____

☐☐ n. 추가분   e _____

☐☐ v. 벌다   e _____

☐☐ n. 정도, 등급, 단계   d _____

☐☐ 수석 코치, 감독   h _____

☐☐ n. (몇) 배   t _____

☐☐ n. 상대   c _____

| Phrases |

☐☐ 승진하다   w _____

☐☐ 비교하면, 상대적으로   i _____

046 (A), (B), (C)의 각 네모 안에서 어법에 맞는 표현으로 가장 적절한 것은?

✤ 2013년 고2 9월 인천시 A형 31번

It is easier for right-handed people to push buttons on the right through holes on the left. This is why men's clothes (A) | have / having | buttons on the right since most people are right-handed. But what about women, who are also mostly right-handed? When buttons first came to be used, they were very expensive and were worn primarily by the rich. Women in that class did not usually dress (B) | them / themselves | but were dressed by maids. Since a maid would be facing a woman she was dressing, dressmakers put the buttons on the maid's right, and this, of course, put them on the woman's left (C) | which / where | they have remained.

	(A)	(B)	(C)
①	have	...... them	...... which
②	having	...... themselves	...... which
③	have	...... themselves	...... where
④	having	...... them	...... where
⑤	have	...... themselves	...... which

Speed! 어휘 체크 ▶

| Words |

□□ a. 오른손잡이인, 오른손잡이를 위해 만들어진

r _____

□□ conj. ~때문에   s _____

□□ ad. 대개, 대부분, 주로, 일반적으로   m_____

□□ ad. 주로   p _____

□□ n. 하녀   m_____

□□ n. 양재사   d _____

□□ v. 남다, 계속[여전히] ~이다   r _____

047 다음 글의 밑줄 친 부분 중, 어법상 틀린 것은?

✤ 2016년 고2 9월 인천시 28번

Before the washing machine was invented, people used washboards to scrub, or they carried their laundry to riverbanks and streams, ① where they beat and rubbed it against rocks. Such backbreaking labor is still commonplace in parts of the world, but for most homeowners the work is now done by a machine that ② automatically regulates water temperature, measures out the detergent, washes, rinses, and spin-dries. With ③ its electrical and mechanical system, the washing machine is one of the most technologically advanced examples of a large household appliance. It not only cleans clothes, but it ④ is so with far less water, detergent, and energy than washing by hand requires. ⑤ Compared with the old washers that squeezed out excess water by feeding clothes through rollers, modern washers are indeed an electrical-mechanical phenomenon.

Speed! | 어휘 체크

| Words |

□□ v. 문질러 닦다, 비벼 빨다, 문지르다   s _____

□□ n. 강기슭, 강둑   r _____

□□ n. 개울, 시내   s _____

□□ v. 비비다, 문지르다   r _____

□□ 몹시 힘든   b _____

□□ n. 노동   l _____

□□ a. 아주 흔한   c _____

□□ n. 주택 보유자(소유자)   h _____

□□ ad. 자동으로   a _____

□□ v. 조절하다, 조정하다   r _____

□□ n. 세제   d _____

□□ v. 헹구다   r _____

□□ a. 전기의   e _____

□□ a. 기계적인   m _____

□□ ad. 과학기술로, 기술상으로   t _____

□□ a. 진보한, 선진의, 앞선   a _____

□□ n. (가정용)기기, (가전)제품   a _____

□□ n. 요구하다, 필요로 하다   r _____

□□ n. 세탁기   w _____

□□ a. 초과한, 여분의   e _____

□□ v. 먹이다, 공급하다, (기계에) 넣다   f _____

□□ ad. 정말로, 사실은   i _____

□□ n. 현상, 경이로운 사람(것)   p _____

| Phrases |

□□ (필요한 양만큼) 덜어 내다   m _____

□□ A뿐만 아니라 B도 역시   n _____

□□ 손으로   b _____

□□ ~와 비교하여, ~와 비교되어   c _____

□□ ~을 짜내다   s _____

048 (A), (B), (C)의 각 네모 안에서 어법에 맞는 표현으로 가장 적절한 것은?

✦ 2013년 고2 6월 서울시 A형 31번

Many businesses send free gifts or samples through the mail, or allow customers to try and test new products in order to persuade future customers to (A) | purchase / purchasing | them. Charity organizations, too, use the give-and-take approach by perhaps sending target persons a package of Christmas cards or calendars. Those who receive the package (B) | feel / feels | obligated to send something in return. So powerful is this sense of obligation to return the favor that it affects our daily lives very much. (C) | Inviting / Invited | to a dinner party, we feel under pressure to invite our hosts to one of ours. If someone gives us a gift, we need to return it in kind.

✦ obligation: 의무

	(A)		(B)		(C)
①	purchase	……	feel	……	Inviting
②	purchase	……	feel	……	Invited
③	purchase	……	feels	……	Invited
④	purchasing	……	feels	……	Inviting
⑤	purchasing	……	feel	……	Inviting

speed!

어휘 체크

| Words |

□□ v. 허락하다, 허용하다   a _____

□□ n. 고객   c _____

□□ n. 제품, 상품, 공산품   p _____

□□ v. 설득하다   p _____

□□ v. 구매하다   p _____

□□ n. 자선, 자선단체   c _____

□□ n. 접근, 접근법   a _____

□□ ad. 아마도, 어쩌면   p _____

□□ n. 꾸러미, 패키지   p _____

□□ a. (법적·도덕적으로 …할) 의무가 있는

o _____

□□ n. 감각, 느낌   s _____

□□ v. 영향을 미치다   a _____

□□ n. 압박   p _____

□□ n. 파티 주최자   h _____

| Phrases |

□□ ~하기 위하여   i _____

□□ 답례로, 보답으로   i _____

□□ 호의를 되돌려 주다, 은혜를 갚다, 신세를 갚다

r _____

□□ 압박을 받는   u _____

밑줄어휘·네모어휘

| CHAPTER PREVIEW |

GREEN

☐☐	output	n. 생산, 생산량
☐☐	rate	n. 요금, ~료
☐☐	charge	v. 청구하다, 부담시키다
☐☐	expense	n. 비용, 지출
☐☐	depress	v. 약화시키다, 침체시키다
☐☐	immediate	a. 직접적인
☐☐	spot	v. 발견하다, 알아내다
☐☐	fisherman	n. 낚시꾼
☐☐	lack	v. ~이 없다, 모자라다
☐☐	suitable	a. 적합한, 적절한, 알맞은
☐☐	rather	ad. 다소, 상당히
☐☐	immediately	ad. 즉시, 즉각
☐☐	thus	ad. 그래서, 그러므로
☐☐	cooperate	v. 협력하다
☐☐	doubt	n. 의심
☐☐	zebra-striped	a. 얼룩말 줄무늬의
☐☐	chick	n. 병아리, 새끼 새
☐☐	novel	n. 소설
☐☐	employ	v. 사용하다, 쓰다
☐☐	principle	n. 원리
☐☐	achieve	v. 성취하다, 달성하다, 완수하다
☐☐	purposely	ad. 고의로, 일부러
☐☐	perform	v. 수행하다, 공연하다, 연기하다
☐☐	several	a. 몇몇의
☐☐	scene	n. 장면
☐☐	expectation	n. 기대
☐☐	relieved	a. 안도하는
☐☐	consider	v. ~으로 여기다
☐☐	achievement	n. 업적, 성취
☐☐	honor	n. 명예
☐☐	climber	n. 등반가
☐☐	century	n. 100년, 세기
☐☐	factor	n. 요인
☐☐	attempt	v. 시도하다

☐☐	whenever	conj. ~할 때마다
☐☐	satellite	n. (인공)위성, 위성장치
☐☐	exactly	ad. 정확히
☐☐	climbing	n. 등산, 등반
☐☐	openness	n. 개방성, 진솔함
☐☐	include	v. 포함하다
☐☐	location	n. 장소, 위치
☐☐	site	n. (인터넷)사이트
☐☐	donation	n. 기부
☐☐	uncertain	a. 확신이 없는, 불확실한
☐☐	encourage	v. 격려하다, 권장하다
☐☐	responsible	a. ~에 책임(감)이 있는
☐☐	fancy	a. 고급의, 화려한
☐☐	salary	n. 급여, 봉급
☐☐	possibility	n. 가능성
☐☐	disappoint	v. 실망시키다, 낙담시키다
☐☐	allow	v. 허락하다, 허용하다
☐☐	forbid	v. 금하다
☐☐	coworker	n. 동료
☐☐	steal	v. 훔치다
☐☐	emotional	a. 감정의, 정서의
☐☐	manage	v. 관리하다
☐☐	ignore	v. 무시하다
☐☐	enable	v. ~을 가능하게 하다

BLUE

☐☐	real estate	부동산
☐☐	undergo	v. 겪다
☐☐	severe	a. 극심한, 심한
☐☐	manufacture	v. 생산[제조]하다
☐☐	exceed	v. 초과하다
☐☐	manufacturer	n. 업체, 생산자
☐☐	property	n. 재산, 부동산
☐☐	accommodate	v. 수용하다
☐☐	peak	n. 절정
☐☐	downward	a. 하향의

□□	operating	a. 경영[운영]상의
□□	lender	n. 빌려주는 사람, 대출 기관
□□	further	ad. 더 나아가, 더욱
□□	flightless	a. 날지 못하는
□□	evolve	v. 진화하다
□□	widespread	a. 널리 퍼진
□□	furious	a. 맹렬한
□□	accommodation	n. 숙박 시설
□□	destruction	n. 파괴
□□	intent	a. 열중하는, 몰두하는
□□	obvious	a. 명백한
□□	defect	n. 결함
□□	species	n. (생물 분류상의) 종
□□	introduce	v. 도입하다
□□	rob	v. 강탈하다, 빼앗다
□□	plot	n. 줄거리
□□	beforehand	ad. 미리, 사전에
□□	outcome	n. 결과
□□	feat	n. 위업, 공적, 묘기, 뛰어난 재주
□□	deliberate	a. 고의의, 계획적인, 의도적인
□□	arrange	v. 계획하다, 정하다
□□	applause	n. 박수
□□	appreciate	v. 높이 평가하다, 진가를 인정하다
□□	summit	n. 정상
□□	disgrace	n. 불명예, 망신
□□	presence	n. 존재
□□	expedition	n. 원정대, 탐험대
□□	venture	n. 벤처 사업
□□	hesitant	a. 망설이는, 주저하는
□□	operational	a. 운영상의
□□	donor	n. 기부자, 기증자
□□	guilty	a. 유죄의, 죄책감을 느끼는
□□	conflict	n. 갈등, 충돌
□□	rejection	n. 거부, 거절
□□	frustrated	a. 낙담한, 좌절된
□□	satisfied	a. 만족한, 충족된
□□	perception	n. 인식
□□	fulfill	v. 이행하다, 완수하다, 달성하다
□□	meaningful	a. 의미 있는

RED

□□	inventory	n. 재고, 재고품
□□	vacancy	n. 빈방
□□	subsidize	v. 보조금을 지급하다, 후원하다
□□	repossess	v. (대금이 치뤄지지 않은 물건을) 회수(압류)하다
□□	sporting	a. 스포츠의
□□	suspense	n. 긴장감, 불안
□□	nonprofit	n. 비영리 단체
□□	underwrite	v. 지불을 승인하다(동의하다)
□□	generosity	n. 관대함, 너그러움, 아량

PURPLE

□□	prolonged	a. 장기간의
□□	acrobat	n. 곡예사
□□	quality time	귀중한 시간

BROWN

□□	cut back on	~을 줄이다
□□	the amount of	~의 양
□□	be unable to	~할 능력이 없다
□□	at distress prices	투매 가격에
□□	enough to	~하기에 충분한
□□	compensate for	보충하다, 보상하다, 보완하다
□□	take up	차지하다
□□	keep *ing	~을 계속하다
□□	as to	~에 관해
□□	at once	즉시, 당장, 지체 없이
□□	wait for	~를 기다리다
□□	now that	~이므로, ~이기 때문에
□□	less than	~보다 적은
□□	be crowded with	~로 붐비다
□□	no matter what	무엇을 ~하더라도
□□	be aware of	~을 알고 있다
□□	be likely to	~일 것 같다, ~할 것 같다
□□	spend A on B	B에 A를 쓰다
□□	play it safe	신중을 기하다, 안전책을 강구하다
□□	be faced with	~에 직면하다
□□	at work	직장에서, 근무 중인
□□	end up (*ing/N)	결국 ~하고 말다, 하게 되다
□□	in the end	마침내

밑줄어휘·네모어휘

Pattern
Analysis

글의 요지나 주제를 빨리 파악하여 글의 흐름상 어색한 어휘를 고르는 밑줄어휘와 네모 안에서 문맥에 맞는 어휘를 선택하는 네모어휘 유형 역시 어법과 마찬가지로 최근에는 비중이 줄어서 둘 중 하나의 형태로 출제되고 있다. 평상시에 혼동하기 쉬운 어휘들을 틈나는 대로 학습해 두는 것은 기본이다. 아울러, 점점 선택지에 나오는 어휘의 수준이 높아지고 있다는 것을 유념해두고 꾸준한 어휘 학습이 필요하다.

대표기출 **유형 파악**

049 다음 글의 밑줄 친 부분 중, 문맥상 낱말의 쓰임이 적절하지 <u>않은</u> 것은? ✤ 2015학년 9월 평가원 29번

A special feature of the real estate rental market is its tendency to undergo a severe and prolonged contraction phase, more so than with manufactured products. When the supply of a manufactured product ① <u>exceeds</u> the demand, the manufacturer cuts back on output, and the merchant reduces inventory to balance supply and demand. However, ② <u>property</u> owners cannot reduce the amount of space available for rent in their buildings. Space that was constructed to accommodate business and consumer needs at the peak of the cycle ③ <u>remains</u>, so vacancy rates climb and the downward trend becomes more severe. Rental rates generally do not drop below a certain point, the ④ <u>maximum</u> that must be charged in order to cover operating expenses. Some owners will take space off the market rather than lose money on it. A few, unable to subsidize the property, will sell at distress prices, and lenders will repossess others. These may then be placed on the market at lower rental rates, further ⑤ <u>depressing</u> the market.

✦ contraction phase: 경기 수축기(후퇴기) ✦ distress price: 투매 가격(판매자가 손해를 감수하는 매우 싼 가격)

글의 흐름상 어색한 어휘를 고르는 밑줄어휘는 ①선택지를 빠르게 훑어보면서 각각의 반대말을 생각해보자. 정답은 거의 대부분 반대말이 와야 문맥상 맞는 경우가 대부분이다. 내가 선택한 답이 맞는지 확인하는 방법 역시 반대말을 넣어서 적절한 지이다. **네모어휘는 크게 철자가 비슷한 경우와 그렇지 않은 경우로 나뉜다. ①철자가 비슷한 어휘는 뜻이 전혀 다른 경우가 많아서** 어휘의 뜻을 다 알고 있다면 해석만 제대로 하면 쉽게 맞출 수 있다. 한편, **②철자의 유사성이 전혀 없는 어휘의 조합은 서로 반대의 의미일 가능성이 높다.** 아무런 연관성이 없는 두 어휘를 짝을 지을 이유는 없다.

Special Tip

| Bonus Content |

혼동 어휘			
role 역할	rule 지배, 규칙	contribute 기부하다	attribute ~로 여기다
clean 청소하다	clear 깨끗이 하다	accident 사고	incident 사건
raise 들어올리다	rise 오르다	adapt 적응하다	adopt 채택하다
quality 질, 성질	quantity 양	extent 크기, 범위	extend 연장하다
arise 발생하다	rise 오르다	career 직업, 경력	carrier 운반하는 것
personal 개인의	personnel 인사부	cancel 취소하다	cancer 암
general 일반적인	generate 발생시키다	polish 윤을 내다	policy 정책, 수단
quit 그만두다	quite 아주, 매우	broad 넓은	board 위원회
perform 수행하다	perfume 향수, 향기	contend 주장하다	content 내용, 목차
principal 주요한	principle 법칙, 원리	aware 인식하는	beware 조심하다

050 (A), (B), (C)의 각 네모 안에서 문맥에 맞는 낱말로 가장 적절한 것은?   ✦ 2016학년 수능 29번

The Atitlán Giant Grebe was a large, flightless bird that had evolved from the much more widespread and smaller Pied-billed Grebe. By 1965 there were only around 80 birds left on Lake Atitlán. One immediate reason was easy enough to spot: the local human population was cutting down the reed beds at a furious rate. This (A) accommodation / destruction was driven by the needs of a fast growing mat-making industry. But there were other problems. An American airline was intent on developing the lake as a tourist destination for fishermen. However, there was a major problem with this idea: the lake (B) lacked / supported any suitable sporting fish! To compensate for this rather obvious defect, a specially selected species of fish called the Large-mouthed Bass was introduced. The introduced individuals immediately turned their attentions to the crabs and small fish that lived in the lake, thus (C) competing / cooperating with the few remaining grebes for food. There is also little doubt that they sometimes gobbled up the zebra-striped Atitlán Giant Grebe's chicks.

✦ reed: 갈대   ✦ gobble up: 게걸스럽게 먹다

	(A)		(B)		(C)
①	accommodation	……	lacked	……	competing
②	accommodation	……	supported	……	cooperating
③	destruction	……	lacked	……	competing
④	destruction	……	supported	……	cooperating
⑤	destruction	……	lacked	……	cooperating

051 다음 글의 밑줄 친 부분 중, 문맥상 낱말의 쓰임이 적절하지 않은 것은?

✤ 2014년 고2 6월 부산시 28번

Suspense takes up a great share of our interest in life. A play or a novel is often robbed of much of its interest if you know the plot ① beforehand. We like to keep guessing as to the outcome. The circus acrobat employs this principle when he achieves a feat after purposely ② failing to perform it several times. Even the deliberate manner in which he arranges the opening scene ③ increases our expectation. In the last act of a play, a little circus dog balances a ball on its nose. One night when the dog ④ hesitated and worked with a long time before he would perform his feat, he got a lot more applause than when he did his trick at once. We not only like to wait, feeling ⑤ relieved, but we appreciate what we wait for.

Speed! │ 어휘 체크

| Words |

□□ n. 긴장감, 불안   s _____

□□ n. 소설   n _____

□□ v. 강탈하다, 빼앗다   r _____

□□ n. 줄거리   p _____

□□ ad. 미리, 사전에   b _____

□□ n. 결과   o _____

□□ n. 곡예사   a _____

□□ v. 사용하다, 쓰다   e _____

□□ n. 원리   p _____

□□ v. 성취하다, 달성하다, 완수하다   a _____

□□ n. 위업, 공적, 묘기, 뛰어난 재주   f _____

□□ ad. 고의로, 일부러   p _____

□□ v. 수행하다, 공연하다, 연기하다   p _____

□□ a. 몇몇의   s _____

□□ a. 고의의, 계획적인, 의도적인   d _____

□□ v. 계획하다, 정하다   a _____

□□ n. 장면   s _____

□□ n. 기대   e _____

□□ n. 박수   a _____

□□ a. 안도하는   r _____

□□ v. 높이 평가하다, 진가를 인정하다   a _____

| Phrases |

□□ 차지하다   t _____

□□ ~을 계속하다   k _____

□□ ~에 관해   a _____

□□ 즉시, 당장, 지체 없이   a _____

□□ ~를 기다리다   w _____

052

(A), (B), (C)의 각 네모 안에서 문맥에 맞는 낱말로 가장 적절한 것은? ✦ 2014년 고2 3월 서울시 24번

It was once considered an amazing achievement to reach the summit of Mount Everest. It was even a national (A) | disgrace / honor | to have a climber waving a national flag there. But now that almost 4,000 people have reached its summit, the achievement means less than it did a half century ago. In 1963, six people reached the top, but in the spring of 2012, the summit was crowded with more than 500 people. Then what makes it (B) | difficult / possible | for so many people to reach the summit? One important factor is improved weather forecasting. In the past, (C) | lack / presence | of information led expeditions to attempt the summit whenever their team members were ready. Today, with hyper-accurate satellite forecasts, all teams know exactly when the weather will be perfect for climbing, and they often go for the top on the same days.

	(A)	(B)	(C)
①	disgrace	difficult	presence
②	disgrace	possible	lack
③	honor	difficult	lack
④	honor	possible	presence
⑤	honor	possible	lack

Speed! 어휘 체크

| Words |

☐☐ v. ~으로 여기다   c _____

☐☐ n. 업적, 성취   a _____

☐☐ n. 정상   s _____

☐☐ n. 불명예, 망신   d _____

☐☐ n. 명예   h _____

☐☐ n. 등반가   c _____

☐☐ n. 100년, 세기   c _____

☐☐ n. 요인   f _____

☐☐ n. 부족   l _____

☐☐ n. 존재   p _____

☐☐ n. 원정대, 탐험대   e _____

☐☐ v. 시도하다   a _____

☐☐ conj. ~할 때마다   w _____

☐☐ n. (인공)위성, 위성장치   s _____

☐☐ ad. 정확히   e _____

☐☐ n. 등산, 등반   c _____

| Phrases |

☐☐ ~이므로, ~이기 때문에   n _____

☐☐ ~보다 적은   l _____

☐☐ ~로 붐비다   b _____

053 다음 글의 밑줄 친 부분 중, 문맥상 낱말의 쓰임이 적절하지 <u>않은</u> 것은? ✤ 2013년 고2 9월 인천시 A형 32번

Openness is important no matter what your business or venture. The *Charity Water* website ① <u>includes</u> a Google Map location and photographs of every well. When you look at the site, you can see what *Charity Water* is doing. Many people are ② <u>hesitant</u> to give to nonprofits, because they don't know where or how their money is actually going to be used. This is why it can be a good idea to get individuals or an organization to underwrite your operational costs. This way, all the donations you collect go straight to the people you are working to help — making your donors feel ③ <u>uncertain</u> their dollars are doing good things — and that only creates more generosity on their part. Being open also ④ <u>encourages</u> you to be responsible with the money you take in. If people are aware of where their money goes, you'll be ⑤ <u>less</u> likely to spend it on a fancy office or high salaries.

| Words |

☐☐ n. 개방성, 진솔함   o _____

☐☐ n. 벤처 사업   v _____

☐☐ v. 포함하다   i _____

☐☐ n. 장소, 위치   l _____

☐☐ n. (인터넷) 사이트   s _____

☐☐ a. 망설이는, 주저하는   h _____

☐☐ n. 비영리 단체   n _____

☐☐ n. 개인   i _____

☐☐ v. 지불을 승인하다(동의하다)   u _____

☐☐ a. 운영상의   o _____

☐☐ n. 기부   d _____

☐☐ n. 기부자, 기증자   d _____

☐☐ a. 확신이 없는, 불확실한   u _____

☐☐ n. 관대함, 너그러움, 아량   g _____

☐☐ v. 격려하다, 권장하다   e _____

☐☐ a. ~에 책임(감)이 있는   r _____

☐☐ a. 고급의, 화려한   f _____

☐☐ n. 급여, 봉급   s _____

| Phrases |

☐☐ 무엇을 ~하더라도   n _____

☐☐ ~을 알고 있다   b _____

☐☐ ~일 것 같다, ~할 것 같다   b _____

☐☐ B에 A를 쓰다   s _____

054 (A), (B), (C)의 각 네모 안에서 문맥에 맞는 낱말로 가장 적절한 것은?

2015년 고2 3월 서울시 30번

Most of us play it safe by putting our needs aside when faced with the possibility of feeling guilty or disappointing others. At work you may (A) allow / forbid a complaining coworker to keep stealing your energy to avoid conflict — ending up hating your job. At home you may say yes to family members who give you a hard time to avoid their emotional rejection, only to feel (B) frustrated / satisfied by the lack of quality time that you have for yourself. We work hard to manage the perceptions of others, (C) ignoring / fulfilling our own needs, and in the end we give up the very thing that will enable us to live meaningful lives.

	(A)	(B)	(C)
①	allow	frustrated	ignoring
②	allow	frustrated	fulfilling
③	allow	satisfied	fulfilling
④	forbid	frustrated	ignoring
⑤	forbid	satisfied	fulfilling

Speed! **어휘 체크**

| Words |

☐☐ a. 가능성　　　　　　　　　p_____

☐☐ a. 유죄의, 죄책감을 느끼는　　g_____

☐☐ v. 실망시키다, 낙담시키다　　d_____

☐☐ v. 허락하다, 허용하다　　　　a_____

☐☐ v. 금하다　　　　　　　　　f_____

☐☐ n. 동료　　　　　　　　　　c_____

☐☐ v. 훔치다　　　　　　　　　s_____

☐☐ n. 갈등, 충돌　　　　　　　c_____

☐☐ a. 감정의, 정서의　　　　　e_____

☐☐ n. 거부, 거절　　　　　　　r_____

☐☐ a. 낙담한, 좌절된　　　　　f_____

☐☐ a. 만족한, 충족된　　　　　s_____

☐☐ n. 결핍, 부족　　　　　　　l_____

☐☐ 귀중한 시간　　　　　　　　q_____

☐☐ v. 관리하다　　　　　　　　m_____

☐☐ n. 인식　　　　　　　　　　p_____

☐☐ v. 무시하다　　　　　　　　i_____

☐☐ v. 이행하다, 완수하다, 달성하다　f_____

☐☐ v. ~을 가능하게 하다　　　　e_____

☐☐ a. 의미 있는　　　　　　　　m_____

| Phrases |

☐☐ 신중을 기하다, 안전책을 강구하다　p_____

☐☐ ~에 직면하다　　　　　　　b_____

☐☐ 직장에서, 근무 중인　　　　a_____

☐☐ ~을 계속하다　　　　　　　k_____

☐☐ 결국 ~하고 말다, 하게 되다　e_____

☐☐ 마침내　　　　　　　　　　i_____

지칭 추론

| CHAPTER PREVIEW |

GREEN

☐☐	medical	a. 의학의, 의료의
☐☐	treatment	n. 치료
☐☐	disabled	a. 장애를 가진
☐☐	local	a. 지역의, 현지의
☐☐	spot	v. 발견하다
☐☐	seller	n. 파는 사람, 판매자
☐☐	act	v. 역할을 하다
☐☐	offer	v. 제공하다, 제안하다
☐☐	propose	v. 제안하다, 제시하다
☐☐	slightly	ad. 약간, 조금
☐☐	pace	n. 속도
☐☐	increase	v. 증가하다
☐☐	observe	v. 살피다, 관찰하다
☐☐	sense	v. 느끼다, 지각하다
☐☐	instantly	ad. 즉시, 즉각
☐☐	settle	v. 지불하다, 정산하다
☐☐	delight	v. 기쁘게 하다
☐☐	purchase	v. 구매하다
☐☐	reasonable	a. 합리적인, 적당한, (가격이) 싼
☐☐	homemade	a. 집에서 만든, 국산의
☐☐	bathtub	n. 욕조
☐☐	spit	v. 뱉다
☐☐	luckily	ad. 운 좋게, 다행히
☐☐	spray	n. 파편
☐☐	laughter	n. 웃음소리
☐☐	patient	n. 환자
☐☐	typical	a. 전형적인, 일반적인
☐☐	product	n. 산물
☐☐	employee	n. 직원
☐☐	expect	v. 예상하다, 기대하다
☐☐	sort	n. 종류, 부류

☐☐	attack	v. 폭행하다, 공격하다
☐☐	remain	v. 남다, 계속[여전히] ~이다
☐☐	snapshot	n. 스냅 사진
☐☐	memory	n. 기억
☐☐	whenever	conj. ~할 때는 언제든지, ~할 때마다
☐☐	nearly	ad. 거의, 가까이
☐☐	doubt	v. 의심하다
☐☐	comfort	v. 편안하게 하다, 위로하다
☐☐	whatever	pron. ~것은 무엇이든지
☐☐	directly	ad. 직접
☐☐	truly	ad. 정말로, 진심으로
☐☐	technician	n. 기술자, 전문가
☐☐	insurance	n. 보험, 보험업
☐☐	realize	v. 인식하다, 깨닫다
☐☐	calmly	ad. 고요히, 침착하게, 태연하게
☐☐	similar	a. 유사한, 비슷한
☐☐	calm	a. 침착한, 잔잔한
☐☐	customer	n. 고객

BLUE

☐☐	frequently	ad. 자주, 흔히
☐☐	carving	n. 조각물, 조각품
☐☐	opponent	n. 상대, (~에 대한)반대자
☐☐	bargaining	n. 거래
☐☐	recognize	v. 알아채다, 인식하다
☐☐	spread	v. 엷게 바르다, 펴다
☐☐	dump	v. ~을 털썩 내려놓다
☐☐	cabin	n. 오두막집, 선실, 객실
☐☐	counseling	n. 조언, 상담
☐☐	potential	n. 잠재력
☐☐	physician	n. (내과) 의사
☐☐	inspire	v. 고무하다, 영감을 주다
☐☐	compliment	n. 찬사, 칭찬

□□	remark	n. 언급, 의견, 소견, 발언
□□	process	n. 과정, 처리
□□	frequent	a. 자주, 흔한
□□	companion	n. 동반자, 친구, 벗
□□	decade	n. 10년
□□	paralyzed	a. 마비된
□□	brush stroke	붓질
□□	canvas	n. 캔버스, 캔버스 천, 화폭
□□	disable	v. 장애자(불구)로 만들다
□□	observation	n. 관찰, 감시, 논평
□□	replace	v. 대체하다, 교체하다
□□	entire	a. 전체의
□□	throughout	ad. ~동안, 내내

RED

□□	giggle	v. 피식 웃다, 낄낄 웃다
□□	torturous	a. 고문의, 고통스러운
□□	abruptly	ad. 퉁명스럽게
□□	agony	n. 극도의 (육체적·정신적) 고통
□□	flex	v. (근육을) 움직이다
□□	longevity	n. 장수, 수명
□□	engrave	v. 조각하다, 문구를 새기다

PURPLE

□□	stricken	a. 시달리는[고통 받는], 당한[걸린]

BROWN

□□	provide A for B	A에게 B를 제공하다
□□	ask A for B	A에게 B를 요구하다
□□	keep up with	~에 따라가다
□□	be covered with	~으로 뒤덮이다
□□	get through	끝내다
□□	try to	~하려고 노력하다
□□	all over	곳곳에[온 데]
□□	be full of	~으로 가득차다
□□	live up to	기대에 부응하다[합당하다]

□□	be confined to	~에 틀어 박혀 있다
□□	in spite of	~에도 불구하고
□□	at first	처음에는
□□	at least	적어도, 최소한
□□	name after	~의 이름을 따서 명명하다
□□	be better at	~을 더 잘하다
□□	grow up	성장[장성]하다
□□	go forth	나아가다, 시작하다
□□	hand down (to)	(자기보다 어린 사람에게) ~을 물려주다
□□	even though	비록 ~일지라도
□□	even if	비록 ~일지라도
□□	arrive at	~에 도착하다, ~에 이르다
□□	get upset	기분이 나쁘다, 화가 나다
□□	as long as	~하는 한, ~하는 동안은

지칭 추론

Pattern Analysis

밑줄 친 부분은 대명사 다섯 개에 밑줄을 긋거나 혹은 표현을 바꿔서 쓴 명사(들)에 긋는다. 대개 글의 주인공이거나 반복되는 소재이다. 이미 평가원에서 밝혔듯이, 지칭추론은 문장 자체의 해석 능력이 아닌 문장 간의 의미적 관련성을 파악하는 것을 평가하고자 하는 영역이다. 실제 시험에서는 단독 지문으로 한 문제 그리고 장문 배열에서 한 문제씩 출제되고 있다.

대표기출 유형 파악

055 밑줄 친 he[his]가 가리키는 대상이 나머지 넷과 다른 것은?

✤ 2017학년 수능 30번

Dr. Paul Odland and his friend Bob travel frequently to South America, where they provide free medical treatment for disabled children of poor families. One day, they went to a local marketplace. Paul wanted to buy some souvenirs, and ① he spotted a carving that he liked. The non-English speaking seller was asking 500 pesos for the carving. With Bob acting as interpreter, Paul offered 300 and ② his opponent proposed 450. The bargaining in the noisy market became spirited, even intense, with Paul stepping up ③ his price slightly and the seller going down slowly. The pace increased so fast that Bob could not keep up with the back-and-forth interpretation. Meanwhile, observing the seller carefully, Paul sensed something wrong in Bob's interpretation. In fact, the seller had gone below Paul's last offer. When Paul raised his doubt, Bob instantly recognized the error and corrected ④ his interpretation. At length, they settled the deal, and ⑤ he was delighted to purchase the carving at a reasonable price and thanked Bob.

Special Tip

평상시 독해연습을 할 때, 대명사가 가리키는 것을 풀어서 해석하는 연습을 해야 한다. 그리고 똑같은 표현을 계속 쓰기보다 달리 쓰는(paraphrase) 영어의 특성을 고려하여 바뀐 표현이 가리키는 대상이 무엇인지를 찾는 연습을 꾸준히 해야 한다. 문제를 풀 때는 처음 ①번과 ②번을 파악하기 위해 꼼꼼히 읽는 것이 가장 중요하다. ①번과 ②번이 가리키는 대상이 다르다면 정답은 ③번에서 바로 결정 난다. (③번과 같지 않은 것이 답). 만약 ①번과 ②번이 가리키는 대상이 같다면 최대 ④번까지만 읽으면 된다. ③번이 다르면 ③번이 답이고 ③번까지 같다면 ④번에서 결정 난다. ④번이 같으면 정답은 ⑤번이 된다.

056 밑줄 친 him[his]가 가리키는 대상이 나머지 넷과 다른 것은?

✤ 2016학년 9월 평가원 30번

Dad just laughed and walked out of the room still holding Slade in his arms. He had dressed him and now he put ① him in his chair. As Slade sat in his chair eating a biscuit that Dad had spread with butter and homemade strawberry jam, Mom walked into the kitchen. She took one look at her little boy and started laughing; ② his little face and hands were covered with biscuit and jam. She thought how really cute he was. "Honey, what have you done? Look at him. I will never get ③ him clean again. I guess when he gets through eating you can take ④ him out and dump him in the bathtub." Dad laughed. Slade giggled and tried to spit biscuit all over Dad. It didn't hit ⑤ him because luckily he avoided the spray. That made Mom laugh even more and soon the little cabin was full of love and laughter.

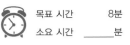

057 밑줄 친 부분이 가리키는 대상이 나머지 넷과 다른 것은?

✤ 2014년 고2 3월 서울시 22번

A 17-year-old patient sat in my counseling office some time ago and said, "I'm so tired of my father telling me that I don't live up to my potential. ① He says it about once a month." This young man is a typical product of a high-achieving father. His father is a physician who has a terrible time with both his employees and his children because ② he expects the same sort of drive in everyone else. ③ He is trying to inspire his son, but the result is defiance. Here is why. If the father says, "You have great potential," it is a compliment to ④ his talent, but it is quickly spoiled with the remark, "You don't live up to your potential." In the process ⑤ he has attacked his son's character.

* defiance: 반항, 저항

| Words |

☐☐ n. 환자   p _____

☐☐ n. 조언, 상담   c _____

☐☐ n. 잠재력   p _____

☐☐ a. 전형적인, 일반적인   t _____

☐☐ n. 산물   p _____

☐☐ n. (내과) 의사   p _____

☐☐ n. 직원   e _____

☐☐ v. 예상하다, 기대하다   e _____

☐☐ n. 종류, 부류   s _____

☐☐ v. 고무하다, 영감을 주다   i _____

☐☐ n. 찬사, 칭찬   c _____

☐☐ n. 언급, 의견, 소견, 발언   r _____

☐☐ n. 과정, 처리   p _____

☐☐ v. 폭행하다, 공격하다   a _____

| Phrases |

☐☐ 기대에 부응하다[합당하다]   l _____

☐☐ ~하려고 노력하다   t _____

밑줄 친 부분이 가리키는 대상이 나머지 넷과 <u>다른</u> 것은? ✤ 2014년 고2 6월 부산시 19번

Henri Matisse and Auguste Renoir were dear friends and frequent companions. When Renoir was confined to his home during the last decade of his life, Matisse visited ① <u>him</u> daily. Renoir, almost paralyzed by arthritis, continued to paint in spite of his illness. One day, as Matisse watched ② <u>the painter</u> working in his studio, fighting torturous pain with each brush stroke, ③ <u>he</u> said abruptly: "Why do you continue to paint when you are in such agony?" Renoir answered simply: "The beauty remains; the pain passes." And so, almost to ④ <u>his</u> dying day, Renoir put paint to canvas. One of his most famous paintings, *The Bathers*, was completed just two years before his passing, 14 years after ⑤ <u>he</u> was stricken by the disabling disease.

✤ arthritis: 관절염

Speed! | 어휘 체크 ▶

| Words |

□□ a. 자주, 흔한　　　　　　　　f _____

□□ n. 동반자, 친구, 벗　　　　　　c _____

□□ n. 10년　　　　　　　　　　d _____

□□ a. 마비된　　　　　　　　　p _____

□□ a. 고문의, 고통스러운　　　　t _____

□□ 붓질　　　　　　　　　　　b _____

□□ ad. 퉁명스럽게　　　　　　　a _____

□□ n. 극도의 (육체적 · 정신적) 고통　a _____

□□ v. 남다, 계속 ~이다　　　　　r _____

□□ n. 캔버스, 캔버스 천, 화폭　　c _____

□□ a. 시달리는[고통 받는], 당한[걸린]　s _____

□□ v. 장애자(불구)로 만들다　　　d _____

| Phrases |

□□ ~에 틀어 박혀 있다　　　　　b _____

□□ ~에도 불구하고　　　　　　i _____

059 밑줄 친 부분이 가리키는 대상이 나머지 넷과 다른 것은?

✤ 2015년 고2 6월 부산시 29번

When I was young, I played a game, *power of observation*, with my father. At first, I was terrible, but I'd get better. After 20 minutes, I felt like I was taking snapshots with my mind. ① He taught me that memory, or at least observation, is a muscle. I've been flexing it every day since then, or at least trying to. Whenever I miss ② him, I play the same game with my own son, who's named after my father, Solomon. ③ He is better at it than I was. He is nearly ten years old, the age I was when my father died. I doubt this Solomon will grow up to be a writer. But it comforts me to know that whatever he does, he'll go forth in the world with something handed down from my father even though ④ he wasn't around to give it to Solomon directly. He was a truly good man, and a good father even if ⑤ he just didn't have the longevity that I hoped.

| Words |

□□ n. 관찰, 감시, 논평　　　　　　o _____

□□ n. 스냅 사진　　　　　　　　　s _____

□□ n. 기억　　　　　　　　　　　m_____

□□ v. (근육을) 움직이다　　　　　f _____

□□ conj. ~할 때는 언제든지, ~할 때마다 w_____

□□ ad. 거의, 가까이　　　　　　　n _____

□□ v. 의심하다　　　　　　　　　d _____

□□ v. 편안하게 하다, 위로하다　　c _____

□□ pron. ~것은 무엇이든지　　　 w_____

□□ ad. 직접　　　　　　　　　　 d _____

□□ ad. 정말로, 진심으로　　　　　t _____

□□ n. 장수, 수명　　　　　　　　l _____

| Phrases |

□□ 처음에는　　　　　　　　　　　a _____

□□ 적어도, 최소한　　　　　　　　a _____

□□ ~하려고 노력하다　　　　　　 t _____

□□ ~의 이름을 따서 명명하다　　 n _____

□□ ~을 더 잘하다　　　　　　　　b _____

□□ 성장[장성]하다　　　　　　　　g _____

□□ 나아가다, 시작하다　　　　　　g _____

□□ (자기보다 어린 사람에게) ~을 물려주다 h _____

□□ 비록 ~일지라도　　　　　　　 e _____

□□ 비록 ~일지라도　　　　　　　 e _____

060 밑줄 친 부분이 가리키는 대상이 나머지 넷과 <u>다른</u> 것은?

✤ 2015년 고3 3월 서울시 29번

Igor Cerc went to a store to have a clock engraved. It was a gift he was taking to a wedding the day he was picking it up. However, when he arrived at the store, ① <u>he</u> found that the technician had broken the glass of the clock during the engraving process. They offered to replace the entire clock, after they got money from their insurance company, but Igor needed the clock now. He realized that it would not serve ② <u>his</u> goals to get upset. He calmly said that he needed to go to a wedding in thirty minutes; the clock was ③ <u>his</u> wedding gift. He noted that there was similar glass in other clocks in the store. Couldn't the store take apart another clock to fix his? He was calm and polite throughout. "The clerk thanked me for not yelling at ④ <u>him</u> as other customers do," said Igor. "I realized that he would do everything he could for me as long as I remained polite." The clerk took apart another clock and quickly replaced the glass, and Igor went on ⑤ <u>his</u> way.

---

speed! **어휘 체크**

| Words |

☐☐ v. 조각하다, 문구를 새기다　　　e ＿＿＿＿＿＿

☐☐ n. 기술자, 전문가　　　t ＿＿＿＿＿＿

☐☐ n. 과정, 처리　　　p ＿＿＿＿＿＿

☐☐ v. 제공하다, 제안하다　　　o ＿＿＿＿＿＿

☐☐ v. 대체하다, 교체하다　　　r ＿＿＿＿＿＿

☐☐ a. 전체의　　　e ＿＿＿＿＿＿

☐☐ n. 보험, 보험업　　　i ＿＿＿＿＿＿

☐☐ v. 인식하다, 깨닫다　　　r ＿＿＿＿＿＿

☐☐ ad. 고요히, 침착하게, 태연하게　　　c ＿＿＿＿＿＿

☐☐ a. 유사한, 비슷한　　　s ＿＿＿＿＿＿

☐☐ a. 침착한, 잔잔한　　　c ＿＿＿＿＿＿

☐☐ ad. ～동안, 내내　　　t ＿＿＿＿＿＿

☐☐ n. 사무원, 점원　　　c ＿＿＿＿＿＿

☐☐ n. 고객　　　c ＿＿＿＿＿＿

☐☐ v. 계속[여전히] ～이다　　　r ＿＿＿＿＿＿

| Phrases |

☐☐ ～에 도착하다, ～에 이르다　　　a ＿＿＿＿＿＿

☐☐ 기분이 나쁘다, 화가 나다　　　g ＿＿＿＿＿＿

☐☐ ～하는 한, ～하는 동안은　　　a ＿＿＿＿＿＿

PART 04

논리적 관계 파악하기
• 수능 독해영역 출제 비중 약 14.28% (약 4문항)

논리적 관계 파악하기

논리적 관계를 파악하기 위해서는 대화 · 담화를 듣거나 글을 읽고 내용의 논리적인 관계(예를 들어, 원인과 결과 관계)를 파악하는 능력이 필요하다. 논리적 관계 파악하기에는 다음과 같은 문항 유형이 있다.

문항 유형

읽기 | 단어나 구, 절, 문장 또는 연결어가 들어갈 빈칸의 내용 추론하기

학습 안내

글의 논리적 관계를 파악하는 능력을 기르기 위해서는 글의 전개 방식과 논리적인 흐름을 이해하고, 글에 직접적으로 명시되지 않은 사항도 논리적으로 추론하는 노력이 필요하다. 빈칸의 내용을 추론해야 하는 문항의 경우 빈칸에 들어갈 내용은 주로 글의 주제나 요지와 관계가 있거나 주요 세부사항과 관련이 있다. 따라서 다양한 소재의 글을 읽으며 글의 핵심 내용을 파악하고, 핵심 내용의 전후 관계 및 인과 관계를 파악하는 연습이 효과적이다. 친구들과 함께 글을 읽으면서 각자 빈칸을 만들어 본 후, 들어갈 적절한 내용이 무엇인지 서로 유추하고 토론하는 것도 좋은 학습 방법이 될 수 있다.

		한국교육과정평가원 수능 영어 절대평가 읽기 문항 유형		수능직빵 Reading
Part 4	논리적 관계 파악하기	읽기	단어나 구, 절, 문장 또는 연결어가 들어갈 빈칸의 내용 추론하기	빈칸 추론 I 빈칸 추론 II

CHAPTER 11

빈칸 추론 I

| CHAPTER PREVIEW |

GREEN

discovery	n. 발견
lab	n. 실험실, 연구실
extremely	ad. 매우
slippery	a. 미끈거리는
employ	v. 적용하다
despite	prep. ~에도 불구하고
device	n. 장치, 기구
product	n. 제품, 상품
theory	n. 이론
eco-friendly	a. 친환경적인, 환경친화적인
ability	n. 능력
particular	a. 특정한
factor	n. 요인
typically	ad. 일반적으로
ancient	a. 고대의, 옛날의
tribe	n. 부족, 종족
hut	n. 오두막
scream	v. 소리치다
seldom	ad. 좀처럼 ~않는
creativity	n. 창조력, 창의성
decision	n. 결정, 판단
certain	a. 특정한
prefer	v. 선호하다
shift	n. 변화
notice	v. 주목하다, 알아차리다
appeal	v. 호소하다, 매력을 끌다
newly	ad. 최근에, 새로
marry	v. 결혼하다
couple	n. 부부
select	v. 선택하다, 고르다
instruct	v. 지시하다
similarly	ad. 이와 유사하게, 비슷하게
reverse	v. 뒤바꾸다, 거꾸로 하다
immediate	a. 즉각적인
lamppost	n. (금속제의) 가로등
practical	a. 현실적인
dishwasher	n. 식기 세척기
upgrade	v. (상위 등급으로) 높이다
backward	a. 뒤의, 퇴보하는

state	n. 상태
loss	n. 손실
downgrade	v. ~을 격하시키다
faith	n. 믿음, 신념
previous	a. 앞의, 이전의
honor	n. 명예, 경의
succeed	v. 성공하다
object	n. 물체, 대상
form	v. 형성하다
whole	n. 완전체, 전체
disagreeable	a. 동의하기 힘든
possibly	ad. 아마
desire	n. 욕구, 바람
beyond	ad. 그 너머에, 그 이후에
minimum	a. 최저의, 최소한의

BLUE

obvious	a. 명백한
application	n. 적용
innovation	n. 혁신
substance	n. 물질
potentially	ad. 잠재적으로
profitable	a. 수익성 있는
breakthrough	n. 획기적 발전
super-accurate	a. 매우 정확한
accuracy	n. 정확성
replace	v. 대체하다
identify	v. 식별하다
bonding	n. 유대
newborn	a. 갓 태어난
settlement	n. 정착지
evolution	n. 진화
affection	n. 애정
sensitivity	n. 예민함, 감수성, 민감도
alternative	n. 대안
reject	v. 거부하다, 제거하다
preference	n. 선호(도)
assess	v. 평가하다, 가늠하다
feature	n. 특징
initially	ad. 처음에

☐☐	access	n. 접근
☐☐	conceal	v. 숨기다
☐☐	maintain	v. 유지하다
☐☐	distinguish	v. 구별하다, 구별짓다
☐☐	visibility	n. 가시성
☐☐	promote	v. 증진시키다
☐☐	passionately	ad. 열렬히, 열의에 찬
☐☐	threat	n. 위협
☐☐	destruction	n. 파멸, 파괴
☐☐	rain forest	열대 우림
☐☐	public opinion	여론
☐☐	poll	n. 여론조사, 투표
☐☐	aspect	n. 측면
☐☐	significant	a. 중요한, 의미 있는
☐☐	respondent	n. 응답자
☐☐	ownership	n. 소유(권)
☐☐	weave	v. 짜다[엮다]
☐☐	temptation	n. 유혹
☐☐	quality	n. 질, 특성
☐☐	lawn mower	잔디깎는 기계
☐☐	possession	n. 소유(물), 소지(품)
☐☐	perspective	n. 견해(관점)
☐☐	unlikely	ad. ~할 것 같지 않게
☐☐	psychologically	ad. 심리적으로
☐☐	painful	a. 아픈[고통스러운], 괴로운
☐☐	sacrifice	n. 희생
☐☐	requirement	n. 요건
☐☐	sufficient	a. 충분한
☐☐	perceive	v. 인지하다
☐☐	arrange	v. 마련하다
☐☐	meaningful	a. 의미 있는
☐☐	well-structured	a. 잘 구조화된
☐☐	meaningfully	ad. 의미 있게
☐☐	visible	a. (눈에) 보이는
☐☐	perception	n. 인식, 지각

RED

☐☐	synthetic	a. 합성의
☐☐	utensil	n. 도구(기구)
☐☐	thermometer	n. 온도계
☐☐	fluctuation	n. 변동
☐☐	sociability	n. 사교성
☐☐	intolerance	n. 옹졸, 편협
☐☐	neutralize	v. ~을 중화하다, ~을 상쇄하다
☐☐	perceptible	a. 지각할 수 있는

☐☐	disposal	n. 처분, 폐기
☐☐	illuminate	v. 부각되다, 드러내다
☐☐	perceptive	a. 지각의
☐☐	unaided	a. 육안의
☐☐	arouse	v. (느낌·태도를) 불러일으키다

PURPLE

☐☐	apparatus	n. 기관, 장치
☐☐	trifling	a. 사소한, 하찮은
☐☐	speck	n. 반점, 점

BROWN

☐☐	be good for	~에 유용하다
☐☐	for years	수년간, 몇 해 동안
☐☐	on the back of	~의 결과를 바탕으로, ~의 결과로
☐☐	be used to	(V)하기 위해 사용되다
☐☐	back up	뒷받침하다
☐☐	of one's own	자기 자신의
☐☐	would have p.p.	~이었을 것이다
☐☐	wake up	깨다, 깨어나다
☐☐	(not) at all	전혀
☐☐	to this day	지금까지도
☐☐	even though	비록 ~일지라도
☐☐	focus on	~에 초점을 맞추다
☐☐	in order to	~하기 위하여
☐☐	be likely to	~일 것 같다, ~할 것 같다
☐☐	close to	~에 가까운
☐☐	would like to	~하고 싶다
☐☐	not A but rather B	A가 아니라 오히려 B
☐☐	let alone	~커녕[~은 고사하고], ~은 말할 것도 없이
☐☐	in connection with	~와 관련되어
☐☐	participate in	~에 참여하다
☐☐	a majority of	다수의
☐☐	last resort	마지막 수단, 최후의 수단
☐☐	shed light on	밝히다, 해명하다
☐☐	in need	어려움에 처해있는
☐☐	be aware of	~을 알고 있다
☐☐	and so on	기타 등등, ~등(et cetera)
☐☐	fall into	~에 빠지다
☐☐	in reality	사실, 실은, 실제로
☐☐	for instance	예를 들어
☐☐	be willing to	흔쾌히 ~하다
☐☐	all kinds of	모든 종류의, 온갖
☐☐	deal with	(문제·과제 등을) 처리하다
☐☐	by itself	그 자체만으로, 그것만으로

Pattern Analysis

하나의 빈칸에 들어갈 어구를 빈칸 전후의 흐름 혹은 전체 문맥에 따라 추론해야 하는 문항이다. 글의 핵심적인 내용(주제문이나 주요 세부 내용)과 글의 논리적 흐름을 이해하여 문맥상 빈칸에 들어갈 가장 적절한 어구를 선택해야 한다. 순수 독해 영역에서 가장 높은 난이도로 지문 자체의 독해 난이도도 높고, 빈칸이 있는 문장과 선택지의 난이도가 높은 수준으로 구성되는 추세이다. 2015학년 수능 이후로 문제 수가 축소되었지만 등급 간 변별력을 담당하는 여전히 무시 못 할 영역으로 1등급을 결정하는 영역이다. 또한, 평가원에서 발표한 절대평가 매뉴얼에서, 구체적 문항 수가 확정되어 있지 않아 언제든지 기습적으로 문항 수를 늘릴 수 있다.

대표기출 **유형 파악**

061 다음 빈칸에 들어갈 말로 가장 적절한 것을 고르시오.

✤ 2015학년 9월 평가원 31번

Not all interesting discoveries have an obvious application. If you believe you have something, but you're not sure what exactly it's going to be good for, don't give up. Many innovations languished in labs for years until they were _____ _____. Teflon, an extremely slippery synthetic substance employed as a coating on cooking utensils, was invented in 1938, but it didn't coat its first pan till 1954. The Post-it note was built on the back of some not-very-good glue. Its inventor believed it might have value, but it took him five years to find a potentially profitable use for it. HP had a breakthrough with a super-accurate thermometer that was created in the HP Labs. Despite its accuracy, there was no clear use for the device until it was used to measure fluctuations in ocean temperature.

＊ languish: 시들해지다

① replaced by new ones
② matched to a product
③ backed up by a theory
④ found to be eco-friendly
⑤ tested for their accuracy

빈칸의 위치가 처음과 마지막 부분에 있다면 주제를 묻는 경우가 많고, 가운데에 있다면 문장과 문장 간의 논리성을 따지는 유형으로 주로 빈칸 전후 내용이 중요한 경우가 많다. 제일 먼저 ①선택지와 빈칸 문장을 빠르게 살펴서 이해가 되는지를 확인해야 한다. 빈칸 문장은 주로 핵심문장이고 ②선택지 다섯 개를 빈칸에 넣어서 그 문장을 이해하면 이미 핵심문장을 이해한 상황이 되고 절반 이상은 해결되었다고 볼 수 있다. 빈칸 문제는 ③선택지 다섯 개 안에서만 찾는 객관식임을 명심하고 생각의 범위도 좁혀야 한다. 다만, 지문에서와 똑같은 표현으로 구성한 선택지보다 ④같은 말을 다른 말로 바꿔 쓴 선택지가 훨씬 정답에 가까움을 기억해두자. 그리고 ⑤가장 매력적인 오답은 정답과 정반대의 내용임을 명심하자. 빈칸 문제에 접근할 땐 기본적으로 어휘와 해석능력이 뒷받침되어야 한다. 특히, 문장 중간에 not이 나오는 형태가 아닌 다른 ⑥부정적인 표현을 활용한 문장들의 정확한 해석연습을 평상시에 잘해두자. 빈칸 전후에서 힌트를 주거나 빈칸이 있는 문장들로 수능 출제자들의 활용빈도가 높다.

062 다음 빈칸에 들어갈 말로 가장 적절한 것을 고르시오.

✤ 2017학년 9월 평가원 31번

A sleeping mother has the ability to identify the particular cry of her own baby. This is one of the bonding factors that has been forgotten because of the way in which we live today. Typically, there is now only one newborn baby in any family house or apartment, so there is no way to test this ability. In an ancient tribe, however, living in small huts in a tiny village settlement, a mother would have been able to hear any of the babies crying in the night. If she woke up every time one of them screamed for food, she might get no sleep at all. During the course of evolution she became programmed to awake only at the sound of her own particular baby. This _____ is still there to this day, even though it is seldom used.

① affection
② creativity
③ sociability
④ intolerance
⑤ sensitivity

063 다음 글의 빈칸에 들어갈 말로 가장 적절한 것을 고르시오.

✤ 2013년 고2 9월 인천시 B형 32번

People make purchasing decisions by choosing between alternatives or by rejecting certain options. But a new study in the *Journal of Consumer Research* finds that focusing on rejecting an option can lead consumers to _____ their preferences. Why does this happen? When consumers reject options, they need to decide which alternative they do not want, so they focus on options that are less preferred in order to assess if they should reject those options. This shift of focus makes them more likely to notice appealing features of the initially less preferred option. For example, a newly married couple who prefers an apartment closer to the subway station because of easy access to it, but doesn't have enough money, was told to select an apartment to 'reject': an apartment closer to the subway station or a less expensive one farther from the station. Simply instructing them to decide which one they would like to 'reject' makes them more likely to choose the less expensive apartment as their place to live in. Similarly, those who said they would prefer a less-expensive apartment selected the apartment close to the station.

① mix
② reverse
③ conceal
④ maintain
⑤ neutralize

speed!

어휘 체크

| Words |

☐☐ n. 결정, 판단   d _____

☐☐ n. 대안   a _____

☐☐ v. 거부하다, 제거하다   r _____

☐☐ a. 특정한   c _____

☐☐ n. 선호(도)   p _____

☐☐ v. 선호하다   p _____

☐☐ v. 평가하다, 가늠하다   a _____

☐☐ n. 변화   s _____

☐☐ v. 주목하다, 알아차리다   n _____

☐☐ v. 호소하다, 매력을 끌다   a _____

☐☐ n. 특징   f _____

☐☐ ad. 처음에   i _____

☐☐ ad. 최근에, 새로   n _____

☐☐ v. 결혼하다   m _____

☐☐ n. 부부   c _____

☐☐ n. 접근   a _____

☐☐ v. 선택하다, 고르다   s _____

☐☐ v. 지시하다   i _____

☐☐ ad. 이와 유사하게, 비슷하게   s _____

☐☐ v. 뒤바꾸다, 거꾸로 하다   r _____

☐☐ v. 숨기다   c _____

☐☐ v. 유지하다   m _____

☐☐ v. ~을 중화하다, ~을 상쇄하다   n _____

| Phrases |

☐☐ ~에 초점을 맞추다   f _____

☐☐ ~하기 위하여   i _____

☐☐ ~일 것 같다, ~할 것 같다   b _____

☐☐ ~에 가까운   c _____

☐☐ ~하고 싶다   w _____

064 다음 빈칸에 들어갈 말로 가장 적절한 것을 고르시오.

✦ 2015년 고2 9월 인천시 33번

What distinguishes recycling is not its importance, but rather the ease with which individuals can participate, and the visibility of actions taken to promote the common good. You may care passionately about the threat of global warming or the destruction of the rain forests — but you can't have an immediate effect on these problems that is perceptible to yourself or others. The rain forest salvation truck doesn't make weekly pickups, let alone the clean air truck. When a public opinion poll in 1990 asked people what they had done in connection with environmental problems, 80 to 85% answered that they or their households had participated in various aspects of recycling; no other significant steps had been taken by a majority of respondents. Like the drunk looking for his wallet under the lamppost, we may focus on recycling because it _____ _____.

✦ salvation: 보호, 구제

① reveals concealed profitable resources
② is the last resort for garbage disposal
③ is where the immediate tasks are best illuminated
④ sheds light on the dark side of the energy industry
⑤ brings practical economic benefits to people in need

Speed! ▶ 어휘 체크

Words	
□□ v. 구별하다, 구별짓다	d _____
□□ n. 가시성	v _____
□□ v. 증진시키다	p _____
□□ ad. 열렬히, 열의에 찬	p _____
□□ n. 위협	t _____
□□ n. 파멸, 파괴	d _____
□□ a. 즉각적인	i _____
□□ a. 지각할 수 있는	p _____
□□ 열대 우림	r _____
□□ 여론	p _____
□□ n. 여론조사, 투표	p _____
□□ n. 측면	a _____
□□ a. 중요한, 의미 있는	s _____
□□ n. 응답자	r _____
□□ n. (금속제의) 가로등	l _____

□□ v. 숨기다	c _____
□□ a. 수익성 있는	p _____
□□ n. 처분, 폐기	d _____
□□ v. 부각되다, 드러내다	i _____
□□ a. 현실적인	p _____

Phrases	
□□ A가 아니라 오히려 B	n _____
□□ ~커녕, ~은 말할 것도 없이	l _____
□□ ~와 관련되어	i _____
□□ ~에 참여하다	p _____
□□ 다수의	a _____
□□ ~에 초점을 맞추다	f _____
□□ 마지막 수단, 최후의 수단	l _____
□□ 밝히다, 해명하다	s _____
□□ 어려움에 처해있는	i _____

065 다음 빈칸에 들어갈 말로 가장 적절한 것을 고르시오.

✤ 2016년 고2 6월 부산시 34번

There is no known cure for the ills of ownership. As Adam Smith said, ownership is woven into our lives. But being aware of it might help. Everywhere around us we see the temptation to improve the quality of our lives by buying a larger home, a second car, a new dishwasher, a lawn mower, and so on. But, once we upgrade our possessions we have a very hard time going back down. Ownership simply changes our perspective. Suddenly, moving backward to our pre-ownership state is a loss, one that we cannot accept. And so, while moving up in life, we fall into the fantasy that _____ _____, but in reality, it's unlikely. Downgrading to a smaller home, for instance, is experienced as a loss, it is psychologically painful, and we are willing to make all kinds of sacrifices in order to avoid such losses.

① purchasing a house is always profitable
② everyone can improve their quality of life
③ we are able to deal with the loss of faith
④ we can always return to the previous state
⑤ we are willing to sacrifice our pleasure for honor

Speed! **어휘 체크**

| Words |

□□ n. 소유(권)	o _____
□□ v. 짜다[엮다]	w _____
□□ n. 유혹	t _____
□□ n. 질, 특성	q _____
□□ n. 식기 세척기	d _____
□□ 잔디 깎는 기계	l _____
□□ v. (상위등급으로) 높이다	u _____
□□ n. 소유(물), 소지(품)	p _____
□□ n. 견해(관점)	p _____
□□ a. 뒤의, 퇴보하는	b _____
□□ n. 상태	s _____
□□ n. 손실	l _____
□□ ad. ~할 것 같지 않게	u _____
□□ v. ~을 격하시키다	d _____
□□ ad. 심리적으로	p _____
□□ a. 아픈[고통스러운], 괴로운	p _____

□□ n. 희생	s _____
□□ a. 적합한, 수익성 있는	p _____
□□ n. 믿음, 신념	f _____
□□ a. 앞의, 이전의	p _____
□□ n. 명예, 경의	h _____

| Phrases |

□□ ~을 알고 있다	b _____
□□ 기타 등등, ~등(et cetera)	a _____
□□ ~에 빠지다	f _____
□□ 사실, 실은, 실제로	i _____
□□ 예를 들어	f _____
□□ 흔쾌히 ~하다	b _____
□□ 모든 종류의, 온갖	a _____
□□ ~하기 위하여	i _____
□□ (문제 · 과제 등을) 처리하다	d _____

066 다음 빈칸에 들어갈 말로 가장 적절한 것을 고르시오.

✦ 2014년 고2 11월 경기도 31번

In order to succeed, a work of art must _____, but this requirement is not about the nature of art so much as about the nature of the human perceptive apparatus. Without sufficient size, no object can be perceived as having parts that can be arranged in a pattern, or a perceptible structure. A lion or a shark, therefore, can be beautiful, because their parts form a meaningful, well-structured whole. A flea, however, cannot be beautiful, not because it is a trifling or disagreeable animal, but because it is too minute for the unaided eye to perceive parts that are arranged meaningfully. A speck cannot possibly by itself be beautiful; beauty is only possible where an object has visible parts.

① arouse the viewer's desire
② be beyond human perceptions
③ match the real size of the subject
④ be above a certain minimum size
⑤ be an expression of traditional values

Speed!　　**어휘 체크**

| Words |

□□ v. 성공하다	s _____
□□ n. 요건	r _____
□□ a. 지각의	p _____
□□ n. 기관, 장치	a _____
□□ a. 충분한	s _____
□□ n. 물체, 대상	o _____
□□ v. 인지하다	p _____
□□ v. 마련하다	a _____
□□ a. 지각할 수 있는	p _____
□□ v. 형성하다	f _____
□□ a. 의미 있는	m _____
□□ a. 잘 구조화된	w _____
□□ n. 완전체, 전체	w _____
□□ a. 사소한, 하찮은	t _____
□□ a. 동의하기 힘든	d _____

□□ a. 육안의	u _____
□□ ad. 의미 있게	m _____
□□ n. 반점, 점	s _____
□□ ad. 아마	p _____
□□ a. (눈에) 보이는	v _____
□□ v. (느낌·태도를) 불러일으키다	a _____
□□ n. 욕구, 바람	d _____
□□ ad. 그 너머에, 그 이후에	b _____
□□ n. 인식, 지각	p _____
□□ a. 확실한, 특정한	c _____
□□ a. 최저의, 최소한의	m _____
□□ n. 가치	v _____

| Phrases |

| □□ ~하기 위하여 | i _____ |
| □□ 그 자체만으로, 그것만으로 | b _____ |

빈칸 추론 II

| CHAPTER PREVIEW |

GREEN

☐☐	century	n. 100년, 세기
☐☐	technical	a. 기술적인
☐☐	means	n. 방법, 수단
☐☐	common	a. 공통의, 보통의
☐☐	multimedia	n. 다중매체, 멀티미디어
☐☐	definition	n. 정의, 의미
☐☐	contain	v. 포함하다, 담다
☐☐	text	n. 본문, 글
☐☐	plain	a. 평범한
☐☐	generation	n. 세대
☐☐	mobile	a. 이동식의
☐☐	fully	ad. 완전히, 충분히
☐☐	traditionally	ad. 전통적으로
☐☐	problem solving	문제 해결
☐☐	workplace	n. 직장, 작업장
☐☐	moreover	ad. 더욱이, 게다가
☐☐	similarly	ad. 이와 유사하게, 비슷하게
☐☐	nearly	ad. 거의
☐☐	backyard	n. 뒤뜰
☐☐	hardly	ad. 거의 ~아니다
☐☐	consider	v. ~으로 여기다
☐☐	separate	v. 구별하다
☐☐	western	a. 서양의
☐☐	suppose	v. 가정하다, 추측하다
☐☐	generally	ad. 일반적으로
☐☐	safety	n. 안전(함), 안전성
☐☐	including	prep. ~을 포함하여
☐☐	emergency	n. 비상(사태), 응급
☐☐	perhaps	ad. 아마도
☐☐	transport	v. 수송하다
☐☐	behave	v. 행동하다
☐☐	badly	ad. 형편없게, 나쁘게
☐☐	situation	n. 상황
☐☐	desire	n. 욕구
☐☐	evidence	n. 증거
☐☐	circumstance	n. 환경
☐☐	seek	v. 찾다, 추구하다

☐☐	salty	a. 짠, 짭짤한
☐☐	flavor	n. 맛
☐☐	cereal	n. 시리얼, 곡물
☐☐	feed	v. 먹이다, 공급하다
☐☐	surprisingly	ad. 놀랍게도
☐☐	politically	ad. 정치적으로
☐☐	disabled	a. 불구가 된, 장애를 가진
☐☐	encouraging	a. 고무적인
☐☐	flight attendant	승무원
☐☐	term	n. 용어
☐☐	positive	a. 긍정적인
☐☐	technician	n. 기술자, 전문가
☐☐	extreme	n. 극단적인 행위[상태]

BLUE

☐☐	define	v. ~을 정의하다, 규정하다
☐☐	characteristic	n. 특징
☐☐	interactive	a. 상호적인
☐☐	alternative	a. 대체 가능한
☐☐	identify	v. 확인하다, 발견하다
☐☐	transmit	v. 전달하다, 발송하다
☐☐	additionally	ad. 추가적으로
☐☐	nevertheless	ad. 그럼에도 불구하고
☐☐	assess	v. 평가하다
☐☐	memorize	v. 암기하다
☐☐	component	n. 요소
☐☐	instructional	a. 교육의, 교육용의
☐☐	attribute	v. ~의 탓으로 돌리다, ~로 여기다
☐☐	well-informed	a. 정보에 정통한
☐☐	application	n. 응용, 적용
☐☐	mere	a. 단순한
☐☐	otherwise	ad. 그렇지 않으면
☐☐	nonetheless	ad. 그럼에도 불구하고
☐☐	consequently	ad. 따라서, 그 결과
☐☐	accordingly	ad. 그에 따라, 따라서
☐☐	leisure	n. 여가
☐☐	devise	v. 고안하다
☐☐	establish	v. 설립하다, 수립하다

☐☐	exclude	v. 제외하다
☐☐	relatively	ad. 비교적
☐☐	status	n. 지위, 상태
☐☐	psychologist	n. 심리학자
☐☐	carelessly	ad. 부주의하게, 경솔하게
☐☐	criticize	v. 비판하다, 비난하다
☐☐	assume	v. 추정하다, 가정하다
☐☐	irresponsible	a. 무책임한
☐☐	infancy	n. 유아기
☐☐	preference	n. 선호(도)
☐☐	previously	ad. 이전에
☐☐	effect	n. 효능, 효과
☐☐	numerous	a. 많은, 수많은
☐☐	sensitive	a. 신중을 요하는
☐☐	handicapped	a. 불구가 된, 장애를 가진
☐☐	physically	ad. 신체적으로
☐☐	stewardess	n. 여자 승무원
☐☐	undeniable	a. 명백한, 부인할 수 없는
☐☐	radical	a. 과격한
☐☐	substitute	v. 대체하다
☐☐	transfer	v. 대체하다
☐☐	indirect	a. 간접적인
☐☐	conversely	ad. 역으로, 거꾸로

RED

☐☐	simultaneously	ad. 동시에, 일제히
☐☐	integrate	v. 통합하다
☐☐	interactivity	n. 쌍방향성
☐☐	collaborative	a. 공동의
☐☐	readily	ad. 손쉽게
☐☐	acquisition	n. 습득
☐☐	inborn	a. 선천적인, 타고난
☐☐	sanitation	n. 위생(시설, 관리)
☐☐	assassin	n. 암살범
☐☐	endeavor	n. 시도, 노력

PURPLE

☐☐	telephony	n. 전화 통화[통신] 방법
☐☐	computational	a. 컴퓨터를 사용한, 컴퓨터의
☐☐	hands-on	a. 직접 해보는
☐☐	challenged	a. 장애가 있는[예의를 차리는 표현]

BROWN

☐☐	based on	~에 근거[기반]를 둔
☐☐	in contrast	그에 반해서
☐☐	be connected to	~와 관련[연결]되다
☐☐	in other words	다시 말해서
☐☐	be full of	~으로 가득차다
☐☐	place an emphasis on	~을 강조하다, ~에 중점을 두다
☐☐	rather than	~보다는
☐☐	most likely	필시
☐☐	with ease	손쉽게, 용이하게
☐☐	after all	결국에는
☐☐	be regarded as	~라고 간주되다
☐☐	in fact	사실(은), 실은
☐☐	in conclusion	결론적으로
☐☐	be likely to	~하기 쉽다
☐☐	be forced to	~하도록 강요받다
☐☐	in the midst of	~하는 중에
☐☐	respond to	~에 답장(반응)하다
☐☐	in addition	게다가, 더구나
☐☐	as a result	결과적으로
☐☐	when it comes to	~에 관하여
☐☐	at least	적어도, 최소한
☐☐	tend to	(~하는) 경향이 있다
☐☐	be exposed to	~에 노출되다
☐☐	even if	비록 ~일지라도
☐☐	instead of	~ 대신에
☐☐	such as	예를 들어, ~과 같은
☐☐	refer to	~을 일컫다, ~을 나타내다
☐☐	rule of thumb	경험적 지식
☐☐	in spite of	~에도 불구하고

빈칸 추론 II

수능에서 빈칸이 두 개가 뚫리는 유형은 두 가지 유형으로 출제된다. 먼저, **연결어**를 넣는 문제가 대표적이다. 연결어 문제는 2005학년 수능에서 하나의 빈칸에 복합전치사를 묻는 것으로 시작해서 2006 수능에서 2개로 늘어난 후 부사(구)를 묻는 형태로 바꾸고, 그 형태로 지금까지 거의 매년 출제되고 있다. 최근 빈칸 문제가 줄은 여파로 연결어 문제의 비중이 축소되었지만 무시할 수는 없다. 나머지 하나는 빈칸에 맞는 적절한 어휘를 넣는 것이다. 2012학년 6월 평가원에서 처음 등장하여 수능으로 이어졌다. 2015, 2016 수능에 나오지 않았지만 2017학년 6월 평가원의 장문 독해 및 2017 수능에서 재등장하여 이 유형을 계속해서 살려 나갈 것을 시사하고 있다.

대표기출 **유형 파악**

067 다음 글의 빈칸 (A), (B)에 들어갈 말로 가장 적절한 것은?

✤ 2015학년 수능 34번

New media can be defined by four characteristics simultaneously: they are media at the turn of the 20th and 21st centuries which are both integrated and interactive and use digital code and hypertext as technical means. It follows that their most common alternative names are multimedia, interactive media and digital media. By using this definition, it is easy to identify media as old or new. _____(A)_____, traditional television is integrated as it contains images, sound and text, but it is not interactive or based on digital code. The plain old telephone was interactive, but not integrated as it only transmitted speech and sounds and it did not work with digital code. In contrast, the new medium of interactive television adds interactivity and digital code. _____(B)_____, the new generations of mobile or fixed telephony are fully digitalized and integrated as they add text, pictures or video and they are connected to the Internet.

	(A)		(B)
①	For example	……	Additionally
②	Nevertheless	……	In other words
③	Therefore	……	Additionally
④	For example	……	In other words
⑤	Nevertheless	……	Consequently

연결어 넣기 유형은 당연한 이야기지만 ①다양한 연결어를 미리 학습해 둘 필요가 있다. 이는 단지 연결어 문제를 위해서가 아닌 논리를 요구하는 대부분의 수능 영어 문제 풀이를 위해서 필수적이다. 연결어를 학습할 때는 그 부사(구)들의 ②사전적 정의만 기억할 것이 아니라 연결어로서의 역할을 알아야 한다. 즉, ③연결어 전후로 어떤 글의 흐름이 나타나야 하는지 알아야 한다. 이는 글의 전개 방식과도 관련된다. (Chapter 2 설명 참고)

어휘 두 개를 넣는 유형은 한 지문에서 빈칸 추론 문제 2문제를 푸는 것이기 때문에 무엇보다도 정확하면서 빠른 독해 실력이 요구된다. 빈칸 두 개를 통해서 전체를 요약하는 능력은 이미 '문단 요약' 영역에서 측정하기 때문에 이 유형은 ①전체 흐름보다는 세부 흐름에 주목할 필요가 있다. ②선택지를 먼저 확인하고 빈칸 문장을 해석해 본다. 이 과정에서 무리가 없다면 전체 지문을 빠르게 읽어나가면서 ③빈칸 전후의 정확한 독해에 집중한다.

| Bonus Tip |
연결사? 연결어!
우리가 흔히 부르는 연결사는 사실은 연결어라 불러야 옳다. 명사가 주어, 목적어, 보어로 쓰이듯, 일부 전치사 또는 부사(구) 등이 연결어로 쓰이는 것이기 때문이다. 참고로 국어사전에도 연결사란 말은 없다.

| Bonus Content |
최근 수능 연결어문제 선택지

2017, 2016 – 출제되지 않았음		
2015 ① For example ...... Additionally ② Nevertheless ...... In other words ③ Therefore ...... Additionally ④ For example ...... In other words ⑤ Nevertheless ...... Consequently	**2014 A** ① For example ...... As a result ② For example ...... In contrast ③ Otherwise ...... As a result ④ Meanwhile ...... In contrast ⑤ Meanwhile ...... Nevertheless	**2014 B** ① On the other hand ...... however ② On the other hand ...... for instance ③ As a result ...... for instance ④ As a result ...... however ⑤ In other words ...... therefore
2013 ① for example ...... On the other hand ② for example ...... As a result ③ therefore ...... As a result ④ moreover ...... Likewise ⑤ moreover ...... On the other hand	**2012** ① However ...... For example ② In short ...... For example ③ That is ...... Similarly ④ In addition ...... Therefore ⑤ Nevertheless ...... Similarly	**2011** ① Furthermore ...... Nevertheless ② Furthermore ...... Otherwise ③ For example ...... Likewise ④ For example ...... However ⑤ In contrast ...... Besides

068 다음 글의 빈칸 (A), (B)에 들어갈 말로 가장 적절한 것은?

✦ 2014학년 9월 평가원 B형 37번

Traditionally we have assessed mathematics ability based on the number of correct answers on a page full of computational problems. Learning and memorizing facts, therefore, was the key component to the mathematics instructional program. Recently, ____(A)____, many teachers have started placing a greater emphasis on mathematical understanding, problem solving, hands-on experiences, and collaborative work. This change in the instructional program can be attributed to well-informed teachers and the work of the National Council of Teachers of Mathematics. Now teachers should realize that their students will be using mathematics in a world where calculators, computers, and other forms of technology are readily available. Therefore, the application of mathematics, rather than mere fact acquisition, is what will be expected of them in the workplace and in life, and ____(B)____ mathematics instruction should mirror this real life application.

	(A)		(B)
①	however	......	otherwise
②	however	......	nonetheless
③	however	......	consequently
④	moreover	......	accordingly
⑤	moreover	......	similarly

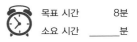

069 다음 글의 빈칸 (A), (B)에 들어갈 말로 가장 적절한 것은?

❖ 2016년 고2 3월 서울시 34번

If you ask someone to name three sports, most likely he or she will be able to answer with ease. After all, nearly everyone has an idea about what types of activities are regarded as sports and which are not. Most of us think we know what sports are. _____(A)_____, the line drawn between examples of sports, leisure, and play is not always clear. In fact, devising a definition that establishes clear and clean parameters around what types of activities should be included and excluded is relatively difficult to do. Activities that are regarded as play today may gain the status of sport in the future. _____(B)_____, many people once played badminton in their backyards but this activity was hardly considered a sport. Since 1992, however, badminton has been an Olympic sport!

＊ parameter: 규정 요소

	(A)		(B)
①	However	……	For example
②	However	……	In conclusion
③	Moreover	……	In conclusion
④	Similarly	……	For example
⑤	Similarly	……	In other words

어휘 체크

| Words |

□□ ad. 거의   n _____

□□ n. 여가   l _____

□□ v. 고안하다   d _____

□□ n. 정의, 의미   d _____

□□ v. 설립하다, 수립하다   e _____

□□ v. 포함하다   i _____

□□ v. 제외하다   e _____

□□ ad. 비교적   r _____

□□ n. 지위, 상태   s _____

□□ n. 뒤뜰   b _____

□□ ad. 거의 ~아니다   h _____

□□ v. ~으로 여기다   c _____

□□ ad. 게다가   m _____

□□ ad. 이와 유사하게, 비슷하게   s _____

| Phrases |

□□ 필시   m _____

□□ 손쉽게, 용이하게   w _____

□□ 결국에는   a _____

□□ ~라고 간주되다   b _____

□□ 사실(은), 실은   i _____

□□ 결론적으로   i _____

070 다음 글의 빈칸 (A), (B)에 들어갈 말로 가장 적절한 것은?

✤ 2014년 고2 11월 경기도 33번

Psychologists have noted a strong difference that separates Western from Chinese thought: the way each culture explains social events. Suppose, _____(A)_____ , that you see a person driving carelessly through a red traffic light. Westerners are more likely to criticize the person, assuming he generally cares little for the safety of others. In contrast, East Asians including Chinese are more likely to believe that the driver has been forced to drive fast because he's in the midst of an emergency. Perhaps he's transporting someone to the hospital, or perhaps he's going to school to pick up a sick child. _____(B)_____ , the person is behaving badly because he's responding to the situation, and not because he's irresponsible.

	(A)		(B)
①	for example	……	In addition
②	for example	……	In other words
③	however	……	Nevertheless
④	however	……	As a result
⑤	instead	……	Likewise

Speed! **어휘 체크**

| Words |

□□ n. 심리학자   p _____
□□ v. 구별하다   s _____
□□ a. 서양의   w _____
□□ v. 가정하다, 추측하다   s _____
□□ ad. 부주의하게, 경솔하게   c _____
□□ v. 비판하다, 비난하다   c _____
□□ v. 추정하다, 가정하다   a _____
□□ ad. 일반적으로   g _____
□□ n. 안전(함), 안전성   s _____
□□ prep. ~을 포함하여   i _____
□□ n. 비상(사태), 응급   e _____
□□ ad. 아마도   p _____
□□ v. 수송하다   t _____
□□ v. 행동하다   b _____

□□ ad. 형편없게, 나쁘게   b _____
□□ n. 상황   s _____
□□ a. 무책임한   i _____
□□ ad. 그럼에도 불구하고   n _____

| Phrases |

□□ ~하기 쉽다   b _____
□□ 그에 반해서   i _____
□□ ~하도록 강요받다   b _____
□□ ~하는 중에   i _____
□□ ~에 답장(반응)하다   r _____
□□ 게다가, 더구나   i _____
□□ 다시 말해서   i _____
□□ 결과적으로   a _____

071 다음 글의 빈칸 (A), (B)에 들어갈 말로 가장 적절한 것은?

✤ 2015년 고2 3월 서울시 34번

When it comes to salt and sweets, there's little a parent can do to change a child's inborn desire for them, which begins early in infancy. _____(A)_____, there is some evidence that early diet can at least change the circumstances in which children will seek out sweet and salty flavors. As early as six months of age, babies who have been exposed more often to salted food show a stronger preference for salted cereal than babies with less salt experience. _____(B)_____, six-month-old babies who have been fed sugar water tend to drink more of it than babies not previously exposed to it. This effect lasts a surprisingly long time, because even if the parents stop giving their baby sugar water by six months of age, she will continue to show a greater preference for it at age two.

✽ infancy: 유아기

	(A)	(B)
①	However	…… Similarly
②	Moreover	…… Similarly
③	However	…… Therefore
④	Moreover	…… In contrast
⑤	For example	…… Therefore

| Words |

□□ n. 선천적인, 타고난	i _____
□□ n. 욕구	d _____
□□ n. 유아기	i _____
□□ n. 증거	e _____
□□ n. 환경	c _____
□□ v. 찾다, 추구하다	s _____
□□ a. 짠, 짭짤한	s _____
□□ n. 맛	f _____
□□ n. 선호(도)	p _____
□□ n. 시리얼, 곡물	c _____
□□ v. 먹이다, 공급하다	f _____
□□ ad. 이전에	p _____

□□ n. 효능, 효과	e _____
□□ ad. 놀랍게도	s _____
□□ ad. 이와 유사하게	s _____
□□ ad. 더욱이, 게다가	m _____

| Phrases |

□□ ~에 관하여	w _____
□□ 적어도	a _____
□□ (~하는) 경향이 있다	t _____
□□ ~에 노출되다	b _____
□□ 비록 ~일지라도	e _____
□□ 그에 반해서	i _____

072 다음 글의 빈칸 (A), (B)에 들어갈 말로 가장 적절한 것은?

✦ 2011년 고2 9월 인천시 33번

Thanks to the introduction of numerous politically correct words, we have become more sensitive in our speech. Instead of using 'disabled' or 'handicapped,' we use a more encouraging expression such as 'physically challenged.' _____(A)_____, 'stewardess' is now referred to as 'flight attendant' and 'garbage man' as 'sanitation officer.' It is undeniable that most politically correct terms are positive and encouraging. Some of them, however, are much too radical. For example, substituting 'gasoline transfer technician' for 'gas station attendant' is going much too far. Another extreme would be calling 'hunter' 'animal assassin.' There is nothing wrong with using indirect expressions and sensitive terms. _____(B)_____, we should not push such endeavors to the extreme, because as Leslie Fiedler puts it, 'The middle against both ends' is the best rule of thumb.

	(A)		(B)
①	In spite of that	......	Similarly
②	In spite of that	......	Conversely
③	For the same reason	......	Nevertheless
④	For the same reason	......	Therefore
⑤	By the same token	......	Otherwise

Speed! 어휘 체크

| Words |

□□ a. 많은, 수많은   n _____
□□ ad. 정치적으로   p _____
□□ a. 신중을 요하는   s _____
□□ a. 불구가 된, 장애를 가진   d _____
□□ a. 장애가 있는   h _____
□□ a. 고무적인   e _____
□□ ad. 신체적으로   p _____
□□ a. 장애가 있는[예의를 차리는 표현]   c _____
□□ n. 여자 승무원   s _____
□□ 승무원   f _____
□□ n. 위생(시설, 관리)   s _____
□□ a. 명백한, 부인할 수 없는   u _____
□□ n. 용어   t _____
□□ a. 긍정적인   p _____
□□ a. 과격한   r _____
□□ v. 대체하다   s _____

□□ v. 대체하다   t _____
□□ n. 기술자, 전문가   t _____
□□ n. 극단적인 행위[상태]   e _____
□□ n. 암살범   a _____
□□ a. 간접적인   i _____
□□ n. 시도, 노력   e _____
□□ ad. 이와 유사하게, 비슷하게   s _____
□□ ad. 역으로, 거꾸로   c _____
□□ ad. 그럼에도 불구하고   n _____

| Phrases |

□□ ~대신에   i _____
□□ 예를 들어, ~과 같은   s _____
□□ ~을 일컫다, ~을 나타내다   r _____
□□ 경험적 지식   r _____
□□ ~에도 불구하고   i _____

PART 05

간접 쓰기
- 수능 독해영역 출제 비중 25% (7문항)
- 세 유형에서 2문항씩 출제, 한 유형에서 1문항 출제

간접 쓰기

간접 말하기를 위해서는 가상의 의사소통 상황에 대한 대화나 담화를 듣고 전체적인 맥락과 의사소통 상황을 고려하여 가장 적절한 응답을 표현할 수 있는 능력이 필요하다. 간접 쓰기를 위해서는 글의 전체적인 맥락과 문장 간의 논리적 흐름을 파악하여 가상의 글쓰기에 적용할 수 있는 능력이 필요하다. 간접 말하기와 쓰기에는 다음과 같은 문항 유형이 있다.

문항 유형

쓰기 | 흐름에 무관한 문장, 주어진 문장의 적합한 위치, 글의 순서 파악하기, 문단 요약하기

학습 안내

간접 쓰기 능력을 기르기 위해서는 인문, 사회, 과학, 예술, 문학, 시사 문제 등의 다양한 소재의 글을 읽으며 글의 중심 내용과 전개 방식 및 문장 간의 논리적 관계를 파악하는 연습이 필요하다. 즉, 글을 통해 전달하고자 하는 내용은 무엇인지, 글의 전체적인 흐름과 논리적인 연결이 어떻게 구성되어 있는지, 이러한 흐름과 연결은 자연스러운지 등을 판단해 보는 연습이 필요하다. 이를 위해 글의 중심 내용을 파악한 후에, 이어지는 문장들에서 논리적 흐름에 따른 문장 간의 연계성을 유추해 보는 것이 도움이 될 수 있다. 또한 명시적 단서인 연결어, 지시어, 대명사 등의 연결 고리뿐 아니라 내용상의 연결 방식을 파악해 보는 연습도 효과적이다.

			한국교육과정평가원 수능 영어 절대평가 읽기 문항 유형	수능직방 Reading
Part 5	간접 쓰기	쓰기	흐름에 무관한 문장, 주어진 문장의 적합한 위치, 글의 순서 파악하기, 문단 요약하기	문장 삭제 문장 배열 문장 삽입 문단 요약

문장 삭제

| CHAPTER PREVIEW |

GREEN

☐☐	exist	v. 존재하다, 살아가다
☐☐	scale	n. 등급, 척도, 영역
☐☐	artificial	a. 인위적인, 거짓된
☐☐	traditionally	ad. 전통적으로, 통상적으로
☐☐	technologist	n. 과학 기술자
☐☐	environmental	a. 환경의
☐☐	thus	ad. 따라서
☐☐	technological	a. 기술적인, 기술의
☐☐	advance	n. 진보
☐☐	growth	n. 성장, 증가
☐☐	pollution	n. 오염
☐☐	consider	v. 고려하다
☐☐	practical	a. 실용적인, 현실적인
☐☐	several	a. 수 많은, 여러 가지의
☐☐	investment	n. 투자
☐☐	seldom	ad. 좀처럼 ~않는, 드물게
☐☐	truth	n. 사실
☐☐	artificial	a. 인공의
☐☐	false tooth	틀니
☐☐	thinker	n. 생각하는 사람, 사고하는 사람
☐☐	intellectual	a. 지적인, 지능의
☐☐	major	a. 중요한
☐☐	influence	n. 영향
☐☐	huge	a. 거대한
☐☐	creature	n. 생물, 생명체
☐☐	commonly	ad. 흔히
☐☐	object	n. 대상, 물체
☐☐	evidence	n. 증거, 흔적
☐☐	perhaps	ad. 아마도
☐☐	glorious	a. 영광스러운, 장엄한
☐☐	encounter	v. 만나다, 마주치다
☐☐	product	n. 제품, 상품
☐☐	format	n. 체제, 형태

☐☐	purchase	v. 구매하다
☐☐	customer	n. 고객
☐☐	furniture	n. 가구
☐☐	suggest	v. 말하다, 제안하다, 암시하다
☐☐	depend	v. 달리다, 의존하다
☐☐	appeal	v. 호소하다, 매력을 끌다
☐☐	risk	n. 위험
☐☐	sight	n. 보기
☐☐	mapmaking	n. 지도 제작
☐☐	form	v. 형성하다
☐☐	route	n. 경로, 길
☐☐	physical	a. 눈에 보이는, 물리적인
☐☐	tribesman	n. 부족민
☐☐	thirst	n. 갈증
☐☐	invention	n. 발명품, 발명
☐☐	sheepskin	n. (양털이 그대로 있는) 양가죽
☐☐	suitable	a. 적절한, 알맞은

BLUE

☐☐	convey	v. 전달하다, 나타내다
☐☐	scope	n. 범위, 영역
☐☐	effectively	ad. 효과적으로, 사실상
☐☐	motion picture	영화
☐☐	quality	n. 질, 성질, 특성
☐☐	enhance	v. 향상시키다, 강화하다
☐☐	realism	n. 현실주의
☐☐	establish	v. 설립하다, 수립하다
☐☐	placement	n. 배치
☐☐	era	n. 시대, 시절
☐☐	nostalgia	n. 향수, 회향병
☐☐	classify	v. 분류하다
☐☐	musical instrument	악기
☐☐	former	a. 이전의, 전자의
☐☐	immortal	a. 죽지 않는, 영원한

☐☐	beloved	n. 연인, 애인
☐☐	currently	ad. 현재, 지금
☐☐	attitude	n. 태도
☐☐	blame	v. 비난하다, ~을 탓하다
☐☐	thoroughly	ad. 완전히, 대단히
☐☐	misguided	a. 엉뚱한, 잘못 인식한
☐☐	recognize	v. 알아채다, 인식하다
☐☐	alternative	a. 대체의, 대체 가능한
☐☐	energy source	에너지원
☐☐	obviously	ad. 분명히, 확실히
☐☐	scarcely	ad. 거의 ~않다, 겨우
☐☐	merely	ad. 단순히, 그저
☐☐	limb	n. 팔다리
☐☐	acquire	v. 습득하다, 얻다, 획득하다
☐☐	distinction	n. 차이, 구별
☐☐	mere	a. 단순한, 단지 ~인
☐☐	vividly	ad. 선명하게, 생생하게
☐☐	appreciate	v. 감상하다
☐☐	mammal	n. 포유류, 포유동물
☐☐	presence	n. 존재
☐☐	range	n. 범위, 폭, 사정거리
☐☐	meaningful	a. 의미 있는
☐☐	decline	n. 쇠퇴, 감소
☐☐	photo processor	사진 현상기
☐☐	assess	v. 평가하다, 가늠하다
☐☐	eliminate	v. 제거하다, 멸종시키다
☐☐	relatively	ad. 비교적, 상대적으로
☐☐	whereas	conj. 반면에
☐☐	capacity	n. 능력, 용량, 생산능력
☐☐	wander	v. 돌아다니다
☐☐	material	n. 재료, 천
☐☐	reproduce	v. 복사하다, 복제하다

RED

☐☐	epic drama	서사극
☐☐	foreseeable future	가까운 미래
☐☐	responsive	a. 반응하는, 공감하는
☐☐	instantaneously	ad. 순간적으로, 즉각적으로
☐☐	acquisition	n. 습득, 취득

☐☐	melodious	a. 듣기 좋은, 선율적인
☐☐	famed	a. 저명한, 유명한
☐☐	solidity	n. 견고함, 탄탄함
☐☐	migratory	a. 이주하는, 이동성의

PURPLE

☐☐	authenticate	v. 진짜임을 증명하다
☐☐	songster	n. 가수, 명금(고운 소리로 우는 새)

BROWN

☐☐	at times	가끔은, 때로는
☐☐	in addition	게다가, 더구나
☐☐	in time	시간 맞춰, 제 시간에
☐☐	such as	예를 들어, ~과 같은
☐☐	bring on	~을 야기하다[초래하다]
☐☐	stick to	~에 달라붙다
☐☐	belong to	~ 소유이다, ~에 속하다
☐☐	for oneself	스스로, 혼자 힘으로
☐☐	stand out	두드러지다
☐☐	be full of	~으로 가득 차다
☐☐	be better at	~을 더 잘하다
☐☐	apart from	~을 제외하고
☐☐	on the whole	전체[전반]적으로 보아, 대체로
☐☐	intend to	~하고자 하다
☐☐	on the surface	표면상으로는, 외관은, 겉보기에는
☐☐	for instance	예를 들어
☐☐	be likely to	~하기 쉽다
☐☐	benefit from	~로부터 이득을 얻다
☐☐	to a certain degree	약간, 어느 정도
☐☐	on the basis of	~을 기반으로 하여, ~에 근거하여
☐☐	even though	비록 ~일지라도
☐☐	must have p.p.	~했음[였음]에 틀림없다
☐☐	be essential for	~에 필수적이다
☐☐	hunt down	~를 끝까지 찾아다니다[추적하다]
☐☐	die of	~로 죽다
☐☐	by hand	손으로, 손수

문장 삭제

하나의 일관된 주제를 가지고 있는 글을 읽고, 글의 흐름과 무관한 문장을 고르는 유형은 간접 쓰기 영역에서 다른 유형에 비해 상대적으로 쉬운 편이다. 하지만 지문과 문장 자체의 길이가 점점 길어지는 추세라 집중력을 요구한다. 선택지가 나오기 전의 내용으로 주제를 제시하고 다음 문장들이 이 주제를 제대로 뒷받침하고 있는지 확인하거나 문장 간의 연결성, 즉 전후 문장이 제대로 이어지고 있는지 확인하길 요구하는데 전자의 경우가 더 출제빈도가 높다. 쉽게 말해, 무관한 문장은 이야깃거리는 일치하지만, 글쓴이가 말하려는 것이 빠지고 다른 이야기를 하는 경우가 가장 많다.

대표기출 | **유형 파악**

073 다음 글에서 전체 흐름과 관계 <u>없는</u> 문장은?

✤ 2015학년 6월 평가원 35번

Music can convey the scope of a film, effectively communicating whether the motion picture is an epic drama or a story that exists on a more personal scale. Music can convey the quality and size of a space. ① For example, in *Alien* and Olivier's *Hamlet*, the music serves at times to make small and/or artificial spaces seem more grand and to enhance the sense of realism. ② In addition, music can establish a narrative's placement in time. ③ Music for motion pictures often serves to authenticate the era or to provide a sense of nostalgia. ④ Music has traditionally been classified by musical instruments. ⑤ Examples of the former would include *Amadeus* and *Immortal Beloved*, while a sense of nostalgia is communicated through the music selected for films such as *American Graffiti* and *The Big Chill*.

Special Tip

가장 중요하게 고려할 점은 선택지가 나오기 전까지의 내용을 읽고 ①무엇에 관한 글인지, 그리고 그 이야깃거리(topic)에 대해 무엇을 이야기 하려 하는지 글쓴이의 생각(thought)을 파악해 두는 것이다. 핵심어에 밑줄을 긋거나 짧은 메모를 해두는 것이 도움이 된다. 이어서 ②선택지의 문장을 요약해 둔 내용과 비교하며 읽는다. 이때, ③지시어와 연결어에 특히 유의해야 한다. 지시어가 가리키는 것이 적절한지 찾아야 하며, 연결어 역시 앞뒤 내용이 잘 이어지고 있는지 확인해야 한다.

074 다음 글에서 전체 흐름과 관계 없는 문장을 고르시오.

✦ 2015학년 수능 35번

A currently popular attitude is to blame technology or technologists for having brought on the environmental problems we face today, and thus to try to slow technological advance by blocking economic growth. We believe this view to be thoroughly misguided. ① If technology produced automobiles that pollute the air, it is because pollution was not recognized as a problem which engineers had to consider in their designs. ② Solar energy can be a practical alternative energy source for us in the foreseeable future. ③ Obviously, technology that produces pollution is generally cheaper, but now that it has been decided that cleaner cars are wanted, less polluting cars will be produced; cars which scarcely pollute at all could even be made. ④ This last option, however, would require several years and much investment. ⑤ Although technology is responsive to the will of the people, it can seldom respond instantaneously and is never free.

목표 시간   8분
소요 시간 _____분

075 다음 글에서 전체 흐름과 관계 없는 문장은?

✤ 2016년 고2 11월 경기도 35번

The truth that has been merely learned sticks to us like an artificial limb, a false tooth, or a nose of wax. ① On the other hand, the truth acquired through our own thinking is like the natural limb; it alone really belongs to us. ② On this rests the distinction between the thinker and the mere scholar. ③ The intellectual gain of the thinker who thinks for himself is, therefore, like a beautiful painting that vividly stands out with perfect harmony of colors. ④ Color in painting is a major influence on our emotions, and therefore plays a huge part in how we appreciate art. ⑤ The intellectual acquisition of the mere scholar, on the other hand, is like a large palette full of bright colors but without harmony.

Speed! | 어휘 체크

| Words |

☐☐ a. 사실   t _____
☐☐ ad. 단순히, 그저   m_____
☐☐ a. 인공의   a _____
☐☐ n. 팔다리   l _____
☐☐ 틀니   f _____
☐☐ v. 습득하다, 얻다, 획득하다   a _____
☐☐ n. 차이, 구별   d _____
☐☐ n. 생각하는 사람, 사고하는 사람   t _____
☐☐ a. 단순한, 단지 ~인   m_____
☐☐ a. 지적인, 지능의   i _____
☐☐ ad. 선명하게, 생생하게   v _____

☐☐ a. 중요한   m_____
☐☐ n. 영향   i _____
☐☐ a. 거대한   h _____
☐☐ v. 감상하다   a _____
☐☐ n. 습득, 취득   a _____

| Phrases |

☐☐ ~에 달라붙다   s _____
☐☐ ~ 소유이다, ~에 속하다   b _____
☐☐ 스스로, 혼자 힘으로   f _____
☐☐ 두드러지다   s _____
☐☐ ~으로 가득 차다   b _____

076 다음 글에서 전체 흐름과 관계 없는 문장은?

✤ 2016년 고2 3월 서울시 39번

Both mammals and birds are noisy creatures. They commonly make their presence felt, and communicate, by sound, but birds are far better at it. ① Many mammals produce different sounds for different objects, but few can match the range of meaningful sounds that birds may give voice to. ② Apart from human beings, mammals on the whole are not melodious and there is little evidence that they intend to be. ③ Some mammals bellow, but few sing, apart from human beings and perhaps whales. ④ Some mammals are different in where they live, how they move around and what they eat. ⑤ Yet many birds are famed for their songs and some of the most glorious songsters are the ones we encounter most often.

* bellow: 큰 소리로 울부짖다

Speed! 　**어휘 체크**

| Words |

☐☐ n. 포유류, 포유동물　　　　　m_____

☐☐ n. 생물, 생명체　　　　　　　c_____

☐☐ ad. 흔히　　　　　　　　　　c_____

☐☐ n. 존재　　　　　　　　　　p_____

☐☐ n. 대상, 물체　　　　　　　　o_____

☐☐ n. 범위, 폭, 사정거리　　　　r_____

☐☐ a. 의미 있는　　　　　　　　m_____

☐☐ a. 듣기 좋은, 선율적인　　　　m_____

☐☐ n. 증거, 흔적　　　　　　　　e_____

☐☐ ad. 아마도　　　　　　　　　p_____

☐☐ a. 저명한, 유명한　　　　　　f_____

☐☐ a. 영광스러운, 장엄한　　　　g_____

☐☐ n. 가수, 명금(고운 소리로 우는 새)　s_____

☐☐ v. 만나다, 마주치다　　　　　e_____

| Phrases |

☐☐ ~을 더 잘하다　　　　　　　b_____

☐☐ ~을 제외하고　　　　　　　a_____

☐☐ 전체적으로 보아, 대체로　　o_____

☐☐ ~하고자 하다　　　　　　　i_____

077 다음 글에서 전체 흐름과 관계 없는 문장은?

✤ 2014년 고2 11월 경기도 36번

On the surface, some products are easier to sell online than others. For instance, anything that can be delivered in a digital format is likely to do well online and we have already seen the decline of traditional record shops and photo processors. ① However, there are many products which benefit from being touched or experienced in some way before being purchased. ② Thus a customer may wish to test-drive a new car before buying it or feel the weight of a piece of furniture to assess its solidity. ③ Michael de Kare-Silver suggests that a product's propensity to online selling depends to a certain degree on which of the five senses it appeals to. ④ Although not all the risks of online shopping can be eliminated, a great deal of them can be avoided by choices the customer makes. ⑤ Thus, products which are sold on the basis of sight or sound alone can be sold online relatively easily, whereas those appealing to the senses of touch, taste, or smell cannot.

✤ propensity: 경향

| Words |

☐☐ n. 제품, 상품 　　　p _____

☐☐ n. 체제, 형태 　　　f _____

☐☐ n. 쇠퇴, 감소 　　　d _____

☐☐ 사진 현상기 　　　p _____

☐☐ v. 구매하다 　　　p _____

☐☐ ad. 그래서, 그러므로 　　　t _____

☐☐ n. 고객 　　　c _____

☐☐ n. 가구 　　　f _____

☐☐ v. 평가하다, 가늠하다 　　　a _____

☐☐ n. 견고함, 탄탄함 　　　s _____

☐☐ v. 말하다, 제안하다, 암시하다 　　　s _____

☐☐ v. 달리다, 의존하다 　　　d _____

☐☐ n. 감각, 느낌 　　　s _____

☐☐ v. 호소하다, 매력을 끌다 　　　a _____

☐☐ n. 위험 　　　r _____

☐☐ v. 제거하다, 멸종시키다 　　　e _____

☐☐ n. 보기 　　　s _____

☐☐ ad. 비교적, 상대적으로 　　　r _____

☐☐ conj. 반면에 　　　w _____

| Phrases |

☐☐ 표면상으로는, 외관은, 겉보기에는 　　　o _____

☐☐ 예를 들어 　　　f _____

☐☐ ～하기 쉽다 　　　b _____

☐☐ ～로부터 이득을 얻다 　　　b _____

☐☐ 약간, 어느 정도 　　　t _____

☐☐ 다량으로, (of) 많은 양의 　　　a _____

☐☐ ～을 기반으로 하여, ～에 근거하여 　　　o _____

078

다음 글에서 전체 흐름과 관계 <u>없는</u> 문장은?

✦ 2015년 고2 3월 서울시 35번

Human beings have always had the capacity to think spatially — this is here, that is there — even though not everybody chooses to express this understanding in mapmaking. ① The capacity to form mental maps must have been essential for the early humans. ② Hunter-gatherers, for instance, recognized the routes of the migratory animals and the best places to hunt them down even without a physical map. ③ Wandering tribesmen needed to know how they could cross deserts safely without dying of thirst. ④ Before the invention of printing from wood blocks, maps were drawn on sheepskin or other suitable material and could be reproduced only by hand copying. ⑤ All these people would have carried a map of their land in their head.

✦ spatially: 공간적으로

Speed!

어휘 체크

| Words |

□□ n. 능력, 용량, 생산능력　　　　c _____

□□ n. 지도 제작　　　　　　　　m _____

□□ v. 형성하다　　　　　　　　f _____

□□ v. 인식하다, 알아채다　　　　r _____

□□ n. 경로, 길　　　　　　　　r _____

□□ a. 이주하는, 이동성의　　　　m _____

□□ a. 눈에 보이는, 물리적인　　　p _____

□□ v. 돌아다니다　　　　　　　w _____

□□ n. 부족민　　　　　　　　　t _____

□□ n. 갈증　　　　　　　　　　t _____

□□ n. 발명품, 발명　　　　　　i _____

□□ n. (양털이 그대로 있는) 양가죽　s _____

□□ a. 적합한, 알맞은　　　　　　s _____

□□ n. 재료, 천　　　　　　　　m _____

□□ v. 복사하다, 복제하다　　　　r _____

| Phrases |

□□ 비록 ~일지라도　　　　　　e _____

□□ ~했음에 틀림없다　　　　　m _____

□□ ~에 필수적이다　　　　　　b _____

□□ 예를 들어　　　　　　　　　f _____

□□ ~를 끝까지 찾아다니다　　　h _____

□□ ~로 죽다　　　　　　　　　d _____

□□ 손으로, 손수　　　　　　　　b _____

□□ ~이었을 것이다　　　　　　w _____

문장 배열

| CHAPTER PREVIEW |

GREEN

☐☐	desired	a. 바랐던, 소망한
☐☐	behavior	n. 행동, 행위, 처신
☐☐	unfortunately	ad. 유감스럽게도, 불행하게도
☐☐	develop	v. 발달하다, 개발하다
☐☐	unlearn	v. (일부러) 잊다
☐☐	positive	a. 긍정적인, 적극적인, 확신하는
☐☐	possibility	n. 가능성
☐☐	consequence	n. 결과, 중요함
☐☐	iron	n. 다리미, 쇠(철)
☐☐	endless	a. 무한한, 많은
☐☐	campsite	n. 야영장, 캠프장
☐☐	several	a. 몇몇의
☐☐	cereal	n. 시리얼, 곡물
☐☐	within	prep. 이내에
☐☐	dining	n. 식사
☐☐	extreme	n. 극단
☐☐	pour	v. 퍼붓다
☐☐	package	n. 용기, 포장
☐☐	filter	v. 걸러내다, 여과하다
☐☐	solid	a. 단단한, 고체의
☐☐	furniture	n. 가구
☐☐	approach	n. 접근, 접근법
☐☐	typically	ad. 전형적으로, 일반적으로
☐☐	scientific	a. 과학적인
☐☐	attempt	n. 시도
☐☐	amongst	prep. ~중에
☐☐	actual	a. 실제의
☐☐	somewhere	ad. 어딘가에[에서/에로]
☐☐	slightly	ad. 약간, 조금
☐☐	invention	n. 발명품, 발명
☐☐	achieve	v. 성취하다
☐☐	success	n. 성공
☐☐	enemy	n. 적

☐☐	weapon	n. 무기
☐☐	pace	n. 속도
☐☐	navy	n. 해군
☐☐	department	n. 부서, 학과
☐☐	fund	v. 자금을 대다
☐☐	development	n. 개발, 발달
☐☐	defence	n. 방어, 방어 시설, 옹호
☐☐	spray	v. (작은 것을 아주 많이) 퍼붓다, 살포하다
☐☐	particular	a. 특별한, 특정한
☐☐	medium	n. 매체, 수단
☐☐	concerned	a. 관련된
☐☐	extremely	ad. 극도로
☐☐	career	n. 경력
☐☐	expensiveness	n. 값비쌈
☐☐	enable	v. ~을 가능하게 하다
☐☐	moreover	ad. 더욱이, 게다가
☐☐	valuable	a. 가치가 있는, 귀중한
☐☐	connection	n. 접속, 연결

BLUE

☐☐	punishment	n. 처벌, 심한 대접
☐☐	administer	v. (타격을) 주다, 가하다
☐☐	mere	a. 단순한, 단지 ~인
☐☐	threat	n. 위협
☐☐	induce	v. 유도하다, 초래하다, 추론하다
☐☐	avoidance	n. 회피, 방지
☐☐	repeatedly	ad. 되풀이하여, 반복적으로
☐☐	criticize	v. 비판하다, 비평하다, 비난하다
☐☐	further	a. 추가의, 더 이상의
☐☐	capability	n. 능력(역량)
☐☐	psychologist	n. 심리학자
☐☐	constantly	ad. 끊임없이, 거듭
☐☐	vary	v. 다양하게 하다, 달라지다
☐☐	survival	n. 생존, 유물

□□	industrial	a. 산업의, 공업의
□□	essential	a. 가장 중요한, 필수적인
□□	essence	n. 본질, 정수
□□	eliminate	v. 제거하다, 멸종시키다
□□	non-essential	a. 비본질적인 (것[물])
□□	norm	n. 규범, 표준
□□	turntable	n. (음반을 돌리는)회전반, 턴테이블
□□	lid	n. 뚜껑
□□	revolutionary	a. 혁신적인, 혁명적인
□□	subjective	a. 주관적인
□□	mostly	ad. 주로, 일반적으로
□□	national championship	전국 선수권 대회
□□	analyze	v. 분석하다, 조사하다
□□	statistics	n. 통계(자료), 통계학
□□	reject	v. 거절하다, 거부하다
□□	impractical	a. 비실용적인, 비현실적인
□□	reliable	a. 믿을 수 있는, 도움이 되는
□□	troop	n. 군대, 병력
□□	breakthrough	n. 돌파구, 획기적 발전
□□	potential	n. 잠재력
□□	crush	v. 부수다, 으스러뜨리다
□□	access	n. 접근
□□	characteristic	n. 특징, 특질
□□	application	n. 적용, 응용
□□	equality	n. 공평, 평등
□□	discourage	v. 막다, 말리다
□□	multipurpose	a. 다목적의, 여러 목적에 쓰이는
□□	multifunctional	a. 다기능적인
□□	extension	n. 확대, 연장

RED

□□	vicious	a. 잔인한, 공격적인
□□	wilderness	n. 황야, 자연
□□	gourmet	n. 미식가, 식도락가
□□	freeze-dried	a. 차갑고 건조된, 동결 건조된
□□	aesthetic	a. 미적인, 미학적인
□□	collaborate	v. 공동 제작하다, 합작 하다
□□	incorporate	v. 포함하다, 결합하다
□□	bankrupt	v. 파산시키다

□□	stats	n. ⟨pl.⟩통계 [=statistics]
□□	morale	n. 의욕, 사기
□□	complexity	n. 복잡함, 복잡성
□□	user-friendliness	n. 사용자 편의성
□□	contemporary	a. 현대의, 동시대의
□□	transaction	n. 처리, 거래

PURPLE

□□	dodge	v. 기피하다

BROWN

□□	enough to	～하기에 충분한
□□	for instance	예를 들어
□□	in order to	～하기 위하여
□□	be responsible for	～에 책임이 있다, ～에 대한 원인이다
□□	look like	～처럼 보이다, ～인 것 같다
□□	keep A away	A를 멀리하다
□□	be away from	～부터 떨어져 있다
□□	dozens of	수십의, 많은
□□	a series of	일련의
□□	on the move	이동 중에, 여행 중에
□□	consist of	～으로 이루어지다, 구성되다
□□	in either case	어느 경우에나
□□	based on	～에 근거를 둔, ～을 기초로 둔
□□	and so on	기타 등등, ～등(et cetera)
□□	break down	고장 나다
□□	blast through	폭파하다, 돌파하다
□□	for the first time	처음으로
□□	result in	～결과를 내다
□□	focus on	～에 초점을 맞추다

문장 배열

Pattern Analysis 글의 전체적인 맥락을 이해하여 주어진 문장 다음에 이어질 문장들의 순서로 가장 적절한 것을 찾아야 하는 문항이다. 이 문항에서는 문장 간 문법적 연결 관계나 내용적 연결 관계를 파악하여, 전체적인 글의 흐름이 일관성과 논리적인 연결성을 유지하도록 문장들의 순서를 정한다. 최근 흐름을 보면, 한 단락을 구성하는 문장들을 배열하는 문제 수가 2문제로 1문제 늘어서 출제되고 있고, 절대평가에서도 이 흐름대로 가고 있다. 기존 4개의 단락으로 구성된 장문 배열 문제 역시 그대로 유지하고 있기에 중요성이 더 강화된 영역이다.

대표기출 | 유형 파악

079 주어진 글 다음에 이어질 글의 순서로 가장 적절한 것을 고르시오. ✤ 2016학년 수능 35번

> Sometimes, after punishment has been administered a few times, it needn't be continued, because the mere threat of punishment is enough to induce the desired behavior.

(A) Avoidance training, however, doesn't always work in our favor. For instance, a child who has been repeatedly criticized for poor performance on math may learn to dodge difficult math problems in order to avoid further punishment.

(B) Unfortunately, because of this avoidance, the child fails to develop his math skills and therefore improve the capabilities he has, and so a vicious cycle has set in. The avoidance must be unlearned through some positive experiences with math in order for this cycle to be broken.

(C) Psychologists call this avoidance training because the person is learning to avoid the possibility of a punishing consequence. Avoidance training is responsible for many everyday behaviors. It has taught you to carry an umbrella when it looks like rain to avoid the punishment of getting wet, and to keep your hand away from a hot iron to avoid the punishment of a burn.

① (A) — (C) — (B)
② (B) — (A) — (C)
③ (B) — (C) — (A)
④ (C) — (A) — (B)
⑤ (C) — (B) — (A)

Special
Tip

먼저 ①주어진 글을 제대로 해석하고 무엇에 관한 글인지 간단히 요약해 둔다.
(A)부터 (C)를 읽을 때, ②지시어와 연결어 등의 단서를 확인하면서 읽는다. 여기서 지시어의 범위는 지시대명사, 지시형용사는 물론 관사도 포함된다. 관사의 경우, 지문 속에 가령 a boy와 the boy가 있고 같은 boy를 가리킨다면 반드시 a boy가 the boy 앞에 와야 한다. 글을 읽어나가면서 ③같은 의미인데 다르게 쓴 표현에 주의한다. ④글의 흐름이 한 이야기를 끝내고 다른 이야기로 넘어가는지를 확인하자. 참고로 이 부분이 특히 어렵게 느껴진다면, (A)부터 (C)까지 정독한 후에 순서를 생각하는 것보다 (A)부터 (C)의 첫 문장을 주어진 문장에 이어서 바로 이어질 수 있는지를 각각 확인하고 주어진 글과 바로 연결이 안 되는 것을 선택지에서도 제거해보자. 이때, 적어도 하나는 제거된다.

| Bonus Tip 1 |
글의 흐름? 글쓴이가 A에 관련된 이야기를 하고 있다면 B라는 이야기를 새로 꺼내기 전에 A 관련 이야기는 모두 끝내고 B에 대한 이야기를 해야 한다. 흐름이 A A A B B B식으로 전개가 되어야 하지 A B B A A B식으로 섞여서 전개되어서는 안 된다.

| Bonus Tip 2 |
확률 게임? 선택지를 미리 보고 (B)나 (C)로 시작하는 것이 하나밖에 없다고 글을 읽기도 전에, 확률을 따져서 선택지를 지우는 꼼수는 실제 수능에서 절대 통하지 않는다.

080 주어진 글 다음에 이어질 글의 순서로 가장 적절한 것을 고르시오. ✦ 2015학년 수능 37번

Food plays a large part in how much you enjoy the outdoors. The possibilities are endless, so you can constantly vary your diet.

(A) They walk only a few miles each day and may use the same campsite for several nights. Survival eaters eat some dry cereal for breakfast, and are up and walking within minutes of waking.

(B) Wilderness dining has two extremes: gourmet eaters and survival eaters. The first like to make camp at lunchtime so they have several hours to set up field ovens; they bake cakes and bread and cook multi-course dinners.

(C) They walk dozens of miles every day; lunch is a series of cold snacks eaten on the move. Dinner consists of a freeze-dried meal, "cooked" by pouring hot water into the package.

① (A) — (C) — (B)
② (B) — (A) — (C)
③ (B) — (C) — (A)
④ (C) — (A) — (B)
⑤ (C) — (B) — (A)

081 주어진 글 다음에 이어질 글의 순서로 가장 적절한 것을 고르시오.

✤ 2014년 고2 11월 경기도 37번

Dieter Rams, a German industrial designer, is driven by the idea that almost everything is noise. He believes very few things are essential. His job is to filter through that noise until he gets to the essence.

(A) It took courage, as it always does, to eliminate the non-essential. By the sixties this aesthetic started to become more and more popular. In time it became the design every other record player followed.

(B) For example, when he was the lead designer at a company, he was asked to collaborate on a record player. The norm at the time was to cover the turntable in a solid wooden lid or even to incorporate the player into a piece of living room furniture.

(C) Instead, he and his team removed the clutter and designed a player with a clear plastic cover on the top and nothing more. It was the first time such a design had been used, and it was so revolutionary that people worried it might bankrupt the company because nobody would buy it.

＊ clutter: 불필요한 것

① (A) — (C) — (B)
② (B) — (A) — (C)
③ (B) — (C) — (A)
④ (C) — (A) — (B)
⑤ (C) — (B) — (A)

Speed! 어휘 체크

| Words |

□□ a. 산업의, 공업의	i _____
□□ a. 가장 중요, 필수적인	e _____
□□ v. 걸러내다, 여과하다	f _____
□□ n. 본질, 정수	e _____
□□ v. 제거하다, 멸종시키다	e _____
□□ a. 비본질적인 (것)	n _____
□□ a. 미적인, 미학적인	a _____
□□ v. 공동 제작 하다, 합작 하다	c _____

□□ n. 규범, 표준	n _____
□□ n. (음반을 돌리는)회전반, 턴테이블	t _____
□□ a. 단단한, 고체의	s _____
□□ n. 뚜껑	l _____
□□ v. 포함하다, 결합하다	i _____
□□ n. 가구	f _____
□□ a. 혁신적인, 혁명적인	r _____
□□ v. 파산시키다	b _____

082 주어진 글 다음에 이어질 글의 순서로 가장 적절한 것을 고르시오.

✤ 2015년 고2 6월 부산시 38번

The subjective approach to probability is based mostly on opinions, feelings, or hopes. Therefore, we don't typically use this approach in real scientific attempts.

(A) But the probability of an event in either case is mostly subjective, and although this approach isn't scientific, it sure makes for some great sports talk amongst the fans.

(B) Although the actual probability that the Ohio State football team will win the national championship is out there somewhere, no one knows what it is. Some fans will have ideas about what that chance is based on how much they love or hate Ohio State.

(C) Other people will take a slightly more scientific approach—evaluating players' stats, analyzing all the statistics of the Ohio State team over the last 100 years, looking at the strength of the competition, and so on.

✤ probability: 확률

① (A) — (C) — (B)
② (B) — (A) — (C)
③ (B) — (C) — (A)
④ (C) — (A) — (B)
⑤ (C) — (B) — (A)

Speed! | 어휘 체크

| Words |

□□ a. 주관적인　　　　　　　　　s _____
□□ n. 접근, 접근법　　　　　　　a _____
□□ ad. 주로, 일반적으로　　　　m _____
□□ ad. 전형적으로, 일반적으로　t _____
□□ a. 과학적인　　　　　　　　s _____
□□ n. 시도　　　　　　　　　　a _____
□□ prep. ~중에　　　　　　　　a _____
□□ a. 실제의　　　　　　　　　a _____
□□ 전국 선수권 대회　　　　　　n _____

□□ ad. 어딘가에　　　　　　　　s _____
□□ ad. 약간, 조금　　　　　　　s _____
□□ n. 〈pl.〉통계　　　　　　　　s _____
□□ v. 분석하다, 조사하다　　　　a _____
□□ n. 통계(자료), 통계학　　　　s _____

| Phrases |

□□ 어느 경우에나　　　　　　　i _____
□□ ~에 근거를 둔, ~을 기초로 둔　b _____
□□ 기타 등등, ~등(et cetera)　　a _____

083 주어진 글 다음에 이어질 글의 순서로 가장 적절한 것을 고르시오.

✤ 2014년 고2 9월 인천시 38번

The tank was a British invention. Early in the war inventors came to the army leaders with the idea but the army rejected it as impractical.

(A) More than half of them broke down before they got to the German trenches. They were not very reliable. It was not until a year later that tanks actually achieved great success. They blasted through enemy lines so quickly that the infantry could not keep up.

(B) They caused alarm among the Germans and raised the morale of the British troops. Surely this was the weapon that could achieve a breakthrough! However, these first machines only moved at walking pace.

(C) However, Winston Churchill, head of the navy, thought the idea had potential and his department funded its development. Two years later the tanks were used for the first time at the Battle of the Somme. They advanced ahead of the infantry, crushing defences and spraying the enemy with machine-gun fire.

✤ trench: 참호　✤✤ infantry: 보병(대)

① (A) — (C) — (B)
② (B) — (A) — (C)
③ (B) — (C) — (A)
④ (C) — (A) — (B)
⑤ (C) — (B) — (A)

speed!　어휘 체크

| Words |

□□ n. 발명품, 발명　　　　　i _____
□□ v. 거절하다, 거부하다　　r _____
□□ a. 비실용적인, 비현실적인　i _____
□□ a. 믿을 수 있는, 도움이 되는　r _____
□□ v. 성취하다　　　　　　　a _____
□□ n. 성공　　　　　　　　　s _____
□□ n. 적　　　　　　　　　　e _____
□□ n. 의욕, 사기　　　　　　m _____
□□ n. 군대, 병력　　　　　　t _____
□□ n. 무기　　　　　　　　　w _____
□□ n. 돌파구, 획기적 발전　　b _____
□□ n. 속도　　　　　　　　　p _____
□□ n. 해군　　　　　　　　　n _____
□□ n. 잠재력　　　　　　　　p _____

□□ n. 부서, 학과　　　　　　d _____
□□ v. 자금을 대다　　　　　　f _____
□□ n. 개발, 발달　　　　　　d _____
□□ v. 전진하다, 나아가다　　a _____
□□ v. 부수다, 으스러뜨리다　c _____
□□ n. 방어, 방어 시설, 옹호　d _____
□□ v. (작은 것을 아주 많이) 퍼붓다, 살포하다
　　　　　　　　　　　　　　s _____

| Phrases |

□□ 고장 나다　　　　　　　b _____
□□ ~에 도착하다　　　　　　g _____
□□ 폭파하다, 돌파하다　　　b _____
□□ 처음으로　　　　　　　　f _____

084 주어진 글 다음에 이어질 글의 순서로 가장 적절한 것은?

✤ 2015년 고2 9월 인천시 36번

The potential of access to a particular medium is shaped by the technological characteristics of the medium concerned. Access to TV sets and telephones is not the same as access to computers and networks.

(A) However, multi-functionality also results in extremely different applications, both advanced, with many opportunities to learn and build a career, and simple, mainly focused on entertainment. Other characteristics decreasing equality of access are the complexity, expensiveness and lack of user-friendliness of many contemporary new media.

(B) All media have characteristics supporting and discouraging access. Computers and their networks support access because they are multi-purpose or multi-functional technologies enabling all kinds of information, communication, transaction, work, education and entertainment.

(C) So, there are useful applications for everybody. Moreover, the extension of networks produces network effects: the more people gain access, the more valuable a connection becomes.

① (A) — (C) — (B)
② (B) — (A) — (C)
③ (B) — (C) — (A)
④ (C) — (A) — (B)
⑤ (C) — (B) — (A)

Speed!

어휘 체크

| Words |

☐☐ n. 가능성, 잠재력   p _____
☐☐ n. 접근   a _____
☐☐ a. 특별한, 특정한   p _____
☐☐ n. 매체, 수단   m _____
☐☐ n. 특징, 특질   c _____
☐☐ a. 관련된   c _____
☐☐ ad. 극도로   e _____
☐☐ n. 적용, 응용   a _____
☐☐ a. 선진의, 앞선   a _____
☐☐ n. 경력   c _____
☐☐ n. 공평, 평등   e _____
☐☐ n. 복잡함, 복잡성   c _____
☐☐ n. 값비쌈   e _____
☐☐ n. 사용자 편의성   u _____

☐☐ a. 현대의, 동시대의   c _____
☐☐ v. 막다, 말리다   d _____
☐☐ a. 다목적의, 여러 목적에 쓰이는   m _____
☐☐ a. 다기능적인   m _____
☐☐ v. ~을 가능하게 하다   e _____
☐☐ n. 처리, 거래   t _____
☐☐ ad. 더욱이, 게다가   m _____
☐☐ n. 확장, 연장   e _____
☐☐ a. 가치가 있는, 귀중한   v _____
☐☐ n. 접속, 연결   c _____

| Phrases |

☐☐ ~결과를 내다   r _____
☐☐ ~에 초점을 맞추다   f _____

문장 삽입

| CHAPTER PREVIEW |

GREEN

☐☐	period	n. 기간
☐☐	daylight	n. 일광, 낮
☐☐	root	n. 뿌리
☐☐	feed	v. 먹이다
☐☐	experimental	a. 실험의, 경험적인
☐☐	emerge	v. 나타나다, 나오다, 부각되다
☐☐	usual	a. 흔한, 보통의
☐☐	neither	a. 어느 ~도 ~아니다
☐☐	necessarily	ad. (부정문) 반드시 ~은 아니다
☐☐	compare	v. 비교하다
☐☐	gap	n. 끊어진 데, 틈, 빈 곳
☐☐	suspect	v. 생각하다, 의심하다
☐☐	traffic safety	교통 안전
☐☐	law	n. 법, 규정
☐☐	whether	conj. ~인지 (아닌지), ~이든 (아니든)
☐☐	measure	n. 척도, 측정
☐☐	intelligence	n. 정보, 지능
☐☐	prove	v. 드러나다, 입증하다
☐☐	handle	v. 다루다, 처리하다
☐☐	hopeless	a. 서툰, 어쩔 수도 없는
☐☐	complex	a. 복잡한, 복합적인
☐☐	advanced	a. 진보한, 선진의
☐☐	beginner	n. 초보자, 초심자
☐☐	creativity	n. 창조력, 창의성
☐☐	cheat	v. 부정행위를 하다, 속이다
☐☐	discovery	n. 발견, 발각
☐☐	ever	ad. 이전에
☐☐	invent	v. 발명하다
☐☐	bundle	n. 묶음, 꾸러미
☐☐	grain	n. 곡물, 낱알, 알갱이
☐☐	technology	n. (과학)기술, 공학
☐☐	issue	v. 발급하다, 발행하다
☐☐	available	a. 이용할 수 있는, 여유가 있는
☐☐	device	n. 장치, 기구
☐☐	major	a. 주요한, 중대한
☐☐	label	v. (부당하게) 딱지를 붙이다

☐☐	surround	v. 둘러싸다, 에워싸다
☐☐	indeed	ad. 정말로, 사실은
☐☐	progress	v. 나아가다, (시간이) 지나다
☐☐	describe	v. 묘사하다, 설명하다
☐☐	immediately	ad. 즉시, 즉각
☐☐	intelligent	a. 지능이 있는, 똑똑한
☐☐	equipment	n. 기구, 장비
☐☐	modern	a. 근대의, 현대의
☐☐	agricultural	a. 농업의
☐☐	labor	n. 노동(력), 노력
☐☐	physical	a. 물리적인, 신체적인
☐☐	agriculture	n. 농업
☐☐	dependent	a. 의존하는, 중독된
☐☐	gender	n. 성, 성별
☐☐	development	n. 개발, 발전

BLUE

☐☐	expose	v. 드러내다, 노출시키다
☐☐	assume	v. 추정하다, 가정하다
☐☐	internal	a. 체내의, 내부의
☐☐	external	a. 외적인, 외부의
☐☐	further	a. 추가의
☐☐	peak	n. 절정, 정점
☐☐	acid	n. 산
☐☐	crosswalk	n. 횡단보도, 건널목
☐☐	motorist	n. 운전자, 자동차 운전자
☐☐	yield	v. 양보하다, 양도하다
☐☐	marked	a. 표시된, 표가 있는
☐☐	considerable	a. 상당한, 많은
☐☐	cautiously	ad. 조심스럽게, 신중하게
☐☐	unrealistic	a. 비현실적인, 비사실적인
☐☐	application	n. 적용, 응용
☐☐	patent	n. 특허(권)
☐☐	typewriter	n. 타자기
☐☐	commercially	ad. 상업적으로, 영리적으로
☐☐	eager	a. 갈망하는, 열심인
☐☐	ambitious	a. 야심적인, 의욕적인

☐☐	ancestor	n. 조상, 선조
☐☐	process	n. 과정, 처리
☐☐	radically	ad. 급격하게, 급진적으로
☐☐	effect	n. 영향, 결과
☐☐	notion	n. 생각, 개념
☐☐	modify	v. 수정되다, 변경되다
☐☐	schooling	n. 학교 교육
☐☐	significant	a. 중요한, 상당한, 의미 있는
☐☐	nevertheless	ad. 그럼에도 불구하고
☐☐	productivity	n. 생산성
☐☐	dominate	v. 지배하다, 주를 이루다
☐☐	roughly	ad. 대략, 거의
☐☐	proportional	a. 비례하는
☐☐	operate	v. 작동하다, 운영하다
☐☐	unchanged	a. 변함없는, 바뀌지 않는

RED

☐☐	lengthen	v. 길어지다, 늘이다
☐☐	intrigue	v. 호기심을 돋우다, 끌다
☐☐	cue	n. 신호
☐☐	enclosure	n. 포위, 울타리
☐☐	unmarked	a. 표시가 없는
☐☐	pedestrian	n. 보행자
☐☐	intuition	n. 직감, 직관
☐☐	fruition	n. 성과, 결실
☐☐	mow	v. 베다, 깎다
☐☐	sack	n. 부대, (큰)봉지, 자루
☐☐	hasten	v. 앞당기다, 재촉하다
☐☐	innovative	a. 획기적인, 혁신적인
☐☐	innate	a. 선천적인, 타고난
☐☐	categorize	v. 분류하다, 범주로 나누다
☐☐	controversy	n. 논쟁, 논란
☐☐	inherit	v. 물려받다
☐☐	profound	a. 엄청난, 심오한, 깊은
☐☐	widen	v. 벌어지다, 넓어지다
☐☐	primitive	a. 원시의
☐☐	muscular	a. 근육의, 강력한

PURPLE

☐☐	cicada	n. 매미
☐☐	middle-of-the-road	a. 일반적인, 중도의

BROWN

☐☐	keep track of	~에 대해 계속 알고 있다, 파악하고 있다
☐☐	rely on	~에 의존하다
☐☐	in fact	사실(은), 실은
☐☐	rather than	~보다는
☐☐	coincide with	~와 일치하다, ~와 동시에 일어나다
☐☐	feed on	~을 먹다[먹고 살다]
☐☐	be aware of	~을 알고 있다
☐☐	when it comes to	~에 관하여
☐☐	be likely to	~할 것 같다, ~하기 쉽다
☐☐	tend to	(~하는) 경향이 있다
☐☐	cross the road	길을 건너다
☐☐	turn out	드러나다, 밝혀지다
☐☐	be supposed to	~하기로 되어 있다, ~해야 한다
☐☐	by contrast	이와 대조적으로
☐☐	of one's own	자기 자신의
☐☐	be good at	~에 능숙하다
☐☐	bits of	작은, 하찮은
☐☐	for instance	예를 들어
☐☐	the same goes for	~의 경우도 같다, 마찬가지다
☐☐	based on	~에 근거[기반]를 둔
☐☐	not A until B	B하고 나서야 A하다
☐☐	over time	시간이 지나면서
☐☐	all sorts of	모든 종류의
☐☐	impact on	~에 충격[영향]을 주다
☐☐	for the first time	처음으로
☐☐	divide A into B	A를 B로 나누다(분할하다)
☐☐	contribute to	~의 원인이 되다
☐☐	grow up	성장[장성]하다
☐☐	succeed in	~에 성공하다
☐☐	proportional to	~에 비례하는
☐☐	be expected to	~할 것으로 예상되다
☐☐	be far from (*ing/N)	결코 ~아니다
☐☐	in the course of	~하는 중에, ~의 한가운데에
☐☐	compare to	~와 비교하다

문장 삽입

Pattern Analysis

각 문장 간의 논리적인 연결성과 글 전체의 흐름을 잘 이해하고 있는지 측정하는 유형으로 예전에는 한 문제씩 출제되다가 최근 2 문제로 비중이 늘었다. 아울러 지문이 길어지고 문장의 수준 역시 점점 어려워지는 추세라서 문장 배열과 더불어 고난도 영역에 속하고 주의를 요한다.

대표기출 **유형 파악**

085 글의 흐름으로 보아, 주어진 문장이 들어가기에 가장 적절한 곳을 고르시오.

✚ 2015학년 수능 38번

The researchers had made this happen by lengthening the period of daylight to which the peach trees on whose roots the insects fed were exposed.

Exactly how cicadas keep track of time has always intrigued researchers, and it has always been assumed that the insects must rely on an internal clock. Recently, however, one group of scientists working with the 17-year cicada in California have suggested that the nymphs use an external cue and that they can count. (①) For their experiments they took 15-year-old nymphs and moved them to an experimental enclosure. (②) These nymphs should have taken a further two years to emerge as adults, but in fact they took just one year. (③) By doing this, the trees were "tricked" into flowering twice during the year rather than the usual once. (④) Flowering in trees coincides with a peak in amino acid concentrations in the sap that the insects feed on. (⑤) So it seems that the cicadas keep track of time by counting the peaks.

✚ nymph: 애벌레 ✚ sap: 수액

문장 배열과 접근 방식이 매우 비슷하다. 겹치는 내용이 많지만 매우 중요하기 때문에 한 번 더 설명한다. 주어진 문장을 제대로 해석하고 ①지시어와 연결어를 확인해 둔다. 여기서 지시어의 범위는 지시대명사, 지시형용사는 물론 관사도 포함된다. 관사의 경우, 지문 속에 가령 a boy와 the boy가 있고 같은 boy를 가리킨다면 반드시 a boy가 the boy 앞에 와야 한다. 글을 읽어나가면서 ②같은 의미인데 다르게 쓴 표현에 주의한다. ③글의 흐름이 한 이야기를 끝내고 다른 이야기로 넘어가는지를 확인하자. 그리고 ④주어진 문장을 넣고서 흐름에 적절한지 한 번 더 확인해본다.

086 글의 흐름으로 보아, 주어진 문장이 들어가기에 가장 적절한 곳을 고르시오. ✤ 2015학년 9월 평가원 37번

But neither are aware of this fact when it comes to unmarked crosswalks.

Studies do show that motorists are more likely to yield to pedestrians in marked crosswalks than at unmarked crosswalks. But as some researchers found, that does not necessarily make things safer. (①) When they compared the way pedestrians crossed at both kinds of crosswalks on roads with considerable traffic volumes, they found that people at unmarked crosswalks tended to look both ways more often, waited more often for gaps in traffic, and crossed the road more quickly. (②) Researchers suspect that both drivers and pedestrians are more aware that drivers should yield to pedestrians in marked crosswalks. (③) Not knowing traffic safety laws, it turns out, is actually a good thing for pedestrians. (④) Because they do not know whether cars are supposed to stop, they act more cautiously. (⑤) Marked crosswalks, by contrast, may give pedestrians an unrealistic picture of their own safety.

087 글의 흐름으로 보아, 주어진 문장이 들어가기에 가장 적절한 곳을 고르시오. ✤ 2014년 고2 3월 서울시 38번

> But being good at chess isn't a real measure of "intelligence."

Do you think a computer is smarter than people? (①) In the case of chess, it has been proven that a computer can store and handle more bits of information about chess moves than a human brain can. (②) In fact, there are other board games that computers are pretty hopeless at. (③) For instance, in the complex board game Go, even the most advanced computers can't beat beginners. (④) The same goes for complex card games like poker, which computers are not good at because they can't bluff (or even cheat) the way human players do. (⑤) To play poker or Go well, you need other things like intuition and creativity.

✤ bluff: 허세를 부리다

Speed!

어휘 체크

| Words |

□□ n. 척도, 측정　　　　　　　　m _____

□□ n. 정보, 지능　　　　　　　　i _____

□□ v. 드러나다, 입증하다　　　　p _____

□□ v. 다루다, 처리하다　　　　　h _____

□□ a. 서툰, 어쩔 수도 없는　　　h _____

□□ a. 복잡한, 복합적인　　　　　c _____

□□ a. 진보한, 선진의　　　　　　a _____

□□ n. 초보자, 초심자　　　　　　b _____

□□ n. 직감, 직관　　　　　　　　i _____

□□ n. 창조력, 창의성　　　　　　c _____

□□ v. 허세를 부리다, 엄포를 놓다　b _____

□□ v. 부정행위를 하다, 속이다　　c _____

| Phrases |

□□ ~에 능숙하다　　　　　　　　b _____

□□ 작은, 하찮은　　　　　　　　b _____

□□ 사실(은), 실은　　　　　　　i _____

□□ 예를 들어　　　　　　　　　f _____

□□ ~의 경우도 같다, 마찬가지다　t _____

088 글의 흐름으로 보아, 주어진 문장이 들어가기에 가장 적절한 곳을 고르시오. ✦ 2016년 고2 9월 인천시 36번

Today, such delays between ideas and application are almost unthinkable.

Scientific discoveries are being brought to fruition at a faster rate than ever before. (①) For example, in 1836, a machine was invented that mowed, threshed, and tied straw into bundles and poured grain into sacks. (②) The machine was based on technology that even then was twenty years old, but it was not until 1930 that such a machine actually was marketed. (③) The first English patent for a typewriter was issued in 1714, but another 150 years passed before typewriters were commercially available. (④) It is not that we are more eager or more ambitious than our ancestors but that we have, over time, invented all sorts of social devices to hasten the process. (⑤) Thus, we find that the time between the first and second stages of the innovative cycle—between idea and application—has been cut radically.

✦ thresh: 타작하다

Speed!   어휘 체크

| Words |

☐☐ a. 적용, 응용   a _____
☐☐ n. 발견, 발각   d _____
☐☐ n. 성과, 결실   f _____
☐☐ ad. 이전에   e _____
☐☐ v. 발명하다   i _____
☐☐ v. 베다, 깎다   m_____
☐☐ n. 묶음, 꾸러미   b _____
☐☐ n. 곡물, 낟알, 알갱이   g _____
☐☐ n. 부대, (큰)봉지, 자루   s _____
☐☐ n. (과학)기술, 공학   t _____
☐☐ n. 특허(권)   p _____
☐☐ n. 타자기   t _____
☐☐ v. 발급하다, 발행하다   i _____
☐☐ ad. 상업적으로, 영리적으로   c _____

☐☐ a. 이용할 수 있는, 여유가 있는   a _____
☐☐ a. 갈망하는, 열심인   e _____
☐☐ a. 야심적인, 의욕적인   a _____
☐☐ n. 조상, 선조   a _____
☐☐ n. 장치, 기구   d _____
☐☐ v. 앞당기다, 재촉하다   h _____
☐☐ n. 과정, 처리   p _____
☐☐ a. 획기적인, 혁신적인   i _____
☐☐ ad. 급격하게, 급진적으로   r _____

| Phrases |

☐☐ ~에 근거를 둔   b _____
☐☐ B하고 나서야 A하다   n _____
☐☐ 시간이 지나면서   o _____
☐☐ 모든 종류의   a _____

089 글의 흐름으로 보아, 주어진 문장이 들어가기에 가장 적절한 곳을 고르시오. ✤ 2015년 고2 9월 인천시 39번

The old idea of innate intelligence has had a major effect on this categorizing and labelling of children.

In the last twenty years or so research on the brain has radically changed the way intelligence is understood. There is now considerable controversy surrounding the notion of general intelligence. (①) Some of our intelligence may indeed be inherited, but our life experience is now thought to have a profound effect upon intelligence. (②) Scientists have suggested that intelligence changes and modifies as one progresses through life. (③) This finding has not yet impacted on schooling in any significant way. (④) When asked to describe a class they had met for the first time, some teachers immediately divided the children into three groups, the bright, the middle-of-the-road and the "no hopers." (⑤) It has contributed to many children growing up with the mistaken idea that they are not intelligent and cannot succeed in education.

Speed! 어휘 체크

| Words |

□□ a. 선천적인, 타고난   i _____

□□ n. 정보, 지능   i _____

□□ a. 주요한, 중대한   m _____

□□ n. 영향, 결과   e _____

□□ v. 분류하다, 범주로 나누다   c _____

□□ v. (부당하게) 딱지를 붙이다   l _____

□□ ad. 급격하게, 급진적으로   r _____

□□ a. 상당한, 많은   c _____

□□ n. 논쟁, 논란   c _____

□□ v. 둘러싸다, 에워싸다   s _____

□□ n. 생각, 개념   n _____

□□ ad. 정말로, 사실은   i _____

□□ v. 물려받다   i _____

□□ a. 엄청난, 심오한, 깊은   p _____

□□ v. 수정되다, 변경되다   m _____

□□ v. 나아가다, (시간이) 지나다   p _____

□□ n. 학교 교육   s _____

□□ a. 중요한, 상당한, 의미 있는   s _____

□□ v. 묘사하다, 설명하다   d _____

□□ ad. 즉시, 즉각   i _____

□□ a. 일반적인, 중간의   m _____

□□ a. 지능이 있는, 똑똑한   i _____

| Phrases |

□□ ~에 충격을 주다   i _____

□□ 처음으로   f _____

□□ A를 B로 나누다(분할하다)   d _____

□□ ~의 원인이 되다   c _____

□□ 성장하다   g _____

□□ ~에 성공하다   s _____

090 글의 흐름으로 보아, 주어진 문장이 들어가기에 가장 적절한 곳을 고르시오. ✤ 2016년 고2 6월 부산시 38번

Nevertheless, the productivity gap tends to widen because men dominate the use of the new equipment and modern agricultural methods.

In primitive agricultural systems, the difference in productivity between male and female agricultural labor is roughly proportional to the difference in physical strength. (①) As agriculture becomes less dependent upon human muscular power, the difference in labor productivity between the two genders might be expected to narrow. (②) However, this is far from being so. (③) It is usually the men who learn to operate new types of equipment while women continue to work with old hand tools. (④) With the introduction of improved agricultural equipment, there is less need for male muscular strength. (⑤) Thus, in the course of agricultural development, women's labor productivity remains unchanged compared to men's.

✦ proportional: 비례하는

Speed! | 어휘 체크

| Words |

□□ ad. 그럼에도 불구하고	n _____
□□ n. 생산성	p _____
□□ n. 차이, 격차	g _____
□□ v. 벌어지다, 넓어지다	w _____
□□ v. 지배하다, 주를 이루다	d _____
□□ n. 기구, 장비	e _____
□□ a. 근대의, 현대의	m _____
□□ a. 농업의	a _____
□□ a. 원시의	p _____
□□ n. 노동(력), 노력	l _____
□□ ad. 대략, 거의	r _____
□□ a. 비례하는	p _____
□□ a. 물리적인, 신체적인	p _____
□□ n. 농업	a _____
□□ a. 의존하는, 중독된	d _____

□□ a. 근육의, 강력한	m _____
□□ n. 성, 성별	g _____
□□ v. 작동하다, 운영하다	o _____
□□ ad. 그리하여, 그러므로	t _____
□□ n. 개발, 발달	d _____
□□ a. 변함없는, 바뀌지 않는	u _____
□□ v. 비교하다	c _____

| Phrases |

□□ (~하는) 경향이 있다	t _____
□□ ~에 비례하는	p _____
□□ ~할 것으로 예상되다	b _____
□□ 결코 ~아니다	b _____
□□ ~하는 중에, ~의 한가운데에	i _____
□□ ~와 비교하다	c _____

문단 요약

| CHAPTER PREVIEW |

GREEN

□□	firm	n. 회사
□□	department	n. 부서
□□	engineering	n. 공학 기술, 공학
□□	career	n. 직업, 직장생활, 경력
□□	form	v. 형성하다, 구성하다, 만들다
□□	whole	n. 완전체, 전체
□□	thus	ad. 이와 같이, 그러므로, 따라서
□□	examine	v. 조사하다
□□	combine	v. 결합하다
□□	population	n. 인구, 주민
□□	loss	n. 손실
□□	income	n. 수입, 소득
□□	dramatic	a. 극적인, 급격한
□□	growth	n. 성장, 증가
□□	immediately	ad. 즉시, 즉각
□□	discover	v. 발견하다, 알아내다
□□	simply	ad. 그저, 단순히
□□	allow	v. 허락하다, 허용하다
□□	indeed	ad. 정말로, 실제로
□□	cooperation	n. 협력, 협동
□□	limitation	n. 제약, 한계
□□	discussion	n. 토론
□□	customer	n. 고객
□□	support	n. 지원, 지지
□□	survey	v. (설문)조사하다
□□	whether	conj. ～인지 (아닌지)
□□	completely	ad. 완전히
□□	evaluation	n. 평가
□□	research	n. 연구, 조사
□□	individual	n. 개인
□□	suffering	n. 고통
□□	masses	n. 〈pl.〉 대중
□□	experiment	n. 실험
□□	overseas	a. 해외의
□□	particular	a. 특정한
□□	donation	n. 기부, 기증, 기부금, 기증품

□□	crisis	n. 위기
□□	reality	n. 현실(성)
□□	willing	a. 기꺼이 ～하는
□□	broad	a. 넓은, 광범위한
□□	sense	n. 감각
□□	vital	a. 필수적인, 절대 중요한
□□	explore	v. 탐험하다, 탐색하다, 탐구하다
□□	novel	n. 소설
□□	backwards	ad. 뒤로, 거꾸로, 반대방향으로
□□	connection	n. 관계, 접속, 연결
□□	release	v. 풀어주다, 놓아주다
□□	reversed	a. 거꾸로 된, 반대의, 뒤집힌
□□	consequence	n. 결과
□□	agreement	n. 일치
□□	relation	n. 관계, 관련(성)
□□	order	n. 순서

BLUE

□□	functional	a. 기능의, 실용적인, 기능상의
□□	specialist	n. 전문가
□□	component	n. 구성 요소, 성분
□□	element	n. 요소, 성분, 작은 부분
□□	operation	n. 작업, 운영, 사업
□□	promote	v. 승진시키다
□□	transform	v. 변하다
□□	split	v. 쪼개다, 분열시키다
□□	modify	v. 바꾸다, 변경하다
□□	distribute	v. 분배하다
□□	assemble	v. 모으다, 조립하다
□□	hazard	n. 위험, 해악
□□	particularly	ad. 특히, 특별히
□□	geographical	a. 지리적인
□□	further	ad. 게다가, 뿐만 아니라
□□	material	a. 물질의, 물질적인
□□	disaster	n. 재난, 참사
□□	urban	a. 도시의
□□	resident	n. 거주자

☐☐	hazardous	a. 위험한, 모험적인, 위태로운
☐☐	settlement	n. 정착지
☐☐	vulnerable	a. 취약한
☐☐	precisely	ad. 바로, 꼭, 정확히
☐☐	process	n. 과정
☐☐	impact	n. 영향(력), 충격
☐☐	potential	a. 잠재적인, 가능성 있는
☐☐	argument	n. 논쟁
☐☐	conflict	n. 갈등, 충돌
☐☐	representative	n. 대표자
☐☐	satisfied	a. 만족한
☐☐	meanwhile	ad. 한편
☐☐	recall	v. 회상하다
☐☐	automated	a. 자동화된, 자동의
☐☐	response	n. 반응
☐☐	previously	ad. 이전에, 미리
☐☐	curiosity	n. 호기심
☐☐	perception	n. 인식, 지각
☐☐	otherwise	ad. 그렇지 않으면, 그 외에는
☐☐	indifferent	a. 무관심한
☐☐	victim	n. 피해자
☐☐	statistical	a. 통계적인
☐☐	discouraging	a. 실망시키는, 좌절감을 주는
☐☐	significantly	ad. 상당히[크게]
☐☐	contribution	n. 기부, 기여, 기부금, 성금
☐☐	perspective	n. 견해(관점), 전망
☐☐	essence	n. 본질
☐☐	sequence	n. 순서, 차례, 연속
☐☐	entertainingly	ad. 재미있게, 유쾌하게, 즐겁게
☐☐	saintly	a. 성자 같은, 성스러운

RED

☐☐	caterpillar	n. 애벌레
☐☐	generalist	n. 박학다식한 사람
☐☐	oversee	v. 감독하다
☐☐	coherent	a. 일관성 있는, 논리 정연한
☐☐	vulnerability	n. 취약성, 약점이 있음
☐☐	unprecedented	a. 전례없는
☐☐	spontaneous	a. 자연 발생적인
☐☐	landslide	n. 산사태
☐☐	magnify	v. 과장하다, 확대하다
☐☐	exclaim	v. 외치다, 감탄하다

☐☐	trail	n. 오솔길, 산길
☐☐	experientially	ad. 경험에 의해, 경험상으로
☐☐	subsequently	ad. 나중에, 그 뒤에
☐☐	intrigue	v. 호기심을 돋우다
☐☐	lessen	v. 줄이다, 완화하다
☐☐	causal	a. 원인의, 원인을 나타내는, 인과 관계의

PURPLE

☐☐	portrayal	n. 묘사, 기술

BROWN

☐☐	such as	예를 들어, ~과 같은
☐☐	be skilled at	~에 능숙하다
☐☐	compared with	~와 비교하여, ~와 비교되어
☐☐	focus on	~에 초점을 맞추다
☐☐	rather than	~보다는
☐☐	associate A with B	A를 B와 연관시키다
☐☐	turn A into B	A를 B로 바꾸다(만들다)
☐☐	be unable to	~할 능력이 없다
☐☐	figure out	알아내다
☐☐	cope with	~에 대응[대처]하다
☐☐	be capable of (*ing/N)	~할 수 있다, ~할 능력이 있다
☐☐	take (something) off	(옷 등을) 벗다[벗기다]
☐☐	hand A to B	A를 B에게 건네주다
☐☐	too A to v	너무 A해서 V할 수 없다
☐☐	let A know	A가 알도록 하다, A에게 알려주다
☐☐	thousands of	수천의, 무수한, 많은
☐☐	right away	즉시[곧바로]
☐☐	look into	~을 조사하다, 자세히 살피다
☐☐	call back	다시 전화를 하다
☐☐	keep *ing	~을 계속하다
☐☐	in fact	사실(은), 실은
☐☐	according to	~에 따르면, ~에 의하면
☐☐	have an impact on	~에 영향을 미치다
☐☐	go out of one's way to	특별히 노력하다, 비상한 노력을 하다
☐☐	be willing to	기꺼이(흔쾌히) ~하다
☐☐	in need	어려움에 처해 있는, 도움이 필요한
☐☐	such and such	이러한, 여차여차한
☐☐	make sense of	~을 이해하다
☐☐	be injured	다치다, 부상을 입다
☐☐	put down	내려놓다

문단 요약

Pattern Analysis

글의 주제와 빈칸 추론을 합쳐놓은 영역이 문단 요약이다. 주제문을 완성하는 빈칸 추론이라 생각하면 된다. 주로 한 문제가 출제되는데 두 문제가 나온 적도 있다. 예전에도 그리 쉬운 문제는 아니었는데 난이도가 더 높아져 가고 있는 추세다. 선택지에서 수준 높은 어휘도 자주 보이고, 이와 함께 지문에 쓰이는 문장 구조 역시 점점 복잡해져서 쉽게 읽히지 않는다. 평상시에 꾸준한 해석연습과 어휘 학습이 필요하다.

대표기출 · 유형 파악

091 다음 글의 내용을 한 문장으로 요약하고자 한다. 빈칸 (A)와 (B)에 들어갈 말로 가장 적절한 것은?

✚ 2016학년 6월 평가원 40번

There are two types of managers in business organizations: functional managers and project managers. Both types of managers have different roles and qualities. Functional managers head one of a firm's departments such as marketing or engineering, and they are specialists in the area they manage. They are skilled at breaking the components of a system into smaller elements, knowing something of the details of each operation for which they are responsible. On the other hand, project managers begin their career as specialists in some field. When promoted to the position of project manager, they must transform from technical caterpillar to generalist butterfly. They oversee many functional areas, each with its own specialists. Therefore, what is required is an ability to put many pieces of a task together to form a coherent whole. Thus, to understand a frog, for example, functional managers cut it open to examine it, but project managers watch it swim with other frogs and consider the environment.

✚ caterpillar: 애벌레

In business organizations, compared with the functional managers who generally _____(A)_____ what forms a system, project managers focus on _____(B)_____ all of its elements.

	(A)		(B)
①	analyze	……	splitting
②	analyze	……	combining
③	modify	……	distributing
④	assemble	……	dividing
⑤	assemble	……	blending

Special
Tip

요약문은 당연히 주제문이기 때문에 ①요약문에 선택지를 넣어서 먼저 읽어야 한다. 핵심 문장을 다섯 번 읽게 되고 지문의 내용을 예상하는데 상당한 도움이 된다. 이때, 섣불리 본인의 생각을 넣어서 일부 선택지를 오답이라고 미리 판단해서는 안 된다. ②정답을 선택하든 오답을 제거하든 반드시 지문에서 그 근거를 찾아야 한다. 본문에 쓰인 표현을 그대로 활용한 선택지보다는 ③본문의 내용과 같은 의미를 지닌 다른 어휘인 선택지가 정답 가능성이 높다는 사실을 잊지 말자.

092 다음 글의 내용을 한 문장으로 요약하고자 한다. 빈칸 (A)와 (B)에 들어갈 말로 가장 적절한 것은?

✤ 2014학년 9월 평가원 B형 40번

During the 1970s, researchers began to suggest that human vulnerability to hazards, rather than the hazards themselves, was central to understanding the importance of hazards, particularly when considering that a city is a geographical focus for large populations. Further, it was reported that human and material losses from disasters had increased during the 20th century. This happened at a time when cities in the developing world were growing at unprecedented rates, bringing together large populations of low income urban residents, often on hazardous spontaneous settlements which made them far more vulnerable to natural and human-induced hazards. It is precisely this issue of vulnerability on which a number of social scientists focused, arguing that although floods, landslides and earthquakes are natural processes, the disasters that can be associated with them are not a result of natural processes, but of human vulnerability.

With the dramatic growth of _____(A)_____ in developing countries, environmental hazards could turn into disasters for those who are unable to _____(B)_____ their impacts.

	(A)		(B)
①	population	……	magnify
②	economy	……	figure out
③	economy	……	cope with
④	cities	……	cope with
⑤	cities	……	magnify

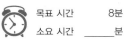

093 다음 글의 내용을 한 문장으로 요약하고자 한다. 빈칸 (A)와 (B)에 들어갈 말로 가장 적절한 것은?

✤ 2015년 고2 3월 서울시 40번

Sometimes children may want to do more than they are capable of doing. For example, the five-year-old son of a friend of ours went on a hike with his father. At one point the boy asked his father to let him carry a heavy backpack the way the "big people" do. Without saying a word, the father took his backpack off and handed it to his son, who immediately discovered that it was too heavy for him to carry. The boy simply exclaimed, "Dad, it's too heavy for me." He then went happily on his way up the trail. In a safe way the father had allowed his son to discover experientially that he was, indeed, too small. He had also avoided a potential argument with his son.

One way to let your children know their ____(A)____ without conflict is through ____(B)____ .

	(A)		(B)
①	interests	……	cooperation
②	interests	……	experience
③	limitations	……	discussion
④	limitations	……	experience
⑤	responsibilities	……	discussion

Speed! | 어휘 체크

| Words |

□□ ad. 즉시, 즉각   i _____

□□ v. 발견하다, 알아내다   d _____

□□ ad. 그저, 단순히   s _____

□□ v. 외치다, 감탄하다   e _____

□□ n. 오솔길, 산길   t _____

□□ v. 허락하다, 허용하다   a _____

□□ ad. 경험에 의해, 경험상으로 e _____

□□ ad. 정말로, 실제로   i _____

□□ a. 잠재적인, 가능성 있는   p _____

□□ n. 논쟁   a _____

□□ n. 갈등, 충돌   c _____

□□ n. 협력, 협동   c _____

□□ n. 제약, 한계   l _____

□□ n. 토론   d _____

| Phrases |

□□ ~할 수 있다, ~할 능력이 있다   b _____

□□ (옷 등을) 벗다   t _____

□□ A를 B에게 건네주다   h _____

□□ 너무 A해서 ~할 수 없다   t _____

□□ A가 알도록 하다, A에게 알려주다 l _____

094 다음 글의 내용을 한 문장으로 요약하고자 한다. 빈칸 (A)와 (B)에 들어갈 말로 가장 적절한 것은?

✤ 2013년 고2 11월 경기도 40번

One of the companies I work with gets thousands of calls every day to its customer support center. Sometimes the problems can be solved right away, but often the service representative has to look into the matter and call back later. When the company subsequently surveyed its customers to see how satisfied they had been with the support center, one of the results was something intriguing: 58 percent of customers whose problem had been solved right away remembered that their call had been answered "immediately" or "very quickly," while only 4 percent remembered having been kept waiting "too long." Meanwhile, of those customers whose problem had not been solved right away, only 36 percent remembered their call had been answered "immediately" or "very quickly," while 18 percent recalled they had waited "too long." In fact, the company had an automated answering system and there was no difference in waiting time between the two groups.

According to the survey, whether a customer's problem was solved _____(A)_____ or not had an impact on the customer's _____(B)_____ of how fast the phone call had been answered.

	(A)		(B)
①	completely	……	response
②	completely	……	evaluation
③	previously	……	curiosity
④	immediately	……	perception
⑤	immediately	……	expectation

Speed! 어휘 체크

| Words |

□□ n. 고객　　　　　　　　　c _____

□□ n. 지원, 지지　　　　　　　s _____

□□ n. 대표자　　　　　　　　r _____

□□ ad. 나중에, 그 뒤에　　　　s _____

□□ v. (설문)조사하다　　　　　s _____

□□ a. 만족한　　　　　　　　s _____

□□ v. 호기심을 돋우다　　　　i _____

□□ ad. 즉시, 즉각　　　　　　i _____

□□ ad. 한편　　　　　　　　　m _____

□□ v. 회상하다　　　　　　　r _____

□□ a. 자동화된, 자동의　　　　a _____

□□ conj. ~인지 (아닌지)　　　w _____

□□ n. 영향　　　　　　　　　i _____

□□ ad. 완전히　　　　　　　　c _____

□□ n. 반응　　　　　　　　　r _____

□□ n. 평가　　　　　　　　　e _____

□□ ad. 이전에, 미리　　　　　p _____

□□ n. 호기심　　　　　　　　c _____

□□ n. 인식, 지각　　　　　　p _____

| Phrases |

□□ 수천의, 무수한, 많은　　　t _____

□□ 즉시　　　　　　　　　　r _____

□□ ~을 조사하다, 자세히 살피다　l _____

□□ 다시 전화를 하다　　　　　c _____

□□ ~을 계속하다　　　　　　k _____

□□ 사실(은), 실은　　　　　　i _____

□□ ~에 따르면, ~에 의하면　　a _____

□□ ~에 영향을 미치다　　　　h _____

095 다음 글의 내용을 한 문장으로 요약하고자 한다. 빈칸 (A)와 (B)에 들어갈 말로 가장 적절한 것은?

❖ 2015년 고2 9월 인천시 40번

Research by Paul Slovic of Decision Research and the University of Oregon shows that people who are otherwise caring and would go out of their way to help another individual become indifferent to the suffering of the masses. In one experiment, people were given $5 to donate to lessen hunger overseas. The first choice was to give the money to a particular child, Rokia, a seven-year-old in Mali. The second choice was to help twenty-one million hungry Africans. The third choice was to help Rokia, but as just one of many victims of hunger. Can you guess which choice was most popular? Slovic reported that donations to the individual, Rokia, were far greater than donations to the second choice, the statistical portrayal of the hunger crisis. That's not particularly surprising. But what is surprising, and some would say discouraging, is that adding the statistical realities of the larger hunger problem to Rokia's story significantly reduced the contributions to Rokia.

An experiment shows that while people are more willing to help _____(A)_____ in need, they become indifferent when given the _____(B)_____ perspective of hunger.

	(A)		(B)
①	an individual	……	larger
②	an individual	……	simpler
③	the masses	……	broader
④	the masses	……	fairer
⑤	a nation	……	clearer

| Words |

□□ n. 연구, 조사   r _____

□□ ad. 그렇지 않으면, 그 외에는   o _____

□□ n. 개인   i _____

□□ a. 무관심한   i _____

□□ n. 고통   s _____

□□ n. 〈pl.〉 대중   m _____

□□ n. 실험   e _____

□□ v. 줄이다, 완화하다   l _____

□□ a. 해외의   o _____

□□ a. 특정한   p _____

□□ n. 피해자   v _____

□□ n. 기부, 기증, 기부금, 기증품   d _____

□□ a. 통계적인   s _____

□□ n. 묘사, 기술   p _____

□□ n. 위기   c _____

□□ ad. 특히, 특별히   p _____

□□ a. 실망시키는, 좌절감을 주는   d _____

□□ n. 현실(성)   r _____

□□ ad. 상당히   s _____

□□ n. 기부, 기여, 기부금, 성금   c _____

□□ a. 기꺼이 ~하는   w _____

□□ n. 견해(관점), 전망   p _____

□□ a. 넓은, 광범위한   b _____

| Phrases |

□□ 특별히 노력하다, 비상한 노력을 하다   g _____

□□ 기꺼이(흔쾌히) ~하다   b _____

□□ 어려움에 처해 있는, 도움이 필요한   i _____

096 다음 글의 내용을 한 문장으로 요약하고자 한다. 빈칸 (A)와 (B)에 들어갈 말로 가장 적절한 것은?

✤ 2014년 고2 6월 부산시 39번

The essence of a sense of time is the experience of things happening in a given sequence: that is, knowing that such and such a thing happened first, and then that happened. This basic experience of time is vital to the way we make sense of the world, as was entertainingly explored in a novel by Rob Grant about a world in which time runs backwards. For example, our understanding of the sequence determines how we see causal connection. In our world, St. Francis picked up injured birds, then he healed them and then he released them from his hand - a saintly action. In Grant's backwards world the time sequence is reversed: healthy birds fly to Francis' hands, then they are injured, and then he puts them down - a sequence of events that is more sadistic than saintly.

✤ sadistic: 가학적인

If we saw no _____(A)_____ in the events, we could make no _____(B)_____ between one thing and another at all.

	(A)		(B)
①	consequence	......	agreements
②	essence	......	differences
③	essence	......	relations
④	order	......	agreements
⑤	order	......	relations

Speed! ▶ 어휘 체크 ▶

| Words |

□□ n. 본질   e _____

□□ n. 감각   s _____

□□ n. 순서, 차례, 연속   s _____

□□ a. 필수적인, 절대 중요한   v _____

□□ ad. 재미있게, 유쾌하게, 즐겁게   e _____

□□ v. 탐험하다, 탐색하다, 탐구하다   e _____

□□ n. 소설   n _____

□□ ad. 뒤로, 거꾸로, 반대방향으로   b _____

□□ a. 원인의, 원인을 나타내는, 인과 관계의

                                      c _____

□□ n. 관계, 접속, 연결   c _____

□□ v. 풀어놓다, 놓아주다   r _____

□□ a. 성자 같은, 성스러운   s _____

□□ a. 거꾸로 된, 반대의, 뒤집힌   r _____

□□ n. 결과   c _____

□□ n. 일치   a _____

□□ n. 관계, 관련(성)   r _____

□□ n. 순서   o _____

| Phrases |

□□ 이러한, 여차여차한   s _____

□□ ~을 이해하다   m _____

□□ 다치다, 부상을 입다   b _____

□□ 내려놓다   p _____

PART 06

복합
• 수능 독해영역 출제 비중 약 17.85% (약 5문항)

한국교육과정평가원의 Official Guide

평가원에서 장문 독해와 장문 배열과 관련해서는 따로 평가 목표, 문항 유형, 학습 안내에 대한 언급이 없었다.

		한국교육과정평가원 수능 영어 절대평가 읽기 문항 유형		수능직방 Reading
Part 6	복합	읽기 및 쓰기	읽기 및 쓰기(배열) 영역의 복합	장문 독해 장문 배열

장문 독해

| CHAPTER PREVIEW |

GREEN

☐☐	compete	v. 경쟁하다, ~와 겨루다
☐☐	population	n. 개체군, 집단
☐☐	prevent	v. 막다, 방해하다
☐☐	log	n. 통나무
☐☐	furthermore	ad. 뿐만 아니라, 더욱이, 게다가
☐☐	condition	n. 상황
☐☐	shore	n. 해안
☐☐	leaf-like	a. 잎 모양의, 잎과 비슷한
☐☐	form	n. 형태, 유형
☐☐	thus	ad. 이와 같이, 그러므로, 따라서
☐☐	growth	n. 증가
☐☐	marine	a. 해양의
☐☐	lifestyle	n. 생활양식
☐☐	consulting	a. 상담역의, 고문 자격의
☐☐	ever	ad. 한 번이라도
☐☐	pride	n. 자부심, 긍지
☐☐	legendary	a. 전설적인
☐☐	distrust	n. 불신감, 불신
☐☐	shield	v. 가리다, 감추다
☐☐	immediate	a. 즉각적인
☐☐	issue	n. 문제
☐☐	hidden	a. 비밀의, 숨은

BLUE

☐☐	organism	n. 유기체, 생물(체)
☐☐	species	n. (생물 분류상의) 종
☐☐	scarce	a. 부족한, 모자라는, 드문
☐☐	interfere	v. 간섭[개입]하다, 방해하다
☐☐	inferior	a. 열등한
☐☐	competitor	n. 경쟁자
☐☐	competitively	ad. 경쟁적으로
☐☐	superior	a. 우수한, 우세한, 월등한

☐☐	eliminate	v. 제거하다
☐☐	competitive	a. 경쟁하는, 경쟁력 있는
☐☐	exclusion	n. 배제, 제외
☐☐	exclude	v. 배제하다, 제외하다
☐☐	disturbance	n. 방해, 소란
☐☐	severe	a. 극심한, 심한
☐☐	drift	v. 떠다니다, 표류하다
☐☐	rocky	a. 바위[암석]로 된, 바위투성이의
☐☐	tropical	a. 열대의, 열대 지방의
☐☐	seaweed	n. 해조, 해초
☐☐	relatively	ad. 비교적, 상대적으로
☐☐	replace	v. 대체하다, 대신하다
☐☐	resistant	a. 저항력이 있는, 내성이 있는
☐☐	seasonal	a. 계절적인
☐☐	variation	n. 변화, 변동
☐☐	aspect	n. 측면, 양상
☐☐	delicate	a. 미묘한, 다루기 어려운
☐☐	dare	v. 감히 ~하다
☐☐	offend	v. 기분 상하게 하다
☐☐	sensitive	a. 민감한, 예민한
☐☐	considerate	a. 배려하는, 사려 깊은
☐☐	genuine	a. 진정한
☐☐	attitude	n. 태도, 사고방식
☐☐	diminish	v. 손상시키다, 깎아내리다
☐☐	promotion	n. 승진
☐☐	reliable	a. 믿을 수 있는
☐☐	threatened	a. 위협당한
☐☐	evolve	v. 진화하다, 발전하다
☐☐	undesirable	a. 원하지 않는, 달갑지 않은
☐☐	investigator	n. 수사관, 조사관
☐☐	investigation	n. 조사, 수사
☐☐	tragic	a. 비극적인

☐☐ Green: 중학필수　☐☐ Blue: 고등기본　☐☐ Red: 고등실력　☐☐ Purple: 최상위권　☐☐ Brown: 숙어

☐☐	security	n. 안전, 보안
☐☐	suspicion	n. 혐의, 의심
☐☐	assign	v. 배정하다
☐☐	specific	a. 특정한, 구체적인
☐☐	further	ad. 더 나아가, 한층 더
☐☐	eventually	ad. 결국, 마침내
☐☐	insight	n. 통찰력
☐☐	pursue	v. 추구하다, 계속하다
☐☐	interrupt	v. 방해하다
☐☐	reveal	v. 드러내다, 폭로하다

RED

☐☐	outcompete	v. 경쟁에서 ～를 이기다
☐☐	periodic	a. 주기적인
☐☐	landslide	n. 산사태
☐☐	dominant	a. 지배적인, 우세한
☐☐	innate	a. 선천적인, 타고난
☐☐	magnitude	n. 중요성, 위대함
☐☐	indispensable	a. 없어서는 안 될, 필수적인
☐☐	vitally	ad. 치명적으로, 극도로, 지극히
☐☐	ego	n. 자아
☐☐	nonverbal	a. 비언어적인
☐☐	oddly	ad. 이상[특이]하게

PURPLE

☐☐	batter	v. 강타하다, 난타하다
☐☐	foliose	a. 잎의
☐☐	algae	n. 조류(물속에 사는 식물), 해조
☐☐	squint	v. 눈을 가늘게 뜨고 보다
☐☐	blaze	n. (대형) 화재, 화염, 불길
☐☐	telltale	a. 숨길 수 없는, 감추어도 드러나는
☐☐	arsonist	n. 방화범

BROWN

☐☐	of one's own	자기 자신의
☐☐	as if	마치 ～처럼
☐☐	turn out to	～인 것으로 드러나다
☐☐	be better at	～을 더 잘하다

☐☐	lose out	손해를 보다, 패하다, 밀리다
☐☐	take over	인계 받다, 차지하다, 강해지다
☐☐	such as	예를 들어, ～과 같은
☐☐	depend on	～에 의존하다, ～을 믿다
☐☐	die out	자취를 감추다, 사라지다
☐☐	be faced with	～에 직면하다
☐☐	remove A from B	A를 B에서 제거하다, 분리하다
☐☐	of the first magnitude	최고의, 지극히 중요한
☐☐	when it comes to	～에 관한 한, ～에 관해서라면
☐☐	head up	(부서 등을) 이끌다[책임지다]
☐☐	save face	체면을 지키다, 체면을 세우다
☐☐	stop to think	한동안 곰곰이 생각하다
☐☐	get one's own way	고집을 부리다, 자기 마음대로 하다
☐☐	find fault (with)	흠을 잡다, 결점을 찾다
☐☐	go so far toward	～까지도 하다
☐☐	lose face	체면을 잃다
☐☐	way of *ing	～하는 방식(방법)
☐☐	come under suspicion	혐의를 받다
☐☐	break out	발발하다, 발생하다
☐☐	have nothing to do with	～와 관련이 없다
☐☐	as to	～에 관해
☐☐	in contrast	그에 반해서, 반면에
☐☐	admit to	～을 인정하다
☐☐	be gone	사라지다, 가고 없다
☐☐	in this case	이 경우에 있어서

장문 독해

Pattern Analysis

하나의 긴 글을 읽고 두 개의 문제(41번과 42번)를 푸는 장문독해는 길이가 점점 길어져서 최근에는 일반 지문 길이의 2배가 훌쩍 넘는 긴 글을 제시하고 있다. 2012학년 수능부터 줄곧 제목과 빈칸 추론으로 구성되고 있다. 다만 최근 구성의 변화가 감지되고 있다. 먼저, 예전에 비해 빈칸 추론의 난이도가 높아지고 있다. 2017학년 6월 평가원과 2017 수능에서 빈칸 2개를 추론하는 고난도 유형이 등장했다. 2017학년 9월 평가원에서는 장문 배열이 없어지고 장문 독해가 2세트가 나오기도 했다.

대표기출 **유형 파악**

[097~098] 다음 글을 읽고, 물음에 답하시오.

Organisms must compete for resources not only with members of their own species, but with members of other species. When two species use the same resource and the resource is scarce, the species must compete just as if they were members of the same population. One of the two species usually turns out to be better at the competition. If two species eat exactly the same food, for example, one of the two will be better at catching it. Unless something interferes, the inferior competitor loses out and the competitively superior species takes over. When one species eliminates another by outcompeting it, it is called competitive exclusion.

Sometimes a competitively superior species is prevented from excluding poorer competitors. Periodic disturbances such as severe storms, battering by drifting logs, or underwater landslides can reduce the population of a dominant competitor and give other species a chance. Furthermore, which species is competitively superior sometimes depends on the conditions. On rocky shores in tropical Hong Kong, for example, foliose (leaf-like) algae are the dominant seaweeds during the relatively cool winter. In the summer heat, these forms die out and are replaced by more resistant encrusting algae. Seasonal variation thus prevents either group from excluding the other, and there is a _____ between the competing species.

✽ encrust: 외피를 형성하다

Special Tip

시간을 조금이라도 줄이고 싶다면, ①제목 선택지를 먼저 보고 이어서 ②빈칸 선택지를 빈칸 문장에 하나씩 넣고 읽어서 빈칸이 뭘 원하는지 예상해본다. 그리고 ③빈칸이 있는 단락을 다른 단락보다 먼저 정독한다. 단락 구분이 없는 하나의 단락이라면 중간부터 읽는다. 빈칸은 거의 대부분 후반부에 있다. 이는 중간도 채 읽지 않은 상태에서 두 문제 모두 해결하길 바라지 않는 출제자의 의도이다. 처음의 3분의 1 혹은 반 정도는 빠르게 읽어 큰 흐름을 파악한 후 뒷부분에 집중하여 ④빈칸이 있는 단락을 제대로 읽으면 제목과 빈칸 두 문제를 모두 해결할 수 있다. 다만 빈칸이 두 개가 있다면 빈칸 문장과 선택지를 먼저 파악해 두고, 제목의 선택지를 봐 둔 후 처음부터 정독하는 편이 낫다.

097 윗글의 제목으로 가장 적절한 것은?

✤ 2015학년 9월 평가원 41번

① Innate Advantages of the Strong
② How Are the Superior Determined?
③ Population Growth in Marine Life
④ Why Do Species Avoid Competing?
⑤ Every Aspect of a Species' Lifestyle

098 윗글의 빈칸에 들어갈 말로 가장 적절한 것은?

✤ 2015학년 9월 평가원 42번

① shifting balance
② fixed hierarchy
③ strong dependency
④ lasting collaboration
⑤ one-way relationship

[099~100] 다음 글을 읽고, 물음에 답하시오.

Years ago, the G.E. Company was faced with the delicate task of removing Charles Steinmetz from the head of a department. Steinmetz, a genius of the first magnitude when it came to electricity, was a failure as the head of the calculating department. Yet the company didn't dare offend the man. He was indispensable – and highly sensitive. So they gave him a new title. They made him Consulting Engineer of G.E. - a new title for work he was already doing - and let someone else head up the department. Steinmetz was happy. So were the officers of G.E. They had done it without a storm by letting him save face.
How important, how vitally important that is! And how few of us ever stop to think of it! We do not think about the feelings of others, getting our own way, finding fault, and criticizing an employee in front of others, without ever considering the hurt to the other person's pride. On the contrary, a few minutes' thought, a considerate word or two, and a genuine understanding of the other person's attitude would go so far toward relieving the hurt. Even if we are right and the other person is definitely wrong, we only destroy ego by causing someone to lose face. A legendary French author once wrote: "I have no right to say or do anything that diminishes a man in his own eyes." What matters is not what we think of him, but what he thinks of himself. Hurting a man's _____ is a crime.

099 위 글의 제목으로 가장 적절한 것은?

✤ 2015년 고2 6월 부산시 41번

① Saving Face, a Way of Saving Pride
② Strategies for High-Speed Promotion
③ Want to Become a Reliable Employer?
④ Distrust: A Reason for Hurting Relationships
⑤ Networking and Maintaining Good Connections

100 위 글의 빈칸에 들어갈 말로 가장 적절한 것은?

✤ 2015년 고2 6월 부산시 42번

① dignity   ② imagination   ③ friendship   ④ dream   ⑤ independence

Speed! 어휘 체크

| Words |
- □□ a. 미묘한, 다루기 어려운   d _____
- □□ n. 중요성, 위대함   m _____
- □□ v. 감히 ~하다   d _____
- □□ v. 기분 상하게 하다   o _____
- □□ a. 없어서는 안 될, 필수적인   i _____
- □□ a. 민감한, 예민한   s _____
- □□ a. 상담역의, 고문 자격의   c _____
- □□ ad. 치명적으로, 극도로, 지극히   v _____
- □□ ad. 한 번이라도   e _____
- □□ n. 자부심, 긍지   p _____
- □□ a. 배려하는, 사려 깊은   c _____
- □□ a. 진정한   g _____
- □□ n. 태도, 사고방식   a _____
- □□ n. 자아   e _____
- □□ a. 전설적인   l _____
- □□ v. 손상시키다, 깎아내리다   d _____
- □□ n. 전략   s _____

- □□ n. 승진   p _____
- □□ a. 믿을 수 있는   r _____
- □□ n. 불신감, 불신   d _____

| Phrases |
- □□ ~에 직면하다   b _____
- □□ A를 B에서 제거하다, 분리하다   r _____
- □□ 최고의, 지극히 중요한   o _____
- □□ ~에 관한 한, ~에 관해서라면   w _____
- □□ (부서 등을) 이끌다   h _____
- □□ 체면을 지키다, 체면을 세우다   s _____
- □□ 한동안 곰곰이 생각하다   s _____
- □□ 고집을 부리다, 자기 마음대로 하다   s _____
- □□ 흠을 잡다, 결점을 찾다   f _____
- □□ ~까지도 하다   g _____
- □□ 체면을 잃다   l _____
- □□ ~하는 방식(방법)   w _____

[101~102] 다음 글을 읽고, 물음에 답하시오.

Eye-blocking is a nonverbal behavior that can occur when we feel threatened or don't like what we see. Squinting and closing or shielding our eyes are actions that have evolved to protect the brain from seeing undesirable images. As an investigator, I used eye-blocking behaviors to assist in the arson investigation of a tragic hotel fire in Puerto Rico. A security guard came under immediate suspicion because the blaze broke out in an area where he was assigned. One of the ways we determined he had nothing to do with starting the fire was by asking him some specific questions as to where he was before the fire, at the time of the fire, and whether or not he set the fire. After each question I observed his face for any telltale signs of eye-blocking behavior. He blocked his eyes only when questioned about where he was when the fire started. Oddly, in contrast, he did not seem troubled by the question, "Did you set the fire?" This told me the real issue was his _____ at the time of the fire. He was questioned further by the investigators and eventually admitted to leaving his post to visit his girlfriend, who also worked at the hotel. Unfortunately, while he was gone, the arsonists entered the area he should have been guarding and started the fire. In this case, the guard's eye-blocking behavior gave us the insight we needed to pursue a line of questioning that eventually broke the case open.

✦ arson: 방화(죄)

101 위 글의 제목으로 가장 적절한 것은?

✦ 2016년 고2 6월 부산시 41번

① Why Did the Man Set the Fire?
② Factors Interrupting Eye-blocking
③ Eye-blocking Reveals Hidden Information
④ Strategies to Hide Eye-blocking Behaviors
⑤ Hiring a Security Guard to Protect a Building

102 위 글의 빈칸에 들어갈 말로 가장 적절한 것은?

✦ 2016년 고2 6월 부산시 42번

① emotion　② judgment　③ location　④ safety　⑤ reaction

Speed! 어휘 체크 ▶

| Words |
□□ a. 비언어적인　n _____
□□ a. 위협당한　t _____
□□ v. 눈을 가늘게 뜨고 보다　s _____
□□ v. 가리다, 감추다　s _____
□□ v. 진화하다, 발전하다　e _____
□□ a. 원하지 않는, 달갑지 않은　u _____
□□ n. 수사관, 조사관　i _____
□□ n. 조사, 수사　i _____
□□ a. 비극적인　t _____
□□ n. 안전, 보안　s _____
□□ a. 즉각적인　i _____
□□ n. 혐의, 의심　s _____
□□ n. (대형) 화재, 화염, 불길　b _____
□□ v. 배정하다　a _____
□□ a. 특정한, 구체적인　s _____
□□ a. 숨길 수 없는, 감추어도 드러나는　t _____
□□ ad. 이상하게　o _____
□□ n. 문제　i _____

□□ ad. 더 나아가, 한층 더　f _____
□□ ad. 결국, 마침내　e _____
□□ n. 방화범　a _____
□□ n. 통찰력　i _____
□□ v. 추구하다, 계속하다　p _____
□□ v. 방해하다　i _____
□□ v. 드러내다, 폭로하다　r _____
□□ a. 비밀의, 숨은　h _____

| Phrases |
□□ 혐의를 받다　c _____
□□ 발발하다, 발생하다　b _____
□□ ~와 관련이 없다　h _____
□□ ~에 관해　a _____
□□ 그에 반해서, 반면에　i _____
□□ ~을 인정하다　a _____
□□ 사라지다, 가고 없다　b _____
□□ 이 경우에 있어서　i _____

CHAPTER 18

장문 배열

| CHAPTER PREVIEW |

GREEN

☐☐	tackle	n. 태클
☐☐	teammate	n. 팀 동료
☐☐	shift	n. 변화
☐☐	whole	a. 전체의
☐☐	vision	n. 환상, 상상, 비전
☐☐	moreover	ad. 더욱이, 게다가
☐☐	label	n. 라벨, 표시, 꼬리표
☐☐	belong	v. 속하다
☐☐	pack	v. 싸다, 꾸리다
☐☐	professor	n. 교수
☐☐	determined	a. 단단히 결심한
☐☐	whenever	conj. ~할 때는 언제든지, ~할 때마다
☐☐	physical	a. 신체적인
☐☐	community	n. 공동체, 지역사회
☐☐	hang	v. (고개를)숙이다, 떨어뜨리다
☐☐	joyful	a. 기뻐하는, 기쁜, 즐거운
☐☐	suggestion	n. 제안
☐☐	hurry	v. 서두르다
☐☐	pitcher	n. 투수
☐☐	risk	n. 위험
☐☐	form	v. 형성하다
☐☐	though	ad. 그렇지만
☐☐	downstairs	ad. 아래층으로(에서)
☐☐	rush	v. 돌진하다, 서두르다
☐☐	flame	n. 불꽃, 화염
☐☐	peacefully	ad. 평화롭게
☐☐	broomstick	n. 대가 긴 빗자루
☐☐	chase	v. 뒤쫓다
☐☐	insist	v. 주장하다, 고집하다
☐☐	retire	v. 은퇴하다, 물러가다

BLUE

☐☐	urgent	a. 절박한
☐☐	crucial	a. 중대한, 결정적인
☐☐	attitude	n. 태도
☐☐	astronaut	n. 우주 비행사
☐☐	part-time	a. 파트타임인[시간제의]
☐☐	eventually	ad. 결국
☐☐	disability	n. 장애
☐☐	gear	n. 장비
☐☐	recognize	v. 알아보다
☐☐	nightly	a. 밤의
☐☐	chore	n. 허드렛일, 잡일
☐☐	lie	v. 눕다
☐☐	grab	v. 움켜잡다, 움켜쥐다
☐☐	soundly	ad. 푹, 깊이[곤히]

RED

☐☐	chant	v. 연호하다
☐☐	glow	v. 붉어지다, 상기되다
☐☐	fireplace	n. 벽난로

PURPLE

☐☐	mock	v. 조롱하다

BROWN

☐☐	end up (*ing/N)	결국 ~하고 말다, 하게 되다
☐☐	graduate from	~를 졸업하다
☐☐	keep *ing	~을 계속하다
☐☐	break out of	~에서 벗어나다
☐☐	need for	~에 대한 필요성
☐☐	sign up	등록하다, 가입하다
☐☐	get out	나가다
☐☐	instead of	~ 대신에

□□	dream of	~을 꿈꾸다
□□	dream of *ing	~하는 꿈을 꾸다
□□	give up on	~을 단념(포기)하다
□□	suffer from	~으로 고통 받다
□□	play catch	캐치볼을 하다
□□	get home	귀가하다
□□	slide down	흘러 내리다
□□	hurry to	서둘러 ~하다
□□	put on	~을 입다[쓰다/끼다/걸치다]
□□	move in	다가가다
□□	be worried that	~을 걱정하다
□□	arrive at	~에 도착하다
□□	be about to	막 ~하려 하다
□□	stay up	자지 않고 깨어 있다
□□	go to bed	자다, 취침하다
□□	plenty of	~이 많은
□□	form the habit of doing	~하는 습관(버릇)이 생기다
□□	cut into	~를 줄이다, ~에 참견하다
□□	every ounce of	모든, 혼신의
□□	retire for the night	잠자리에 들다
□□	for some time	아까부터
□□	as long as	~하는 한, ~하는 동안은
□□	get to	~에 도착하다
□□	right now	지금은
□□	at least	적어도, 최소한
□□	try to	~하려고 노력하다

Pattern
Analysis

한 지문에서 세 문제를 제시하는 장문 배열은 총 4개의 단락을 제시하고 (A)단락 이후의 (B)부터 (D)의 순서를 결정하는 문제가
나오고 이어서 가리키는 대상을 고르고 마지막에는 글의 내용과 일치하지 않는 것을 고르는 것이 2011학년 수능부터 굳어져서
2017학년 9월 평가원만 제외하고 지금까지 그대로 이어지고 있다.

대표기출 **유형 파악**

[103~105] 다음 글을 읽고, 물음에 답하시오.

(A)

It was my last football game as a college player. I made the final tackle and we won. As people chanted my name, (a) I was carried off the field on the shoulders of my teammates. Although I wasn't a great student or a great football player, I ended up not only graduating from my dream university but becoming a hero of the team. People keep asking me how I did it. Here is my story.

(B)

It was so hard to break out of the box, but (b) I began to feel an urgent need for a change. I signed up for the Army and went to the Vietnam War. A lot of people were worried, but I said, "Well, I'm going to get out of my box by deciding what to do myself instead of having someone else tell (c) me what to do." With that one crucial shift in thinking, my whole attitude changed. I began to dream of going to one of the best universities in the country and playing football.

(C)

I was born into a large poor family in Chicago. As a kid, I had visions of being a hero — a police officer or an astronaut. However, people would always tell me, "You can't do that. You aren't smart enough. You aren't strong enough." Moreover, (d) I didn't do well in school, and I had no hope of getting into any college. After high school, I gave up on my dream of going to college and got a part-time job instead. I felt like I was living in a box labeled "This is where you belong."

장문 배열의 지문 난이도는 그 자체로는 높은 편이 아니지만 읽어야 할 내용이 많기 때문에 시간 관리에 신경을 써야 한다. ①내용 불일치 관련 선택지를 먼저 읽고 어떤 내용들이 나오는지 확인해 둔다. 다섯 개의 선택지 중 하나만 틀린 내용이니 80% 가 맞는 정보이므로 무작정 처음부터 읽는 것보다는 도움이 된다. 그리고 ②(A)단락은 반드시 제대로 읽어야 한다. 읽으면서 가리키는 대상이나 내용 일치와 관련된 내용이 있는지 확인하고, 있으면 선택지에 표시해 두거나 메모해 둔다. ③(A)를 읽은 후 바로 뒤에 올 수 없는 단락을 각 단락의 처음 한 두 문장을 통해 빠르게 확인해서 배제하고 각 단락의 마지막 문장과 첫 문장의 연결성을 따져서 최종 배열 순서를 정한다. 순서를 정한 후 나머지 글들을 빠르게 읽어 나가면서, ④내용 일치의 선택지를 수시로 확인하여 해당 부분이 나오면 집중해서 읽는다. ⑤가리키는 대상이 다른 것을 찾는 것은 역시 처음의 두 대상이 서로 같은지 아니면 다른지를 확인이 가장 중요하다. 이후 Chapter 10 지칭 추론의 Special Tip을 참고하여 적용한다.

| Bonus Tip |
내용 불일치 선택지 순서?
참고로 내용 일치·불일치(Chapter 5)의 선택지 순서는 지문 순서대로 등장하지만 장문 배열에서 내용 일치 선택지 순서는 올바로 배열된 후의 순서가 아니라 (A)부터 (D)의 순서를 따른다.

(D)

After I finished my time in the Army, I packed my bags and went to my dream university. I knocked on the door of one of the professors' offices and said, "Please, tell me how to get in here." The professor could see that I was determined. He said, "I can't let you in the university, but (e) I will see you whenever you need my advice or help." It took me a long time, but I eventually got into that university, became a football player, and graduated.

103 주어진 글 (A)에 이어질 내용을 순서에 맞게 배열한 것으로 가장 적절한 것은? ✤ 2015학년 6월 평가원 43번

① (B) — (D) — (C)　　　　　② (C) — (B) — (D)
③ (C) — (D) — (B)　　　　　④ (D) — (B) — (C)
⑤ (D) — (C) — (B)

104 밑줄 친 (a)~(e) 중에서 가리키는 대상이 나머지 넷과 다른 것은? ✤ 2015학년 6월 평가원 44번

① (a)　　　　　　　　　　　② (b)
③ (c)　　　　　　　　　　　④ (d)
⑤ (e)

105 위 글의 Jim에 관한 내용과 일치하지 않는 것은? ✤ 2015학년 6월 평가원 45번

① 대학에서 풋볼 선수였다.　　　② 육군에 입대했다.
③ Chicago에서 태어났다.　　　④ 고등학교 졸업 직후 대학에 진학했다.
⑤ 입학하고 싶어하는 대학의 교수를 찾아갔다.

[106~108] 다음 글을 읽고, 물음에 답하시오.

(A)

Jason was ten years old and loved baseball, but he suffered from physical disabilities. His father, Bob, wanted to protect (a) him, and so he played catch with him in their back yard and avoided any community games. One day Bob got home from work and asked Jason if he wanted to play catch, but Jason hung his head and said no.

(B)

When Jason finally hit the ball after seven swings, it didn't go far, but the kids who knew Jason started yelling, "Run, Jason! Run!" Their voices were soon joined by those of all the players, on both teams. Everyone was cheering and Jason's face glowed when (b) he finally scored. He shouted, "I did it Daddy! I did it!" Tears slid down Bob's cheeks as he hugged his joyful son.

(C)

At the coach's suggestion, Jason was very excited, and (c) he hurried to put on his baseball gear. Most of the kids on the town team recognized Jason from school, but no one from the other team knew him. However, they could see that (d) he was different by the way he moved as he ran onto the field to hit the ball for his team. To make it easier for Jason, the pitcher moved in closer, threw the ball gently, and kept throwing until he could hit one.

(D)

Bob wondered why Jason said no, and when (e) he asked, Jason started to cry: "I want to play on a team, Daddy. Why won't you let me play with the other kids?" Although Bob was worried that Jason might be teased or mocked by the other kids, he decided to take the risk, and so he brought Jason to the town baseball field that evening. When they arrived at the field, it turned out that a baseball game was about to start. Bob talked to the coach about Jason, and the coach invited Jason to play.

106 주어진 글 (A)에 이어질 내용을 순서에 맞게 배열한 것으로 가장 적절한 것은?

✤ 2014년 고2 11월 경기도 43번

① (B) — (D) — (C)   ② (C) — (B) — (D)
③ (C) — (D) — (B)   ④ (D) — (B) — (C)
⑤ (D) — (C) — (B)

107 밑줄 친 (a)~(e) 중에서 가리키는 대상이 나머지 넷과 다른 것은?

✤ 2014년 고2 11월 경기도 44번

① (a)   ② (b)
③ (c)   ④ (d)
⑤ (e)

108 위 글의 Jason에 관한 내용과 일치하지 않는 것은?

✤ 2014년 고2 11월 경기도 45번

① 직장에서 돌아온 아버지의 캐치볼 제안을 거절했다.
② 일곱 번의 스윙 후에 마침내 공을 쳤다.
③ 상대편 선수들은 모두 Jason을 알고 있었다.
④ 아버지는 Jason이 아이들한테 놀림 당할까 봐 걱정했다.
⑤ 아버지가 Jason을 동네 야구장으로 데려갔다.

speed!

어휘 체크

| Words |

☐☐ a. 신체적인   p _____
☐☐ n. 장애   d _____
☐☐ n. 공동체, 지역사회   c _____
☐☐ v. (고개를)숙이다, 떨어뜨리다   h _____
☐☐ v. 붉어지다, 상기되다   g _____
☐☐ a. 기뻐하는, 기쁜, 즐거운   j _____
☐☐ n. 제안   s _____
☐☐ v. 서두르다   h _____
☐☐ n. 장비   g _____
☐☐ v. 알아보다   r _____
☐☐ n. 투수   p _____
☐☐ v. 조롱하다   m _____
☐☐ n. 위험   r _____

| Phrases |

☐☐ ~으로 고통 받다   s _____
☐☐ 캐치볼을 하다   p _____
☐☐ 귀가하다   g _____
☐☐ 흘러 내리다   s _____
☐☐ 서둘러 ~하다   h _____
☐☐ ~을 입다   p _____
☐☐ 다가가다   m _____
☐☐ ~을 계속하다   k _____
☐☐ ~을 걱정하다   b _____
☐☐ ~에 도착하다   a _____
☐☐ 막 ~하려 하다   b _____

[109~111] 다음 글을 읽고, 물음에 답하시오.

(A)

William Miller stayed up after the family had gone to bed, then read until the morning. Candles were expensive, but there were plenty of pine knots, and all (a) he had to do was gather them from the woods. So William formed the habit of burning pine knots in the fireplace for his nightly reading light.

＊ pine knot: 관솔(송진이 엉긴 소나무의 옹이)

(B)

William's "secret life" continued for some time, though. Night after night he read as long as he could, then made (b) his way back upstairs, and slept until it was time to do the morning chores. But one night something happened that he hadn't expected. His father awoke and saw a glow downstairs. Thinking the house was on fire, (c) he came rushing down the stairs to save his home and family from going up in flames.

(C)

Instead of a house fire, however, he saw his son William lying peacefully before the fireplace reading a book he'd borrowed from a neighbor. His father grabbed a broomstick and chased his son around the room, yelling, "Young man, if you don't get to bed right now, I'll kick you out of the house!" William went up to bed, at least for this night. (d) He was only trying to get an education that he couldn't get from the teachers in the community.

(D)

But his father didn't like the habit and tried to stop it. His father felt that his son's late-night reading would cut into (e) his energy for the next day's work. And the farm required every ounce of work he could get from his son. He insisted that William retire for the night when the rest of the family did. And his father thought the growing boy should sleep soundly through the night.

109 주어진 글 (A)에 이어질 내용을 순서에 맞게 배열한 것으로 가장 적절한 것은?

✤ 2016년 고2 3월 서울시 43번

① (B) — (D) — (C)
② (C) — (B) — (D)
③ (C) — (D) — (B)
④ (D) — (B) — (C)
⑤ (D) — (C) — (B)

110 밑줄 친 (a)~(e) 중에서 가리키는 대상이 나머지 넷과 다른 것은?

✤ 2016년 고2 3월 서울시 44번

① (a)
② (b)
③ (c)
④ (d)
⑤ (e)

111 위 글의 Tim Burke에 관한 내용과 일치하지 않는 것은?

✤ 2016년 고2 3월 서울시 45번

① William은 관솔을 태워 그 빛으로 책을 읽었다.
② 아버지는 밤에 일어나서 아래층의 불빛을 보았다.
③ William은 벽난로 앞에서 자다가 아버지에게 발각되었다.
④ 아버지는 빗자루를 들고 William을 쫓아다녔다.
⑤ 아버지는 William이 밤 늦게 책 읽는 것을 싫어했다.

Speed!

어휘 체크

| Words |

☐☐ v. 형성하다   f _____
☐☐ n. 벽난로   f _____
☐☐ a. 밤의   n _____
☐☐ ad. 그렇지만, 그러나   t _____
☐☐ n. 허드렛일, 잡일   c _____
☐☐ n. 불빛   g _____
☐☐ ad. 아래층으로(에서)   d _____
☐☐ v. 돌진하다, 서두르다   r _____
☐☐ n. 불꽃, 화염   f _____
☐☐ v. 눕다   l _____
☐☐ ad. 평화롭게   p _____
☐☐ v. 움켜잡다, 움켜쥐다   g _____
☐☐ n. 대가 긴 빗자루   b _____
☐☐ v. 뒤쫓다   c _____
☐☐ n. 공동체, 지역사회   c _____
☐☐ v. 주장하다   i _____
☐☐ v. 은퇴하다, 물러가다   r _____

☐☐ ad. 푹, 깊이[곤히]   s _____

| Phrases |

☐☐ 자지 않고 깨어 있다   s _____
☐☐ 자다, 취침하다   g _____
☐☐ ~이 많은   p _____
☐☐ ~하는 습관(버릇)이 생기다   f _____
☐☐ ~을 줄이다, ~에 참견하다   c _____
☐☐ 모든, 혼신의   e _____
☐☐ 잠자리에 들다   r _____
☐☐ 아까부터   f _____
☐☐ ~하는 한, ~하는 동안은   a _____
☐☐ ~ 대신에   i _____
☐☐ ~에 도착하다   g _____
☐☐ 지금은   r _____
☐☐ 적어도, 최소한   a _____
☐☐ ~하려고 노력하다   t _____

MEMO

MEMO

MEMO

MEMO

MEMO

수능직방 READING

수능

직방

절대평가를 위한
절대신뢰 독해 솔루션!

최신 수능
100% 반영

단어장

도약편

woongjin
compass

단어장

001	thrill	v. 열광시키다, 황홀하게 만들다
	gymnastics	n. 체조, 체육
	non-refundable	a. 환불이 안 되는
	deposit	n. 예금, 보증금
	rather	ad. 오히려, ～라기 보다는
	skip	v. 건너뛰다, 빼먹다, 빠지다
	sincerely	ad. 진심으로, (격식 갖춘 편지) ～올림
	sign up	등록하다, 가입하다
	get back from	～로 부터 돌아오다
	make it	제 시간에 도착하다, 참석하다
	rather than	～보다는
	check to see if	～인지 아닌지 확인하다
	let A know	A에게 알려주다
002	essential	a. 필수적인
	tool	n. 도구, 연장
	offer	v. 제공하다, 제안하다
	tutor	v. 개인 교습을 하다, 가르치다
	encourage	v. 권장하다
	registration	n. 등록, 접수
	arrange	v. 정하다, 정리하다
	opportunity	n. 기회
	adjust to	～에 적응하다, 순응하다
	encourage O to v	～가 ～하도록 권장하다
	take advantage of	～을 이용하다
	match A with B	A를 B와 맞추다, A와 B를 연결하다
	be satisfied with	～에 만족하다
	feel free to	자유롭게 ～하다, 부담없이 ～하다
003	council	n. 의회, 위원회
	currently	ad. 현재, 지금
	since	conj. ～때문에
	multipurpose	a. 여러 목적에 쓰이는, 다목적의
	cancel	v. 취소하다
	tournament	n. 토너먼트, 승자 진출전
	entire	a. 전체의
	principal	n. 교장

	proposal	n. 제안
	situation	n. 상황
	sincerely	ad. 진심으로, (격식 갖춘 편지) ～올림
	after school	방과 후에
004	career	n. 직업, 직장, 경력
	couple	n. 둘, 두 개
	provide	v. 제공하다, 공급하다
	grateful	a. 감사하는, 고마워하는
	consider	v. 고려하다
	currently	ad. 현재, 지금
	babysitter	n. 아이를 봐 주는 사람, 아기 돌보미
	available	a. 이용할 수 있는
	flexible	a. 유연한, 탄력적인
	appreciate	v. 감사하다
	a couple of	둘의
	give birth to	아이를 낳다, ～를 출산하다
	take care (of)	(～을) 돌보다
	at the same time	동시에[함께]
	be[feel] grateful for	～를 고맙게 여기다
005	corporation	n. 기업, 법인
	commit	v. 약속하다, 전념하다
	safeguard	v. 보호하다
	employee	n. 직원, 고용인
	former	a. 이전의
	current	a. 현재의
	request	n. 요청, 요구
	regarding	prep. ～ 에 관하여
	provide	v. 제공하다, 공급하다
	detail	n. 세부 사항
	employment	n. 고용, 직(職)
	inquiry	n. 문의, 문의사항
	resource	n. 자원
	whether	conj. ～인지 (아닌지)
	legitimate	a. 정당한, 합법적인
	certain	a. 어떤, 특정한
	situation	n. 상황
	department	n. 부서
	permission	n. 허락, 허가

☐☐	agency	n. 기관, (특정 서비스제공) 단체	
☐☐	individual	n. 개인	
☐☐	policy	n. 정책	
☐☐	be committed to (*ing/N)	~(것)에 헌신[전념]하다	
☐☐	pass along	~을 전하다, ~을 알리다	
006 ☐☐	currently	ad. 현재, 지금	
☐☐	establish	v. 설립하다, 구축하다	
☐☐	recycling	n. 재활용	
☐☐	staff	n. 직원	
☐☐	significantly	ad. 상당히[크게]	
☐☐	amount	n. 양, 총계	
☐☐	dumpster	n. 대형 쓰레기 수거함	
☐☐	container	n. 컨테이너, 용기	
☐☐	individual	a. 각각의, 개개의	
☐☐	request	v. 요청하다, 요구하다	
☐☐	allow	v. 허락하다, 허용하다	
☐☐	conserve	v. 보존하다	
☐☐	natural	a. 자연의, 천연의	
☐☐	resource	n. 자원	
☐☐	partnership	n. 동반자 관계(임), 협력	
☐☐	community	n. 지역사회	
☐☐	enhance	v. 강화하다	
☐☐	with the help of	~의 도움을 받아	
☐☐	aim to	~하는 것을 목표로 삼다	
☐☐	the amount of	~의 양	
☐☐	would like to	~하고 싶다	
☐☐	in order to	~하기 위하여	
☐☐	so that	~할 수 있도록	
☐☐	succeed in	~에 성공하다	
☐☐	look forward to	~를 기대하다	
☐☐	give back	돌려주다, 되갚다	

CHAPTER 02

007 ☐☐	discipline	n. 교과목, 전공	
☐☐	mere	a. 단순한	
☐☐	abstract	a. 추상적인	
☐☐	seemingly	ad. 겉보기에는, ~처럼 보이는	

☐☐	practical	a. 실용적인	
☐☐	philosophical	a. 철학의	
☐☐	logic	n. 논리, 생각	
☐☐	actual	a. 실제의	
☐☐	problem solving	문제 해결	
☐☐	struggle	n. 노력, 투쟁	
☐☐	insight	n. 통찰력, 이해	
☐☐	intuition	n. 직감, 직관	
☐☐	enable	v. ~을 가능하게 하다	
☐☐	centrality	n. 중요성, 중심성	
☐☐	relevance	n. 관련성, 타당성	
☐☐	essential	a. 필수적인, 본질적인	
☐☐	observation	n. 관찰	
☐☐	chamber	n. 방, 칸	
☐☐	recognizable	a. 인식할 수 있는	
☐☐	identifiable	a. 확인 가능한	
☐☐	particle	n. (아주 작은) 입자, 미립자	
☐☐	strategy	n. 전략, 계획	
☐☐	philosophy	n. 철학	
☐☐	enter into	시작하다, 행하다	
☐☐	B as well as A	A뿐만 아니라 B도	
☐☐	a good deal (of)	다량으로, (of) 많은 양의	
008 ☐☐	truly	ad. 정말로, 진심으로	
☐☐	population	n. 인구, 개체군	
☐☐	billion	n. 10억	
☐☐	shift	v. 바꾸다, 전환하다, 이동하다	
☐☐	phase	n. 단계, 국면	
☐☐	establish	v. 설립하다, 구축하다	
☐☐	device	n. 장치, 기구, 고안	
☐☐	regional	a. 지역의, 지방의	
☐☐	transmit	v. 전송하다	
☐☐	relay	v. 전달하다, 중계하다	
☐☐	diameter	n. 지름, 직경	
☐☐	remote	a. 외딴, 멀리 떨어진	
☐☐	rural	a. 시골의, 지방의	
☐☐	pursue	v. 추구하다, (어떤 일을) 해 나가다	
☐☐	less than	~보다 적은	
☐☐	have access to	~에 접근권이 있다, ~을 사용할 수 있다	

☐☐ in this way	이렇게, 이런 식으로	
☐☐ by the end of	~이 끝날 무렵에	
☐☐ aim to	~하는 것을 목표로 삼다	
009 ☐☐ promote	v. 향상시키다	
☐☐ dietary	a. 음식물의, 식이요법의	
☐☐ including	prep. ~을 포함하여	
☐☐ sufficient	a. 충분한	
☐☐ adolescent	n. 청소년	
☐☐ typically	ad. 전형적으로, 일반적으로	
☐☐ ensure	v. 확실하게 하다, 보장하다	
☐☐ throughout	ad. ~동안, ~의 도처에	
☐☐ substitute	n. 대체물	
☐☐ beverage	n. 음료	
☐☐ overall	a. 전체의, 전반적인	
☐☐ consumption	n. 소비, 소비량	
☐☐ maintain	v. 유지하다	
☐☐ hydration	n. 수화(水和)(작용), 수분 유지	
☐☐ intake	n. 섭취, 흡수	
☐☐ adequate	a. 적절한, 충분한	
☐☐ cognitive	a. 인식[인지]의	
☐☐ function	n. 기능, 역할	
☐☐ well-balanced	a. 균형 잡힌	
☐☐ secure	v. 보장하다, 지키다	
☐☐ drinkable	a. 마실 수 있는, 마시기에 좋은	
☐☐ excessive	a. 과도한, 엄청난	
☐☐ contribute to	~에 기여하다, ~의 원인이 되다	
☐☐ enroll in	~에 등록하다	
☐☐ at least	적어도, 최소한	
☐☐ have access to	~에 접근권이 있다, ~을 사용할 수 있다	
010 ☐☐ ever	ad. 한번이라도	
☐☐ probably	ad. 아마	
☐☐ amazed	a. (대단히) 놀란	
☐☐ possibly	ad. (부정문에서) 도저히	
☐☐ supernatural	a. 초자연적인	
☐☐ research	n. 연구, 조사	
☐☐ technique	n. 기법, 기술	
☐☐ accuracy	n. 정확성	
☐☐ appear	v. ~로 보이다, 나타나다	

☐☐ magical	a. 황홀한, 마법의	
☐☐ simply	ad. 그저, 단순히	
☐☐ process	n. 과정, 처리	
☐☐ observation	n. 관찰	
☐☐ probability	n. 개연성, 확률	
☐☐ statistics	n. 통계(자료), 통계학	
☐☐ astrologer	n. 점성술사, 점성가	
☐☐ client	n. 의뢰인, 고객, 민원인	
☐☐ ignore	v. 무시하다, 간과하다	
☐☐ nonverbal	a. 비언어적인, 말이 서투른	
☐☐ emotion	n. 감정, 정서	
☐☐ will-power	n. 의지력	
☐☐ be known as	~으로 알려지다	
☐☐ based on	~에 근거[기반]를 둔	
☐☐ depend on	~에 의존하다, ~을 믿다	
011 ☐☐ evidence	n. 증거	
☐☐ crime	n. 범죄	
☐☐ disaster	n. 재난, 참사	
☐☐ environmentalist	n. 환경 운동가, 환경주의자	
☐☐ massive	a. 거대한, 막대한	
☐☐ heat wave	폭염	
☐☐ victim	n. 피해자, 희생자	
☐☐ socially	ad. 사회적으로, 사교적으로	
☐☐ notice	v. 주목하다, 알아차리다	
☐☐ lately	ad. 최근에, 얼마 전에	
☐☐ air conditioner	에어컨	
☐☐ argue	v. 논쟁하다, 주장하다	
☐☐ prevent	v. 막다, 예방하다	
☐☐ policy	n. 정책	
☐☐ strengthen	v. 강화하다, 강력해지다	
☐☐ throughout	ad. ~동안, 내내	
☐☐ necessity	n., 필요성	
☐☐ bond	n. 유대, 결합	
☐☐ relationship	n. 관계, 관련	
☐☐ status	n. 지위, 상태, 신분	
☐☐ factor	n. 요인, 요소	
☐☐ affect	v. 영향을 미치다	
☐☐ occurrence	n. 발생	

□□	fund	n. 기금, 자금
□□	have ~ in common	~을 공통적으로 지니다
□□	hand out (to)	(사람들에게 물건을) 나누어 주다
□□	take care (of)	(~을) 돌보다, (~에) 주의하다
012 □□	construct	v. 건설하다, 구성하다
□□	reservoir	n. 저장소, 저수지
□□	primarily	ad. 주로
□□	hemisphere	n. 반구
□□	randomly	ad. 임의로, 무작위로
□□	mass	n. 질량
□□	shift	v. 이동하다, 옮기다
□□	trillion	n. 조
□□	effect	n. 효과, 영향
□□	whirl	v. 빙그르르 돌다, 회전하다
□□	skater	n. 스케이트 타는 사람
□□	gradually	ad. 서서히, 점차적으로
□□	influence	n. 영향
□□	accidentally	ad. 우연히, 뜻하지 않게
□□	rate	n. 속도
□□	deceleration	n. 감속
□□	axis	n. 축
□□	unintended	a. 의도하지 않은, 고의가 아닌
□□	rotation	n. (지구의)자전
□□	affect	v. 영향을 미치다
□□	eco-friendly	a. 친환경적인
□□	method	n. 방법, 방식
□□	rotate	v. 회전하다, 회전시키다
□□	rather than	~보다는
□□	be located in	~에 위치하다

CHAPTER 03

013 □□	doubt	n. 의심
□□	natural	a. 자연스러운
□□	process	n. 과정
□□	accumulate	v. 모이다, 모으다
□□	affect	v. 영향을 미치다
□□	comment	n. 논평, 언급

□□	positive	a. 긍정적인, 확신하는
□□	negative	a. 부정적인, 나쁜
□□	from time to time	가끔, 이따금
□□	believe in	~을(~의 능력을) 믿다
□□	if not	그렇지 않다면[그것이 아니라면]
014 □□	guard	v. 보호하다, 지키다
□□	maintain	v. 유지하다
□□	progress	n. 진보, 발전
□□	ambition	n. 야망, 열망
□□	simply	ad. 그저, 단순히
□□	unsustainable	a. 지속할 수 없는, 유지할 수 없는
□□	heavily	ad. 많이
□□	account	n. 계좌, 거래
□□	affordable	a. 줄 수 있는, 감당 할 수 있는
□□	bankrupt	v. 파산시키다
□□	profit	n. 이익, 이윤
□□	balance sheet	대차 대조표
□□	generation	n. 세대, 생성
□□	inherit	v. 물려받다
□□	loss	n. 손실
□□	capital	n. 자본(금), 자산
□□	intention	n. 의도, 의사
□□	prospect	n. 전망, 예상
□□	repay	v. 갚다, 상환하다
□□	blame	v. 비난하다, ~을 탓하다
□□	wasteful	a. 낭비적인
□□	debt	n. 빚
□□	political	a. 정치적인
□□	financial	a. 재정적인, 재무의
□□	challenge	v. 이의를 제기하다, 도전하다
□□	blame A for B	B에 대해 A를 비난하다
□□	get away with	피하다, 모면하다
015 □□	obviously	ad. 확실히[분명히]
□□	judgment	n. 평가, 심판
□□	whether	conj. ~인지 (아닌지), ~이든 (아니든)
□□	technically	ad. 엄밀히 따지면[말하면], 기술적으로
□□	efficiently	ad. 효율적으로
□□	promptly	ad. 신속하게

□□	render	v. ~이 되게 하다, (어떤 상태가 되도록)만들다	
□□	efficiency	n. 효율성, 능률	
□□	courtesy	n. 공손함, 정중함	
□□	consideration	n. 사려, 배려	
□□	position	n. 위치, 지위, 입장	
□□	bill	n. 고지서, 계산서	
□□	fundamental	a. 근본적인, 핵심적인	
□□	basis	n. 근거, 기반	
□□	relation	n. 관계	
□□	satisfactorily	ad. 만족스럽게, 충분히	
□□	philosophy	n. 철학	
□□	method	n. 방법, 방식	
□□	allow	v. 허락하다, 허용하다	
□□	insure	v. 보장하다	
□□	pleasing	a. 즐거운, 만족스러운	
□□	not only A but (also) B	A뿐만 아니라 B도 역시	
□□	in order for A to B	A가 B하기 위해서	
016 □□	imagination	n. 상상	
□□	imaginative	a. 창의적인, 상상의	
□□	emotion	n. 감정, 정서	
□□	return	v. 돌아오다[돌아가다]	
□□	joyful	a. 기쁜, 즐거운	
□□	invent	v. 발명하다	
□□	think back (to)	(~을) 돌이켜 생각하다[보다]	
□□	move into	~로 이동하다	
□□	focus on	~에 초점을 맞추다	
□□	at hand	가까이에 있는, 당면한	
017 □□	death	n. 죽음, 사망	
□□	researcher	n. 연구원	
□□	track	v. 추적하다[뒤쫓다]	
□□	nearly	ad. 거의, 가까이	
□□	average	n. 평균	
□□	whether	conj. ~인지 (아닌지), ~이든 (아니든)	
□□	overweight	a. 과체중의	
□□	risk	n. 위험	
□□	premature	a. 이른, 조산의	
□□	channel-surf	v. 채널을 자주 바꾸다	
□□	author	n. 작가, 저자	

□□	including	prep. ~을 포함하여	
□□	naturally	ad. 자연스럽게, 저절로	
□□	occur	v. 일어나다, 생기다	
□□	tube	n. (비격식) 텔레비전	
□□	simply	ad. 단순히, 간단히 말하면	
□□	idle away	빈둥거리며 놀다	
□□	regardless of	~에 관계없이	
□□	compared with	~와 비교하여, ~와 비교되어	
□□	less than	~보다 적은	
□□	come from	~에서 나오다, 비롯되다, 생산되다	
□□	be glued to	~에 집중되다	
018 □□	management	n. 경영, 관리	
□□	decision	n. 결정, 판단	
□□	natural	a. 자연의, 타고난	
□□	tendency	n. 경향, 성향	
□□	familiar	a. 친숙한, 잘 아는	
□□	whether	conj. ~인지 (아닌지), ~이든 (아니든)	
□□	executive	n. 중역, 경영 간부	
□□	examine	v. 조사하다, 검토하다	
□□	policy	n. 정책, 수단, 방법	
□□	aside	ad. 따로, ~외에, 한쪽으로	
□□	whatever	pron. ~것은 무엇이든지	
□□	historically	ad. 역사적으로	
□□	achieve	v. 성취하다	
□□	objective	n. 목표, 목적	
□□	assume	v. 추정하다, 가정하다	
□□	inherent	a. 내재된, 고유의	
□□	value	n. 가치	
□□	cling to	~을 고수하다	
□□	put aside	~을 제쳐두다, 치우다	
□□	focus on	~에 초점을 맞추다	

CHAPTER 04

019 □□	explore	v. 탐험하다	
□□	port	n. 항구	
□□	freshwater	a. 민물의, 민물에 사는	
□□	escort	v. 호위하다	

☐☐	playful	a. 쾌활한, 명랑한
☐☐	species	n. (생물 분류상의) 종
☐☐	numerous	a. 많은, 수많은
☐☐	mosquito	n. 모기
☐☐	rainforest	n. (열대) 우림
☐☐	swell	v. 부풀다
☐☐	chubby	a. 통통한, 토실토실한
☐☐	since	conj. ~때문에, ~이므로
☐☐	journey	n. 여행
☐☐	exhausted	a. 기진맥진한, 지칠 대로 지친
☐☐	frustrated	a. 낙담한, 좌절된
☐☐	indifferent	a. 무관심한
☐☐	relieved	a. 안도하는, 안심한
☐☐	wait for	~를 기다리다
☐☐	on board	승선하여, 탑승하여
☐☐	ahead of	(공간, 시간상으로) 앞에
020 ☐☐	stare	v. 빤히 쳐다보다, 응시하다
☐☐	gloomy	a. 우울한, 침울한
☐☐	reflect	v. 반사하다, 비추다, 반영하다
☐☐	discouraged	a. 낙심한, 낙담한
☐☐	stupid	a. 바보 같은, 어리석은
☐☐	relaxed	a. 느긋한, 여유 있는
☐☐	frustrated	a. 낙담한, 좌절된
☐☐	satisfied	a. 만족한, 충족된
☐☐	exhausted	a. 기진맥진한
☐☐	frightened	a. 무서워하는, 깜짝 놀란
☐☐	depressed	a. 우울한, 의기소침한
☐☐	comfort	v. 위안하다, 위로하다
☐☐	cheer up	격려하다, 기운이 나다
☐☐	cross one's eyes	사시 눈을 하다
☐☐	feel down	기분이 울적하다
021 ☐☐	convincing	a. 그럴듯한, 설득력 있는
☐☐	audition	v. 오디션을 하다
☐☐	shock	v. 충격을 주다
☐☐	rehearsal	n. 리허설, 예행연습
☐☐	scream	v. 소리치다
☐☐	basement	n. 지하, 지하실
☐☐	delighted	a. 아주 기뻐하는

☐☐	support	v. 응원하다, 지지하다, 후원하다
☐☐	smoothly	ad. 부드럽게, 순조롭게
☐☐	probably	ad. 아마도
☐☐	depressed	a. 우울한
☐☐	relieved	a. 안도하는
☐☐	sympathetic	a. 공감하는, 동정적인
☐☐	scared	a. 무서운, 두려워하는
☐☐	frightened	a. 무서워하는, 깜짝 놀란, 겁에 질린
☐☐	embarrassed	a. 당혹한, 당황한
☐☐	must have p.p.	~했음[였음]에 틀림없다
☐☐	agree to ~	~ 하기로 동의하다
☐☐	all the way	내내, 줄곧
☐☐	insist on	~을 강력히 고집하다
☐☐	make sure	확인하다, ~을 확실하게 하다
022 ☐☐	nor	conj. ~도 아니다, 없다
☐☐	slip	v. 미끄러지다
☐☐	plain	a. 평범한, 수수한
☐☐	sense	n. 감각, 느낌
☐☐	whole	a. 전체의
☐☐	delighted	a. 아주 기뻐하는
☐☐	calm	a. 침착한
☐☐	relieved	a. 안도하는
☐☐	envious	a. 부러워하는, 샘 나는
☐☐	irritated	a. 짜증이 난, 화난, 속이 탄
☐☐	disappointed	a. 낙담한, 실망한
☐☐	embarrassed	a. 당황한, 당혹한
☐☐	take (something) off	(옷 등을) 벗다[벗기다], (시선을) 떼다
☐☐	for that matter	그 일이라면, 그 문제에 관해서는
☐☐	try on	(옷 따위를) 입어[신어] 보다
☐☐	slip off	(옷 등을) 벗다
☐☐	by itself	그 자체만으로, 그것만으로
☐☐	at the same time	동시에
023 ☐☐	handkerchief	n. 손수건
☐☐	accidentally	ad. 우연히, 뜻하지 않게
☐☐	inkpot	n. 잉크병
☐☐	beloved	a. 사랑하는, 소중한
☐☐	huge	a. 커다란
☐☐	spot	n. 얼룩

☐☐	heartbroken	a. 상심한, 비통해 하는	
☐☐	hideous	a. 끔찍한, 흉측한	
☐☐	stain	n. 얼룩	
☐☐	gloomy	a. 우울한	
☐☐	retouch	v. 손질하다, 수정하다	
☐☐	inky	a. 잉크로 더럽혀진	
☐☐	gorgeous	a. 멋진, 훌륭한	
☐☐	exclaim	v. 외치다, 감탄하다	
☐☐	assure	v. 확신시키다, 확인하다	
☐☐	relieved	a. 안도하는, 다행으로 여기는	
☐☐	cheerful	a. 쾌활한, 발랄한	
☐☐	irritated	a. 짜증이 난, 화난, 속이 탄	
☐☐	furious	a. 격노한	
☐☐	anxious	a. 걱정하는	
☐☐	indifferent	a. 무관심한	
☐☐	curious	a. 호기심이 많은	
☐☐	depressed	a. 우울한, 낙담한	
☐☐	delighted	a. 아주 기뻐하는	
☐☐	change A into B	A를 B로 바꾸다	
☐☐	hand back (to)	(주인에게) 돌려주다	
024 ☐☐	track	n. 길	
☐☐	remaining	a. 남아있는	
☐☐	regularly	ad. 규칙적으로	
☐☐	dune	n. 모래 언덕	
☐☐	motionless	a. 움직이지 않는, 가만히 있는	
☐☐	dazzling	a. 휘황찬란한, 눈부신	
☐☐	broken	a. 깨진	
☐☐	grain	n. 알갱이	
☐☐	crumble	v. 바스러지다, 부서지다	
☐☐	aircraft	n. 항공기	
☐☐	ever	ad. 언제나, 이전에, 항상	
☐☐	appear	v. 나타나다	
☐☐	immense	a. 광대한, 광막한	
☐☐	nothingness	n. 공허, 무(無)	
☐☐	solitude	n. 고독	
☐☐	sweep	v. 쓸다, 휩쓸고 가다, 밀려오다	
☐☐	ripple	n. 잔물결, 파문	
☐☐	satisfied	a. 만족한, 충족된	

☐☐	grateful	a. 감사하는, 고마워하는	
☐☐	relaxed	a. 느긋한, 여유 있는	
☐☐	refreshed	a. 상쾌한	
☐☐	hopeless	a. 절망적인, 희망을 잃은	
☐☐	abandoned	a. 버려진, 자포자기의	
☐☐	anticipating	a. 기대하는	
☐☐	embarrassed	a. 당황한, 당혹한	
☐☐	millions of	수백만의 ~	
☐☐	thousands of	수천의, 무수한, 많은	

CHAPTER 05

025 ☐☐	devotion	n. 헌신	
☐☐	ancient	a. 고대의, 옛날의	
☐☐	rival	n. 경쟁자	
☐☐	coast	n. 해안, 연안	
☐☐	account	n. 이야기, 설명	
☐☐	well-known	a. 유명한, 친숙한	
☐☐	approximately	ad. 거의, 대략	
☐☐	depiction	n. 서술, 묘사	
☐☐	local	a. 지역의, 현지의	
☐☐	remain	v. 남다, 계속[여전히] ~이다	
☐☐	destroy	v. 파괴하다, 죽이다	
☐☐	attack	n. 공격	
☐☐	known for	~로 알려진	
☐☐	be known of	~에 대해 알려지다	
☐☐	at least	적어도, 최소한	
☐☐	carry off	끌고 가다, 나르다	
026 ☐☐	cactus	n. 선인장	
☐☐	peculiar	a. 특이한, 독특한	
☐☐	blend	v. 섞다, 섞이다	
☐☐	rocky	a. 바위[암석]로 된, 험난한	
☐☐	soil	n. 토양	
☐☐	notice	v. 알아차리다	
☐☐	spineless	a. 가시가 없는	
☐☐	triangular	a. 삼각의	
☐☐	overlap	v. 겹쳐지다, 포개다	
☐☐	star-shaped	a. 별모양의	

□□ extremely	ad. 극도로	□□ male	n. 남성, 수컷
□□ condition	n. 상태, 상황	□□ glossy	a. 빛나는, 윤(광)이 나는
□□ invisible	a. 투명한, 볼 수 없는	□□ collar	n. 목덜미
□□ literally	ad. 문자 그대로, 말그대로	□□ vocal	a. 시끄러운
□□ shrink	v. 줄어들다, 오그라들다	□□ low-pitched	a. 낮은 음역의
□□ surrounding	a. 인근의, 주변의	□□ quack	n. 꽥꽥(우는 소리)
□□ moisture	n. 습기, 수분	□□ mate	v. 짝짓기를 하다
□□ root	n. 뿌리	□□ dense	a. 밀집한
□□ drought	n. 가뭄	□□ vegetation	n. 초목, 식물
□□ drag	v. 질질 끌다	□□ lay	v. (알을) 낳다
□□ stem	n. 줄기	□□ hatch	v. 부화하다
□□ survive	v. 살아남다, 생존하다	□□ directly	ad. 바로, 곧장
□□ native	a. 토착의, 현지의	□□ a series of	일련의
□□ protection	n. 보호(책), 보호물	029 □□ teak	n. 티크(목재)
□□ foul-tasting	a. 불쾌한 맛이 나는	□□ tropical	a. 열대의, 열대 지방의
□□ poisonous	a. 독이 있는, 유해한	□□ hardwood	n. 단단한 목재
□□ step on	~을 밟다	□□ species	n. (생물 분류상의) 종
027 □□ include	v. 포함하다	□□ require	n. 요구하다, 필요로 하다
□□ several	a. 몇몇의, 여러 가지의, 각각의	□□ annual	a. 매년의, 연간의
□□ species	n. (생물 분류상의) 종	□□ rainforest	n. (열대) 우림
□□ range	v. ~의 범위에 이르다	□□ particularly	ad. 특히, 특별히
□□ western	a. 서쪽에 위치한	□□ attractive	a. 마음을 끄는, 매력적인
□□ prefer	v. 선호하다	□□ reddish	a. 불그스름한
□□ dig	v. 파다	□□ valued	a. 귀중한, 가치 있는, 소중한
□□ underground	ad. 지하에(서)	□□ shipbuilding	n. 조선(술), 선박 제조
□□ burrow	n. 굴, 은신처	□□ furniture	n. 가구
□□ mature	a. 완전히 성장한	□□ harvest	v. 수확하다, 벌목하다
□□ thick	a. 두꺼운, 굵은, 숱이 많은	□□ dense	a. 밀집한, 고밀도의
□□ root	n. 뿌리	□□ fell	v. 쓰러뜨리다, 베어 넘기다
□□ encounter	v. 마주치다, 우연히 만나다	□□ unless	conj. ~하지 않는 한, 않는 경우[때] 외에는
□□ as many as	~만큼이나 되는	□□ native to	~가 원산지인
□□ as soon as	~하자마자, ~하자 곧	□□ so that	그 결과 ~하다
□□ except for	~을 제외하고	□□ move out of	~에서 나오다[이동하다]
028 □□ mallard	n. 청둥오리	030 □□ behold	v. 주시하다, 보다
□□ watcher	n. 관찰자	□□ supply route	공급로, 보급로
□□ commonly	ad. 흔히	□□ highly	ad. 매우
□□ throughout	ad. ~의 도처에	□□ profitable	a. 수익성 있는
□□ recognize	v. 인지하다, 인식하다, 알아보다	□□ remote	a. 외딴, 멀리 떨어진

☐☐	wilderness	n. 황야, 자연
☐☐	approximately	ad. 거의, 대략
☐☐	frozen	a. 얼어 붙은, 냉동된
☐☐	joint venture	합작 투자
☐☐	mining	n. 광업, 채광
☐☐	operate	v. 운영하다
☐☐	exploration	n. 탐사, 탐험
☐☐	native	a. 원주민의, 토박이의
☐☐	region	n. 지역, 영역
☐☐	seasonal	a. 계절적인, 계절에 따라 다른
☐☐	load	n. 짐, 적재량
☐☐	requirement	n. 요구, 필요조건
☐☐	generally	ad. 일반적으로, 보통
☐☐	vehicle	n. 차량, 운송수단
☐☐	consist of	~으로 이루어지다, 구성되다
☐☐	depending on	~에 따라
☐☐	by air	항공기로, 공로로

CHAPTER 06

031	☐☐	host	v. 주최하다, 개최하다
	☐☐	direct	v. (영화를) 감독하다, 지시하다
	☐☐	general	a. 일반적인, 보편적인
	☐☐	admission	n. 입장(료)
	☐☐	discount	n. 할인
	☐☐	valid	a. 유효한, 타당성 있는
	☐☐	purchase	v. 구매하다
	☐☐	student union	학생회, 학생회관
	☐☐	non-refundable	a. 환불이 안 되는
	☐☐	beverage	n. 음료
	☐☐	include	v. 포함하다
032	☐☐	famed	a. 저명한, 유명한
	☐☐	coast	n. 해안
	☐☐	variety	n. 다양성, 품종
	☐☐	quality	n. 질, 특성
	☐☐	exhibit	n. 전시품
	☐☐	display	v. 전시하다, 보여주다
	☐☐	philharmonic	a. 교향악단 (특정 교향악단의 이름은 P~)

	☐☐	perform	v. 공연하다, 수행하다
	☐☐	fabulous	a. 멋진, 굉장한
	☐☐	sculpture	n. 조각품, 조소
	☐☐	entrance	n. 입구
	☐☐	fee	n. 요금, 수수료
	☐☐	admission	n. 입장(료), 입학(허가)
	☐☐	resident	n. 거주자
	☐☐	further	a. 추가의
	☐☐	such as	예를 들어, ~과 같은
033	☐☐	annual	a. 매년의, 연간의
	☐☐	fund	n. 기금, 자금
	☐☐	local	a. 지역의, 현지의
	☐☐	environmental	a. 환경의, 주변의
	☐☐	conservation	n. 보존, 보호
	☐☐	fee	n. 요금, 비용
	☐☐	reservation	n. 예약
	☐☐	reserve	v. 예약하다, 비축하다
	☐☐	overnight	ad. 하룻밤 사이에
	☐☐	offer	v. 제공하다
	☐☐	prior to	~에 앞서, 먼저
	☐☐	make a reservation	예약하다
034	☐☐	departure	n. 출발
	☐☐	fee	n. 요금, 비용
	☐☐	additional	a. 추가의
	☐☐	charge	v. 청구하다, 충전하다
	☐☐	per	prep. ~마다
	☐☐	feature	n. 특징
	☐☐	tune	n. 곡(조)
	☐☐	interactive	a. 함께하는, 상호적인
	☐☐	offer	v. 제공하다
	☐☐	further	a. 추가의
035	☐☐	notice	n. 공지
	☐☐	provide	v. 제공하다, 공급하다
	☐☐	rate	n. 요금
	☐☐	seasonal	a. 계절적인, 계절에 따라 변하는
	☐☐	inquire	v. 문의하다, 조사하다
	☐☐	payment	n. 요금, 지불
	☐☐	secure	v. 확보하다, 보장하다

☐☐	reservation	n. 예약
☐☐	extend	v. 연장하다, 넓히다
☐☐	availability	n. 유효성, 이용 가능성
☐☐	valuable	n. (보통 복수형으로) 귀중품
☐☐	charge	n. 요금, 책임
☐☐	account	n. 계좌
☐☐	lounge	n. 라운지
☐☐	cleaning	n. 청소
☐☐	in advance	(~보다) 미리, 사전에
☐☐	every other	하나 걸러, 격일(격주)로
036 ☐☐	annual	a. 매년의, 연례의
☐☐	illustrator	n. 삽화가
☐☐	purchase	v. 구매하다
☐☐	autograph	v. 서명을 하다
☐☐	discount	n. 할인
☐☐	admission	n. 입장(료)
☐☐	fee	n. 요금, 비용
☐☐	expense	n. 비용, 지출
☐☐	aged	a. (나이가) ~세의, 고령의
☐☐	explore	v. 탐험하다, 조사하다
☐☐	up-close	a. 근거리의, 가까운
☐☐	common	a. 공통의, 흔한
☐☐	parking	n. 주차, 주차 공간
☐☐	permit	v. 허락하다
☐☐	author	n. 작가
☐☐	be used to	(V)하기 위해 사용되다
☐☐	be invited to	~에 초대받다

CHAPTER 07

037 ☐☐	percentage	n. 비율, 백분율
☐☐	advertising	n. 광고, 광고업
☐☐	media	n. 매체
☐☐	consumer	n. 소비자, 고객
☐☐	proportion	n. (전체의) 부분, 비율
☐☐	respectively	ad. 각각, 제각기
☐☐	rank	v. (등급을) 차지하다
☐☐	whereas	conj. 반면에

☐☐	gap	n. 격차, 틈
☐☐	mobile	n. 휴대전화
☐☐	take up	차지하다
☐☐	account for	차지하다, ~을 설명하다
☐☐	as for	~에 대해서 말하자면
038 ☐☐	survey	n. (설문)조사
☐☐	conduct	v. 수행하다, 지휘하다
☐☐	compare	v. 비교하다
☐☐	percentage	n. 백분율, 비율
☐☐	minor	n. 미성년자
☐☐	hereafter	ad. 이후로
☐☐	involvement	n. 참여, 개입
☐☐	notably	ad. 현저히, 특히
☐☐	browse	v. 대강 훑어보다
☐☐	gap	n. 틈, 차이
☐☐	attend	v. 참석하다
☐☐	in terms of	~ 면에서
☐☐	less than	~보다 적은
039 ☐☐	aged	a. (나이가) ~세의, 고령의
☐☐	consult	v. 상담하다
☐☐	source	n. 공급자
☐☐	percentage	n. 백분율, 비율
040 ☐☐	trend	n. 동향, 추세
☐☐	advertise	v. 광고하다
☐☐	advertising	n. 광고, 광고업
☐☐	revenue	n. (정부·기관의) 수익, 세입
☐☐	media	n. 매체
☐☐	amount	n. 양
☐☐	earn	v. 벌다, 얻다
☐☐	ad	n. 광고
☐☐	continuously	ad. 끊임없이, 지속적으로
☐☐	since	prep. ~이래로
☐☐	rank	v. (등급을) 차지하다
☐☐	bottom	n. 밑바닥, 기초
☐☐	noticeably	ad. 두드러지게, 현저히
☐☐	increase	v. 증가하다
☐☐	surpass	v. 능가하다, 뛰어넘다
☐☐	previously	ad. 이전에, 미리

□□	source	n. 근원, 출처	
□□	broadcast	n. 방송	
□□	steadily	ad. 꾸준히, 착실하게	
□□	unlike	prep. ~와 다르게	
□□	remain	v. (~한 상태로) 남다, 계속~이다	
□□	billion	n. 10억	
041 □□	percentage	n. 비율, 백분율	
□□	rate	n. 비율, 요금	
□□	gap	n. 틈, 차이	
□□	eldest	a. 가장 나이가 많은	
□□	aged	a. (나이가) ~세의, 고령의	
□□	increase	v. 증가하다	
□□	at least	적어도, 최소한	
□□	as a whole	전체적으로, 총괄하여	
□□	compare to	~와 비교하다	
042 □□	primary	a. 주요한	
□□	production	n. 생산(량), 생성	
□□	source	n. 근원	
□□	natural gas	천연 가스	
□□	coal	n. 석탄	
□□	petroleum	n. 석유	
□□	nuclear	n. 원전, 원자력	
□□	renewable	a. 재생 가능한	
□□	divide	v. 나누다	
□□	further	a. 추가의, 더 추가된	
□□	sub-category	n. 하위 범주, 하위 구분	
□□	reveal	v. 보여주다, 드러내다	
□□	generation	n. (전기 등의) 발생, 발전	
□□	rank	v. (등급을) 매기다, 차지하다	
□□	marginal	n. 근소한	
□□	category	n. 범주, 항목	
□□	biofuel	n. 바이오 연료, 생물 연료	
□□	combine	v. 결합하다	
□□	hydroelectric	a. 수력 전기의	
□□	meanwhile	ad. 한편	
□□	geothermal	a. 지열의	
□□	account for	차지하다	
□□	in total	전체로서, 통틀어	

□□	take up	차지하다	

CHAPTER 08

043 □□	advance	n. 진보	
□□	refrigeration	n. 냉장, 냉동, 냉각	
□□	sophisticated	a. 세련된, 복잡한, 정교한	
□□	ingredient	n. 재료, 성분	
□□	contribute	v. 기여하다	
□□	immeasurably	ad. 헤아릴 수 없을 정도로, 대단히	
□□	baking	n. 제빵, 빵 굽기	
□□	pastry	n. 페이스트리	
□□	popularity	n. 대중성, 인기	
□□	technological	a. 기술적인, 기술의	
□□	spark	v. 불꽃을 일으키다, 유발하다	
□□	reaction	n. 반응, 반작용	
□□	reclaim	v. 되찾다	
□□	old-fashioned	a. 구식의	
□□	industrialize	v. 산업화되다	
□□	goods	n. 상품	
□□	refined	a. 정제된, 세련된, 정교한	
□□	standardize	v. 표준화하다	
□□	research	n. 연구하다, 조사하다	
□□	method	n. 방법, 방식	
□□	handmade	a. 수제의	
□□	sourdough	n. (발효시켜) 시큼한 맛이 나는 반죽[빵]	
□□	experiment	v. 실험하다	
□□	specialty	n. 특제품, 새 고안품	
□□	flour	n. 가루, 밀가루	
□□	at the beginning (of)	(~의) 처음에, (~의) 초반에	
□□	search for	~를 찾다	
044 □□	fit	v. 끼워 맞추다, 맞추다	
□□	object	n. 물건, 물체	
□□	occupy	v. 차지하다, 점령하다	
□□	condominium	n. 아파트 공동주택	
□□	belonging	n. 〈pl.〉 소유물, 소지품	
□□	fruitless	a. 헛된, 무익한	
□□	investment	n. 투자, 투자 대상	

□□	frustration	n. 불만, 좌절
□□	purchase	v. 구매하다
□□	warehouse	n. 창고
□□	furniture	n. 가구
□□	lifestyle	n. 생활양식
□□	consequence	n. 결과
□□	decision	n. 결정
□□	move to	~로 이사하다
□□	get rid of	~을 처리하다[없애다]
□□	lead to	~를 초래하다, ~로 이끌다
045 □□	process	n. 과정
□□	advancement	n. 승진, 출세
□□	base	n. 바닥, 토대
□□	athletic	a. 운동의
□□	tip	n. 끝부분
□□	highly	ad. 매우
□□	desire	v. 바라다
□□	professional	a. 직업적인, 프로의
□□	thus	ad. 이와 같이, 그러므로
□□	altogether	ad. 다 합하여, 전체로, 모두 함께
□□	increasingly	ad. 점점 더, 갈수록 더
□□	salary	n. 급여, 봉급
□□	various	a. 서로 다른, 다양한
□□	reflect	v. 반영하다
□□	typically	ad. 전형적으로, 일반적으로
□□	extra	n. 추가분
□□	earn	v. 벌다
□□	degree	n. 정도, 등급, 단계
□□	head coach	수석 코치, 감독
□□	times	n. (몇) 배
□□	counterpart	n. 상대
□□	work one's way up	승진하다
□□	in comparison	비교하면, 상대적으로
046 □□	right-handed	a. 오른손잡이인, 오른손잡이를 위해 만들어진
□□	since	conj. ~때문에
□□	mostly	ad. 대개, 대부분, 주로, 일반적으로
□□	primarily	ad. 주로
□□	maid	n. 하녀

□□	dressmaker	n. 양재사
□□	remain	v. 남다, 계속[여전히] ~이다
047 □□	scrub	v. 문질러 닦다, 비벼 빨다, 문지르다
□□	riverbank	n. 강기슭, 강둑
□□	stream	n. 개울, 시내
□□	rub	v. 비비다, 문지르다
□□	backbreaking	몹시 힘든
□□	labor	n. 노동
□□	commonplace	a. 아주 흔한
□□	homeowner	n. 주택 보유자(소유자)
□□	automatically	ad. 자동으로
□□	regulate	v. 조절하다, 조정하다
□□	detergent	n. 세제
□□	rinse	v. 헹구다
□□	electrical	a. 전기의
□□	mechanical	a. 기계적인
□□	technologically	ad. 과학기술로, 기술상으로
□□	advanced	a. 진보한, 선진의, 앞선
□□	appliance	n. (가정용)기기, (가전)제품
□□	require	n. 요구하다, 필요로 하다
□□	washer	n. 세탁기
□□	excess	a. 초과한, 여분의
□□	feed	v. 먹이다, 공급하다, (기계에) 넣다
□□	indeed	ad. 정말로, 사실은
□□	phenomenon	n. 현상, 경이로운 사람(것)
□□	measure out	(필요한 양만큼) 덜어 내다
□□	not only A but (also) B	A뿐만 아니라 B도 역시
□□	by hand	손으로
□□	compared with	~와 비교하여, ~와 비교되어
□□	squeeze out	~을 짜내다
048 □□	allow	v. 허락하다, 허용하다
□□	customer	n. 고객
□□	product	n. 제품, 상품, 공산품
□□	persuade	v. 설득하다
□□	purchase	v. 구매하다
□□	charity	n. 자선, 자선단체
□□	approach	n. 접근, 접근법
□□	perhaps	ad. 아마도, 어쩌면

☐☐	package	n. 꾸러미, 패키지
☐☐	obligated	a. (법적·도덕적으로 ~할) 의무가 있는
☐☐	sense	n. 감각, 느낌
☐☐	affect	v. 영향을 미치다
☐☐	pressure	n. 압박
☐☐	host	n. 파티 주최자
☐☐	in order to	~하기 위하여
☐☐	in return	답례로, 보답으로
☐☐	return the favor	호의를 되돌려 주다, 은혜를 갚다, 신세를 갚다
☐☐	under pressure	압박을 받는

CHAPTER 09

049 ☐☐	real estate	부동산
☐☐	undergo	v. 겪다
☐☐	severe	a. 극심한, 심한
☐☐	prolonged	a. 장기간의
☐☐	manufacture	v. 생산[제조]하다
☐☐	exceed	v. 초과하다
☐☐	output	n. 생산, 생산량
☐☐	inventory	n. 재고, 재고품
☐☐	property	n. 재산, 부동산
☐☐	accommodate	v. 수용하다
☐☐	peak	n. 절정
☐☐	vacancy	n. 빈방
☐☐	rate	n. 요금, ~료
☐☐	downward	a. 하향의
☐☐	charge	v. 청구하다, 부담시키다
☐☐	operating	a. 경영[운영]상의
☐☐	expense	n. 비용, 지출
☐☐	subsidize	v. 보조금을 지급하다, 후원하다
☐☐	lender	n. 빌려주는 사람, 대출 기관
☐☐	repossess	v. (대금이 치뤄지지 않은 물건을) 회수(압류)하다
☐☐	further	ad. 더 나아가, 더욱
☐☐	depress	v. 약화시키다, 침체시키다
☐☐	cut back on	~을 줄이다
☐☐	the amount of	~의 양
☐☐	be unable to	~할 능력이 없다

☐☐	at distress prices	투매 가격에
050 ☐☐	flightless	a. 날지 못하는
☐☐	evolve	v. 진화하다
☐☐	widespread	a. 널리 퍼진
☐☐	immediate	a. 직접적인
☐☐	spot	v. 발견하다, 알아내다
☐☐	furious	a. 맹렬한
☐☐	rate	n. 속도
☐☐	accommodation	n. 숙박 시설
☐☐	destruction	n. 파괴
☐☐	intent	a. 열중하는, 몰두하는
☐☐	fisherman	n. 낚시꾼
☐☐	lack	v. ~이 없다, 모자라다
☐☐	suitable	a. 적합한, 적절한, 알맞은
☐☐	sporting	a. 스포츠의
☐☐	rather	ad. 다소, 상당히
☐☐	obvious	a. 명백한
☐☐	defect	n. 결함
☐☐	species	n. (생물 분류상의) 종
☐☐	introduce	v. 도입하다
☐☐	immediately	ad. 즉시, 즉각
☐☐	thus	ad. 그래서, 그러므로
☐☐	cooperate	v. 협력하다
☐☐	doubt	n. 의심
☐☐	gobble up	집어삼키다, 게걸스럽게 먹다
☐☐	zebra-striped	a. 얼룩말 줄무늬의
☐☐	chick	n. 병아리, 새끼 새
☐☐	enough to	~하기에 충분한
☐☐	compensate for	보충하다, 보상하다, 보완하다
051 ☐☐	suspense	n. 긴장감, 불안
☐☐	novel	n. 소설
☐☐	rob	v. 강탈하다, 빼앗다
☐☐	plot	n. 줄거리
☐☐	beforehand	ad. 미리, 사전에
☐☐	outcome	n. 결과
☐☐	acrobat	n. 곡예사
☐☐	employ	v. 사용하다, 쓰다
☐☐	principle	n. 원리

☐☐	achieve	v. 성취하다, 달성하다, 완수하다
☐☐	feat	n. 위업, 공적, 묘기, 뛰어난 재주
☐☐	purposely	ad. 고의로, 일부러
☐☐	perform	v. 수행하다, 공연하다, 연기하다
☐☐	several	a. 몇몇의
☐☐	deliberate	a. 고의의, 계획적인, 의도적인
☐☐	arrange	v. 계획하다, 정하다
☐☐	scene	n. 장면
☐☐	expectation	n. 기대
☐☐	applause	n. 박수
☐☐	relieved	a. 안도하는
☐☐	appreciate	v. 높이 평가하다, 진가를 인정하다
☐☐	take up	차지하다
☐☐	keep *ing	~을 계속하다
☐☐	as to	~에 관해
☐☐	at once	즉시, 당장, 지체 없이
☐☐	wait for	~를 기다리다
052 ☐☐	consider	v. ~으로 여기다
☐☐	achievement	n. 업적, 성취
☐☐	summit	n. 정상
☐☐	disgrace	n. 불명예, 망신
☐☐	honor	n. 명예
☐☐	climber	n. 등반가
☐☐	century	n. 100년, 세기
☐☐	factor	n. 요인
☐☐	lack	n. 부족
☐☐	presence	n. 존재
☐☐	expedition	n. 원정대, 탐험대
☐☐	attempt	v. 시도하다
☐☐	whenever	conj. ~할 때마다
☐☐	satellite	n. (인공)위성, 위성장치
☐☐	exactly	ad. 정확히
☐☐	climbing	n. 등산, 등반
☐☐	now that	~이므로, ~이기 때문에
☐☐	less than	~보다 적은
☐☐	be crowded with	~로 붐비다
053 ☐☐	openness	n. 개방성, 진솔함
☐☐	venture	n. 벤처 사업

☐☐	include	v. 포함하다
☐☐	location	n. 장소, 위치
☐☐	site	n. (인터넷) 사이트
☐☐	hesitant	a. 망설이는, 주저하는
☐☐	nonprofit	n. 비영리 단체
☐☐	individual	n. 개인
☐☐	underwrite	v. 지불을 승인하다(동의하다)
☐☐	operational	a. 운영상의
☐☐	donation	n. 기부
☐☐	donor	n. 기부자, 기증자
☐☐	uncertain	a. 확신이 없는, 불확실한
☐☐	generosity	n. 관대함, 너그러움, 아량
☐☐	encourage	v. 격려하다, 권장하다
☐☐	responsible	a. ~에 책임(감)이 있는
☐☐	fancy	a. 고급의, 화려한
☐☐	salary	n. 급여, 봉급
☐☐	no matter what	무엇을 ~하더라도
☐☐	be aware of	~을 알고 있다
☐☐	be likely to	~일 것 같다, ~할 것 같다
☐☐	spend A on B	B에 A를 쓰다
054 ☐☐	possibility	n. 가능성
☐☐	guilty	a. 유죄의, 죄책감을 느끼는
☐☐	disappoint	v. 실망시키다, 낙담시키다
☐☐	allow	v. 허락하다, 허용하다
☐☐	forbid	v. 금하다
☐☐	coworker	n. 동료
☐☐	steal	v. 훔치다
☐☐	conflict	n. 갈등, 충돌
☐☐	emotional	a. 감정의, 정서의
☐☐	rejection	n. 거부, 거절
☐☐	frustrated	a. 낙담한, 좌절된
☐☐	satisfied	a. 만족한, 충족된
☐☐	lack	n. 결핍, 부족
☐☐	quality time	귀중한 시간
☐☐	manage	v. 관리하다
☐☐	perception	n. 인식
☐☐	ignore	v. 무시하다
☐☐	fulfill	v. 이행하다, 완수하다, 달성하다

☐☐	enable	v. ~을 가능하게 하다	
☐☐	meaningful	a. 의미 있는	
☐☐	play it safe	신중을 기하다, 안전책을 강구하다	
☐☐	be faced with	~에 직면하다	
☐☐	at work	직장에서, 근무 중인	
☐☐	keep *ing	~을 계속하다	
☐☐	end up (*ing/N)	결국 ~하고 말다, 하게 되다	
☐☐	in the end	마침내	

CHAPTER 10

055 ☐☐	frequently	ad. 자주, 흔히
☐☐	medical	a. 의학의, 의료의
☐☐	treatment	n. 치료
☐☐	disabled	a. 장애를 가진
☐☐	local	a. 지역의, 현지의
☐☐	spot	v. 발견하다
☐☐	carving	n. 조각물, 조각품
☐☐	seller	n. 파는 사람, 판매자
☐☐	act	v. 역할을 하다
☐☐	offer	v. 제공하다, 제안하다
☐☐	opponent	n. 상대, (~에 대한) 반대자
☐☐	propose	v. 제안하다, 제시하다
☐☐	bargaining	n. 거래
☐☐	slightly	ad. 약간, 조금
☐☐	pace	n. 속도
☐☐	increase	v. 증가하다
☐☐	observe	v. 살피다, 관찰하다
☐☐	sense	v. 느끼다, 지각하다
☐☐	instantly	ad. 즉시, 즉각
☐☐	recognize	v. 알아채다, 인식하다
☐☐	settle	v. 지불하다, 정산하다
☐☐	delight	v. 기쁘게 하다
☐☐	purchase	v. 구매하다
☐☐	reasonable	a. 합리적인, 적당한, (가격이) 싼
☐☐	provide A for B	A에게 B를 제공하다
☐☐	ask A for B	A에게 B를 요구하다
☐☐	keep up with	~에 따라가다

056 ☐☐	spread	v. 엷게 바르다, 펴다
☐☐	homemade	a. 집에서 만든, 국산의
☐☐	dump	v. ~을 털썩 내려놓다
☐☐	bathtub	n. 욕조
☐☐	giggle	v. 피식 웃다, 킬킬 웃다
☐☐	spit	v. 뱉다
☐☐	luckily	ad. 운 좋게, 다행히
☐☐	spray	n. 파편
☐☐	cabin	n. 오두막집, 선실, 객실
☐☐	laughter	n. 웃음소리
☐☐	be covered with	~으로 뒤덮이다
☐☐	get through	끝내다
☐☐	try to	~하려고 노력하다
☐☐	all over	곳곳에[온 데]
☐☐	be full of	~으로 가득차다
057 ☐☐	patient	n. 환자
☐☐	counseling	n. 조언, 상담
☐☐	potential	n. 잠재력
☐☐	typical	a. 전형적인, 일반적인
☐☐	product	n. 산물
☐☐	physician	n. (내과) 의사
☐☐	employee	n. 직원
☐☐	expect	v. 예상하다, 기대하다
☐☐	sort	n. 종류, 부류
☐☐	inspire	v. 고무하다, 영감을 주다
☐☐	compliment	n. 찬사, 칭찬
☐☐	remark	n. 언급, 의견, 소견, 발언
☐☐	process	n. 과정, 처리
☐☐	attack	v. 폭행하다, 공격하다
☐☐	live up to	기대에 부응하다[합당하다]
☐☐	try to	~하려고 노력하다
058 ☐☐	frequent	a. 자주, 흔한
☐☐	companion	n. 동반자, 친구, 벗
☐☐	decade	n. 10년
☐☐	paralyzed	a. 마비된
☐☐	torturous	a. 고문의, 고통스러운
☐☐	brush stroke	붓질
☐☐	abruptly	ad. 퉁명스럽게

□□	agony	n. 극도의 (육체적·정신적) 고통
□□	remain	v. 남다, 계속[여전히] ~이다
□□	canvas	n. 캔버스, 캔버스 천, 화폭
□□	stricken	a. 시달리는[고통 받는], 당한[걸린]
□□	disable	v. 장애자(불구)로 만들다
□□	be confined to	~에 틀어박혀 있다
□□	in spite of	~에도 불구하고
059 □□	observation	n. 관찰, 감시, 논평
□□	snapshot	n. 스냅 사진
□□	memory	n. 기억
□□	flex	v. (근육을) 움직이다
□□	whenever	conj. ~할 때는 언제든지, ~할 때마다
□□	nearly	ad. 거의, 가까이
□□	doubt	v. 의심하다
□□	comfort	v. 편안하게 하다, 위로하다
□□	whatever	pron. ~것은 무엇이든지
□□	directly	ad. 직접
□□	truly	ad. 정말로, 진심으로
□□	longevity	n. 장수, 수명
□□	at first	처음에는
□□	at least	적어도, 최소한
□□	try to	~하려고 노력하다
□□	name after	~의 이름을 따서 명명하다
□□	be better at	~을 더 잘하다
□□	grow up	성장[장성]하다
□□	go forth	나아가다, 시작하다
□□	hand down (to)	자기보다 어린 사람에게) ~을 물려주다
□□	even though	비록 ~일지라도
□□	even if	비록 ~일지라도
060 □□	engrave	v. 조각하다, 문구를 새기다
□□	technician	n. 기술자, 전문가
□□	process	n. 과정, 처리
□□	offer	v. 제공하다, 제안하다
□□	replace	v. 대체하다, 교체하다
□□	entire	a. 전체의
□□	insurance	n. 보험, 보험업
□□	realize	v. 인식하다, 깨닫다
□□	calmly	ad. 고요히, 침착하게, 태연하게

□□	similar	a. 유사한, 비슷한
□□	calm	a. 침착한, 잔잔한
□□	throughout	ad. ~동안, 내내
□□	clerk	n. 사무원, 점원
□□	customer	n. 고객
□□	remain	v. 계속[여전히] ~이다
□□	arrive at	~에 도착하다, ~에 이르다
□□	get upset	기분이 나쁘다, 화가 나다
□□	as long as	~하는 한, ~하는 동안은

CHAPTER 11

061 □□	discovery	n. 발견
□□	obvious	a. 명백한
□□	application	n. 적용
□□	innovation	n. 혁신
□□	lab	n. 실험실, 연구실
□□	extremely	ad. 매우
□□	slippery	a. 미끈거리는
□□	synthetic	a. 합성의
□□	substance	n. 물질
□□	employ	v. 적용하다
□□	utensil	n. 도구(기구)
□□	potentially	ad. 잠재적으로
□□	profitable	a. 수익성 있는
□□	breakthrough	n. 획기적 발전
□□	super-accurate	a. 매우 정확한
□□	thermometer	n. 온도계
□□	despite	prep. ~에도 불구하고
□□	accuracy	n. 정확성
□□	device	n. 장치, 기구
□□	fluctuation	n. 변동
□□	replace	v. 대체하다
□□	product	n. 제품, 상품
□□	theory	n. 이론
□□	eco-friendly	a. 친환경적인, 환경친화적인
□□	be good for	~에 유용하다
□□	for years	수년간, 몇 해 동안

☐☐	on the back of	~의 결과를 바탕으로, ~의 결과로
☐☐	be used to	(V)하기 위해 사용되다
☐☐	back up	뒷받침하다
062 ☐☐	ability	n. 능력
☐☐	identify	v. 식별하다
☐☐	particular	a. 특정한
☐☐	bonding	n. 유대
☐☐	factor	n. 요인
☐☐	typically	ad. 일반적으로
☐☐	newborn	a. 갓 태어난
☐☐	ancient	a. 고대의, 옛날의
☐☐	tribe	n. 부족, 종족
☐☐	hut	n. 오두막
☐☐	settlement	n. 정착지
☐☐	scream	v. 소리치다
☐☐	evolution	n. 진화
☐☐	seldom	ad. 좀처럼 ~않는
☐☐	affection	n. 애정
☐☐	creativity	n. 창조력, 창의성
☐☐	sociability	n. 사교성
☐☐	intolerance	n. 옹졸, 편협
☐☐	sensitivity	n. 예민함, 감수성, 민감도
☐☐	of one's own	자기 자신의
☐☐	would have p.p.	~이었을 것이다
☐☐	wake up	깨다, 깨어나다
☐☐	(not) at all	전혀
☐☐	to this day	지금까지도
☐☐	even though	비록 ~일지라도
063 ☐☐	decision	n. 결정, 판단
☐☐	alternative	n. 대안
☐☐	reject	v. 거부하다, 제거하다
☐☐	certain	a. 특정한
☐☐	preference	n. 선호(도)
☐☐	prefer	v. 선호하다
☐☐	assess	v. 평가하다, 가능하다
☐☐	shift	n. 변화
☐☐	notice	v. 주목하다, 알아차리다
☐☐	appeal	v. 호소하다, 매력을 끌다

☐☐	feature	n. 특징
☐☐	initially	ad. 처음에
☐☐	newly	ad. 최근에, 새로
☐☐	marry	v. 결혼하다
☐☐	couple	n. 부부
☐☐	access	n. 접근
☐☐	select	v. 선택하다, 고르다
☐☐	instruct	v. 지시하다
☐☐	similarly	ad. 이와 유사하게, 비슷하게
☐☐	reverse	v. 뒤바꾸다, 거꾸로 하다
☐☐	conceal	v. 숨기다
☐☐	maintain	v. 유지하다
☐☐	neutralize	v. ~을 중화하다, ~을 상쇄하다
☐☐	focus on	~에 초점을 맞추다
☐☐	in order to	~하기 위하여
☐☐	be likely to	~일 것 같다, ~할 것 같다
☐☐	close to	~에 가까운
☐☐	would like to	~하고 싶다
064 ☐☐	distinguish	v. 구별하다, 구별짓다
☐☐	visibility	n. 가시성
☐☐	promote	v. 증진시키다
☐☐	passionately	ad. 열렬히, 열의에 찬
☐☐	threat	n. 위협
☐☐	destruction	n. 파멸, 파괴
☐☐	immediate	a. 즉각적인
☐☐	perceptible	a. 지각할 수 있는
☐☐	rain forest	열대 우림
☐☐	public opinion	여론
☐☐	poll	n. 여론조사, 투표
☐☐	aspect	n. 측면
☐☐	significant	a. 중요한, 의미 있는
☐☐	respondent	n. 응답자
☐☐	lamppost	n. (금속제의) 가로등
☐☐	conceal	v. 숨기다
☐☐	profitable	a. 수익성 있는
☐☐	disposal	n. 처분, 폐기
☐☐	illuminate	v. 부각되다, 드러내다
☐☐	practical	a. 현실적인

	□□	not A but rather B	A가 아니라 오히려 B	□□	deal with	(문제 · 과제 등을) 처리하다
	□□	let alone	~커녕[~은 고사하고], ~은 말할 것도 없이	066 □□	succeed	v. 성공하다
	□□	in connection with	~와 관련되어	□□	requirement	n. 요건
	□□	participate in	~에 참여하다	□□	perceptive	a. 지각의
	□□	a majority of	다수의	□□	apparatus	n. 기관, 장치
	□□	focus on	~에 초점을 맞추다	□□	sufficient	a. 충분한
	□□	last resort	마지막 수단, 최후의 수단	□□	object	n. 물체, 대상
	□□	shed light on	밝히다, 해명하다	□□	perceive	v. 인지하다
	□□	in need	어려움에 처해있는	□□	arrange	v. 마련하다
065	□□	ownership	n. 소유(권)	□□	perceptible	a. 지각할 수 있는
	□□	weave	v. 짜다[엮다]	□□	form	v. 형성하다
	□□	temptation	n. 유혹	□□	meaningful	a. 의미 있는
	□□	quality	n. 질, 특성	□□	well-structured	a. 잘 구조화된
	□□	dishwasher	n. 식기 세척기	□□	whole	n. 완전체, 전체
	□□	lawn mower	잔디 깎는 기계	□□	trifling	a. 사소한, 하찮은
	□□	upgrade	v. (상위 등급으로) 높이다	□□	disagreeable	a. 동의하기 힘든
	□□	possession	n. 소유(물), 소지(품)	□□	unaided	a. 육안의
	□□	perspective	n. 견해(관점)	□□	meaningfully	ad. 의미 있게
	□□	backward	a. 뒤의, 퇴보하는	□□	speck	n. 반점, 점
	□□	state	n. 상태	□□	possibly	ad. 아마
	□□	loss	n. 손실	□□	visible	a. (눈에) 보이는
	□□	unlikely	ad. ~할 것 같지 않게	□□	arouse	v. (느낌 · 태도를) 불러일으키다
	□□	downgrade	v. ~을 격하시키다	□□	desire	n. 욕구, 바람
	□□	psychologically	ad. 심리적으로	□□	beyond	ad. 그 너머에, 그 이후에
	□□	painful	a. 아픈[고통스러운], 괴로운	□□	perception	n. 인식, 지각
	□□	sacrifice	n. 희생	□□	certain	a. 확실한, 특정한
	□□	profitable	a. 적합한, 수익성 있는	□□	minimum	a. 최저의, 최소한의
	□□	faith	n. 믿음, 신념	□□	value	n. 가치
	□□	previous	a. 앞의, 이전의	□□	in order to	~하기 위하여
	□□	honor	n. 명예, 경의	□□	by itself	그 자체만으로, 그것만으로
	□□	be aware of	~을 알고 있다			
	□□	and so on	기타 등등, ~등(et cetera)			

CHAPTER 12

	□□	fall into	~에 빠지다	
	□□	in reality	사실, 실은, 실제로	067 □□	define	v. ~을 정의하다, 규정하다
	□□	for instance	예를 들어	□□	characteristic	n. 특징
	□□	be willing to	흔쾌히 ~하다	□□	simultaneously	ad. 동시에, 일제히
	□□	all kinds of	모든 종류의, 온갖	□□	century	n. 100년, 세기
	□□	in order to	~하기 위하여	□□	integrate	v. 통합하다

interactive	a. 상호적인	workplace	n. 직장, 작업장
technical	a. 기술적인	otherwise	ad. 그렇지 않으면
means	n. 방법, 수단	nonetheless	ad. 그럼에도 불구하고
common	a. 공통의, 보통의	consequently	ad. 따라서, 그 결과
alternative	a. 대체 가능한	moreover	ad. 더욱이, 게다가
multimedia	n. 다중매체, 멀티미디어	accordingly	ad. 그에 따라, 따라서
definition	n. 정의, 의미	similarly	ad. 이와 유사하게, 비슷하게
identify	v. 확인하다, 발견하다	be full of	~으로 가득차다
contain	v. 포함하다, 담다	place an emphasis on	~을 강조하다, ~에 중점을 두다
text	n. 본문, 글	rather than	~보다는
plain	n. 평범한	069 nearly	ad. 거의
transmit	v. 전달하다, 발송하다	leisure	n. 여가
interactivity	n. 쌍방향성	devise	v. 고안하다
generation	n. 세대	definition	n. 정의, 의미
mobile	a. 이동식의	establish	v. 설립하다, 수립하다
telephony	n. 전화 통화[통신] 방법	include	v. 포함하다
fully	ad. 완전히, 충분히	exclude	v. 제외하다
additionally	ad. 추가적으로	relatively	ad. 비교적
nevertheless	ad. 그럼에도 불구하고	status	n. 지위, 상태
based on	~에 근거[기반]를 둔	backyard	n. 뒤뜰
in contrast	그에 반해서	hardly	ad. 거의 ~아니다
be connected to	~와 관련[연결]되다	consider	v. ~으로 여기다
in other words	다시 말해서	moreover	ad. 게다가
068 traditionally	ad. 전통적으로	similarly	ad. 이와 유사하게, 비슷하게
assess	v. 평가하다	most likely	필시
computational	a. 컴퓨터를 사용한, 컴퓨터의	with ease	손쉽게, 용이하게
memorize	v. 암기하다	after all	결국에는
component	n. 요소	be regarded as	~라고 간주되다
instructional	a. 교육의, 교육용의	in fact	사실(은), 실은
problem solving	문제 해결	in conclusion	결론적으로
hands-on	a. 직접 해보는	070 psychologist	n. 심리학자
collaborative	a. 공동의	separate	v. 구별하다
attribute	v. ~의 탓으로 돌리다, ~로 여기다	western	a. 서양의
well-informed	a. 정보에 정통한	suppose	v. 가정하다, 추측하다
readily	ad. 손쉽게	carelessly	ad. 부주의하게, 경솔하게
application	n. 응용, 적용	criticize	v. 비판하다, 비난하다
mere	a. 단순한	assume	v. 추정하다, 가정하다
acquisition	n. 습득	generally	ad. 일반적으로

20

☐☐ safety	n. 안전(함), 안전성	
☐☐ including	prep. ~을 포함하여	
☐☐ emergency	n. 비상(사태), 응급	
☐☐ perhaps	ad. 아마도	
☐☐ transport	v. 수송하다	
☐☐ behave	v. 행동하다	
☐☐ badly	ad. 형편없게, 나쁘게	
☐☐ situation	n. 상황	
☐☐ irresponsible	a. 무책임한	
☐☐ nevertheless	ad. 그럼에도 불구하고	
☐☐ be likely to	~하기 쉽다	
☐☐ in contrast	그에 반해서	
☐☐ be forced to	~하도록 강요받다	
☐☐ in the midst of	~하는 중에	
☐☐ respond to	~에 답장(반응)하다	
☐☐ in addition	게다가, 더구나	
☐☐ in other words	다시 말해서	
☐☐ as a result	결과적으로	

071 ☐☐ inborn — a. 선천적인, 타고난

☐☐ desire	n. 욕구
☐☐ infancy	n. 유아기
☐☐ evidence	n. 증거
☐☐ circumstance	n. 환경
☐☐ seek	v. 찾다, 추구하다
☐☐ salty	a. 짠, 짭짤한
☐☐ flavor	n. 맛
☐☐ preference	n. 선호(도)
☐☐ cereal	n. 시리얼, 곡물
☐☐ feed	v. 먹이다, 공급하다
☐☐ previously	ad. 이전에
☐☐ effect	n. 효능, 효과
☐☐ surprisingly	ad. 놀랍게도
☐☐ similarly	ad. 이와 유사하게
☐☐ moreover	ad. 더욱이, 게다가
☐☐ when it comes to	~에 관하여
☐☐ at least	적어도
☐☐ tend to	(~하는) 경향이 있다
☐☐ be exposed to	~에 노출되다

☐☐ even if	비록 ~일지라도
☐☐ in contrast	그에 반해서

072 ☐☐ numerous — a. 많은, 수많은

☐☐ politically	ad. 정치적으로
☐☐ sensitive	a. 신중을 요하는
☐☐ disabled	a. 불구가 된, 장애를 가진
☐☐ handicapped	a. 장애가 있는
☐☐ encouraging	a. 고무적인
☐☐ physically	ad. 신체적으로
☐☐ challenged	a. 장애가 있는[예의를 차리는 표현]
☐☐ stewardess	n. 여자 승무원
☐☐ flight attendant	승무원
☐☐ sanitation	n. 위생(시설, 관리)
☐☐ undeniable	a. 명백한, 부인할 수 없는
☐☐ term	n. 용어
☐☐ positive	a. 긍정적인
☐☐ radical	a. 과격한
☐☐ substitute	v. 대체하다
☐☐ transfer	v. 대체하다
☐☐ technician	n. 기술자, 전문가
☐☐ extreme	n. 극단적인 행위[상태]
☐☐ assassin	n. 암살범
☐☐ indirect	a. 간접적인
☐☐ endeavor	n. 시도, 노력
☐☐ similarly	ad. 이와 유사하게, 비슷하게
☐☐ conversely	ad. 역으로, 거꾸로
☐☐ nevertheless	ad. 그럼에도 불구하고
☐☐ instead of	~대신에
☐☐ such as	예를 들어, ~과 같은
☐☐ refer to	~을 일컫다, ~을 나타내다
☐☐ rule of thumb	경험적 지식
☐☐ in spite of	~에도 불구하고

CHAPTER 13

073 ☐☐ convey — v. 전달하다, 나타내다

☐☐ scope	n. 범위, 영역
☐☐ effectively	ad. 효과적으로, 사실상

□□	motion picture	영화	□□	alternative	a. 대체의, 대체 가능한
□□	epic drama	서사극	□□	energy source	에너지원
□□	exist	v. 존재하다, 살아가다	□□	foreseeable future	가까운 미래
□□	scale	n. 등급, 척도, 영역	□□	obviously	ad. 분명히, 확실히
□□	quality	n. 질, 성질, 특성	□□	scarcely	ad. 거의 ~않다, 겨우
□□	artificial	a. 인위적인, 거짓된	□□	several	a. 수 많은, 여러 가지의
□□	enhance	v. 향상시키다, 강화하다	□□	investment	n. 투자
□□	realism	n. 현실주의	□□	responsive	a. 반응하는, 공감하는
□□	establish	v. 설립하다, 수립하다	□□	seldom	ad. 좀처럼 ~않는, 드물게
□□	placement	n. 배치	□□	instantaneously	ad. 순간적으로, 즉각적으로
□□	authenticate	v. 진짜임을 증명하다	□□	bring on	~을 야기하다[초래하다]
□□	era	n. 시대, 시절	□□	now that	~이므로, ~이기 때문에
□□	nostalgia	n. 향수, 회향병	075 □□	truth	n. 사실
□□	traditionally	ad. 전통적으로, 통상적으로	□□	merely	ad. 단순히, 그저
□□	classify	v. 분류하다	□□	artificial	a. 인공의
□□	musical instrument	악기	□□	limb	n. 팔다리
□□	former	a. 이전의, 전자의	□□	false tooth	틀니
□□	immortal	a. 죽지 않는, 영원한	□□	acquire	v. 습득하다, 얻다, 획득하다
□□	beloved	n. 연인, 애인	□□	distinction	n. 차이, 구별
□□	at times	가끔은, 때로는	□□	thinker	n. 생각하는 사람, 사고하는 사람
□□	in addition	게다가, 더구나	□□	mere	a. 단순한, 단지 ~인
□□	in time	시간 맞춰, 제 시간에	□□	intellectual	a. 지적인, 지능의
□□	such as	예를 들어, ~과 같은	□□	vividly	ad. 선명하게, 생생하게
074 □□	currently	ad. 현재, 지금	□□	major	a. 중요한
□□	attitude	n. 태도	□□	influence	n. 영향
□□	blame	v. 비난하다, ~을 탓하다	□□	huge	a. 거대한
□□	technologist	n. 과학 기술자	□□	appreciate	v. 감상하다
□□	environmental	a. 환경의	□□	acquisition	n. 습득, 취득
□□	thus	ad. 따라서	□□	stick to	~에 달라붙다
□□	technological	a. 기술적인, 기술의	□□	belong to	~ 소유이다, ~에 속하다
□□	advance	n. 진보	□□	for oneself	스스로, 혼자 힘으로
□□	growth	n. 성장, 증가	□□	stand out	두드러지다
□□	thoroughly	ad. 완전히, 대단히	□□	be full of	~으로 가득 차다
□□	misguided	a. 엉뚱한, 잘못 인식한	076 □□	mammal	n. 포유류, 포유동물
□□	pollution	n. 오염	□□	creature	n. 생물, 생명체
□□	recognize	v. 알아채다, 인식하다	□□	commonly	ad. 흔히
□□	consider	v. 고려하다	□□	presence	n. 존재
□□	practical	a. 실용적인, 현실적인	□□	object	n. 대상, 물체

□□	range	n. 범위, 폭, 사정거리
□□	meaningful	a. 의미 있는
□□	melodious	a. 듣기 좋은, 선율적인
□□	evidence	n. 증거, 흔적
□□	perhaps	ad. 아마도
□□	famed	a. 저명한, 유명한
□□	glorious	a. 영광스러운, 장엄한
□□	songster	n. 가수, 명금(고운 소리로 우는 새)
□□	encounter	v. 만나다, 마주치다
□□	be better at	~을 더 잘하다
□□	apart from	~을 제외하고
□□	on the whole	전체[전반]적으로 보아, 대체로
□□	intend to	~하고자 하다
077 □□	product	n. 제품, 상품
□□	format	n. 체제, 형태
□□	decline	n. 쇠퇴, 감소
□□	photo processor	사진 현상기
□□	purchase	v. 구매하다
□□	thus	ad. 그래서, 그러므로
□□	customer	n. 고객
□□	furniture	n. 가구
□□	assess	v. 평가하다, 가늠하다
□□	solidity	n. 견고함, 탄탄함
□□	suggest	v. 말하다, 제안하다, 암시하다
□□	depend	v. 달리다, 의존하다
□□	sense	n. 감각, 느낌
□□	appeal	v. 호소하다, 매력을 끌다
□□	risk	n. 위험
□□	eliminate	v. 제거하다, 멸종시키다
□□	sight	n. 보기
□□	relatively	ad. 비교적, 상대적으로
□□	whereas	conj. 반면에
□□	on the surface	표면상으로는, 외관은, 겉보기에는
□□	for instance	예를 들어
□□	be likely to	~하기 쉽다
□□	benefit from	~로부터 이득을 얻다
□□	to a certain degree	약간, 어느 정도
□□	a great deal (of)	다량으로, (of) 많은 양의

□□	on the basis of	~을 기반으로 하여, ~에 근거하여
078 □□	capacity	n. 능력, 용량, 생산능력
□□	mapmaking	n. 지도 제작
□□	form	v. 형성하다
□□	recognize	v. 인식하다, 알아채다
□□	route	n. 경로, 길
□□	migratory	a. 이주하는, 이동성의
□□	physical	a. 눈에 보이는, 물리적인
□□	wander	v. 돌아다니다
□□	tribesman	n. 부족민
□□	thirst	n. 갈증
□□	invention	n. 발명품, 발명
□□	sheepskin	n. (양털이 그대로 있는) 양가죽
□□	suitable	a. 적합한, 알맞은
□□	material	n. 재료, 천
□□	reproduce	v. 복사하다, 복제하다
□□	even though	비록 ~일지라도
□□	must have p.p.	~했음[였음]에 틀림없다
□□	be essential for	~에 필수적이다
□□	for instance	예를 들어
□□	hunt down	~를 끝까지 찾아다니다[추적하다]
□□	die of	~로 죽다
□□	by hand	손으로, 손수
□□	would have p.p.	~이었을 것이다

CHAPTER 14

079 □□	punishment	n. 처벌, 심한 대접
□□	administer	v. (타격을) 주다, 가하다
□□	mere	a. 단순한, 단지 ~인
□□	threat	n. 위협
□□	induce	v. 유도하다, 초래하다, 추론하다
□□	desired	a. 바랐던, 소망한
□□	behavior	n. 행동, 행위, 처신
□□	avoidance	n. 회피, 방지
□□	repeatedly	ad. 되풀이하여, 반복적으로
□□	criticize	v. 비판하다, 비평하다, 비난하다
□□	dodge	v. 기피하다

	further	a. 추가의, 더 이상의	
	unfortunately	ad. 유감스럽게도, 불행하게도	
	develop	v. 발달하다, 개발하다	
	capability	n. 능력(역량)	
	vicious	a. 잔인한, 공격적인	
	unlearn	v. (일부러) 잊다	
	positive	a. 긍정적인, 적극적인, 확신하는	
	psychologist	n. 심리학자	
	possibility	n. 가능성	
	consequence	n. 결과, 중요함	
	iron	n. 다리미, 쇠(철)	
	enough to	~하기에 충분한	
	for instance	예를 들어	
	in order to	~하기 위하여	
	be responsible for	~에 책임이 있다, ~에 대한 원인이다	
	look like	~처럼 보이다, ~인 것 같다	
	keep A away	A를 멀리하다	
	be away from	~부터 떨어져 있다	
080	possibility	n. 가능성	
	endless	a. 무한한, 많은	
	constantly	ad. 끊임없이, 거듭	
	vary	v. 다양하게 하다, 달라지다	
	campsite	n. 야영장, 캠프장	
	several	a. 몇몇의	
	survival	n. 생존, 유물	
	cereal	n. 시리얼, 곡물	
	within	prep. 이내에	
	wilderness	n. 황야, 자연	
	dining	n. 식사	
	extreme	n. 극단	
	gourmet	n. 미식가, 식도락가	
	freeze-dried	a. 차갑고 건조된, 동결 건조된	
	pour	v. 퍼붓다	
	package	n. 용기, 포장	
	dozens of	수십의, 많은	
	a series of	일련의	
	on the move	이동 중에, 여행 중에	
	consist of	~으로 이루어지다, 구성되다	

081	industrial	a. 산업의, 공업의	
	essential	a. 가장 중요한, 필수적인	
	filter	v. 걸러내다, 여과하다	
	essence	n. 본질, 정수	
	eliminate	v. 제거하다, 멸종시키다	
	non-essential	a. 비본질적인 (것[사물])	
	aesthetic	a. 미적인, 미학적인	
	collaborate	v. 공동 제작 하다, 합작 하다	
	norm	n. 규범, 표준	
	turntable	n. (음반을 돌리는)회전반, 턴테이블	
	solid	a. 단단한, 고체의	
	lid	n. 뚜껑	
	incorporate	v. 포함하다, 결합하다	
	furniture	n. 가구	
	revolutionary	a. 혁신적인, 혁명적인	
	bankrupt	v. 파산시키다	
082	subjective	a. 주관적인	
	approach	n. 접근, 접근법	
	mostly	ad. 주로, 일반적으로	
	typically	ad. 전형적으로, 일반적으로	
	scientific	a. 과학적인	
	attempt	n. 시도	
	amongst	prep. ~중에	
	actual	a. 실제의	
	national championship	전국 선수권 대회	
	somewhere	ad. 어딘가에[에서/에로]	
	slightly	ad. 약간, 조금	
	stats	n. 〈pl.〉통계 [=statistics]	
	analyze	v. 분석하다, 조사하다	
	statistics	n. 통계(자료), 통계학	
	in either case	어느 경우에나	
	based on	~에 근거를 둔, ~을 기초로 둔	
	and so on	기타 등등, ~등(et cetera)	
083	invention	n. 발명품, 발명	
	reject	v. 거절하다, 거부하다	
	impractical	a. 비실용적인, 비현실적인	
	reliable	a. 믿을 수 있는, 도움이 되는	
	achieve	v. 성취하다	

☐☐	success	n. 성공
☐☐	enemy	n. 적
☐☐	morale	n. 의욕, 사기
☐☐	troop	n. 군대, 병력
☐☐	weapon	n. 무기
☐☐	breakthrough	n. 돌파구, 획기적 발전
☐☐	pace	n. 속도
☐☐	navy	n. 해군
☐☐	potential	n. 잠재력
☐☐	department	n. 부서, 학과
☐☐	fund	v. 자금을 대다
☐☐	development	n. 개발, 발달
☐☐	advance	v. 전진하다, 나아가다
☐☐	crush	v. 부수다, 으스러뜨리다
☐☐	defence	n. 방어, 방어 시설, 옹호
☐☐	spray	v. (작을 것을 아주 많이) 퍼붓다, 살포하다
☐☐	break down	고장 나다
☐☐	get to	~에 도착하다
☐☐	blast through	폭파하다, 돌파하다
☐☐	for the first time	처음으로
084 ☐☐	potential	n. 가능성, 잠재력
☐☐	access	n. 접근
☐☐	particular	a. 특별한, 특정한
☐☐	medium	n. 매체, 수단
☐☐	characteristic	n. 특징, 특질
☐☐	concerned	a. 관련된
☐☐	extremely	ad. 극도로
☐☐	application	n. 적용, 응용
☐☐	advanced	a. 선진의, 앞선
☐☐	career	n. 경력
☐☐	equality	n. 공평, 평등
☐☐	complexity	n. 복잡함, 복잡성
☐☐	expensiveness	n. 값비쌈
☐☐	user-friendliness	n. 사용자 편의성
☐☐	contemporary	a. 현대의, 동시대의
☐☐	discourage	v. 막다, 말리다
☐☐	multipurpose	a. 다목적의, 여러 목적에 쓰이는
☐☐	multifunctional	a. 다기능적인

☐☐	enable	v. ~을 가능하게 하다
☐☐	transaction	n. 처리, 거래
☐☐	moreover	ad. 더욱이, 게다가
☐☐	extension	n. 확장, 연장
☐☐	valuable	a. 가치가 있는, 귀중한
☐☐	connection	n. 접속, 연결
☐☐	result in	~결과를 내다
☐☐	focus on	~에 초점을 맞추다

CHAPTER 15

085 ☐☐	lengthen	v. 길어지다, 늘이다
☐☐	period	n. 기간
☐☐	daylight	n. 일광, 낮
☐☐	root	n. 뿌리
☐☐	feed	v. 먹이다
☐☐	expose	v. 드러내다, 노출시키다
☐☐	cicada	n. 매미
☐☐	intrigue	v. 호기심을 돋우다, 끌다
☐☐	assume	v. 추정하다, 가정하다
☐☐	internal	a. 체내의, 내부의
☐☐	external	a. 외적인, 외부의
☐☐	cue	n. 신호
☐☐	experimental	a. 실험의, 경험적인
☐☐	enclosure	n. 포위, 울타리
☐☐	further	a. 추가의
☐☐	emerge	v. 나타나다, 나오다, 부각되다
☐☐	usual	a. 흔한, 보통의
☐☐	peak	n. 절정, 정점
☐☐	acid	n. 산
☐☐	keep track of	~에 대해 계속 알고 있다, 파악하고 있다
☐☐	rely on	~에 의존하다
☐☐	in fact	사실(은), 실은
☐☐	rather than	~보다는
☐☐	coincide with	~와 일치하다, ~와 동시에 일어나다
☐☐	feed on	~을 먹다[먹고 살다]
086 ☐☐	neither	a. 어느 ~도 ~아니다
☐☐	unmarked	a. 표시가 없는

☐☐	crosswalk	n. 횡단보도, 건널목	
☐☐	motorist	n. 운전자, 자동차 운전자	
☐☐	yield	v. 양보하다, 양도하다	
☐☐	pedestrian	n. 보행자	
☐☐	marked	a. 표시된, 표가 있는	
☐☐	researcher	n. 연구원, 탐색자	
☐☐	necessarily	ad. (부정문) 반드시 ~은 아니다	
☐☐	compare	v. 비교하다	
☐☐	considerable	a. 상당한, 많은	
☐☐	gap	n. 끊어진 데, 틈, 빈 곳	
☐☐	suspect	v. 생각하다, 의심하다	
☐☐	traffic safety	교통 안전	
☐☐	law	n. 법, 규정	
☐☐	whether	conj. ~인지 (아닌지), ~이든 (아니든)	
☐☐	cautiously	ad. 조심스럽게, 신중하게	
☐☐	unrealistic	a. 비현실적인, 비사실적인	
☐☐	be aware of	~을 알고 있다	
☐☐	when it comes to	~에 관하여	
☐☐	be likely to	~할 것 같다, ~하기 쉽다	
☐☐	tend to	(~하는) 경향이 있다	
☐☐	cross the road	길을 건너다	
☐☐	turn out	드러나다, 밝혀지다	
☐☐	be supposed to	~하기로 되어 있다, ~해야 한다	
☐☐	by contrast	이와 대조적으로	
☐☐	of one's own	자기 자신의	
087 ☐☐	measure	n. 척도, 측정	
☐☐	intelligence	n. 정보, 지능	
☐☐	prove	v. 드러나다, 입증하다	
☐☐	handle	v. 다루다, 처리하다	
☐☐	hopeless	a. 서툰, 어쩔 수도 없는	
☐☐	complex	a. 복잡한, 복합적인	
☐☐	advanced	a. 진보한, 선진의	
☐☐	beginner	n. 초보자, 초심자	
☐☐	intuition	n. 직감, 직관	
☐☐	creativity	n. 창조력, 창의성	
☐☐	bluff	v. 허세를 부리다, 엄포를 놓다	
☐☐	cheat	v. 부정행위를 하다, 속이다	
☐☐	be good at	~에 능숙하다	

☐☐	bits of	작은, 하찮은	
☐☐	in fact	사실(은), 실은	
☐☐	for instance	예를 들어	
☐☐	the same goes for	~의 경우도 같다, 마찬가지다	
088 ☐☐	application	n. 적용, 응용	
☐☐	discovery	n. 발견, 발각	
☐☐	fruition	n. 성과, 결실	
☐☐	ever	ad. 이전에	
☐☐	invent	v. 발명하다	
☐☐	mow	v. 베다, 깎다	
☐☐	bundle	n. 묶음, 꾸러미	
☐☐	grain	n. 곡물, 낟알, 알갱이	
☐☐	sack	n. 부대, (큰)봉지, 자루	
☐☐	technology	n. (과학)기술, 공학	
☐☐	patent	n. 특허(권)	
☐☐	typewriter	n. 타자기	
☐☐	issue	v. 발급하다, 발행하다	
☐☐	commercially	ad. 상업적으로, 영리적으로	
☐☐	available	a. 이용할 수 있는, 여유가 있는	
☐☐	eager	a. 갈망하는, 열심인	
☐☐	ambitious	a. 야심적인, 의욕적인	
☐☐	ancestor	n. 조상, 선조	
☐☐	device	n. 장치, 기구	
☐☐	hasten	v. 앞당기다, 재촉하다	
☐☐	process	n. 과정, 처리	
☐☐	innovative	a. 획기적인, 혁신적인	
☐☐	radically	ad. 급격하게, 급진적으로	
☐☐	based on	~에 근거[기반]를 둔	
☐☐	not A until B	B하고 나서야 A하다	
☐☐	over time	시간이 지나면서	
☐☐	all sorts of	모든 종류의	
089 ☐☐	innate	a. 선천적인, 타고난	
☐☐	intelligence	n. 정보, 지능	
☐☐	major	a. 주요한, 중대한	
☐☐	effect	n. 영향, 결과	
☐☐	categorize	v. 분류하다, 범주로 나누다	
☐☐	label	v. (부당하게) 딱지를 붙이다	
☐☐	radically	ad. 급격하게, 급진적으로	

☐☐ considerable	a. 상당한, 많은
☐☐ controversy	n. 논쟁, 논란
☐☐ surround	v. 둘러싸다, 에워싸다
☐☐ notion	n. 생각, 개념
☐☐ indeed	ad. 정말로, 사실은
☐☐ inherit	v. 물려받다
☐☐ profound	a. 엄청난, 심오한, 깊은
☐☐ modify	v. 수정되다, 변경되다
☐☐ progress	v. 나아가다, (시간이) 지나다
☐☐ schooling	n. 학교 교육
☐☐ significant	a. 중요한, 상당한, 의미 있는
☐☐ describe	v. 묘사하다, 설명하다
☐☐ immediately	ad. 즉시, 즉각
☐☐ middle-of-the-road	a. 일반적인, 중간의
☐☐ intelligent	a. 지능이 있는, 똑똑한
☐☐ impact on	~에 충격[영향]을 주다
☐☐ for the first time	처음으로
☐☐ divide A into B	A를 B로 나누다(분할하다)
☐☐ contribute to	~의 원인이 되다
☐☐ grow up	성장[성장]하다
☐☐ succeed in	~에 성공하다
090 ☐☐ nevertheless	ad. 그럼에도 불구하고
☐☐ productivity	n. 생산성
☐☐ gap	n. 차이, 격차
☐☐ widen	v. 벌어지다, 넓어지다
☐☐ dominate	v. 지배하다, 주를 이루다
☐☐ equipment	n. 기구, 장비
☐☐ modern	a. 근대의, 현대의
☐☐ agricultural	a. 농업의
☐☐ primitive	a. 원시의
☐☐ labor	n. 노동(력), 노력
☐☐ roughly	ad. 대략, 거의
☐☐ proportional	a. 비례하는
☐☐ physical	a. 물리적인, 신체적인
☐☐ agriculture	n. 농업
☐☐ dependent	a. 의존하는, 중독된
☐☐ muscular	a. 근육의, 강력한
☐☐ gender	n. 성, 성별

☐☐ operate	v. 작동하다, 운영하다
☐☐ thus	ad. 그리하여, 그러므로
☐☐ development	n. 개발, 발전
☐☐ unchanged	a. 변함없는, 바뀌지 않는
☐☐ compare	v. 비교하다
☐☐ tend to	(~하는) 경향이 있다
☐☐ proportional to	~에 비례하는
☐☐ be expected to	~할 것으로 예상되다
☐☐ be far from (*ing/N)	결코 ~아니다
☐☐ in the course of	~하는 중에, ~의 한가운데에
☐☐ compare to	~와 비교하다

CHAPTER 16

091 ☐☐ functional	a. 기능의, 실용적인, 기능상의
☐☐ firm	n. 회사
☐☐ department	n. 부서
☐☐ engineering	n. 공학 기술, 공학
☐☐ specialist	n. 전문가
☐☐ component	n. 구성 요소, 성분
☐☐ element	n. 요소, 성분, 작은 부분
☐☐ operation	n. 작업, 운영, 사업
☐☐ career	n. 직업, 직장생활, 경력
☐☐ promote	v. 승진시키다
☐☐ transform	v. 변하다
☐☐ caterpillar	n. 애벌레
☐☐ generalist	n. 박학다식한 사람
☐☐ oversee	v. 감독하다
☐☐ form	v. 형성하다, 구성하다, 만들다
☐☐ coherent	a. 일관성 있는, 논리 정연한적인
☐☐ whole	n. 완전체, 전체
☐☐ thus	ad. 이와 같이, 그러므로, 따라서
☐☐ examine	v. 조사하다
☐☐ split	v. 쪼개다, 분열시키다
☐☐ combine	v. 결합하다
☐☐ modify	v. 바꾸다, 변경하다
☐☐ distribute	v. 분배하다
☐☐ assemble	v. 모으다, 조립하다

☐☐	such as	예를 들어, ~과 같은	
☐☐	be skilled at	~에 능숙하다	
☐☐	compared with	~와 비교하여, ~와 비교되어	
☐☐	focus on	~에 초점을 맞추다	
092 ☐☐	vulnerability	n. 취약성, 약점이 있음	
☐☐	hazard	n. 위험, 해악	
☐☐	particularly	ad. 특히, 특별히	
☐☐	geographical	a. 지리적인	
☐☐	population	n. 인구, 주민	
☐☐	further	ad. 게다가, 뿐만 아니라	
☐☐	material	a. 물질의, 물질적인	
☐☐	loss	n. 손실	
☐☐	unprecedented	a. 전례 없는	
☐☐	income	n. 수입, 소득	
☐☐	urban	a. 도시의	
☐☐	resident	n. 거주자	
☐☐	hazardous	a. 위험한, 모험적인, 위태로운	
☐☐	spontaneous	a. 자연 발생적인	
☐☐	settlement	n. 정착지	
☐☐	vulnerable	a. 취약한	
☐☐	precisely	ad. 바로, 꼭, 정확히	
☐☐	landslide	n. 산사태	
☐☐	process	n. 과정	
☐☐	dramatic	a. 극적인, 급격한	
☐☐	growth	n. 성장, 증가	
☐☐	impact	n. 영향(력), 충격	
☐☐	magnify	v. 과장하다, 확대하다	
☐☐	rather than	~보다는	
☐☐	associate A with B	A를 B와 연관시키다	
☐☐	turn A into B	A를 B로 바꾸다(만들다)	
☐☐	be unable to	~할 능력이 없다	
☐☐	figure out	알아내다	
☐☐	cope with	~에 대응[대처]하다	
093 ☐☐	immediately	ad. 즉시, 즉각	
☐☐	discover	v. 발견하다, 알아내다	
☐☐	simply	ad. 그저, 단순히	
☐☐	exclaim	v. 외치다, 감탄하다	
☐☐	trail	n. 오솔길, 산길	

☐☐	allow	v. 허락하다, 허용하다	
☐☐	experientially	ad. 경험에 의해, 경험상으로	
☐☐	indeed	ad. 정말로, 실제로	
☐☐	potential	a. 잠재적인, 가능성 있는	
☐☐	argument	n. 논쟁	
☐☐	conflict	n. 갈등, 충돌	
☐☐	cooperation	n. 협력, 협동	
☐☐	limitation	n. 제약, 한계	
☐☐	discussion	n. 토론	
☐☐	be capable of (*ing/N)	~할 수 있다, ~할 능력이 있다	
☐☐	take (something) off	(옷 등을) 벗다[벗기다]	
☐☐	hand A to B	A를 B에게 건네주다	
☐☐	too A to v	너무 A해서 V할 수 없다	
☐☐	let A know	A가 알도록 하다, A에게 알려주다	
094 ☐☐	customer	n. 고객	
☐☐	support	n. 지원, 지지	
☐☐	representative	n. 대표자	
☐☐	subsequently	ad. 나중에, 그 뒤에	
☐☐	survey	v. (설문)조사하다	
☐☐	satisfied	a. 만족한	
☐☐	intrigue	v. 호기심을 돋우다	
☐☐	immediately	ad. 즉시, 즉각	
☐☐	meanwhile	ad. 한편	
☐☐	recall	v. 회상하다	
☐☐	automated	a. 자동화된, 자동의	
☐☐	whether	conj. ~인지 (아닌지)	
☐☐	impact	n. 영향	
☐☐	completely	ad. 완전히	
☐☐	response	n. 반응	
☐☐	evaluation	n. 평가	
☐☐	previously	ad. 이전에, 미리	
☐☐	curiosity	n. 호기심	
☐☐	perception	n. 인식, 지각	
☐☐	thousands of	수천의, 무수한, 많은	
☐☐	right away	즉시[곧바로]	
☐☐	look into	~을 조사하다, 자세히 살피다	
☐☐	call back	다시 전화를 하다	
☐☐	keep *ing	~을 계속하다	

☐☐	in fact	사실(은), 실은
☐☐	according to	~에 따르면, ~에 의하면
☐☐	have an impact on	~에 영향을 미치다
095 ☐☐	research	n. 연구, 조사
☐☐	otherwise	ad. 그렇지 않으면, 그 외에는
☐☐	individual	n. 개인
☐☐	indifferent	a. 무관심한
☐☐	suffering	n. 고통
☐☐	masses	n. 〈pl.〉 대중
☐☐	experiment	n. 실험
☐☐	lessen	v. 줄이다, 완화하다
☐☐	overseas	a. 해외의
☐☐	particular	a. 특정한
☐☐	victim	n. 피해자
☐☐	donation	n. 기부, 기증, 기부금, 기증품
☐☐	statistical	a. 통계적인
☐☐	portrayal	n. 묘사, 기술
☐☐	crisis	n. 위기
☐☐	particularly	ad. 특히, 특별히
☐☐	discouraging	a. 실망시키는, 좌절감을 주는
☐☐	reality	n. 현실(성)
☐☐	significantly	ad. 상당히[크게]
☐☐	contribution	n. 기부, 기여, 기부금, 성금
☐☐	willing	a. 기꺼이 ~하는
☐☐	perspective	n. 견해(관점), 전망
☐☐	broad	a. 넓은, 광범위한
☐☐	go out of one's way	특별히 노력하다, 비상한 노력을 하다
☐☐	be willing to	기꺼이(흔쾌히) ~하다
☐☐	in need	어려움에 처해 있는, 도움이 필요한
096 ☐☐	essence	n. 본질
☐☐	sense	n. 감각
☐☐	sequence	n. 순서, 차례, 연속
☐☐	vital	a. 필수적인, 절대 중요한
☐☐	entertainingly	ad. 재미있게, 유쾌하게, 즐겁게
☐☐	explore	v. 탐험하다, 탐색하다, 탐구하다
☐☐	novel	n. 소설
☐☐	backwards	ad. 뒤로, 거꾸로, 반대방향으로
☐☐	causal	a. 원인의, 원인을 나타내는, 인과 관계의

☐☐	connection	n. 관계, 접속, 연결
☐☐	release	v. 풀어놓다, 놓아주다
☐☐	saintly	a. 성자 같은, 성스러운
☐☐	reversed	a. 거꾸로 된, 반대의, 뒤집힌
☐☐	consequence	n. 결과
☐☐	agreement	n. 일치
☐☐	relation	n. 관계, 관련(성)
☐☐	order	n. 순서
☐☐	such and such	이러한, 여차여차한
☐☐	make sense of	~을 이해하다
☐☐	be injured	다치다, 부상을 입다
☐☐	put down	내려놓다

CHAPTER 17

097 ☐☐	organism	n. 유기체, 생물(체)
☐☐	compete	v. 경쟁하다, ~와 겨루다
☐☐	species	n. (생물 분류상의) 종
☐☐	scarce	a. 부족한, 모자라는, 드문
☐☐	population	n. 개체군, 집단
☐☐	interfere	v. 간섭[개입]하다, 방해하다
☐☐	inferior	a. 열등한
☐☐	competitor	n. 경쟁자
☐☐	competitively	ad. 경쟁적으로
☐☐	superior	a. 우수한, 우세한, 월등한
☐☐	eliminate	v. 제거하다
☐☐	outcompete	v. 경쟁에서 ~를 이기다
☐☐	competitive	a. 경쟁하는, 경쟁력 있는
☐☐	exclusion	n. 배제, 제외
☐☐	prevent	v. 막다, 방해하다
☐☐	exclude	v. 배제하다, 제외하다
☐☐	periodic	a. 주기적인
☐☐	disturbance	n. 방해, 소란
☐☐	severe	a. 극심한, 심한
☐☐	batter	v. 강타하다, 난타하다
☐☐	drift	v. 떠다니다, 표류하다
☐☐	log	n. 통나무
☐☐	landslide	n. 산사태

dominant	a. 지배적인, 우세한	vitally	ad. 치명적으로, 극도로, 지극히
furthermore	ad. 뿐만 아니라, 더욱이, 게다가	ever	ad. 한 번이라도
condition	n. 상황	pride	n. 자부심, 긍지
rocky	a. 바위[암석]로 된, 바위투성이의	considerate	a. 배려하는, 사려 깊은
shore	n. 해안	genuine	a. 진정한
tropical	a. 열대의, 열대 지방의	attitude	n. 태도, 사고방식
foliose	a. 잎의	ego	n. 자아
leaf-like	a. 잎 모양의, 잎과 비슷한	legendary	a. 전설적인
algae	n. 조류(물속에 사는 식물), 해조	diminish	v. 손상시키다, 깎아내리다
seaweed	n. 해조, 해초	strategy	n. 전략
relatively	ad. 비교적, 상대적으로	promotion	n. 승진
form	n. 형태, 유형	reliable	a. 믿을 수 있는
replace	v. 대체하다, 대신하다	distrust	n. 불신감, 불신
resistant	a. 저항력이 있는, 내성이 있는	be faced with	~에 직면하다
seasonal	a. 계절적인	remove A from B	A를 B에서 제거하다, 분리하다
variation	n. 변화, 변동	of the first magnitude	최고의, 지극히 중요한
thus	ad. 이와 같이, 그러므로, 따라서	when it comes to	~에 관한 한, ~에 관해서라면
innate	a. 선천적인, 타고난	head up	(부서 등을) 이끌다[책임지다]
growth	n. 증가	save face	체면을 지키다, 체면을 세우다
marine	a. 해양의	stop to think	한동안 곰곰이 생각하다
aspect	n. 측면, 양상	get one's own way	고집을 부리다, 자기 마음대로 하다
lifestyle	n. 생활방식	find fault (with)	흠을 잡다, 결점을 찾다
of one's own	자기 자신의	go so far toward	~까지도 하다
as if	마치 ~처럼	lose face	체면을 잃다
turn out to	~인 것으로 드러나다	way of *ing	~하는 방식(방법)
be better at	~을 더 잘하다	101 nonverbal	a. 비언어적인
lose out	손해를 보다, 패하다, 밀리다	threatened	a. 위협당한
take over	인계 받다, 차지하다, 강해지다	squint	v. 눈을 가늘게 뜨고 보다
such as	예를 들어, ~과 같은	shield	v. 가리다, 감추다
depend on	~에 의존하다, ~을 믿다	evolve	v. 진화하다, 발전하다
die out	자취를 감추다, 사라지다	undesirable	a. 원하지 않는, 달갑지 않은
099 delicate	a. 미묘한, 다루기 어려운	investigator	n. 수사관, 조사관
magnitude	n. 중요성, 위대함	investigation	n. 조사, 수사
dare	v. 감히 ~하다	tragic	a. 비극적인
offend	v. 기분 상하게 하다	security	n. 안전, 보안
indispensable	a. 없어서는 안 될, 필수적인	immediate	a. 즉각적인
sensitive	a. 민감한, 예민한	suspicion	n. 혐의, 의심
consulting	a. 상담역의, 고문 자격의	blaze	n. (대형) 화재, 화염, 불길

☐☐	assign	v. 배정하다
☐☐	specific	a. 특정한, 구체적인
☐☐	telltale	a. 숨길 수 없는, 감추어도 드러나는
☐☐	oddly	ad. 이상[특이]하게
☐☐	issue	n. 문제
☐☐	further	ad. 더 나아가, 한층 더
☐☐	eventually	ad. 결국, 마침내
☐☐	arsonist	n. 방화범
☐☐	insight	n. 통찰력
☐☐	pursue	v. 추구하다, 계속하다
☐☐	interrupt	v. 방해하다
☐☐	reveal	v. 드러내다, 폭로하다
☐☐	hidden	a. 비밀의, 숨은
☐☐	come under suspicion	혐의를 받다
☐☐	break out	발발하다, 발생하다
☐☐	have nothing to do with	～와 관련이 없다
☐☐	as to	～에 관해
☐☐	in contrast	그에 반해서, 반면에
☐☐	admit to	～을 인정하다
☐☐	be gone	사라지다, 가고 없다
☐☐	in this case	이 경우에 있어서

CHAPTER 18

103 ☐☐	tackle	n. 태클
☐☐	chant	v. 연호하다
☐☐	teammate	n. 팀 동료
☐☐	urgent	a. 절박한
☐☐	crucial	a. 중대한, 결정적인
☐☐	shift	n. 변화
☐☐	whole	a. 전체의
☐☐	attitude	n. 태도
☐☐	vision	n. 환상, 상상, 비전
☐☐	astronaut	n. 우주 비행사
☐☐	moreover	ad. 더욱이, 게다가
☐☐	part-time	a. 파트타임인[시간제의]
☐☐	label	n. 라벨, 표시, 꼬리표
☐☐	belong	v. 속하다

☐☐	pack	v. 싸다, 꾸리다
☐☐	professor	n. 교수
☐☐	determined	a. 단단히 결심한
☐☐	whenever	conj. ～할 때는 언제든지, ～할 때마다
☐☐	eventually	ad. 결국
☐☐	end up (*ing/N)	결국 ～하고 말다, 하게 되다
☐☐	graduate from	～를 졸업하다
☐☐	keep *ing	～을 계속하다
☐☐	break out of	～에서 벗어나다
☐☐	need for	～에 대한 필요성
☐☐	sign up	등록하다, 가입하다
☐☐	get out	나가다
☐☐	instead of	～ 대신에
☐☐	dream of *ing	～하는 꿈을 꾸다
☐☐	give up on	～을 단념(포기)하다
106 ☐☐	physical	a. 신체적인
☐☐	disability	n. 장애
☐☐	community	n. 공동체, 지역사회
☐☐	hang	v. (고개를)숙이다, 떨어뜨리다
☐☐	glow	v. 붉어지다, 상기되다
☐☐	joyful	a. 기뻐하는, 기쁜, 즐거운
☐☐	suggestion	n. 제안
☐☐	hurry	v. 서두르다
☐☐	gear	n. 장비
☐☐	recognize	v. 알아보다
☐☐	pitcher	n. 투수
☐☐	mock	v. 조롱하다
☐☐	risk	n. 위험
☐☐	suffer from	～으로 고통 받다
☐☐	play catch	캐치볼을 하다
☐☐	get home	귀가하다
☐☐	slide down	흘러 내리다
☐☐	hurry to V	서둘러 ～하다
☐☐	put on	～을 입다[쓰다/끼다/걸치다]
☐☐	move in	다가가다
☐☐	keep *ing	～을 계속하다
☐☐	be worried that	～을 걱정하다
☐☐	arrive at	～에 도착하다

	☐☐	be about to	막 ~하려 하다
109	☐☐	form	v. 형성하다
	☐☐	fireplace	n. 벽난로
	☐☐	nightly	a. 밤의
	☐☐	though	ad. 그렇지만, 그러나
	☐☐	chore	n. 허드렛일, 잡일
	☐☐	glow	n. 불빛
	☐☐	downstairs	ad. 아래층으로(에서)
	☐☐	rush	v. 돌진하다, 서두르다
	☐☐	flame	n. 불꽃, 화염
	☐☐	lie	v. 눕다
	☐☐	peacefully	ad. 평화롭게
	☐☐	grab	v. 움켜잡다, 움켜쥐다
	☐☐	broomstick	n. 대가 긴 빗자루
	☐☐	chase	v. 뒤쫓다
	☐☐	community	n. 공동체, 지역사회
	☐☐	insist	v. 주장하다
	☐☐	retire	v. 은퇴하다, 물러가다
	☐☐	soundly	ad. 푹, 깊이[곤히]
	☐☐	stay up	자지 않고 깨어 있다
	☐☐	go to bed	자다, 취침하다
	☐☐	plenty of	~이 많은
	☐☐	form the habit of doing	~하는 습관(버릇)이 생기다
	☐☐	cut into	~를 줄이다, ~에 참견하다
	☐☐	every ounce of	모든, 혼신의
	☐☐	retire for the night	잠자리에 들다
	☐☐	for some time	아까부터
	☐☐	as long as	~하는 한, ~하는 동안은
	☐☐	instead of	~ 대신에
	☐☐	get to	~에 도착하다
	☐☐	right now	지금은
	☐☐	at least	적어도, 최소한
	☐☐	try to	~하려고 노력하다

절대평가를 위한 **절대신뢰** 독해 솔루션!

수^능직_방
READING 도약편

수능 만점을 향한 수능직방 시리즈

· 수직 Voca 시리즈 (Start, Master)
· 수직 Listening 시리즈 (Level 1~3, 종합편)
· 수직 Reading 시리즈 (기본편, 도약편, 실전편)

woongjin compass

www.wjcompass.com/sjreading

수능직방 READING

절대평가를 위한
절대신뢰 독해 솔루션!

최신 수능 100% 반영

정답 및 해설

도약편

woongjin compass

정답
및
해설

한눈에 보는 정답

PART 01

001. ②	002. ③	003. ⑤	004. ⑤
005. ⑤	006. ⑤	007. ③	008. ②
009. ④	010. ②	011. ②	012. ①
013. ⑤	014. ⑤	015. ②	016. ②
017. ⑤	018. ④	019. ①	020. ⑤
021. ②	022. ①	023. ⑤	024. ③

PART 02

025. ④	026. ④	027. ④	028. ②
029. ⑤	030. ③	031. ⑤	032. ④
033. ④	034. ⑤	035. ③	036. ⑤
037. ⑤	038. ③	039. ③	040. ④
041. ⑤	042. ④		

PART 03

043. ②	044. ②	045. ③	046. ③
047. ④	048. ②	049. ④	050. ③
051. ⑤	052. ⑤	053. ③	054. ①
055. ④	056. ⑤	057. ④	058. ③
059. ③	060. ④		

PART 04

061. ②	062. ⑤	063. ②	064. ③
065. ④	066. ④	067. ①	068. ③
069. ①	070. ②	071. ①	072. ③

PART 05

073. ④	074. ②	075. ④	076. ④
077. ④	078. ④	079. ④	080. ②
081. ③	082. ③	083. ⑤	084. ③
085. ③	086. ③	087. ②	088. ④
089. ⑤	090. ④	091. ②	092. ④
093. ④	094. ④	095. ①	096. ⑤

PART 06

097. ②	098. ①	099. ①	100. ①
101. ③	102. ③	103. ②	104. ⑤
105. ④	106. ⑤	107. ⑤	108. ③
109. ④	110. ③	111. ③	

CHAPTER 01

본문 p. 14

001

정답 ②

해설

글의 마지막 부분인 'I'd like to check to see if he could switch to the third weed program.' 문장에 글의 목적이 나타나 있다. 프로그램을 등록했으나 첫 날 아이의 출석이 어려우니 3주차 프로그램으로 바꿀 수 있는지를 문의하고 있으므로 정답은 '② 캠프 참가 시기를 변경할 수 있는지 문의하려고'이다.

직독직해

Dear Coach Johnson, /
Johnson 코치님께 /
My name is Christina Markle, / Bradley Markle's mother. //
제 이름은 Christina Markle이고, / Bradley Markle의 엄마입니다 //
Bradley and I were thrilled to learn / that you're holding your Gymnastics Summer Camp / again this year. //
Bradley와 저는 알고서 몹시 기뻤습니다 / 귀하가 하계 체조 캠프를 연다는 것을 / 올해 다시 //
So I didn't hesitate to sign up and / pay the non-refundable deposit / for the second week program, / which is from July 13 to 17. //
그래서 저는 주저하지 않고 등록했고 / 환불 불가능한 보증금을 지불했습니다 / 2주차 프로그램에 / 7월 13일부터 17일까지의 //
But today I remembered / that our family is going to get back from a trip on July 13, / and I'm afraid Bradley won't be able to make it / on the very first day of the program. //
그런데 오늘 전 기억했습니다 / 우리 가족이 여행에서 7월 13일에 돌아온다는 것을 / 그래서 유감스럽게도 Bradley가 참가할 수 없을 거라고 / 프로그램의 바로 첫 날에 //
Rather than make him skip the day, / I'd like to check / to see if he could switch to the third week program. //
그가 그 날을 빼먹는 것보다는 / 확인하고 싶습니다 / 그가 3주차 프로그램으로 바꿀 수 있는지 알기 위해 //
Please let us know / if that's possible. //
저희에게 알려주십시오 / 그것이 가능한지를 //
Thank you. //
감사합니다 //
Sincerely,
Christina Markle

해석

Johnson 코치님께
제 이름은 Christina Markle이고, Bradly Markle의 엄마입니다. Bradly와 저는 올해 다시 귀하가 하계 체조 캠프를 연다는 것을 알고 몹시 기뻤습니다. 그래서 저는 주저하지 않고 등록을 했고 7월 13일부터 17일까지 열리는 2주차 프로그램에 환불이 안 되는 보증금을 지불

했습니다. 그러나 오늘 저는 우리 가족이 7월 13일에 여행에서 돌아올 예정이라는 것을 기억해 냈고, 그래서 Bradly가 프로그램의 바로 첫 날에 참가할 수가 없을 것 같습니다. 그가 그날을 빠지게 하기보다는 3주차 프로그램으로 바꿀 수 있는지 알기 위해 확인을 하고 싶습니다. 그게 가능하다면 저희에게 알려 주시기 바랍니다. 감사합니다.
Christina Markle 드림

002

정답 ③

해설

한국어 글쓰기 센터가 어떻게 운영되는지 설명하면서 강습을 원하는 사람을 모집하는 내용의 글이다. 마지막에 '한국어 쓰기 실력을 향상시킬 수 있는 이 좋은 기회를 놓치지 마세요.'라고 말하고 있으므로 이 글의 목적은 '③ 한국어 글쓰기 지도를 받을 외국인 학생을 모집하려고'임을 알 수 있다.

직독직해

Want to improve / your Korean writing? //
향상시키고 싶으신가요 / 당신의 한국어 쓰기를 //
Writing is an essential tool / that will help you adjust to Korean university life. //
쓰기는 필수적인 도구입니다 / 당신을 한국의 대학 생활에 적응 하도록 도와줄 //
The Ha-Rang Writing Center offers a free tutoring program / open to all international students at our university. //
Ha-Rang Writing Center는 무료 과외 교습 프로그램을 제공합니다 / 우리 대학교에 있는 모든 외국인 학생들에게 개방되어 있는 //
We encourage you to take advantage of this. //
우리는 여러분이 이것을 활용하시기를 권장합니다 //
The program has always been very popular / among international students. //
이 프로그램은 항상 큰 인기를 끌어왔습니다 / 외국인 학생들 사이에서 //
Registration opens from November 28 / for three days only. //
등록은 11월 28일에 열립니다 / 3일 동안만 //
Once you are registered, / we will match you with a perfect tutor and contact you / to arrange your schedule.
일단 당신이 등록하면 / 우리는 당신을 완벽한 교습자와 연결시키고 연락을 드릴 겁니다 / 당신의 일정을 정하도록 //
We are sure / that you will be satisfied with our well-experienced tutors. //
우리는 확신합니다 / 당신이 우리의 경험 많은 교습자들에게 만족할 것이라고 //
Don't miss this great opportunity / to improve your Korean writing. //
이 좋은 기회를 놓치지 마세요 / 당신의 한국어 쓰기를 향상 시킬 수 있는 //
For more information, / feel free to email Jiyung Yoon, HRWC Director, at jyoon@hrwc.org. //
더 많은 정보를 원하면 / 주저하지 마시고 HRWC 담당자 Jiyung Yoon에게 jyoon@hrwc.org로 이메일 보내주세요 //

한국어 쓰기 실력을 향상시키고 싶으세요? 쓰기는 여러분이 한국의 대학 생활에 적응 하도록 도울 필수적인 도구입니다. Ha-Rang Writing Center는 우리 대학교에 있는 모든 외국인 학생들에게 개방되어 있는 무료 과외 교습 프로그램을 제공합니다. 우리는 여러분이 이것을 활용 하시기를 권장합니다. 이 프로그램은 외국인 학생들 사이에게 항상 큰 인기를 끌어 왔습니다. 등록은 11월 28일부터 3일간만 할 수 있습니다. 여러분이 일단 등록하면, 우리는 여러분을 완벽한 교습자와 연결시키고, 일정을 정하도록 여러 분에게 연락을 드립니다. 우리의 경험 많은 교습자들에게 만족하실 것으로 확신합니다. 여러분의 한국어 쓰기 실력을 향상시킬 수 있는 이 좋은 기회를 놓치지 마세요. 더 많은 정보를 원하시면, 서슴지 마시고 HRWC 담당자 윤지영에게 jyoon@hrwc.org 로 이메일을 보내 주세요.

003

정답 ⑤

글의 목적은 'we are asking to be the only group to use the multipurpose room after school for this entire month' 문장에 나타나 있다. 밴드 경연 대회를 앞두고 다목적실을 한달 동안 단독으로 사용하고 싶다는 내용이므로 정답은 '⑤ 다목적실 단독 사용에 대한 학생회의 협조를 구하려고'이다.

To the Student Council, /
학생회에게 /
We are the members of the 11th grade band. //
우리는 11학년 밴드의 단원들입니다 //
Currently, / since we have no practice room of our own, / we have to practice twice a week in the multipurpose room. //
현재 / 우리는 우리 자신의 연습실이 없기 때문에 / 우리는 1주일에 두 번씩 다목적실에서 연습해야 합니다 //
For the past two weeks, / band practice has been canceled / because other groups needed to use the room. //
지난 2주간 / 밴드 연습이 취소되었습니다 / 다른 동아리들이 그 방을 사용할 필요가 있었기 때문에 //
Since the band tournament is only one month away, / we are asking / to be the only group to use the multipurpose room / after school for this entire month. //
밴드 토너먼트가 겨우 한 달 후에 있기 때문에 / 우리는 요청합니다 / 다목적실을 사용할 유일한 동아리가 되기를 / 이번 달 내내 방과 후에 //
Principal Cooper has said / that the entire student council must vote on our proposal. //
Cooper 교장선생님께서 말씀하셨습니다 / 전체 학생회가 우리의 제안에 대해 투표를 해야만 한다고 //
We hope that you will understand our situation / and vote in our favor. //
우리는 당신들이 우리의 상황을 이해하기를 바랍니다 / 그리고 우리를 지지하여 투표하기를 //
Sincerely,
The 11th Grade Band

학생회 귀중.
우리는 11학년 밴드부 단원들입니다. 현재, 우리만의 연습실이 없어 다목적실에서 일주일에 두 번씩 연습해야 합니다. 지난 2주 동안, 다른 동아리들이 다목적실을 사용할 필요가 있어 밴드 연습이 취소되었습니다. 밴드 토너먼트가 한 달 밖에 남지 않았기에, 우리가 이번 달 내내 방과 후에 다목적실을 사용하는 유일한 동아리가 되길 요청합니다. Cooper 교장 선생님께서는 우리의 제안에 대해 학생회 전체가 투표를 해야 한다고 말씀하셨습니다. 학생회가 우리의 상황을 이해하고 우리를 지지하여 투표해 주길 바랍니다.
11학년 밴드부 드림

004

정답 ⑤

글의 목적은 'it would be much more useful if the service were available from 8 a.m. to 4 p.m.' 부분에 나타나 있다. 이어서 서비스를 탄력적으로 운영해 줄 수 있는지 묻고 있다. 그러므로 정답은 '⑤ 육아 서비스의 탄력적인 시간 운영을 요청하려고'이다.

I've been a career woman for the past seven years. //
저는 지난 7년 동안 직장 여성으로 일해왔습니다 //
For a couple of years after giving birth to my first daughter, / it was really tough for me to work / and take care of her at the same time. //
저의 첫 딸을 낳은 후 2년 동안 / 제가 일하는 것이 정말 힘들었습니다 / 그리고 동시에 그녀를 돌보는 것이 //
So I know / how necessary the babysitting service you're providing is. //
그래서 저는 압니다 / 귀하께서 제공하고 있는 아기 돌봄 서비스가 얼마나 필요한지 //
And I feel really grateful for the service too. //
그리고 저 또한 그 서비스에 대해서 정말 감사하게 느낍니다 //
There is, however, / one thing I'd like you to consider. //
하지만 있습니다 / 저는 귀하께서 고려해주셨으면 하는 한 가지가 //
Currently, / a babysitter is taking care of my second daughter / for eight hours from 9 a.m. to 5 p.m. //
현재 / 아기 돌보미가 제 둘째 딸을 돌보고 있습니다 / 오전 9시부터 오후 5시까지 8시간 동안 //
For me, / it would be much more useful / if the service were available from 8 a.m. to 4 p.m. //
저로서는 / 훨씬 더 유용할 것입니다 / 오전 8시부터 오후 4시까지 그 서비스를 이용할 수 있다면 //
Could you be more flexible with your service? //
당신의 서비스가 조금 더 탄력적일 수 있을까요 //
I'd really appreciate it. //
그러면 참으로 감사하겠습니다 //

저는 지난 7년 동안 직장 여성으로 일해 왔습니다. 첫째 딸을 출산한 후 2년 동안, 제가 일하면서 동시에 그 아이를 돌보는 것이 참으로 힘들었습니다. 그래서 저는 귀하께서 제공하는 아기 돌봄 서비스가 얼마나 필요한지 알고 있습니다. 그리고 저 또한 그 서비스에 정말 고마움을 느끼기도 합니다. 하지만 저는 귀하께서 고려해주셨으면 하는 것이 한 가지 있습니다. 현재 아기 돌봄이가 제 둘째 딸을 오전 9시에서 오후 5시까지 8시간 동안 돌보고 있습니다. 저로서는 그 서비스를 오전 8시에서 오후 4시까지 이용할 수 있다면 한층 더 유용할 것입니다. (아기 돌봄) 서비스를 좀더 탄력적으로 운영해 주실 수 있겠습니까? 그러면 참으로 감사하겠습니다.

005

정답 ⑤

이전 직원에 관한 정보를 제공해 달라고 요청 받으면 어떤 정보도 제공하지 말고, 그 문의 사항을 인사부로 전달할 것을 당부하고 있다. 따라서 글의 목적으로 적절한 것은 '⑤ 이전 직원 관련 정보 요청에 대한 대응 방법을 안내하려고'이다.

At Jayden Corporation, / we are committed to safeguarding the privacy of all employees, / former and current. //
Jayden Corporation에서는 / 우리는 모든 직원들의 사생활을 보호하는 데 전념을 다하고 있습니다 / 이전과 현재의 //
If you receive a telephone, e-mail, or written request / for any information regarding a former employee, / do not provide any details of employment. //
만약 당신이 전화, 이메일, 또는 서면 요청을 받는다면 / 이전 직원에 관한 어떠한 정보를 / 근무 사항과 관련된 어떤 세부사항도 제공하지 마십시오 //
Please pass along the inquiry to Human Resources. //
그 문의를 인사부에 전해주십시오 //
Human Resources will determine / whether any such inquiry is for legitimate reasons. //
인사부가 결정할 것입니다 / 어떤 문의라도 합법적인 이유인지 아닌지를 //
In certain situations, / the HR Department may contact a former employee to request permission / to provide information to an outside agency, business, or individual. //
특정 상황에서는 / 인사부가 허가를 요청하기 위해 이전 직원에게 연락할 수도 있습니다 / 외부 기관, 사업체, 또는 개인에게 정보를 제공하도록 //
If there are any questions about this policy, / please contact Human Resources. //
만약 이 정책에 대해 어떤 질문이라도 있다면 / 인사부로 연락 주십시오 //

Jayden Corporation에서는 이전과 현재의 모든 직원들의 사생활을 보호하는 데 전념하고 있습니다. 만약 이전 직원에 관한 정보를 요구하는 전화, 이메일, 또는 서면 요청을 받으면, 근무 사항과 관련된 어떠한 세부 내용도 제공하지 마세요. 그러한 문의 사항을 인사부에 알려주세요. 어떠한 문의 사항이든 정당한 사유 때문인지는 인사부에서 결정할 것입니다. 특정 상황 시 인사부에서 이전 직원에게 외부 기관이나 기업, 또는 개인에게 정보를 제공하는 것에 대한 허가를 요청하기 위해 연락을 취할 수도 있습니다. 이러한 정책에 대해 질문이 있다면 인사부로 연락주세요.

006

정답 ⑤

글의 목적이 'we are asking your company if it will donate these items so that we may succeed in conserving our natural resources.' 부분에 드러나 있다. 종이 재활용 프로그램을 운영하는데 필요한 물품들을 기부해 줄 수 있는지 요청하고 있으므로 정답은 '⑤ 종이 재활용 프로그램 운영에 필요한 물품 기부를 부탁하려고'이다.

Dear C&G Waste Services, /
C&G Waste Services 에게 /
Westwood High School is currently establishing / a paper recycling program. //
Westwood 고등학교는 현재 구축하고 있는 중입니다 / 종이 재활용 프로그램을 //
With the help of students and staff, / we aim to significantly reduce the amount of paper / that goes into the trash by recycling paper. //
학생들과 직원들의 도움을 받아 / 우리는 그 종이의 양을 상당히 줄이는 것을 목표로 하고 있습니다 / 쓰레기로 나가는 종이를 재활용함으로써 //
We currently have a dumpster / that will hold the paper recycling, / but we need containers / for individual classrooms to meet our goal. //
우리는 현재 대형 쓰레기 수거함이 있습니다 / 재활용 종이를 보관할 / 그러나 우리는 수거함이 필요합니다 / 각각의 교실이 우리의 목표에 부합하도록 //
We would like to request 20 containers. //
우리는 20개의 수거함을 요청하고 싶습니다 //
We also need 2,000 clear trash bags / in order to allow students and staff to get the paper / to the recycle dumpster. //
우리는 2,000개의 투명한 쓰레기봉투도 역시 필요합니다 / 학생들과 직원들이 종이를 가져가도록 / 재활용 대형 쓰레기 수거함으로 //
So, we are asking your company / if it will donate these items / so that we may succeed in conserving our natural resources. //
그래서 우리는 귀사에 문의합니다 / 이러한 물품들을 기부할 것인지 아닌지 / 그래서 우리가 우리의 천연 자원을 보존하는데 성공할 수 있도록 //
Please contact me / if you have any questions. //
저에게 연락 주십시오 / 어떠한 질문이 있으시다면 //
We look forward to establishing a partnership / with C&G Waste Services. //
우리는 협력관계를 만들기를 간절히 기대합니다 / C&C Waste Services와 //
We know / that these types of partnerships help us give back to the community / and enhance actions / our students can take towards helping the environment. //
우리는 압니다 / 이러한 유형의 협력관계들이 우리가 지역사회에 돌려주도록 돕는다는 것을 / 그리고 행동들을 강화한다는 것을 / 우리의 학생들이 환경을 돕기 위해 취할 수 있는 //
Sincerely,
Anna Wilson

C&G Waste Services 귀중

Westwood 고등학교는 현재 종이 재활용 프로그램을 마련 중에 있습니다. 저희는 학생과 교직원의 도움을 받아, 종이를 재활용함으로써 쓰레기로 나가는 종이의 양을 크게 줄이는 것을 목표로 하고 있습니다. 저희에게는 현재 종이 재활용을 수용할 대형 쓰레기 수거함은 있지만, 저희의 목표를 달성할 수 있도록 각 교실의 수거함이 필요합니다. 저희는 20개의 수거함을 요청하고자 합니다. 저희는 또한 학생과 교직원이 종이를 대형 재활용 쓰레기 수거함으로 가져갈 수 있도록 2,000개의 투명 쓰레기봉투도 필요합니다. 그래서 저희가 우리의 천연자원을 보존하는 데 성공할 수 있도록 귀사에서 이러한 물품들을 기증해 주실 수 있는지 문의 드리는 바입니다. 질문이 있으시면 저에게 연락해 주십시오. 저희는 C&G Waste Services와 협력 관계를 구축하기를 기대합니다. 저희는 이러한 협력 관계가 저희가 지역사회에 기여하고 우리 학생들이 환경을 돕기 위해 취할 수 있는 행동들을 강화하는 데 도움을 준다는 것을 알고 있습니다.

Anna Wilson 드림

CHAPTER 02

본문 p. 22

007

정답 ③

해설

첫 문장에서 주제를 이야기하고 있다. 철학에서는 실례의 사용과 문제 해결 학습법이, 과학에서는 실험과 관찰을 통한 학습이 필요함을 예로 들면서 실제로 보고 행하는 학습이 중요하다는 주제를 뒷받침 해준다. 그러므로 글의 주제는 '③ 행함으로써 배우는 학습의 중요성'이다.
① 과학 교육의 역사
② 학습 전략의 한계
④ 직관력이 과학적 발견에 미치는 영향
⑤ 철학과 과학 사이의 차이

직독직해

Many disciplines are better learned / by entering into the doing / than by mere abstract study. //
많은 교과가 더 잘 학습된다 / 실제로 행함으로써 / 단순한 추상적인 공부에 의해서보다 //
This is often the case / with the most abstract / as well as the seemingly more practical disciplines. //
이것은 흔히 그러하다 / 가장 추상적인 교과에서도 / 더 실용적으로 보이는 교과뿐 아니라 //
For example, / within the philosophical disciplines, / logic must be learned through the use of examples and actual problem solving. //
예를 들어, / 철학 교과 내에서 / 논리는 실례의 사용과 실제적 문제 해결을 통해서 학습되어야 한다 //
Only after some time and struggle / does the student begin to develop the insights and intuitions / that enable him to see the centrality and relevance of this mode of thinking. //
어느 정도의 시간과 노력이 있은 뒤에야 / 학습자는 통찰력과 직관력을 발달시키기 시작한다 / 이런 사고방식의 중요성과 타당성을 알 수 있게 해주는 //
This learning by doing is essential / in many of the sciences. //
행함으로써 배우는 이런 학습은 필수적이다 / 많은 과학 교과에서 //

For instance, / only after a good deal of observation / do the sparks in the bubble chamber become recognizable / as the specific movements of identifiable particles. //
예를 들어, / 상당한 양의 관찰을 한 뒤에야 / 거품 상자의 불꽃은 인식할 수 있게 된다 / 확인 가능한 미립자의 구체적 운동으로서 //

해석

많은 교과가 단순한 추상적인 공부에 의해서보다 실제로 행함으로써 더 잘 학습된다. 이것은 표면적으로 더 실용적으로 보이는 교과뿐만 아니라 가장 추상적인 교과에서도 흔히 그러하다. 예를 들어, 철학 교과 내에서 논리는 실례의 사용과 실제적 문제 해결을 통해서 학습되어야 한다. 어느 정도의 시간과 노력이 있은 뒤에야 학습자는 이런 사고방식의 중요성과 타당성을 알 수 있게 해주는 통찰력과 직관력을 발달시키기 시작한다. 행함으로써 배우는 이런 학습은 많은 과학 교과에서 필수적이다. 예를 들어, 상당한 양의 관찰을 한 뒤에야 거품 상자의 불꽃은 확인 가능한 미립자의 구체적 운동으로서 인식될 수 있게 된다.

008

정답 ②

해설

기술 엔지니어들이 올해 4G 장치를 가진 모든 사람들에게 4G LTE 신호를 보낼 수 있는 높은 고도의 풍선 네트워크를 구축해서 외진 지역에서도 인터넷을 사용할 수 있게 하는 것이 목표하는 글이다. 따라서 이 글의 제목으로 적절한 것은 '② 세계를 연결하는 풍선'이다.
① 일기예보를 위한 풍선
③ 풍선을 타고 하는 일일 여행
④ 농부들을 위한 온라인 교육
⑤ 4G: 가장 빠른 접속

직독직해

Although the Internet seems truly global these days, / less than half of the world's population / has access to it. //
요즘 인터넷이 정말로 전 세계적인 것처럼 보이지만, / 세계 인구의 절반이 안 되는 사람들이 / 그것을 사용할 수 있다 //
Some four billion people are still unconnected. //
약 40억 명의 사람들이 여전히 (인터넷으로) 연결되지 않았다 //
This spring, / IT engineers will begin / to shift to the next phase / in a grand plan to bring the Internet to everyone. //
금년 봄에 / 정보통신 기술 엔지니어들이 시작할 것이다 / 다음 단계로 이동하기 / 모든 사람에게 인터넷을 제공해 주기 위한 원대한 계획에서 //
Their goal is to establish / a network of high-altitude balloons / that will rain 4G LTE signals / down to anyone with a 4G device. //
그들의 목표는 구축하는 것이다 / 높은 고도의 풍선 네트워크를 / 4G LTE 신호를 퍼부어줄 / 4G 장치를 가진 사람은 누구에게 든지 //
Regional telecom companies will transmit the signals to the balloons, / and then each balloon will relay the signals / to a ground area many miles in diameter. //
지역의 전기 통신 회사들이 신호를 풍선으로 전송하고, / 그런 다음 각 풍선들이 그 신호들을 전달할 것이다 / 직경이 수마일인 지상(에 있는 지역)으로 //
In this way, / farmers in remote areas will be able to access weather data, / and rural children will be able to pursue online educations. //
이런 식으로, / 외딴 지역에 있는 농부들이 날씨 자료에 접속할 수 있을 것이고, / 시골의 아이들은 온라인 교육을 할 수 있을 것이다 //

By the end of the year, / the engineers aim / to have 100 balloons about 13 miles up. //
금년 말까지 / 엔지니어들은 목표로 한다 / 약 13마일의 높이에 100개의 풍선을 확보하는 것을 //

해석

요즘 인터넷이 정말로 전 세계적인 것처럼 보이지만, 세계 인구의 절반이 안 되는 사람들이 그것을 사용할 수 있다. 약 40억 명의 사람들이 여전히 (인터넷으로) 연결되지 않았다. 금년 봄에, 정보통신 기술 엔지니어들이 모든 사람에게 인터넷을 제공해 주기 위한 원대한 계획에서 다음 단계로 이동하기 시작할 것이다. 그들의 목표는 4G 장치를 가진 사람은 누구에게든지 4G LTE 신호를 퍼부어줄 높은 고도의 풍선 네트워크를 구축하는 것이다. (각) 지역의 전기 통신 회사들이 신호를 풍선으로 전송하고, 그런 다음 각 풍선들이 그 신호들을 직경이 수마일인 지상(에 있는 지역)으로 전달할 것이다. 이런 식으로, 외딴 지역에 있는 농부들이 날씨 자료에 접속할 수 있을 것이고, 시골의 아이들은 온라인 교육을 할 수 있을 것이다. 금년 말까지, 엔지니어들은 약 13마일의 높이에 100개의 풍선을 확보하는 것을 목표로 한다.

009
정답 ④

해설

학교에서 많은 시간을 보내는 학생들에게 학교에서 깨끗하고 안전한 물을 마시도록 제공하는 것이 얼마나 중요한지를 말하고 있다. 그러므로 '④ 학교에서 마실 수 있는 물을 제공할 필요성'이 이 글의 주제로 알맞다.
① 균형 잡힌 식단의 중요성
② 깨끗한 물 공급원을 지키기 위한 어려움
③ 설탕이 첨가된 음료수가 어린이들에게 주는 유해성
⑤ 공공장소에서 과도한 물 사용에 대한 경고

직독직해

Drinking water can contribute to good health, / and schools are in a unique position to promote healthy dietary behaviors, / including drinking sufficient water. //
물을 마시는 것은 건강에 기여할 수 있고, / 그리고 학교는 건강한 식습관 형성을 향상시킬 수 있는 유일한 공간이다 / 충분한 물을 마시는 것을 포함하여 //
More than 95% of children and adolescents are enrolled in schools, / and students typically spend / at least 6 hours at school each day. //
95% 이상의 아이들과 청소년들이 학교에 다니고 있고, / 학생들은 일반적으로 보내고 있다 / 매일 최소 6시간을 학교에서 //
Ensuring that students have access to safe, free drinking water throughout the school environment / gives them a healthy substitute for sugar-sweetened beverages. //
학교 환경 전역에서 학생들에게 안전한 무료 식수를 이용하는 것을 보장하는 것은 / 그들(학생들)에게 과당 음료의 건강한 대체물을 제공한다 //
Access to clean and free water helps / to increase students' overall water consumption, maintain hydration, / and reduce unhealthy calories intake. //
깨끗하고 무료인 물에 접근 가능하게 하는 것은(학생들로 하여금 깨끗하고 무료인 물을 마시게 하는 것은) 도움을 준다 / 학생들의 전반적인 물 소비를 증가시키고, 적절한 수분을 유지시켜 주며, / 건강에 좋지 않은 칼로리의 흡수를 줄이도록 하는데 //
Adequate hydration may improve cognitive function among children and adolescents, / which is important for learning. //
적절한 수분 유지는 아이들과 청소년들의 인지 기능을 높여줄 수 있으며 / 이것은 학습에 중요하다 //

해석

물을 마시는 것은 건강에 기여할 수 있고, 학교는 충분한 물을 마시는 것을 포함하여, 건강한 식습관 형성을 향상시킬 수 있는 유일한 공간이다. 95% 이상의 아이들과 청소년들이 학교에 다니고 있고, 학생들은 일반적으로 매일 학교에서 최소 6시간을 보내고 있다. 학생들에게 학교 환경 전역에서 안전한 무료 식수를 이용하는 것을 보장하는 것은 과당 음료의 건강한 대체물을 학생들에게 제공한다. 깨끗하고 무료인 물에 접근 가능하게 하는 것은(학생들로 하여금 깨끗하고 무료인 물을 마시게 하는 것은), 학생들의 전반적인 물 소비를 증가시키고, 적절한 수분을 유지시켜 주며, 건강에 좋지 않은 칼로리의 흡수를 줄이도록 하는 데 도움을 준다. 적절한 수분 유지는 아이들과 청소년들의 인지 기능을 높여줄 수 있으며, 이것은 학습에 중요하다.

010
정답 ②

해설

점술가들이 처음 만나는 사람에 대해 80퍼센트 정도를 읽어내는 것이 인간 본성에 대한 이해와 확률 통계에 대한 지식, 몸짓 언어 신호에 대한 주의 깊은 관찰 등에 의한 것이라고 말하고 있다. 그러므로 이 글의 제목은 '② 점술가들이 어떻게 그렇게 많이 아는가'가 적절하다.
① 초자연적인 것들을 무시하지 마라
③ 사람들이 왜 점을 보기를 원하는가
④ 비언어적인 신호들은 감정을 보여준다
⑤ 미래는 의지력에 달려 있다

직독직해

If you've ever visited a fortune-teller / you probably came away amazed at the things / they knew about you / — things no one else could possibly have known. //
점술가를 한번이라도 찾아가 본 적이 있다면 / 여러분은 아마 깜짝 놀라면서 자리를 떴을 것이다 / 그들이 여러분에 대해 알고 있는 / 다른 사람이라면 도저히 알 수 없었을 것들 //
So it must be a supernatural power, right? //
그럼 그것이 초능력임에 틀림없다, 그렇지 않은가 //
Research into the fortune-telling business shows / that fortune-tellers use a technique / known as "cold reading," / which can produce an accuracy of around 80 percent / when "reading" a person you've never met. //
점술업에 대한 조사는 보여준다 / 점술가가 기술을 사용한다는 것을 / "사전 지식 없이 빠르게 알아차리는 것"으로 알려진 / 그것은 80퍼센트 정도의 정확성을 이끌어 낼 수 있다 / 결코 만난 적이 없는 사람을 "읽어낼" 때 //
While it can appear magical to some people, / it is simply a process based on the careful observation of body-language signals / plus an understanding of human nature and a knowledge of probability statistics. //
몇몇 사람들에게 마법인 것처럼 보일 수 있지만 / 그것은 그저 몸짓 언어 신호에 대한 주의 깊은 관찰에 기초를 둔 과정에 불과하다 / 인간 본성에 대한 이해와 확률 통계에 대한 지식뿐만 아니라 //
It's a technique / practiced by tarot-card readers, astrologers, and palm readers / to gather information about a "client." //
그것은 기술이다 / 타로카드 점술가, 점성가 그리고 수상가(手相家)에 의해 행해지는 / "고객"에 관한 정보를 모으기 위해 //

점술가를 한번이라도 찾아가 본 적이 있다면 여러분은 아마 그들이 여러분에 대해 알고 있는 것, 즉 다른 사람이라면 도저히 알 수 없었을 것들을 알고 있는 것에 깜짝 놀라면서 자리를 떴을 것이다. 그럼 그것이 초능력임에 틀림없다. 그렇지 않은가? 점술업에 대한 조사는 점술가가 "사전 지식 없이 빠르게 알아차리는 것"으로 알려진 기술을 사용한다는 것을 보여주는데, 그것(그 기술)은 결코 만난 적이 없는 사람을 '읽어낼' 때 80퍼센트 정도의 정확성을 이끌어 낼 수 있다. 몇몇 사람들에게 마법인 것처럼 보일 수 있지만, 그것은 그저 인간 본성에 대한 이해와 확률 통계에 대한 지식뿐만 아니라 몸짓 언어 신호에 대한 주의 깊은 관찰에 기초를 둔 과정에 불과하다. 그것은 "고객"에 관한 정보를 모으기 위해 타로 카드 점술가, 점성가 그리고 수상가(手相家)에 의해 행해지는 기술이다.

011
정답 ②

첫 문장에 하고 싶은 말이 있는데, 유대가 강한 지역사회가 범죄가 적고 재난에도 더 잘 생존한다는 것이다. 예를 들어 그 주장을 뒷받침하고 마지막에 다시 한번 자신의 주장을 이야기 한다. 따라서 이 글의 주제는 '② 강한 사회 유대 형성의 필요성'이 알맞다.
① 범죄의 희생자를 보살피는 방법
③ 개인의 사회적 지위와 건강의 관계
④ 자연 재해의 발생에 영향을 주는 요소
⑤ 사회적으로 고립된 사람들을 위한 기금 마련의 중요성

There's a lot of evidence / that strong communities have less crime / and survive disasters better. //
많은 증거가 있다 / 유대가 강한 지역사회가 범죄가 적고 / 재난에서 더 잘 생존한다는 //
Here's an example: / the environmentalist film make Judith Helfand is making a film / about a massive heat wave in Chicago in 1995 / that killed about six hundred people. //
한 예로, / 환경주의자인 영화 제작자 Judith Helfand는 영화를 제작하고 있다 / 1995년 시카고의 엄청난 폭염에 대한 / 약 600명을 죽게 한 //
She explains that the victims had one thing in common: / they were socially isolated. //
그녀는 희생자들이 한 가지 공통점이 있다고 설명한다 / 그것은 바로 그들이 사회적으로 고립되어 있었다는 것이다 //
They didn't have friends of family or trusted neighbors to notice / that they hadn't been out of their house lately, / or to check that their air conditioners were working well. //
그들에게는 알아차려줄 친구, 가족 또는 믿을 만한 이웃이 없었다 / 그들이 집 밖으로 나오지 않았다는 것을 / 또는 에어컨이 잘 작동하는지 확인해 줄 //
In fact, / three-quarters of Americans don't know their neighbors. //
사실 / 미국인의 3/4는 자신의 이웃을 모른다 //
Judith argues / that the best way to prevent deaths from future heat waves / is not having a policy of handing out discount air condition coupons, / but providing community-building activities / that strengthen social ties throughout the year. //
Judith는 주장한다 / 앞으로의 폭염으로 인한 사망을 예방할 최선책은 / 에어컨 할인쿠폰을 나누어 주는 정책을 세우는 것이 아니라 / 공동체를 만들어 가는 활동을 제공하는 것 / 일 년 내내 사회적인 유대를 강화해 주는 //

유대가 강한 지역사회가 범죄가 적고 재난에서 더 잘 생존한다는 많은 증거가 있다. 한 예로, 환경주의자인 영화 제작자 Judith Helfand는 약 600명을 죽게 한 1995년 시카고의 엄청난 폭염에 관한 영화를 제작하고 있다. 그녀는 희생자들이 한 가지 공통점이 있다고 설명한다. 그것은 바로 그들이 사회적으로 고립되어 있었다는 것이다. 그들에게는 최근에 그들이 집 밖으로 나오지 않았다는 것을 알아차리거나 에어컨이 잘 작동하는지 확인해 줄 친구, 가족 또는 믿을 만한 이웃이 없었다. 사실, 미국인의 3/4은 자신의 이웃을 모른다. Judith는 앞으로의 폭염으로 인한 사망을 예방할 최선책은 에어컨 할인쿠폰을 나누어 주는 정책을 세우는 것이 아니라 일 년 내내 사회적인 유대를 강화해 주는 공동체를 만들어 가는 활동을 제공하는 것이라 주장한다.

012
정답 ①

As a result이후에 자전을 가속화했다는 내용이 나온다. 이후로도 원래 바다에 있었던 물이 저수지에 담김으로 인해 지구의 질량이동이 발생했고 이것이 또 지구의 자전 축의 위치를 변화했다는 이야기로 마무리되는 것으로 보아 '① 저수지 효과: 지구 자전에서 의도되지 않은 변화'가 가장 적절하다.

We have constructed so many large reservoirs to hold water, / and they are located primarily in the Northern Hemisphere / rather than randomly around the globe. //
우리는 물을 저장하기 위해 매우 많은 저수지를 건설해 왔다 / 그리고 그것들은 주로 북반구에 위치해 있다 / 지구 전역에 무작위라기 보다는 //
As a result, / enough of Earth's mass has shifted to speed up its rotation. //
결과적으로 / 충분한 지구의 질량이 이동해서 그것의 자전을 빠르게 했다 //
Currently, / 88 huge reservoirs hold some 10 trillion tons of water. //
현재 / 88개의 거대한 저수지들이 약 10조 톤의 물을 담고 있다 //
Before the reservoirs were built, / this water was located in the ocean, / which has most of its mass in the Southern Hemisphere. //
저수지가 건설되기 전에 / 이 물은 바다에 있었다 / 그것은 그 질량의 대부분을 남반구에 가지고 있었다 //
The effect is like a whirling skater / who pulls her arms in to turn faster. //
그 효과는 회전하는 스케이트 타는 사람과 같다 / 더 빠르게 돌기 위해 팔을 당기는 //
Because natural factors in the environment, such as the pull of tides, are gradually slowing Earth's rotation, / the human influence is accidentally working / against the natural rate of deceleration. //
환경에서의 조수의 당기는 힘과 같은 자연적 요소들은 서서히 지구의 자전을 늦추고 있기 때문에 / 인간의 영향은 뜻하지 않게 작용하고 있다 / 자연스러운 감속에 반대로 //
The shift in Earth's mass has also changed the location of the axis / on which Earth rotates. //
지구의 질량 이동은 또한 축의 위치를 변화시켜 왔다 / 지구가 자전하는 //

우리는 물을 저장하기 위해 매우 많은 큰 저수지를 건설해 왔고 그것들은 지구 전역에 무작위라기보다는 주로 북반구에 위치해 있다. 그 결과 (지구의 자전을 가속화할 만큼의) 충분한 지구의 질량이 이동해서 그것의 자전을 가속화했다. 현재 88개의 거대한 저수지들이 약 10조 톤의 물을 담고 있다. 저수지가 건설되기 전에 이 물은 바다에 있었고, 그것은 그 질량의 대부분을 남반구에 가지고 있었다. 그 효과는 더 빠르게 돌기 위해 팔을 안으로 당겨 회전하는 스케이터와 같다. 조수의 견인력과 같은 환경에서의 자연적 요인들이 서서히 지구의 자전을 늦추고 있기 때문에 인간의 영향은 뜻하지 않게 자연스러운 감속에 반하여 작용하고 있다. 지구의 질량 이동은 또한 지구가 자전하는 축의 위치를 변화시켜 왔다.

CHAPTER 03

본문 p. 30

013

정답 ⑤

해설

마지막 부분에 하고 필자가 주장하고 싶은 부분이 드러나 있다. 자신에 대해 다른 사람들이 논평을 하는 경우, 근거가 있다면 경청해야 하지만 그렇지 않은 경우에는 흔들리지 말고 자신의 확고함을 유지하라고 말하고 있다. 그러므로 필자의 주장으로 적절한 것은 '⑤ 선별적인 의견 수용으로 자기 확신이 흔들리지 않게 하라.'이다.

직독직해

Everybody has moments of doubt / about something or other from time to time; / it is a natural process. //
모든 이들에게는 의심의 순간이 있다 / 때때로 무언가에 대해 / 그것은 자연스러운 과정이다 //

The challenge is / not to let those moments accumulate and affect your self-belief. //
문제는 / 그러한 순간이 축적되어 여러분의 자기 확신에 영향을 주도록 놔두지 않는 것이다 //

You will always face the challenge / of other people's comments and opinion. //
여러분은 도전에 항상 직면할 것이다 / 다른 사람들의 논평과 의견이라는 도전에 //

There are people / that you feel good being around / and others you don't. //
사람들이 있다 / 곁에 있으면 기분 좋은 / 그리고 그렇지 않은 사람들 //

Some people give you positive energy / because they believe in you. //
어떤 사람들은 여러분에게 긍정적인 에너지를 준다 / 그들이 여러분을 신뢰하기 때문에 //

You feel it and you rise to the occasion. //
여러분은 그것을 느끼고 위기 상황에서 능력을 발휘한다 //

Others may always have a negative comment to make / about what you are doing or talking about. //
다른 사람들은 항상 부정적인 논평을 할지도 모른다 / 여러분이 수행하거나 이야기하는 내용에 대해 //

Don't let these comments rock your self-belief. //
이런 논평이 여러분의 자기 확신을 흔들도록 놔두지 마라 //

Always question the person's reason for the comment. //
그 논평을 한 그 사람의 이유에 대해 항상 의문을 가져라 //

If it is based on fact, / you should listen; / if not, then it is not only their opinion. //
만약 그것이 사실에 근거하고 있다면 / 여러분은 경청해야 할 것이지만, / 그렇지 않다면 그것은 그들의 의견일 뿐이다 //

You will need to stay strong. //
당신은 강하게 유지할 필요가 있을 것이다 //

모든 이들에게는 때때로 무언가에 대한 의심의 순간이 있다. 그것은 자연스러운 과정이다. 문제는 그러한 순간이 축적되어 여러분의 자기 확신에 영향을 주도록 놔두지 않는 것이다. 여러분은 다른 사람들의 논평과 의견이라는 도전에 항상 직면할 것이다. 곁에 있으면 기분이 좋은 사람과 그렇지 않은 사람들이 있다. 어떤 사람들은 그들이 여러분을 신뢰하기 때문에 여러분에게 긍정적인 에너지를 준다. 여러분은 그것을 느끼고 위기 상황에서 능력을 발휘한다. 다른 사람들은 여러분이 수행하거나 이야기하는 내용에 대해 항상 부정적인 논평을 할지도 모른다. 이런 논평이 여러분의 자기 확신을 흔들도록 놔두지 마라. 그 논평을 한 그 사람의 이유에 대해 항상 의문을 가져라. 만약 그것이 사실에 근거하고 있다면 여러분은 경청해야 할 것이지만, 그렇지 않다면 그것은 그들의 의견일 뿐이다. 여러분은 확고함을 유지할 필요가 있을 것이다.

014

정답 ⑤

해설

우리 세대가 미래 세대가 써야 할 자원을 함부로 쓰고 있다는 것을 초과 인출된 계좌와 상환할 수 없는 빚에 비유하여 언급하고 있다. 따라서 이 글의 요지로 적절한 것은 '⑤ 현세대는 미래 세대에 대한 고려 없이 환경 자원을 남용하고 있다.'이다.

직독직해

Many present efforts / to guard and maintain human progress, to meet human needs, and to realize human ambitions / are simply unsustainable / — in both the rich and poor nations. //
현재의 많은 노력들은 / 인간의 진보를 지키고 유지하며 인간의 욕구를 충족시키고 인간의 야망을 실현하기 위한 / 절대로 지속 불가능 하다 / 부유한 나라와 가난한 나라 모두에서 //

They draw too heavily, too quickly, / on already overdrawn environmental resource accounts / to be affordable far into the future / without bankrupting those accounts. //
그것은 너무 많이, 너무 빠르게 끌어내고 있다 / 이미 초과 발행된 환경 자원 계좌에서 / 먼 미래까지 감당하기에 / 그 계좌를 파산시키지 않고서는 //

They may show profit on the balance sheets of our generation, / but our children will inherit the losses. //
그것은 우리 세대의 대차대조표에서는 이익을 보여줄 수 있다 / 하지만 우리의 자녀들은 그 손실을 물려받을 것이다 //

We borrow environmental capital from future generations / with no intention or prospect of repaying. //
우리는 미래의 세대로부터 환경 자본을 빌린다 / 되갚으려는 의도나 예상 없이 //

They may blame us for our wasteful ways, / but they can never collect on our debt to them. //
그들은 우리의 낭비적인 방식을 비난할 수도 있다 / 그러나 그들은 우리가 진 빚을 절대 받을 수 없다 //
We act as we do / because we can get away with it: /
우리는 지금과 같이 행동한다 / 왜냐하면 우리는 그것에서 벗어날 수 있기 때문이다 /
future generations do not vote; /
미래 세대는 투표하지 않는다 /
they have no political or financial power; /
그들은 정치적 혹은 재정적 힘이 없다 /
they cannot challenge our decisions. //
그들은 우리의 결정에 이의를 제기 할 수 없다 //

해석

인간의 진보를 지키고 유지하며, 인간의 욕구를 충족시키고, 인간의 야심을 실현하기 위한 현재의 여러 노력들은 — 부유한 나라와 가난한 나라 모두에서 — 전혀 지속 불가능하다. 그 노력은 이미 초과 인출된 환경의 자원 계좌를 너무 많이 너무 빠르게 이용하고 있으므로, 그 계좌를 지급불능으로 만들지 않고서는 먼 미래까지 감당할 수 없다. 그 노력은 우리 세대의 대차 대조표에서는 이익을 보여 줄지 모르지만, 우리의 자녀들은 그 손실을 물려받을 것이다. 우리는 갚으려는 의도나 예상도 없이 미래의 세대들로부터 환경의 자본을 빌린다. 미래 세대들은 우리의 낭비적인 방식을 비난할지 모르지만, 그들에게 진 우리 빚을 결코 상환 받을 수 없다. 우리가 지금과 같은 식의 행동을 하는 이유는 그것을 모면할 수 있기 때문이다. 미래 세대는 투표하지 않고, 정치적 재정적 힘도 없으며, 우리의 결정에 이의를 제기할 수도 없는 것이다.

015

정답 ②

해설

대중은 효율적이고 신속한 서비스뿐 아니라 정중함과 배려도 같이 원하고 있고 회사는 그런 서비스를 제공할 의무가 있다는 글이다. 글의 앞부분에서 주제를 향한 설명을 시작하여 마지막 문장에서 주장을 정리하여 말하고 있다. 따라서 정답은 '② 효율적이면서 고객을 만족시키는 서비스를 제공해야 한다.'가 적절하다.

직독직해

Obviously, / one of the judgments the public has of us / is whether or not our telephone service is good. //
분명히 / 대중이 우리에 대해 가지고 있는 평가 중의 하나 / 우리의 전화 서비스가 좋은지의 여부이다 //
Technically, / if they get their calls through, efficiently and promptly, / they get what they want. //
엄밀히 말하면, / 만약 효율적이고 신속하게 그들의 전화가 연결된다면, / 그들은 자신이 원하는 것을 얻는 것이다 //
That, however, is not all they want. //
하지만 그것이 그들이 원하는 전부는 아니다 //
They want to have the service rendered to them / in a manner that pleases them; / they want not only efficiency but courtesy and consideration; / and they are in a position to get what they want. //
그들은 서비스가 제공되기를 원한다 / 자신들을 기분 좋게 만드는 방식으로, / 그들은 효율성뿐만 아니라 정중함과 배려를 원한다 / 그리고 그들은 자신들이 원하는 것을 얻을 수 있는 위치에 있다 //

They are in the driver's seat; / they are paying the bills; / and an understanding of that fact / is a real and fundamental basis of public relations. //
그들은 지배적 지위에 있으며, / 요금을 내고 있고, / 그 사실을 이해하는 것이 / 대중과의 관계의 진정한 근본적인 기반이다 //
In order, therefore, for a great company to satisfactorily serve the public, / it must have a philosophy and a method of doing business / which will allow and insure / that its people serve the public efficiently and in a pleasing manner. //
그러므로 큰 회사가 대중에게 서비스를 만족스럽게 제공하기 위해서 / 그 회사는 (사업) 철학과 방법을 반드시 가지고 있어야 한다 / 허용하고 보장할 / 직원들이 효율적이고 상냥하게 대중을 대하는 것을 //

해석

분명히 대중이 우리에 대해 가지고 있는 평가 중의 하나는 우리의 전화 서비스가 좋은지의 여부이다. 엄밀히 말하면, 만약 효율적이고 신속하게 그들의 전화가 연결된다면 그들은 자신이 원하는 것을 얻는 것이다. 하지만 그것이 그들이 원하는 전부는 아니다. 그들은 서비스가 자신들을 기분 좋게 만드는 방식으로 제공되기를 원하는데, 그들은 효율성뿐만 아니라 정중함과 배려를 원하며 그들은 자신들이 원하는 것을 얻을 수 있는 위치에 있다. 그들은 지배적 지위에 있으며, 요금을 내고 있고, 따라서 그 사실을 이해하는 것이 대중과의 관계의 진정한 근본적 기반이다. 그러므로 큰 회사가 만족스럽게 대중에게 서비스를 제공하기 위해서 그 회사는 직원들이 효율적이고 상냥하게 대중을 대하는 것을 허용하고 보장할 사업 철학과 방법을 반드시 가지고 있어야 한다.

016

정답 ②

해설

상상력은 우리에게 행복감과 흥분을 더하므로, 어린 시절에 했던 것처럼 일상적인 과업에 상상력을 발휘하라는 내용이다. 따라서 필자의 주장으로 가장 적절한 것은 '② 어린 시절처럼 생활 속에서 상상력을 발휘하라.'이다.

직독직해

Think back to when you were a kid. //
어린 시절을 회상해 보라 //
How did you play? //
어떻게 놀았는가 //
How did using your imagination make you feel? //
상상력을 사용하는 것이 어떻게 느껴졌는가 //
Being imaginative / gives us feelings of happiness and adds excitement to our lives. //
상상력을 사용하는 것이 / 우리에게 행복감을 주고 삶에 흥분을 더한다 //
It's time to get back to those emotions. //
이제 그런 감정들로 돌아갈 때이다 //
If you can return to the joyful feelings / that you had through play, / you'll find that you feel happier about yourself. //
만약 여러분이 기쁜 감정들로 돌아갈 수 있다면 / 놀이를 통해 가졌던, / 여러분은 스스로에 대해 더 행복하다고 느끼는 것을 알게 될 것이다 //
You can use your imagination / to write books or invent something. //
여러분은 상상력을 활용할 수 있다 / 책을 쓰거나 뭔가를 발명하기 위해 //
There is no end to how creative you can be / when you move into your imagination. //
여러분이 얼마나 창의적일 수 있는지는 끝이 없다 / 여러분이 상상 속으로 들어갈 때 //

It will also keep you focused on completing the tasks at hand / because imagination makes everyday tasks more interesting. //
또한, 여러분이 당면한 과업을 완수하는 데 집중할 수 있게 해 줄 것이다 / 상상력은 일상적인 과업을 더욱 흥미롭게 만들기 때문에 //

해석

어린 시절을 회상해 보라. 어떻게 놀았는가? 상상력을 사용하는 것이 어떻게 느껴졌는가? 상상력이 풍부하다는 것은 우리에게 행복감을 주고 삶에 흥분을 더한다. 이제 그런 감정들로 돌아갈 때이다. 놀이를 통해서 가졌던 기쁜 감정들로 돌아갈 수 있다면 스스로에 대해 더 행복하다고 느끼는 것을 알게 될 것이다. 여러분은 책을 쓰거나 뭔가를 발명하기 위해 상상력을 활용할 수 있다. 여러분이 상상 속으로 들어갈 때 얼마나 창의적일 수 있는지는 끝이 없다. 또한, 상상력은 일상적인 과업을 더욱 흥미롭게 만들기 때문에 당면한 과업을 완수하는 데 집중할 수 있게 해 줄 것이다.

017

정답 ⑤

해설

TV시청을 위해 장시간 앉아 있는 것은 TV를 보지 않을 때 자연스럽게 발생할 가벼운 활동들을 안 하게 만들기 때문에 건강을 악화시키고 수명을 단축시킬 수 있다는 내용이므로, 이 글의 요지는 '⑤ TV 시청으로 인한 움직임의 부족은 건강에 해롭다.'이다.

직독직해

If idling away in front of a TV is your favorite hobby, / it may lead you to an early death. //
TV 앞에서 빈둥거리는 것이 당신이 가장 좋아하는 일상의 습관이라면, / 그것이 당신을 단명하게 할 수도 있다 //
That's what Australian researchers found / after tracking nearly 9,000 people for an average of six years. //
이는 호주의 연구자들이 밝혀낸 것이다 / 약 9,000명을 평균 6년 동안 추적 조사한 후에 //
Regardless of whether or not they were overweight, / subjects who watched television for more than four hours daily / had a 46 percent higher risk of premature death, / compared with subjects who channel-surfed for less than two hours a day. //
그들이 과체중이든 아니든 상관없이, / 매일 4시간 이상 TV를 본 피험자들은 / 조기 사망의 확률이 46퍼센트 더 높았다 / 하루에 2시간 이내로 TV를 보는 사람들에 비해서 //
"Television itself isn't the problem," / says study author David Dunstan. //
"TV 자체는 문제가 아니다." / 라고 연구 저자인 David Dunstan은 말한다 //
Instead, / the danger comes from all that sitting, / which takes the place of activity / – including even the lightest kind / that naturally occurs when you are not glued to the tube. //
대신, / 위험은 앉아있는 데서 오는데, / 이는 움직임을 대체해 버린다. / 가장 가벼운 종류까지도 포함하면서 / 당신이 TV 앞에 붙어있지 않을 때 자연스럽게 발생하는 //
"Too much sitting is, simply, bad for you," / Dunstan says. //
"한 마디로, 너무 많이 앉아 있는 것이 당신에게 위험하다," / 라고 Dunstan은 말한다 //

해석

TV 앞에서 빈둥거리는 것이 당신이 가장 좋아하는 일상의 습관이라면, 그것이 당신을 단명하게 할 수도 있다. 이는 호주의 연구자들이 약 9,000명을 평균 6년 동안 추적 조사한 후에 밝혀낸 것이다. 그들이 과체중이든 아니든 상관없이, 매일 4시간 이상 TV를 본 피험자들은 하루에 2시간 이내로 TV를 보는 사람들에 비해서 조기 사망의 확률이 46퍼센트 더 높았다. "TV 자체는 문제가 아니다."라고 연구 저자인 David Dustan은 말한다. 대신, 위험은 앉아 있는 것에서 오는데, 이는 움직임을 대체해버린다. – 당신이 TV 앞에 붙어 있지 않을 때 자연스럽게 발생할 수 있는 가장 가벼운 종류의 활동까지도. "한 마디로, 너무 많이 앉아 있는 것이 당신에게 위험하다."라고 Dustan은 말한다.

018

정답 ④

해설

글의 앞 부분에서는 경영 대학에서 가르치는 것을 예로 들어 주면서 주장을 말하고 있다. 자신이 해오던 방식을 고수할 것이 아니라 가장 잘할 수 있는 것에 집중하라고 말하고 있으므로 정답은 '④ 목표 달성을 위해 기존의 방식을 버려라.'이다.

직독직해

In business school / they teach an approach to management decisions / that is designed to overcome our natural tendency / to cling to the familiar, / whether or not it works. //
경영 대학에서는 / 경영 의사결정의 한 방법을 가르친다 / 우리의 타고난 성향을 극복하고자 고안된 / 익숙한 것을 고수하고자 하는 / 효과가 있든 없든 간에 //
If an executive wants to examine a company policy, / he or she first puts aside whatever has been done historically, / and focuses instead on what the policy should be. //
경영자가 어떤 회사 정책을 검토하기를 원한다면 / 그 사람은 일단 과거에 행해졌던 것들은 어떤 것이든 제쳐 둔다 / 그리고 대신 그 정책이 어떤 것이어야 하는가에 집중한다 //
Follow the same approach as you examine / how you should look, speak and act / to best achieve your objectives. //
검토할 때 똑같은 방법을 따르도록 해라 / 어떻게 보이고, 말하고, 행동해야 할지 / 자신의 목표를 가장 잘 달성하기 위해서 //
Don't assume that there is some inherent value to the way / you have always done things. //
방식에 어떤 고유한 가치가 있다고 여기지 마라 / 당신이 항상 해왔던 //
Keep focused on becoming the best you can be, / not how you have always been. //
당신이 이를 수 있는 최고가 되는 것에 계속 집중하도록 해라 / 당신이 늘 존재해왔던 방식이 아니라 //

해석

경영 대학에서는 효과가 있든 없든 간에 익숙한 것을 고수하고자 하는 우리의 타고난 성향을 극복하고자 고안된 경영 의사결정의 한 방법을 가르친다. 경영자가 어떤 회사 정책을 검토하고 싶으면, 그 사람은 일단 과거에 행해졌던 것들은 어떤 것이든 제쳐 두고, 대신 그 정책이 어떤 것이어야 하는가에 집중한다. 당신이 자신의 목표를 가장 잘 달성하기 위해서 어떻게 보이고, 말하고, 행동해야 할지 검토할 때, 이와 똑같은 방법을 따르도록 해라. 당신이 항상 해왔던 방식에 어떤 고유한 가치가 있다고 여기지마라. 당신이 늘 존재해왔던 방식이 아니라, 당신이 이를 수 있는 최고가 되는 것에 계속 집중하도록 해라.

019

정답 ①

해설

필자는 내일 아침 Emerald Amazon Explorer에 승선해 아마존을 탐험을 앞두고 여러 가지를 상상하며 기대로 가득 차 있다. 따라서 필자의 심경은 '① 흥분된'임을 알 수 있다.
② 지친 ③ 실망한 ④ 무관심한 ⑤ 안심한

직독직해

I'm leaving early tomorrow morning, / finally! //
나는 내일 아침 일찍 떠날 것이다 / 마침내 //
I've always wanted to explore the Amazon, / the unknown and mysterious world. //
나는 항상 아마존을 탐험하고 싶었다 / 그 미지의 신비스러운 세계를 //
At this hour, / the great Emerald Amazon Explorer should be at the port / waiting for me to get on board. //
이 시각이면 / 멋진 Emerald Amazon Explorer가 항구에 있을 것이다 / 내가 승선하기를 기다리며 //
Freshwater dolphins will escort me on the playful river, / and 500 species of birds, half a dozen species of monkeys, and numerous colorful butterflies / will welcome me into their kingdom. //
민물 돌고래들이 나를 호위할 것이다 활기찬 강에서 / 그리고 500종의 새들과 6종의 원숭이들, 수많은 화려한 나비들이 / 나를 그들의 왕국으로 맞이할 것이다 //
I wish I could camp in the wild / and enjoy the company of mosquitos, snakes, and spiders. //
나는 바란다 야생에서 야영을 할 수 있기를 / 그리고 모기와 뱀, 거미들과 함께 하는 것 즐길 수 있기를 //
I'd love to make the world's largest rainforest home. //
나는 세계에서 가장 큰 열대 우림을 집으로 만들고 싶다. //
My heart swells as much as my chubby bags; / yet, I'd better get some sleep / since a long, tough journey is ahead of me. //
내 가슴은 내 불룩한 가방만큼이나 많이 부풀어 오른다 / 그러나 나는 잠을 좀 자는 것이 좋겠다 / 길고 험한 여행이 내 앞에 있으니 //

해석

나는 마침내 내일 아침 일찍 떠날 것이다! 나는 항상 미지의 신비스러운 세계인 아마존을 탐험하고 싶어해 왔다. 이 시각이면, 멋진 Emerald Amazon Explorer가 나의 승선을 기다리면서 항구에 와 있을 것이다. 민물 돌고래가 활기찬 강에서 나를 호위할 것이며, 500종의 새들, 6종의 원숭이들, 그리고 수많은 화려한 나비들이 나를 맞이해 그들의 왕국으로 데려갈 것이다. 야생에서 야영을 하면서 모기, 뱀, 그리고 거미와의 동행도 즐길 수 있다면 좋겠다. 나는 세계에서 가장 큰 열대 우림을 집으로 만들고 싶다. 내 가슴은 나의 불룩한 가방만큼 많이 부풀어 오르지만, 길고 힘든 여행을 앞두고 있으니 잠을 좀 자는 편이 낫겠다.

020

정답 ⑤

해설

Amy는 수업 중 실수로 크게 낙담한 상태로 침울해 하다가 친구인 Laurie가 힘이 나게 해 주기 위해 이것저것 다양한 재미있는 얼굴 표정을 짓는 것을

보고서 한바탕 크게 웃었다는 내용이다. 따라서 Amy는 우울한(depressed) 심경에서 위로를 받은(comforted) 심경으로 변화했으므로 ⑤가 가장 적절하다.
① 느긋한 → 좌절감을 느끼는 ② 만족하는 → 부끄러워하는
③ 지루한 → 기진맥진한 ④ 신이 난 → 무서워하는

직독직해

Amy was in the classroom / staring out of the window beside her. //
Amy는 교실에 있었다 / 그녀 옆의 창밖을 응시하면서 //
She thought / how her gloomy face in the window reflected her mistake. //
그녀는 생각했다 / 창에 비친 그녀의 침울한 얼굴이 어떻게 그녀의 실수를 반영하는지 //
She tried not to think about her terrible performance in class. //
그녀는 수업 중 그녀의 형편없는 수행에 대해 생각하지 않으려고 애썼다 //
Watching Amy look so discouraged, / Laurie, her best friend, / decided she needed some cheering up. //
Amy가 아주 낙담하는 모습을 보고 / 그녀의 가장 친한 친구인 Laurie는 / 그녀가 격려가 좀 필요하다고 결정했다 //
So Laurie crossed her eyes and / made a stupid face. //
그래서 Laurie는 사팔눈을 뜨고서 / 바보 같은 표정을 지었다 //
Amy tried not to look, / but Laurie was making another funny face. //
Amy는 보지 않으려고 애를 썼다 / 하지만 Laurie는 또 다른 웃기는 표정을 짓고 있었다 //
This time she couldn't help turning back / to see what her friend was doing. //
이번에 그녀는 뒤로 돌지 않을 수 없었다 / 그녀의 친구가 무엇을 하고 있는지 보기 위해 //
It was her famous fish face: / she was pushing her ears out, crossing her eyes, / and opening her mouth wide. //
그것은 그녀의 유명한 물고기 얼굴이었다 / 그녀는 귀를 밖으로 밀고 사팔눈을 뜨고 / 그리고 입을 크게 벌리고 있었다 //
Amy laughed hard. //
Amy 폭소를 터뜨렸다 //
She felt that she was lucky / to have a friend that could always cheer her up / when she was feeling down.
그녀는 그녀가 운이 좋다고 느꼈다 / 언제나 그녀를 격려해 줄 수 있는 친구를 갖고 있어서 / 그녀가 기분이 울적할 때 //

해석

Amy는 교실에서 자기 옆에 있는 창밖을 빤히 내다보고 있었다. 그녀는 창에 비친 자신의 침울한 얼굴이 자신의 실수를 어떻게 비추고 있는지 생각해 보았다. 그녀는 수업 중 자기가 형편없이 한 것에 대해 생각하지 않으려고 애를 썼다. Amy가 크게 낙담하고 있는 모습을 보고서, 그녀의 가장 친한 친구인 Laurie는 그녀에게 격려가 좀 필요하다고 마음먹었다. 그래서 Laurie는 사팔눈을 뜨고 바보 같은 얼굴 표정을 지었다. Amy는 보지 않으려고 애를 썼지만, Laurie는 또 다른 재미있는 얼굴 표정을 짓고 있었다. 이번에는 자기 친구가 무엇을 하고 있는지 보려고 그녀는 뒤로 돌지 않을 수 없었다. 그것은 그녀의 유명한 물고기 얼굴 표정이었다. 그녀는 귀를 밖으로 밀어내고, 사팔눈을 뜨고, 그리고 입을 크게 벌리고 있었다. Amy는 폭소를 터뜨렸다. 그녀는 기분이 울적할 때 자신을 격려해 줄 수 있는 친구가 있어서 운이 좋다고 느꼈다.

021

해설

다음 날 오디션을 받게 돼서 환호성을 지르고 부둥켜 안고 춤을 추며 좋아하고 있다. 너무 좋아서 잠도 못 잤다고 했으므로 'I'의 심경은 '② 들떠있고 행복한'이 알맞다.
① 슬프고 우울한 ③ 안도하고 공감하는
④ 무서워하고 겁에 질린 ⑤ 수치스럽고 당황스러운

직독직해

I'm not sure which one of us did the talking, / but it must have been pretty convincing / because Mr. Montague agreed to audition us the very next day. //
나는 확신은 없다 우리 중 누가 그 말을 했는지 / 그러나 그 말이 아주 설득력이 있었던 것이 분명하다 / Montague씨가 바로 다음날에 우리를 오디션 하겠다고 동의했기 때문에 //
We couldn't believe it. //
우리는 그것을 믿을 수가 없었다 //
We were shocked. //
우리는 깜짝 놀랐다 //
Rehearsal was over for the day. //
그날의 예행연습은 끝났다 //
After we stopped screaming and hugging and dancing around Jean's basement, / I ran all the way home / to tell Mom about our "lucky break." //
Jean의 지하실 여기저기에서 우리가 환호성을 지르며 부둥켜안고 춤추는 것을 멈추고 난 다음에 / 나는 한달음에 집으로 달려갔다 / 우리의 '행운'에 대해 엄마에게 말하려고 //
She was delighted, / and she insisted on going with us to the audition, / as much for support as to make sure everything was going smoothly. //
엄마는 아주 기뻐했다 / 그리고 우리와 함께 오디션에 가겠다고 고집했다 / 모든 일이 순조롭게 진행되는 것을 확인도 할 겸하여 응원을 하기 위해서 //
I felt like a little kid on Christmas Eve. //
나는 성탄절 전야의 어린 아이 같은 기분이었다 //
I didn't sleep even an hour that night. //
나는 그날 밤 한 시간도 자지 않았다 //
That was probably why the next day seemed like a dream. //
그것이 아마도 그 다음 날이 꿈처럼 보였던 이유였을 것이다 //

해석

우리 중 누가 말을 했는지 확실치 않지만, Montague씨가 바로 다음날에 오디션을 받게 해 주겠노라고 동의한 것으로 보아, 그 말은 꽤나 설득력이 있었나 보다. 우리는 그것을 믿을 수가 없었다. 우리는 깜짝 놀랐다. 그 날의 예행연습이 끝났다. Jean의 지하실에서 환호성을 지르고, 부둥켜안고, 춤을 추고 난 다음, 나는 우리의 '행운'에 관해 엄마에게 말하려고 한달음에 집으로 달려갔다. 엄마는 아주 기뻐하며, 모든 일이 순조롭게 진행될 수 있도록 하기 위한 것만큼이나 응원하기 위해서 우리와 함께 오디션에 가겠다고 고집했다. 나는 성탄절 전야의 어린 아이와 같은 기분을 느꼈다. 그날 밤 나는 잠을 한 시간도 못 잤다. 그것이 아마도 그 다음 날이 꿈처럼 보인 이유였을 것이다.

022

해설

그녀는 검정 모피 코트를 입기 전과 입은 후 흥분되어 있고 좋아서 감격해 있음을 알 수 있다. 숨을 가쁘게 쉬거나 눈이 휘둥그래지는 것, wonderful 등의 단어로 그녀의 심경이 '① 기쁘고 흥분된'임을 유추할 수 있다.
② 침착하고 안도한 ③ 샘 나고 짜증나는
④ 실망하고 화난 ⑤ 부끄럽고 당황한

직독직해

She just couldn't take her eyes off it. //
그녀는 그것에서 눈을 뗄 수가 없었다 //
Nor, / for that matter, / could she wait to try it on. //
없었다 / 그 문제에 관해서는 / 그녀는 그것을 입어보는 것을 기다릴 수도 //
Quickly she slipped off her own plain red coat. //
재빨리 그녀는 자신의 평범한 빨간 코트를 벗어버렸다 //
She was breathing fast now, / she couldn't help it, / and her eyes were stretched very wide. //
그녀는 이제 숨을 가쁘게 쉬고 있었고 / 어쩔 도리가 없었으며 / 또 그녀의 눈은 아주 휘둥그래졌다 //
But, the feel of that fur! //
그런데 그 모피의 느낌이란! //
The great black coat seemed to slide onto her almost by itself, / like a second skin. //
그 멋진 검정 코트가 그녀 위로 거의 저절로 미끄러져 들어오는 것 같았다 / 마치 제2의 피부처럼 //
It was the strangest feeling! //
그것은 아주 이상한 느낌이었다 //
She looked into the mirror. //
그녀는 거울을 들여다보았다 //
She looked wonderful, beautiful, and rich, / all at the same time. //
그녀는 멋지고 아름답고 부유해 보였다 / 모두 동시에 //
And the sense of power that it gave her! //
그리고 그 코트가 그녀에게 준 권위란! //
In this coat / she could walk into any place she wanted and / people would come running around her like rabbits. //
이 코트를 입으면 / 그녀는 자신이 원하는 어느 곳이든 걸어 들어 갈 수 있고 / 토끼들처럼 사람들이 자신의 주위로 달려올 것 같았다 //
The whole thing was just too wonderful for words! //
그 모든 것이 말로 하기에 너무나도 멋졌다 //

해석

그녀는 그것에서 눈을 뗄 수가 없었다. 그렇기 때문에 그것을 입어보는 것을 기다릴 수도 없었다. 그녀는 재빨리 자신의 평범한 빨간 코트를 벗어버렸다. 그녀는 지금 가쁘게 숨을 쉬고 있었고, 어쩔 수 없었으며, 눈이 휘둥그래졌다. 그런데, 그 모피의 느낌이란! 그 멋진 검정 코트가 마치 제2의 피부처럼, 거의 저절로 그녀의 몸으로 미끄러져 들어오는 것 같았다. 그것은 아주 이상한 느낌이었다. 그녀는 거울을 들여다보았다. 그녀는 동시에 멋지고 아름답고 부유해 보였다. 그리고 코트가 그녀에게 준 권위란! 이 코트를 입고 그녀는 자신이 원하는 어디든 걸어 들어 갈 수 있고, 사람들은 토끼들처럼 그녀 주위로 달려 올 것 같았다. 그 모든 것이 말로 표현하기에는 너무나 멋졌다.

023

해설

Anna가 선물로 받은 손수건에 잉크 얼룩이 생겨서 크게 상심했는데, 삼촌이 그 얼룩을 꽃 모양으로 바꿔줘서 더 멋있어졌고 Anna는 너무 기뻐한다. 따라서 Anna의 심경변화는 '⑤ 침울한 → 기쁜'이 적절하다.

직독직해

Anna received a cute handkerchief / as a gift for her tenth birthday. //
Anna는 예쁜 손수건을 받았다 / 그녀의 열 번째 생일 선물로 //
Accidentally an inkpot fell onto her beloved handkerchief / causing a huge ugly spot. //
우연히 잉크병이 그녀의 소중한 손수건에 떨어져서 / 크고 흉한 얼룩을 남겼다 //
Anna was heartbroken / when she saw the hideous stain. //
Anna는 상심했다 / 그녀가 그 흉한 얼룩을 봤을 때 //
When her uncle saw that she was gloomy, / he took the stained handkerchief and / by retouching the inky spot changed it into a beautiful design of a flower. //
그녀의 삼촌이 그녀가 우울한 것을 보고 / 그는 그 얼룩진 손수건을 가져가서 / 잉크 얼룩을 수정하여 그것을 아름다운 디자인의 꽃으로 바꾸었다 //
Now the handkerchief was more gorgeous than before. //
이제 그 손수건은 예전보다 더 근사했다 //
As he handed it back to Anna, / she exclaimed with joy, / "Oh! Is that my handkerchief?" //
그가 그것을 Anna에게 되돌려주었다 / 그녀는 기뻐서 외쳤다 / "오! 그것이 제 손수건인가요?" //
"Yes, it is," assured her uncle. //
"응, 그래." 라며 그녀의 삼촌은 확인했다 //
"It is really yours. //
"그건 정말 네 것이야. //
I have changed the stain into a beautiful rose." //
"내가 그 얼룩을 아름다운 장미로 바꿨단다" //

해석

Anna는 그녀의 열 번째 생일 선물로 예쁜 손수건을 받았다. 우연히 잉크병이 그녀가 아끼는 손수건에 떨어져 크고 흉한 얼룩이 생겨버렸다. Anna는 그 보기 흉한 얼룩을 보고 매우 슬펐다. 그녀의 삼촌이 그녀가 우울해하는 것을 보고는 얼룩 묻은 손수건을 가져가서 잉크 얼룩을 수정하여 그것을 아름다운 꽃 디자인으로 바꿔주었다. 이제 그 손수건은 예전보다 더 멋져졌다. 그가 Anna에게 그것을 돌려주자 그녀는 기뻐하며 외쳤다. "오! 그것이 제 손수건인가요?" 그녀의 삼촌은 "그래, 그렇단다."라고 확인시켜주었다. "그건 정말 네 것이야. 내가 얼룩을 아름다운 장미로 바꿨단다."

024

해설

Hogan은 아무것도 없는 모랫길을 몇 시간 동안 혼자 걷고 있고, 물도 다 마셔버린 상황이다. 따라서 그의 심경은 '③ 절망적이고 자포자기한'임을 알 수 있다.

직독직해

Hogan had already been walking / for hours along the sand track. //
Hogan은 이미 걷고 있던 중이었다 / 몇 시간 동안 모랫길을 따라 //
He had drunk the last remaining drop of water / an hour before. //
그는 마지막 남은 물 한 방울을 마셔버렸다 / 한 시간 전에 //
His feet came down regularly one in front of the other, / sending up little clouds of dust. //
그의 발은 한 걸음 한 걸음 규칙적으로 내려왔다 / 약간의 흙먼지를 일으키면서 //
The dunes stretched as far as the eye could see, / motionless, on either side of the track. //
모래언덕들이 눈이 볼 수 있는 만큼 저 멀리 뻗어 있었다 / 미동도 없이 그 길 양편에 //
Nothing was left but the dazzling sand / with its millions of tiny broken grains, / and dry stones that crumbled away in layers. //
눈부신 모래 말고는 아무것도 남은 게 없었다 / 수백만 개의 아주 작은 부서진 알갱이로 된 / 그리고 층층이 부서진 마른 돌멩이들 말고는 //
No trucks passed. //
트럭 하나 지나가지 않았다 //
No aircraft ever appeared in the immense sky. //
광대한 하늘에 항공기 하나 나타나지 않았다 //
The nothingness was so great / that it could not even be called solitude any longer. //
그 공허가 너무도 엄청나서 / 더 이상 고독이라고 불릴 수도 없었다 //
It was like floating on the ocean, / thousands of miles from land, / while tiny waves sweep forward in ripples. //
그것은 마치 바다 위에 떠 있는 것 같았다 / 육지에서 수천 마일 떨어져서 / 작은 파도들이 잔물결을 일으키며 앞으로 밀려오는 중에 //

해석

Hogan은 이미 모랫길을 따라 몇 시간 동안 걷고 있던 중이었다. 그는 마지막 남은 물 한 방울까지 한 시간 전에 마셔버렸다. 그의 양발은 한 걸음 한 걸음 규칙적으로 내디디면서 약간의 먼지를 일으켰다. 모래 언덕은 그의 시선이 닿는 곳까지 길 양편에 미동도 없이 펼쳐져 있었다. 그 수백만 개의 부서진 작은 알갱이로 된 눈부신 모래사장과 층층이 바스러지는 마른 암석 말고는 아무것도 남아있지 않았다. 트럭 하나 지나가지 않았다. 광대한 하늘에는 항공기 전혀 나타나지 않았다. 공허가 너무나 엄청나서 더 이상 고독이라 불릴 수도 없었다. 그것은 작은 파도가 잔물결로 앞으로 휩쓸려오는 가운데, 육지에서 수천 마일 떨어진 바다 위에 떠 있는 것 같았다.

PART 02

CHAPTER 05

본문 p. 48

025

정답 ④

해설

마지막에서 두 번째 문장인 the garden in which he painted the Satyr was in the middle of the enemy's camp에서 그가 Satyr를 그린 정원은 적의 막사 한 가운데임을 알 수 있으므로 '④ 적진과 멀리 떨어진 곳에서 Satyr를 그렸다.'가 글의 내용과 일치하지 않는다.

직독직해

Known for his devotion to each of his paintings, / Protogenes was an ancient Greek painter / and a rival of Apelles. //
그의 그림들 각각에 대한 그의 헌신으로 알려져 있는 / Protogenes는 고대 그리스의 화가였다 / 그리고 Apelles의 라이벌이었다 //
He was born in Caunus, on the coast of Caria, / but lived most of his life in Rhodes. //
그는 Caria 연안에 있는 Caunus에서 태어났다 / 하지만 대부분의 삶을 Rhodes에서 살았다 //
Little else is known of him. //
그에 대한 그 밖의 다른 것들은 알려져 있지 않다 //
But there are some accounts of his paintings. //
하지만 그의 그림들에 대한 몇몇 이야기는 있다 //
The Ialysus and the Satyr were the most well-known / among his works. //
Ialysus와 Satyr는 가장 잘 알려진 작품들이다 / 그의 작품들 중에서 //
Protogenes spent approximately seven years painting the Ialysus, / a depiction of a local hero of a town in Rhodes. //
Protogenes는 Ialysus를 그리는 데에 대략 7년을 보냈다 / Rhodes에 있는 한 마을의 지역 영웅의 묘사인 //
After remaining in Rhodes for at least 200 years, / it was carried off to Rome. //
적어도 200년 동안 Rhodes에 머무른 후에 / 그것은 로마로 옮겨졌다 //
There later it was destroyed by fire. //
그곳에서 나중에 그것은 화재에 의해 파괴되었다 //
Protogenes worked on the Satyr / during Demetrius Poliorcetes' attack / on Rhodes from 305 to 304 B.C. //
Protogenes는 Satyr를 작업했다 / Demetrius Poliorcetes의 공격 중에 / Rhodes에서 기원전 305년에서 304년에 걸쳐 일어난 //
Interestingly, / the garden in which he painted the Satyr / was in the middle of the enemy's camp. //
흥미롭게도 / 그가 Satyr를 그린 그 정원은 / 적의 막사 한 가운데에 있었다 //
Protogenes is said to have been about seventy years of age / when the Satyr was completed. //
Protogenes는 대략 70세 정도였다고 전해진다 / Satyr가 완성되었을 때 //

해석

자신의 그림들 각각에 대한 헌신으로 잘 알려진 Protogenes는 고대 그리스의 화가이자 Apelles의 라이벌이었다. 그는 Caria의 연안에 있는 Caunus에서 태어났지만 삶의 대부분을 Rhodes에서 살았다. 그에 대한 그 밖의 다른 것은 거의 알려지지 않는다. 그러나 그의 그림에 대한 몇 가지 이야기는 있다. 'Ialysus'와 'Satyr'는 그의 작품들 중 가장 잘 알려진 것들이었다. Protogenes는 Rhodes에 있는 한 마을의 지역 영웅을 묘사한 'Ialysus'를 그리는 데 대략 7년을 보냈다. 그 그림은 적어도 200년 동안 Rhodes에 남아 있다가 이후에 로마로 옮겨졌다. 그곳에서 나중에 그것은 화재로 파괴되고 말았다. Protogenes는 Demetrius Poliorcetes가 기원전 305년에서 304년 동안에 Rhodes를 공격할 때 'Satyr'를 작업했다. 흥미롭게도 그가 'Satyr'를 그린 정원은 적의 막사 한 가운데에 있었다. Protogenes는 'Satyr'가 완성되었을 때 그의 나이는 약 70세였다고 전해진다.

026

정답 ④

해설

끝에서 두 번째 문장에서, 가뭄 기간에는 뿌리가 오그라든다(during droughts the root shrinks)고 했으므로 정답은 ④이다.

직독직해

Living rock cactus / is one of the most peculiar plants / found in the desert. //
돌선인장은 / 가장 특이한 식물들 중 하나이다 / 사막에서 발견되는 //
For most of the year, / it blends into the rocky limestone soils / of the Dead Horse Mountains, Mariscal Mountain, and the hills along the Rio Grande. //
연중 대부분의 시간 동안 / 그것은 돌투성이의 석회암 토양 속으로 섞입니다 / Dead Horse 산맥, Mariscal 산, 그리고 Rio Grande 강을 따라 있는 언덕의 //
You may step on one / before you notice it. //
당신은 그것을 밟고 섰을 지도 모른다 / 당신이 그것을 알아차리기 전에 //
Spineless and flat against the ground, / it has triangular tubercles / that overlap in a star-shaped pattern. //
가시가 없고 바닥에 평평하게 퍼져 있으며 / 그것은 삼각형의 돌기들을 가지고 있다 / 별 모양 패턴으로 중첩되는 //
In extremely dry conditions, / living rock cactus is almost invisible: /
극도로 건조한 환경에서는 / 돌선인장은 거의 눈에 보이지 않는다 /
it literally shrinks / into the surrounding rocky soil. //
그것은 말 그대로 오그라든다 / 주변의 돌투성이 토양 속으로 //
Moisture is stored in the root, / and during droughts the root shrinks, / dragging the stem underground. //
수분은 뿌리 안에 저장된다 / 그리고 가뭄 시기 동안 뿌리는 오그라든다 / 지하에 있는 줄기들을 끌어당기면서 //
These spineless plants survive / by blending into their native habitat. //
이 가시 없는 식물들은 생존한다 / 토착 서식지로 섞임으로서 //
As added protection, / they store foul-tasting, poisonous alkaloids in their bodies. //
추가적인 보호장치로서 / 그들은 불쾌한 맛이 나고, 독성이 있는 알칼로이드를 그들의 몸 안에 저장한다 //

돌선인장은 사막에서 발견되는 가장 특이한 식물 중 하나이다. 연중 대부분의 시간 동안 그것은 Dead Horse 산맥, Mariscal 산, 그리고 Rio Grande 강을 따라 있는 언덕의 돌투성이 석회암 토양 속으로 섞여 들어간다. 여러분은 그것을 알아채지도 못하고 밟을 수도 있다. 그것은 가시가 없이 바닥에 평평하게 퍼져 있으며, 별 모양 패턴으로 중첩하는 삼각형의 작은 돌기를 가지고 있다. 매우 건조한 환경에서 돌선인장은 눈에 거의 보이지 않는다. 그것은 말 그대로 주변의 돌투성이 토양 속으로 오그라든다. 수분은 뿌리 속에 저장되고, 가뭄 기간에는 뿌리가 오그라들어 줄기를 땅속으로 끌어 당긴다. 가시 없는 이 식물들은 자신들의 토착 서식지에 섞여 들어감으로써 생존한다. 그들은 추가적인 보호 장치로서 불쾌한 맛이 나고, 독성이 있는 알칼로이드를 몸 안에 저장한다.

027 정답 ④

해설

끝에서 두 번째 문장(Their bodies are fur covered except for a short thick tail.)에서 pocket gopher의 꼬리가 짧고 굵으며 털로 덮여 있지 않다는 것을 알 수 있다. 따라서 내용과 일치하지 않는 것은 '④ 털이 무성한 긴 꼬리가 있다.'이다.

직독직해

Pocket gophers include several species / that range across the western half of the United States. //
땅다람쥐는 몇 가지 종들을 포함한다 / 미국의 서쪽 절반에 걸쳐서 //
They prefer habitats where the earth is soft and easy to dig in, / and they spend most of their time underground. //
그들은 땅이 부드럽고 파기 쉬운 서식지를 선호한다 / 그리고 그들은 그들 대부분의 시간을 지하에서 보낸다 //
As many as seven young / are born in the spring. //
일곱 마리나 되는 새끼들이 / 봄에 태어난다 //
As soon as they are weaned, / they dig burrows of their own / and begin life alone. //
그들이 젖을 떼자마자 / 그들은 스스로의 굴을 판다 / 그리고 홀로 삶을 시작한다 //
Mature gophers are 6 - 13 inches long / and weigh up to a pound. //
다 자란 땅다람쥐들은 6-13인치 정도 크기이고 / 1파운드까지 무게가 나간다 //
Their bodies are fur covered / except for a short thick tail. //
그들의 몸은 털로 덮여있다 / 짧고 두꺼운 꼬리 하나만 제외하고 //
Gophers eat roots and other parts of plants they encounter / while digging underground. //
땅다람쥐들은 그들이 마주치는 식물의 뿌리와 다른 부분들을 먹는다 / 땅을 파는 동안 //

해석

땅다람쥐는 미국의 서쪽 절반에 걸쳐 서식하고 있는 여러 종들을 포함한다. 그들은 땅이 부드럽고 파기 쉬운 서식지를 선호하고 대부분의 시간을 지하에서 보낸다. 일곱 마리나 되는 새끼들이 봄에 태어난다. 새끼들은 젖을 떼자마자 자신의 굴을 파고 혼자 살기 시작한다. 다 자란 땅다람쥐는 6인치에서 13인치가 되며 무게가 1파운드까지 나간다. 그것의 몸은 짧고 굵은 꼬리를 제외하고는 모두 털로 덮여 있다. 땅다람쥐는 땅을 파는 동안에 마주치는 뿌리와 식물의 다른 부분들을 먹는다.

028 정답 ②

해설

중간 부분에서 수컷들은 낮은 소리를 내고 암컷은 꽥꽥 소리를 크고 길게 연속으로 낸다고 했으므로 글의 내용과 일치하지 않는 것은 '② 수컷은 꽥꽥 소리를 크고 길게 연속으로 낸다.'이다.

직독직해

The mallard is one of the most popular ducks / among waterbird hunters and bird watchers. //
청둥오리는 가장 인기 있는 오리들 중 하나이다 / 물새 사냥꾼들과 조류 관찰자들 사이에서 //
It's commonly seen in ponds and lakes / throughout Minnesota. //
그것은 연못과 호수에서 흔히 볼 수 있다 / 미네소타 전역의 //
It is most easily recognized / by the male's glossy green head and white neck collar. //
그것은 가장 쉽게 인지된다 / 수컷의 광택이 도는 초록색 머리와 흰색 목덜미에 의해 //
Mallards are very vocal; / males have a low-pitched call, / and hens use a loud, long series of quacks. //
청둥오리는 매우 시끄러운 소리를 낸다 / 수컷들은 낮은 음의 소리를 내고 / 암컷들은 시끄럽고 연속적인 꽥꽥 소리를 사용한다 //
In Minnesota, / mallards mate in late winter or early spring. //
미네소타에서는 / 청둥오리들은 늦은 겨울이나 이른 봄에 짝짓기를 한다 //
Nests are built in dense vegetation, / and hens lay 5 to 14 eggs, / which take 26 to 30 days to hatch. //
빽빽한 식물들 속에 둥지들이 지어진다 / 그리고 암컷들은 5개에서 14개의 알을 낳는다 / 그리고 부화에 26에서 30일이 걸린다 //
Interestingly, / mallards swim with their tail held above the water, / so when trouble comes, / they can spring directly out of the water and into the air. //
흥미롭게도 / 청둥오리는 그들의 꼬리를 물 위로 유지한 채 수영한다 / 그래서 문제가 발생하면 / 그들은 바로 물에서 나와 하늘로 솟구칠 수 있다 //

해석

청둥오리는 물새 사냥꾼들과 조류 관찰자들 사이에 가장 인기 있는 오리 중 하나이다. 그것은 Minnesota 전역의 연못과 호수에서 흔히 발견된다. 수컷은 광택이 도는 녹색 머리와 흰색 목덜미 때문에 쉽게 발견 된다. 청둥오리는 매우 시끄러운 소리를 낸다. 수컷들은 낮은 소리를 내고 암컷은 꽥꽥 소리를 크고 길게 연속으로 낸다. Minnesota에서 청둥오리는 늦은 겨울이나 이른 봄에 짝짓기를 한다. 둥지는 초목이 우거진 곳에 짓는다. 그리고 암컷은 5개에서 14개의 알을 낳고 알은 부화하는 데 26일에서 30일이 걸린다. 재미있게도, 청둥오리는 꼬리를 물 위로 쳐들고 수영을 한다. 그래서 문제가 생겼을 때, 그들은 즉시 물에서 솟구쳐서 하늘로 날아 오를 수 있다.

029 정답 ⑤

해설

마지막 문장(It cannot be moved out of forests by floating down rivers unless the wood has been dried first.)에서 목재가 건조되지 않으면 강에 띄워 보내 숲 밖으로 운반될 수 없다고 했으므로 내용과 일치하지 않는 것은 '⑤ 목재는 건조되기 전에 강에 띄워 운반된다.'이다.

Teak is among the most prized / of the tropical hardwoods. //
티크는 가장 값진 목재들 중 하나이다 / 열대지방의 단단한 목재 중에서 //
It is native to India, Thailand, and Vietnam. //
그것은 인도, 태국, 그리고 베트남이 원산이다 //
It is a leaf-losing species / that requires an annual dry season, / so it is not found in the true rainforests. //
그것은 낙엽수 종이다 / 매년 건기를 필요로 하는 / 그래서 그것은 전형적인 열대 우림에서는 발견되지 않는다 //
The wood of teak is particularly attractive, / having a golden or reddish brown color. //
티크의 목재는 특히 매력적이다 / 금빛과 붉은 빛이 도는 갈색을 갖고 있어 //
Teak is strong, / making it a valued wood / in shipbuilding and for high-quality furniture. //
티크는 튼튼하여 / 그것을 귀중한 목재로 만든다 / 선박 제조와 고급가구 제작을 위한 //
One problem with harvesting teak / is that the wood is very dense, / so that when it is first felled and has not been dried / it sinks in water. //
티크를 벌목과 관련한 한 가지 문제는 / 목재의 밀도가 매우 높다는 것이다 / 그 결과 그것이 처음 벌목되고서 건조되지 않았을 때는 / 그것은 물에 가라앉는다 //
It cannot be moved out of forests by floating down rivers / unless the wood has been dried first. //
그것은 숲에서 밖으로 강에 띄워서 운반될 수 없다 / 목재가 먼저 건조되지 않으면 //

티크는 가장 값진 열대 지방의 경재(활엽수에서 얻은 단단한 목재) 중 하나이다. 그것은 인도, 태국, 베트남 원산이다. 그것은 매년 건기를 필요로 하는 낙엽수 종이어서 전형적인 열대 우림에서는 발견되지 않는다. 티크의 목재는 금빛이나 붉은빛이 도는 갈색을 갖고 있어, 특히 매력적이다. 티크는 단단해서 선박 제조와 고급가구를 위한 귀중한 목재가 된다. 티크를 벌목하는 데 하나의 문제는 목재의 밀도가 매우 높아 처음에 그것을 베어 건조하지 않으면 물에 가라앉는다는 것이다. 목재가 먼저 건조되지 않으면 그것은 강에 띄워 보내져 숲 밖으로 운반될 수가 없다.

030
정답 ③

지문의 중간부분(and shared by many users, from exploration companies to native hunters of the region.)에서 그 도로는 탐험 회사부터 그 지역 원주민 사냥꾼들에 이르기까지 함께 사용된다고 했으므로 정답은 '③ 지역 사냥꾼들의 이용이 통제된다.'이다.

The Tibbitt to Contwoyto Winter Road is something to behold / in the Barren Lands of the North. //
Tibbitt to Contwoyto Winter Road는 볼만한 어떤 것이다 / Barren Lands of the North에서 //

It is the supply route / to highly profitable diamond mines / in the remote Canadian wilderness, / stretching approximately six hundred kilometers. //
그것은 공급로이다 / 매우 수익성 높은 다이아몬드 광산들과 연결된 / 멀리 떨어진 캐나다의 황야에 있는 / 대략 600 킬로미터 정도 뻗어 있는 //
Approximately 80 percent of the ice road / consists of frozen lakes. //
얼음 도로의 대략 80퍼센트 정도는 / 꽁꽁 언 호수들로 구성되어 있다 //
The road is built / by a joint venture of mining companies operating in the area, / and shared by many users, / from exploration companies to native hunters of the region. //
그 길은 건설되었다 / 그 지역에서 운영되는 광산 회사들의 합작 투자에 의해 / 그리고 많은 사용자들에 의해 공유된다 / 탐험회사에서부터 지역 원주민 사냥꾼들에게 까지 //
This seasonal winter road is only open / for eight to nine weeks each year, from February to the beginning of April / depending on weather and the season's load requirements. //
계절에 따라 나타나는 이 겨울 도로는 오직 개방된다 / 매년 2월에서부터 4월 초까지 8주에서 9주 간만 / 날씨 상황과 그 계절의 물자 요구량에 따라 //
During the rest of the year, / the mines can be reached only by air. //
그 해의 나머지 기간 동안에는 / 그 광산들은 오로지 항공편으로만 도달 가능하다 //
Travel time on the ice road is generally around 14 hours / and speed of vehicles is carefully controlled to protect the ice. //
얼음 도로에서의 이동 시간은 보통 대략 14시간 정도이다 / 그리고 차량의 속도는 얼음을 보호하기 위하여 신중하게 제한된다 //

Tibbitt to Contwoyto Winter Road는 Barren Lands of the North 에서 볼만한 것이다. 그것은 멀리 떨어진 캐나다의 황야에 있는 매우 수익성 높은 다이아몬드 광산들과 연결된 물자 보급로인데 대략 600 킬로미터 정도 뻗어 있다. 그 얼음 도로의 대략 80퍼센트는 얼어붙은 호수로 이루어져 있다. 그 도로는 그 지역에서 운영되고 있는 광산 회사들의 합작투자로 건설되었고, 탐험 회사에서부터 그 지역의 원주민 사냥꾼들에 이르기까지 많은 이용자들에 의해 함께 사용된다. 계절에 따라 나타나는 이 겨울 도로는 매년 2월에서 4월 초까지 8주에서 9주 동안만 날씨와 그 계절의 물자 요구량에 따라 개방된다. 그 해의 나머지 기간 동안 그 광산들은 비행기로만 닿을 수 있다. 얼음 도로에서의 이동 시간은 일반적으로 14시간 정도이고 차량 속도는 얼음을 보호하기 위해 신중히 제한된다.

CHAPTER **06**
본문 p. 56

031
정답 ⑤

'Free beverage included in ticket price'에서 무료 음료가 입장료에 포함됨을 알 수 있으므로 안내문과 일치하는 것은 ⑤이다.

SHORT FILM FESTIVAL /
단편 영화제 /
We will be hosting nine short films, / which were written, directed, acted and produced / by students from the College of Performing Arts & Film, Pamil University. //
우리는 아홉 편의 단편 영화를 주최할 예정입니다 / 쓰여지고, 감독되고, 출연되고, 제작된 / Pamil 대학교의 공연예술과 영화 대학에 다니는 학생들에 의해 //
Date: / Friday, November 21, 2014 /
날짜: / 2014년 11월 21일 금요일 /
Time: / 7:00 pm - 10:00 pm /
시간: / 오후 7시~10시 /
Place: / Pamil Auditorium, Pamil University /
장소: / Pamil 파밀 강당, Pamil 대학교 /
Price: /
요금: /
$10 (general admission) /
$10 (일반 입장권) /
$5 (discount for all university students / with a valid ID) /
$5 (모든 대학생 할인 / 유효한 신분증이 있는) /
- Tickets can be purchased from the student union office / from Monday, November 17, 2014. //
입장권은 학생회 사무실에서 구매할 수 있습니다 / 2014년 11월 17일 월요일부터 //
- All tickets are non-refundable. //
모든 입장권은 환불이 불가합니다 //
- FREE beverage included in ticket price /
무료 음료수가 입장권 가격에 포함되어 있습니다 /
For more information, / please call the student union office / at (343) 777-8338. //
더 많은 정보를 위해서 / 학생회 사무실로 전화 하십시오 / (343) 777-8338으로 //

단편 영화제
우리는 Pamil 대학교 공연예술 영화 대학의 학생들이 쓰고, 감독하고, 출연하고 제작한 9편의 단편 영화를 상영할 예정입니다. (Pamil 대학교 공연예술 영화 대학 재학생들이 극본 및 감독, 출연, 제작을 담당한 아홉 편의 단편 영화를 상영합니다.)
— 날짜(상영일): 2014년 11월 21일 금요일
— 시간(상영시간): 오후 7시~오후 10시
— 장소(상영장소): Pamil 대학교 Pamil 강당
— 요금:
　10달러 (일반 입장권)
　5달러 (유효한 신분증이 있는 모든 대학생)
— 입장권은 2014년 11월 17일 월요일부터 학생회 사무실에서 구입 가능합니다.
— 모든 입장권은 환불이 불가합니다.
— '무료' 음료가 입장권 가격에 포함됨
— 더 많은 정보를 알고 싶으시면, 학생회 사무실 (343) 777-8338 번으로 전화 바랍니다.

032　　　　　　　　　　　　　정답 ④

미술 전시회는 11월 1일부터 30일까지 열린다고 했으므로 두 달 동안 열린다는 내용인 ④는 안내문과 일치하지 않음을 알 수 있다.

Virginia Art Show 2015 /
버지니아 미술 전시회 2015 /
We invite you to join us / at the 20th Virginia Art Show, / famed all along the east coast / for the variety and quality of its exhibits. //
우리는 여러분을 초대합니다 / 20번째 버지니아 미술 전시회에 함께 하도록 / 동부 연안 전체에서 유명한 / 전시품의 다양성과 우수한 품질 때문에 //
Works by famous artists / such as Mabel Green, Theresa Peterson, and Ronald McKuen will be displayed. //
유명한 예술가들의 작품들 / Mabel Green 및 Theresa Peterson, Ronald McKuen 등이 전시 될 예정입니다 //
The Virginia Philharmonic will perform on the first day of the show. //
버지니아 교향악단이 전시회 첫날 공연을 할 예정입니다 //
Come and enjoy / the fabulous drawings, sculptures, photographs, digital works, and the great music! //
오셔서 즐기세요 / 멋진 그림과 조각, 사진, 디지털 작품, 훌륭한 음악을 //
Dates: / November 1 - 30 /
날짜: / 11월 1일 – 30일 /
Hours: / 10:00 a.m. - 9:00 p.m. /
시간: / 오전 10시 – 오후 9시 /
Place: / Westchester Art Center /
장소: / Westchester 예술 센터 /
Entrance Fees: /
입장료: /
- Adults: / $15 one day /
성인: / 하루 15달러 /
- Children: / $7 one day /
아동: / 하루 7달러 /
Free admission for Virginia residents /
Virginia 주민들은 무료입장 /
For further information, / please visit our website at www.virginiaartshow.org. //
더 많은 정보를 원하시면 / 우리 웹사이트 www.virginiaartshow.org 를 방문하세요 //

2015년도 Virginia 미술 전시회
제20회 Virginia 미술 전시회에 여러분을 초대합니다. 본 전시회는 전시품이 다양하고 우수한 것으로 대서양 연안에서 아주 유명합니다. Mabel Green 및 Theresa Peterson, Ronald McKuen 등의 유명 예술가들의 작품이 전시 될 예정입니다. Virginia 교향악단이 전시회 첫날 공연을 할 것입니다. 오셔서 멋진 그림과 조각, 사진, 디지털 작품, 그리고 훌륭한 음악을 즐기십시오!

‒ 날짜: 11월 1일~30일
‒ 시간: 오전 10시~오후 9시
‒ 장소: Westchester 예술센터
‒ 입장료:
‒ 성인: 일일 15달러
‒ 아동: 일일 7달러
Virginia 주민들은 무료입장입니다.
추가 정보를 원하시면, 저희 웹사이트 www.virginiaartshow.org를 방문하십시오.

033

정답 ④

해설

무료 자전거는 www.greatgreenbike.org에서 행사 당일 이전에 예약해야만 가능하다고 하였으므로 행사 당일에 자전거 대여 예약은 불가능하므로 정답은 ④이다.

직독직해

The Great Green Bike Ride /
The Great Green Bike Ride is an annual fantastic two-wheeled weekend adventure event / to raise funds for local environmental conservation. //
The Great Green Bike Ride는 두 바퀴로 달리는 환상적인 주말 모험 연례 행사 입니다 / 지역의 환경 보존 기금을 마련하기 위한 //
Date: / Saturday 27 - Sunday 28, September 2014 /
일시: / 2014년 9월 27일 토요일 – 28일 일요일 /
Route /
주행로 /
Day 1 / -City Hall to the Central Forest: / 85 miles /
첫째 날 / 시청에서 Central Forest까지: / 85 마일 /
Day 2 / -Explore the Central Forest: 35 miles /
둘째 날 / Central Forest 탐험하기: / 35 마일 /
Event Fee: / $50 / and FREE for children under 12 /
참가비: / 50달러 / 12세 미만 어린이는 무료 /
Bike Reservation /
자전거 예약 /
Reserve your free bikes prior to the event day / at www.greatgreenbike.org. //
무료 자전거를 행사일 전에 예약하세요 / www.greatgreenbike.org에서 //
You can only use our bikes / if you make a reservation. //
당신은 우리의 자전거를 사용할 수 있습니다 / 당신이 예약을 해야만 //
Overnight Stay /
숙박 /
We offer / a delicious BBQ dinner and a place to stay. //
우리는 제공합니다 / 맛있는 바비큐 저녁 식사와 머물 장소를 //

해석

The Great Green Bike Ride
The Great Green Bike Ride는 지역 환경 보존 기금을 마련하기 위해 두 바퀴로 달리는 환상적인 주말 모험 연례 행사입니다.
‒ 일시: 2014년 9월 27일 토요일 – 28일 일요일
‒ 주행로
  첫째 날 – 시청에서 Central Forest까지: 85마일
  둘째 날 – Central Forest 탐험하기: 35마일
‒ 참가비: 50달러, 12세 미만 어린이는 무료
‒ 자전거 예약

행사 당일 이전에 www.greatgreenbike.org에서 무료 자전거를 예약하세요. 예약을 해야만 자전거를 사용할 수 있습니다.
‒ 숙박
  맛있는 바비큐 저녁식사와 숙박할 장소를 제공합니다.

034

정답 ⑤

해설

You can sing and dance to your favorite tunes and play interactive games.~'에서 Sycamore City에서 제공하는 것들을 관광하면서 좋아하는 음악에 맞춰 노래하며 함께하는 게임을 할 수 있음을 알 수 있으므로 정답은 ⑤이다.

직독직해

Off the Chain Bike Bus Tour /
Off the Chain Bike Bus Tour, / the eco-friendly way to see Sycamore City, / is here. //
Off the Chain Bike Bus Tour / 친환경적인 방법으로 Sycamore시를 볼 수 있는 / 여기 있습니다 //
Experience a pedal-powered adventure / with up to 11 of your friends! /
페달로 작동하는 모험을 경험해보세요 / 최대 11명의 친구들과 함께 //
Time: / 9 a.m.-5 p.m. /
시간: / 오전 9시 ~ 오후 5 /
Place of Departure: / Sycamore City Hall /
출발 장소: / Sycamore 시청 /
Fee: / A bike bus for an hour is $100, / and additional time is charged at $10 per 10 minutes / after the first hour. //
참가비: / 자전거 버스는 한 시간에 100달러입니다 / 추가로 10분당 10달러입니다 / 처음 한 시간 이후에는 //
Special Feature /
특징 /
You can sing and dance to your favorite tunes / and play interactive games, / while enjoying all of what Sycamore City has to offer. //
당신이 가장 좋아하는 곡에 맞춰서 노래하고 춤출 수 있습니다 / 그리고 함께하는 게임을 할 수 있습니다 / Sycamore시가 제공하는 모든 것을 즐기면서 //
For further information, / please visit our website at www.syctownbikebus.com. //
더 많은 정보를 원한다면 / 우리 웹사이트 www.syctownbikebus.com에 방문하세요 //

해석

Off the Chain Bike Bus Tour
Sycamore 시를 볼 수 있는 환경친화적 방법인 Off the Chain Bike Bus Tour가 여기 있습니다. 최대 11명의 친구들과 함께 페달로 작동되는 모험을 경험하세요!
‒ 시간: 오전 9시 ~ 오후 5시
‒ 출발 장소: Sycamore 시청
‒ 요금: 자전거 버스는 한 시간에 100달러이고, 처음 한 시간 이후 추가 시간은 10분마다 10달러가 부과됩니다.
특징
‒ 여러분은 Sycamore 시가 제공하는 모든 것을 즐기면서 여러분이 좋아하는 곡에 맞춰 노래하고 춤추며 함께 게임을 할 수도 있습니다. 우리 웹사이트 www.syctownbikebus.com을 방문하셔서 더 많은 정보를 얻으세요.

035

해설

접수대에 있는 귀중품을 보관할 수 있는 금고를 이용하려면 2달러가 계산서에 추가된다. 따라서 일치하는 것은 ③이다.

직독직해

Notice for All Guests /
모든 손님들에게 알림 /
We hope to provide you with the best service possible. //
우리는 당신에게 가능한 최고의 서비스를 제공하기 원합니다 //
Rates /
요금 /
Our rates are seasonal. //
가격은 계절에 따라 다릅니다 //
Please call or email to inquire. //
전화나 이메일로 문의해 주세요 //
50% of full payment must be paid in advance / to secure reservation. //
전체 요금 중의 50퍼센트를 미리 지불해야 합니다 / 예약을 확정하기 위해서 //
Check-in & Check-out /
체크 인과 체크 아웃 /
Check-in: / 2:00p.m.-11:00p.m. /
체크 인: / 오후 2시~11시 /
Check-out: by 11:00a.m. /
체크 아웃: / 오전 11시까지 /
To extend your stay, / check for availability before 10:00a.m. //
숙박을 연장하고 싶으면 / 오전 10시 이전에 가능여부를 확인하세요 //
Services /
서비스 /
There's a safe at the front desk / to store your valuables. //
접수대에 금고가 있습니다 / 당신의 귀중품을 보관할 수 있는 //
A charge of $2 will be added to your account. //
$2가 당신의 요금 계산서에 추가 될 것입니다 //
The computers in the lounge are only for searching the Internet. //
라운지에 있는 컴퓨터는 인터넷 검색만을 위한 것입니다 //
Please do not play computer games or download programs. //
컴퓨터 게임을 하거나 프로그램을 다운받지 말아주세요 //
Rooms are cleaned every other day. //
방은 이틀에 한 번 청소합니다 //
A $5 service charge will be added / for daily cleaning. //
5달러의 서비스 요금이 부과될 것입니다 / 만약 매일 청소를 한다면 //

해석

투숙객 여러분께 알립니다
저희는 여러분께 가능한 최고의 서비스를 제공하고자 합니다.
요금
• 요금은 계절에 따라 다릅니다. 전화나 이메일로 문의하시기 바랍니다.
• 예약을 확정하시려면 전체 요금의 50%를 미리 지불하셔야 합니다.
체크 인 & 체크 아웃
• 체크 인: 오후 2시~11시
• 체크 아웃: 오전 11시까지

• 숙박을 연장하시려면, 오전 10시 이전에 가능 여부를 확인하시기 바랍니다.
서비스
• 귀중품을 보관할 수 있는 금고가 접수대에 있습니다. 2달러의 요금이 계산서에 추가됩니다.
• 라운지에 있는 컴퓨터는 오직 인터넷 검색을 위한 것입니다. 컴퓨터 게임이나 프로그램 다운로드를 하지 마십시오.
• 객실은 이틀에 한 번씩 청소됩니다. 매일 청소하기를 원하시면 5달러의 서비스 요금이 추가됩니다.

036

해설

책 박람회에는 사인을 받기 위해 집에서 가져온 책들을 반입할 수 없다. 따라서 일치하지 않는 것은 ⑤이다.

직독직해

26th Annual Buckeye Book Fair /
제26회 연례 Buckeye 도서 박람회 /
You Can Meet 100 Ohio Writers and Illustrators / and Purchase Autographed Books at a Discount //
당신은 100명의 오하이오 주 저자들과 삽화가들을 만날 수 있습니다 / 그리고 할인 된 가격으로 사인 된 책을 살 수 있습니다 //
Date & Time /
날짜와 시간 /
Saturday, November 1, 2014, 9:30 a.m. to 4:00 p.m. /
2014년 11월 1일 토요일, 오전 9:30 ~ 오후 4:00 /
Admission Fee /
입장료 /
The $2 admission fee will be used / to cover the expenses of the Buckeye Book Fair. //
$2의 입장료는 사용될 것입니다 / Buckeye 도서 박람회를 위한 비용으로 //
Special Event /
특별 이벤트 /
Kids aged 5-12 are invited / to explore the amazing, up-close worlds / of common North American animals. //
5세에서 12세의 아이들은 초대됩니다 / 놀랍고 가까운 세계를 탐험하도록 / 북미에서 흔한 동물들의 //
Learn how butterflies drink and why frogs sing. //
어떻게 나비들이 물을 마시는지 왜 개구리가 우는지 배워보세요 //
Parking /
주차 /
Parking is free / when you present a ticket for admission. //
주차는 무료입니다 / 당신이 입장권을 제시한다면 //
You are not permitted to enter the Book Fair / with books brought from home to be signed. //
당신은 도서 박람회에 들어올 수 없습니다 / 집에 있는 책을 가지고 싸인을 받기 위해서 //
Only books sold during the Book Fair / will be signed by authors. //
도서 박람회 중에 판매된 도서만 / 저자에게 싸인 받을 수 있다 //
Thank you for your understanding. //
이해해 주셔서 감사합니다 //
205 West Liberty Street, Wooster, OH 44691 /
Tel. (330) 262-3244 / www.BuckeyeBookFair.com /

제26회 연례 Buckeye 도서 박람회
여러분은 100명의 오하이오 주의 작가들과 삽화가들을 만날 수 있고, 할인된 가격으로 저자의 사인이 있는 책을 구입할 수 있습니다.
• 날짜와 시간
  2014년 11월 1일 토요일, 오전 9:30~오후 4:00
• 입장료
  2달러의 입장료는 Buckeye 책 박람회를 운영하기 위한 비용을 충당하는 데 사용될 것입니다.
• 특별 이벤트
  5세에서 12세의 어린이들은 북아메리카에서 흔히 볼 수 있는 동물들의 놀라운 세계를 가까이에서 살펴볼 수 있습니다. 나비들이 어떻게 물을 마시고 개구리가 왜 우는지 배워보세요.
• 주차
  입장권을 제시하면 주차는 무료입니다.
  사인을 받기 위해 집에서 가져온 책을 소지하고 도서 박람회에 입장하는 것은 허용되지 않습니다.
  도서 박람회에서 판매된 책들만 작가에게 사인을 받을 수 있습니다.
  양해해 주셔서 감사합니다.
205 West Liberty Street, Wooster, OH 44691
Tel.(330)262-3244 / www.BuckeyeBookFair.com

CHAPTER 07

본문 p. 64

037

정답 ⑤

웹에서의 광고비 지출과 소비자 사용 시간 사이의 비율 격차는 6%, 모바일에서는 22%로 모바일에서 더 크므로 ⑤는 일치하지 않는다.

2011 U.S. Advertising Spending vs. Consumer Time Spent by Media /
2011년 미국 내 매체별 광고 비용 대 소비자 사용 시간 /
The above graph shows the percentage / of U.S. advertising spending by media / and consumer time spent using each type of media / in 2011. //
위의 그래프는 비율을 보여준다 / 미국의 매체별 광고 비용과 / 각 유형의 매체를 사용하는데 고객이 사용한 시간을 / 2011년의 //
In the case of TV, / both advertising spending and consumer time spent / took up the largest proportion / with 43% and 40%, respectively. //
TV의 경우 / 광고 비용과 소비자 사용 시간이 / 가장 큰 비율을 차지했다 / 각각 43%와 40%로 //
Print ranked second in advertising spending, / whereas it ranked last in consumer time spent. //
인쇄물은 광고 비용에서는 2위를 차지했다 / 소비자 사용 시간에서는 꼴등을 차지한 반면 //
Web accounted for the third largest proportion / in both advertising spending and consumer time spent. //
웹은 3등을 차지했다 / 광고 비용과 소비자 사용 시간에서 모두 //

As for the percentage gap between advertising spending and consumer time spent, / Radio showed the smallest gap. //
광고 비용과 소비자 사용 시간 사이의 비율 차이에 있어서는 / 라디오가 가장 적은 차이를 보였다 //
The percentage gap between advertising spending and consumer time spent / was larger in Web than in Mobile. //
광고 비용과 소비자 사용 시간 사이의 비율 차이는 / 휴대전화보다는 웹에서 컸다 //

2011년 미국 내 매체별 광고 비용 대 소비자 사용 시간
위 그래프는 2011년 미국의 매체별 광고비 지출과 각각의 매체를 사용하면서 소비자가 사용한 시간의 비율을 보여준다. 텔레비전의 경우 광고비 지출과 소비자 사용 시간 모두 각각 43%와 40%로 가장 큰 비율을 차지했다. 인쇄물은 광고비 지출에서 2위를 차지했지만, 소비자 사용 시간에서는 마지막을 차지했다. 웹은 광고비 지출과 소비자 사용 시간 모두에서 세 번째로 큰 비율을 차지했다. 광고비 지출과 소비자 사용 시간 간의 비율 격차에 있어서는, 라디오가 가장 적은 격차를 보였다. 광고비 지출과 소비자 사용 시간 사이의 비율 격차는 휴대전화에서보다 웹에서 더 컸다.

038

정답 ③

부모와 다른 성인의 비율의 차이가 가장 작은 것은 컴퓨터나 인터넷을 사용하는 활동이 아니라 전자 도서를 빌리는 것이므로 ③은 일치하지 않는다.

Library Activities / of Parents of Minor Children and Other Adults /
도서관 활동 / 미성년 자녀가 있는 부모와 다른 성인들 /
The above graph shows the results of a survey / conducted in 2012. //
위의 도표는 설문조사의 결과를 보여 준다 / 2012년에 시행된 //
It compares / the percentage of parents of minor children (hereafter, parents) / and that of other adults / in terms of their involvement in six library activities. //
그것(조사)은 비교한다 / 미성년 자녀를 둔 부모(이후부터는 부모라고 한다)의 비율과 / 다른 성인의 비율을 / 6개의 도서관 활동 참여의 측면에서 //
Most notably, / the percentage of parents is higher than that of other adults / in all activity types. //
아주 현저하게도 / 부모의 비율은 다른 성인의 비율보다 더 높다 / 모든 활동 유형에서 //
The percentage of parents who browsed shelves is the same / as that of parents who borrowed print books. //
서가를 둘러본 부모의 비율은 같다 / 인쇄된 책을 빌린 부모의 비율과 //
The percentage gap between parents and other adults is largest / in the activity of attending classes or events for children / and is smallest / in the activity of using computers or the Internet. //
부모와 다른 성인의 비율 차이는 가장 크다 / 자녀들을 위해서 수업이나 행사에 참가하는 활동에서 / 그리고 (비율의 차이는) 가장 작다 / 컴퓨터나 인터넷을 사용하는 활동에서 //

The percentage of other adults who browsed shelves is twice as high / as that of other adults who borrowed DVDs, CDs, or videotapes. //

서가를 둘러본 다른 성인의 비율은 두 배 더 높다 / DVD나 CD, 비디오 테이프를 빌린 다른 성인의 비율보다 //

Finally, / the percentage of parents who borrowed e-books is less than 10% / but is higher than that of other adults / who did the same activity. //

마지막으로 / 전자 도서를 빌린 부모의 비율은 10%보다 적지만 / 다른 성인의 비율보다 더 높다 / 같은 활동을 한 //

해석

미성년 자녀가 있는 부모와 다른 성인들의 도서관 활동
위의 도표는 2012년에 시행된 어느 조사의 결과를 보여 준다. 그 조사는 여섯 개 도서관에서의 활동 참여라는 측면에서 미성년의 자녀의 부모(이후부터는 부모라고 한다)와 다른 성인의 비율을 비교했다. 가장 눈에 띄는 것은 부모의 비율이 모든 활동 유형에서 다른 성인의 비율보다 더 높았다는 것이다. 서가를 둘러본 부모의 비율은 인쇄된 책을 빌린 부모의 비율과 같았다. 부모와 다른 성인간의 비율 차이는 아이와 함께 수업이나 행사에 참가하는 활동에서 가장 크고, 반면 컴퓨터나 인터넷을 사용하는 활동에서 가장 작았다. 서가를 둘러본 다른 성인의 비율은 DVD나 CD, 비디오 테이프를 빌린 다른 성인의 비율보다 두배 더 높았다. 마지막으로, 전자 도서를 빌린 부모의 비율은 10%미만이지만 같은 활동을 한 다른 성인의 비율보다는 높았다.

039
정답 ③

해설

선생님에게 조언을 구한 여자 아이들의 비율은 40퍼센트 포인트로 아버지에게 조언을 구한 여자 아이들의 비율인 60퍼센트 포인트보다 20퍼센트 포인트가 낮으므로 ③이 일치하지 않는다.

직독직해

Who 11-Year-Old Australians Consulted / If They Had Problems /

11세 호주 아이들은 누구에게 상담을 할까 / 그들에게 문제가 생겼을 때 /

The above graph shows / who Australian girls and boys aged eleven consulted / if they had problems. //

위의 그래프는 보여준다 / 11세 호주 여자아이들과 남자아이들이 누구에게 상담을 하는지 / 만약 그들에게 문제가 생겼을 경우 //

Mothers were the most consulted source / if girls and boys had problems. //

어머니가 가장 많이 상담을 하는 대상이었다 / 여자아이들과 남자아이들이 문제가 생겼을 경우 //

For boys, / fathers were the second most consulted source, / followed by friends. //

남자아이들의 경우 / 아버지가 두 번째로 많이 상담하는 상대였다 / 친구가 그 뒤를 이었다 //

The percentage of girls who consulted teachers was 20 percentage points higher / than that of girls who consulted fathers. //

선생님과 상담을 한 여자아이들의 비율은 20퍼센트 포인트 높았다 / 아버지와 상담을 한 여자아이들보다 //

The percentage of boys who consulted teachers / was higher than that of girls who consulted teachers by 4 percentage points. //

선생님과 상담을 한 남자아이의 비율은 / 선생님과 상담을 한 여자아이의 비율보다 4퍼센트 포인트 높았다 //

More girls went to their friends / than to their brothers or sisters / if they had problems. //

더 많은 수의 여자아이들이 친구에게 갔다 / 형제나 자매에게 보다 / 그들에게 문제가 생겼을 때 //

해석

11세 호주 아이들이 문제가 생겼을때 상담을 받는 사람
11세 호주 아이들은 그들에게 문제가 생겼을 때 누구에게 상담을 할까
위의 그래프는 11세의 호주 여자아이들과 남자아이들이 문제가 생겼을 경우 누구에게 조언을 구하는지를 보여준다. 여자아이들과 남자아이들은 문제가 생겼을 경우 어머니에게 가장 많이 조언을 구했다. 남자아이들의 경우, 아버지에게 두 번째로 많이 조언을 구했고, 친구가 그 뒤를 이었다. 선생님에게 조언을 구한 여자아이들의 비율은 아버지에게 조언을 구한 여자아이들의 비율보다 20퍼센트 포인트 높았다. 선생님에게 조언을 구한 남자아이의 비율은 여자아이의 비율보다 4퍼센트 포인트 더 높았다. 자신에게 문제가 생겼을 경우, 친구에게 간 여자아이들이 형제, 자매에게 간 여자아이들보다 더 많았다.

040
정답 ④

해설

④의 문장에서 케이블 광고수입이 꾸준히 2005년 이후로 증가해서 2009년에는 라디오 광고수입의 두 배가 넘었다고 했는데 도표에서 두 배 보다는 조금 못 미치고 있음을 확인할 수 있으므로 도표와 일치하지 않는 것은 ④이다.

직독직해

Advertising Revenue by Media Type /
매체 유형에 따른 광고 수익 /

The graph above shows / trends in advertising revenue by media type / from 2005 to 2013. //

위 그래프는 보여준다 / 매체 유형에 따른 광고 수익의 동향을 / 2005년부터 2013년까지의 //

Between 2005 and 2007, / the amount of advertising revenue earned by newspapers / was the largest among the five media types. //

2005년과 2007년 사이에 / 신문이 벌어들인 광고 수익 총액은 / 다섯 가지 매체들 중에서 가장 컸다 //

However, / the newspaper ad revenue had continuously dropped since 2005 / and ranked the second from the bottom in 2013, / next to the ad revenue of radio. //

그러나 / 2005년 이후로 신문 광고 수익은 계속 떨어졌다 / 2013년에는 아래에서 두 번째를 차지했다 / 라디오 광고 수익 다음으로 //

Since 2005, / the Internet ad revenue had noticeably increased, / and in 2013 it surpassed the previously leading ad revenue source, broadcast TV. //

2005년 이후로 / 인터넷 광고 수익은 눈에 띄게 증가했다 / 2013년에 (인터넷 광고 수익은) 능가했다 이전에 광고 수익원의 선두였던 TV 방송을 //

The ad revenue of cable TV had increased steadily since 2005 / and became more than twice that of radio in 2009. //

케이블 TV의 광고 수익은 2005년 이후로 꾸준히 증가했다 / 그리고 2009년에 라디오 광고 수익의 두 배를 넘었다 //

Between 2009 and 2013, / unlike the other four media types, / the radio ad revenue changed little, / remaining around 15 billion dollars. //

2009년과 2013년 사이에 / 다른 네 가지 매체들과 달리 / 라디오의 광고 수익은 거의 변함이 없었다 / 약 150억 달러를 유지했다 //

해석

매체 유형에 따른 광고 수익

위 그래프는 2005년부터 2013년까지 매체 유형에 따른 광고 수익의 동향을 보여준다. 2005년과 2007년 사이에 신문이 벌어들인 광고 수익 총액은 다섯 가지 매체 중 가장 컸다. 그러나 2005년 이래로 신문 광고 수익은 계속 떨어졌고, 2013년에는 라디오 광고 수익 다음으로 밑에서 두 번째를 차지했다. 2005년 이래로 인터넷 광고 수익은 눈에 띄게 증가했고, 2013년에는 이전에 광고 수익원의 선두였던 TV 방송을 능가했다. 케이블 TV의 광고 수익은 2005년 이래로 꾸준히 증가했고, 2009년에는 라디오 광고 수익의 두 배를 넘어섰다. 다른 네 가지 매체들과 달리, 라디오의 광고 수익은 2009년과 2013년 사이에 거의 변함이 없었고, 약 150억 달러를 유지했다.

041 정답 ⑤

해설

⑤의 문장에서 2013년도 50-64세 성인들의 33%가 전자책을 읽었기 때문에 절반 이상이 아닌 약 3분의 1이 되어야 맞는 문장이 된다. 따라서 정답은 ⑤이다.

직독직해

American E-book Readers by Age Group / in 2012 and 2013 /

연령대에 따른 전자책 읽는 미국인 / 2012년과 2013년의 /

The graph above shows / the percentage of American people by age group / who read at least one e-book in 2012 and 2013. //

위의 그래프는 보여준다 / 연령대에 따른 미국 사람의 비율을 / 2012년과 2013년에 적어도 한 권의 전자책을 읽었던 //

As a whole, / the e-book reading rates in 2013 were higher in each age group, / compared to 2012. //

전반적으로 / 모든 연령대에서 2013년도의 전자책 독서 비율이 높았다 / 2012년도에 비해 //

The percentage gap between 2012 and 2013 / was the smallest for the eldest group. //

2012년과 2013년 사이의 비율 차이는 / 가장 나이 많은 그룹에서 가장 적었다. //

The percentage of young adults aged 18-29 / who read one e-book or more / in 2012 almost doubled in 2013. //

18~29세 청년층의 비율은 / 한 권 이상의 전자책을 읽은 / 2012년에 비해 2013년에 거의 두 배가 되었다 //

The e-book reading rates of the second youngest group increased / from 25% in 2012 to 42% in 2013. //

두 번째로 젊은 그룹의 전자책 독서 비율은 증가했다 / 2012년에 25%에서 2013년에는 42%로 //

About two out of ten American adults aged 50-64 read / at least one e-book in 2012; /

50~64세 미국 성인 10명 중 약 2명이 읽었다 / 2012년에 적어도 한 권의 전자책을 /

more than half of the same age group did so in 2013. //

2013년에는 같은 나이 그룹의 절반 이상이 그러했다 //

해석

2012년과 2013년의 연령대에 따른 전자책 읽는 미국인

위의 그래프는 2012년과 2013년에 적어도 한 권의 전자책을 읽었던 미국인의 비율을 연령대별로 나타낸 것이다. 전반적으로 2012년도에 비해 2013년도의 전자책 독서 비율이 모든 연령대에서 높았다. 2012년과 2013년 사이의 독서 비율 차이는 가장 나이 많은 그룹에서 가장 적게 났다. 2012년에 한 권 이상의 전자책을 읽은 18~29세 젊은 층의 비율은 2013년에 거의 두 배가 되었다. 두 번째로 젊은 그룹이 전자책을 읽은 비율은 2012년에 25%에서, 2013년에는 42%로 증가했다. 2012년에 50~64세 미국 성인들 10명 중 약 2명이 적어도 한 권의 전자책을 읽었고, 2013년에는 같은 그룹의 절반 이상이 한 권 이상의 전자책을 읽었다.

042 정답 ④

해설

④의 문장에서, 재생 에너지의 범주 중 수력전기 에너지가 가장 큰 단일 에너지원임은 맞는 내용이지만, 바이오 연료(22%)와 다른 바이오 매스(27%)를 합친 비율은 총 49%가 되므로 생산된 재생 에너지의 절반에 미치지 못한다.

직독직해

Total U.S. Primary Energy Production, 2011 /

2011년의 미국 전체 주요 에너지 생산 /

The above graph shows / the total U.S. primary energy production in 2011 / and the percentage each energy source accounts for. //

위 그래프는 보여준다 / 2011년 미국 전체 주요 에너지 생산을 / 그리고 각 에너지원이 차지하는 비율을 //

The pie chart shows / five different energy sources: / natural gas, coal, petroleum, nuclear, and renewables, / with the last of these divided into six further sub-categories. //

파이 도표는 보여준다 / 다섯개의 다른 에너지원을 / 천연가스, 석탄, 석유, 원자력, 그리고 재생 에너지를 / 그 중 마지막(재생 에너지)은 6개의 하위 영역으로 나누어진다 //

The percentage of natural gas, coal, and petroleum in total / takes up more than two thirds of the total U.S. primary energy production. //

천연가스, 석탄, 석유의 총 비율은 / 미국 전체 주요 에너지 생산의 3분의 2 이상을 차지한다 //

The data also reveals / that nuclear power generation ranks last / and is close behind renewables / with a marginal difference of one percentage point. //

이 자료는 또한 보여준다 / 원자력 발전이 마지막에 위치하고 / 재생 에너지 뒤에 있다는 것을 / 1퍼센트 포인트의 근소한 차이로 //

In the category of renewable energy, / biofuels and other biomass percentages combined / are larger than half of the renewable energy produced / while hydroelectric energy is the single largest source. //

재생 에너지의 범위에서 / 바이오 연료와 다른 바이오 매스 비율을 합치면 / 생산된 재생 에너지의 절반보다 더 크다 / 한편 수력전기 에너지는 가장 큰 단일 에너지원이다 //

Meanwhile, / the two lowest renewables, geothermal and solar, / share the same percentage of two percent each. //

한편 / 두 개의 가장 낮은 재생 에너지인 지열과 태양 에너지는 / 각각 2%의 동일한 비율을 공유한다 //

해석

2011년의 미국 전체 주요 에너지 생산

위 도표는 2011년 미국의 전체 주요 에너지 생산과 각 에너지원이 차지하는 비율을 보여준다. 파이 도표는 5개의 다른 에너지원인 천연가스, 석탄, 석유, 원자력, 그리고 재생 에너지를 보여주며 그 중 마지막인 재생 에너지는 6개의 하위 영역으로 나뉜다. 천연가스, 석탄, 석유의 총 비율은 미국 전체 주요 에너지 생산의 3분의 2이상을 차지한다. 이 자료는 또한 원자력 발전이 최하위에 위치하며 1퍼센트 포인트의 근소한 차이로 재생 에너지 바로 뒤에 온다는 것을 보여준다. 재생 에너지의 범주에서 바이오 연료와 다른 바이오 매스를 합친 비율은 생산된 재생 에너지의 절반보다 더 크며, 한편 수력전기 에너지는 가장 큰 단일 에너지원이다. 한편 두 개의 가장 낮은 재생 에너지인 지열 에너지와 태양 에너지는 각각 2%의 동일한 비율을 공유한다.

PART 03

CHAPTER 08

본문 p. 74

043

정답 ②

해설

②가 있는 문장에서, 문장의 주어인 the popularity of fine breads and pastries중 주어의 핵이 단수인 popularity이므로 ②의 동사 are → is로 바꾸어야 한다.

직독직해

In the twentieth century, / advances in technology, / from refrigeration to sophisticated ovens / to air transportation that carries fresh ingredients around the world, / contributed immeasurably to baking and pastry making. //
20세기에 / 기술의 진보는 / 냉장에서부터 정교한 오븐 / 전 세계로 신선한 재료들을 운반하는 항공 수송에 이르기까지 / 제빵과 페이스트리 제조에 헤아릴 수 없이 크게 기여했다 //
At the beginning of the twenty-first century, / the popularity of fine breads and pastries are(→is) growing / even faster than new chefs can be trained. //
21세기 초에 / 고급 빵과 페이스트리의 인기는 상승하고 있다 / 새로운 요리사들이 훈련 받을 수 있는 것보다 훨씬 더 빠르게 //
Interestingly enough, / many of the technological advances in bread making / have sparked a reaction among bakers and consumers alike. //
아주 흥미롭게도 / 제빵에서의 기술적인 진보들 중의 많은 것이 / 제빵사들과 소비자들 사이에 똑같이 하나의 반응을 일으켜 왔다 //
They are looking to reclaim / some of the flavors of old-fashioned breads that were lost / as baking became more industrialized and / baked goods became more refined, standardized, / and — some would say — flavorless. //
그들은 되찾기를 고대하고 있다 / 없어진 구식 빵들 맛 중의 몇 가지를 / 제빵이 더 산업화되고 / 제빵 제품들이 더 세련되고 표준화되며 / 일부 사람들이 말하듯이 풍미가 없어짐에 따라 //
Bakers are researching / methods for producing the handmade sourdough breads of the past, / and they are experimenting with specialty flours / in their search for flavor. //
제빵사들은 연구하고 있다 / 과거의 시큼한 맛이 나는 수제 반죽으로 만든 빵을 생산하던 방법들을 / 그리고 그들은 특별한 밀가루를 가지고 실험을 하고 있다 / 그들의 풍미를 찾아서 //

해석

20세기에 냉장에서부터 고성능 오븐, 신선한 재료를 전 세계에 실어 나르는 항공 수송에 이르기까지 기술의 진보는 제빵과 페이스트리 만드는 것에 헤아릴 수 없이 크게 기여했다. 21세기 초에 고급 빵과 페이스트리의 인기는 새로운 요리사가 훈련될 수 있는 것보다 훨씬 더 빠르게 상승하고 있다. 아주 흥미롭게도 제빵에서의 많은 기술적 발전은 제빵사와 소비자 사이에 똑같이 하나의 반응을 일으켜 왔다. 그들은 제빵이 더 산업화하고, 제빵 제품이 더 세련되고, 표준화되고, (어떤 사람들이 말하기를) 맛이 없어지면서 사라진 옛날 빵의 몇 가지

풍미를 되찾기를 원하고 있다. 제빵사들은 과거의 시큼한 맛이 나는 수제 반죽으로 만든 빵을 생산하는 방법을 연구하고 있으며, 그들은 풍미를 찾기 위한 자신들의 연구에서 특별한 밀가루로 실험하고 있다.

044

정답 ②

해설

(A) objects를 선행사로 취하고 뒤에서 수식하는 관계대명사가 필요하다. 따라서 that이 와야 한다.
(B) 등위접속사 and를 기준으로 Get과 buy가 병렬구문을 이루어야 하므로 buy가 적절하다.
(C) 주어가 'Throwing things out'과 같이 동명사구 일 경우에는 단수취급 하므로 단수동사인 hurts가 알맞다.

직독직해

You cannot fit / objects that occupied a 5,000-square-foot house / in a 2,000-square-foot condominium. //
당신은 끼워 맞출 수 없다 / 5,000제곱피트의 주택을 차지했던 물건들을 / 2,000제곱피트의 공동 주택에 //
If you are moving to a smaller condominium, / that's great. //
당신이 더 작은 공동 주택으로 이사할 거라면 / 그것은 좋다 //
Get rid of your belongings and / buy the condominium. //
당신의 물건들을 처분하고 / 공동 주택을 사라 //
It is fruitless / to look at condominiums / when you have spent the past 20-odd years in a large house / and then try to move all of your life / into the smaller investment. //
헛된 짓이다 / 공동 주택을 살펴보는 것은 / 당신이 큰 주택에서 지난 20 여 년을 보내왔을 때 / 그리고 나서 당신의 생활을 통째 옮기려고 애쓰는 것은 / 그 더 작은 투자 대상으로 //
To do so often leads to frustration / because what you wind up purchasing / is an expensive warehouse for your furniture, / and that is usually the wrong investment. //
그렇게 하는 것은 흔히 좌절감으로 이어진다 / 당신이 구입을 마친 것이 / 당신 가구를 위한 비싼 창고이기 때문이다 / 그리고 그것은 대개 잘못된 투자이다 //
If you want to change your lifestyle, / you must accept the consequences of that decision. //
당신이 당신의 생활방식을 바꾸고 싶다면 / 당신은 그 결정의 결과를 받아들여야 한다 //
Throwing things out only hurts for a little while. //
물건들을 버리는 것은 잠시 동안 마음이 아플 뿐이다 //

해석

5,000제곱피트의 주택을 채웠던 물건들을 2,000제곱피트의 공동 주택에 채워 넣을 수는 없다. 더 작은 크기의 공동 주택으로 이사를 간다면, 그것은 좋다. 살림살이들을 처분하고 공동 주택을 사라. 큰 주택에서 지난 20여 년을 보내고 공동 주택을 (사려고) 살펴보고 나서 여러분의 모든 생활을 (고스란히) 더 작은 크기의 투자 대상(공동 주택)으로 옮기려고 하는 것은 부질없다. 결국 여러분이 구입하게 되는 것은 여러분의 가구를 보관하는 값비싼 창고가 되기 때문에 그렇게 하는 것은 흔히 좌절감으로 이어지며, 그것은 대개 잘못된 투자가 된다. 생활방식을 바꾸기를 원한다면, 그 결정으로 인한 결과를 받아들여야 한다. 물건들을 버리는 것은 오직 짧은 기간 동안만 마음 아플 뿐이다.

045

해설

Paid가 선행사인 teachers를 수식하는데 돈을 지급받는(are paid) 교사들이 되어야 하기 때문에 ③ paid가 수동형인 are paid로 되어야 정답이다.

직독직해

The process of job advancement in the field of sports / is often said to be shaped like a pyramid. //
스포츠 분야에서 일자리 승진의 과정은 / 흔히 피라미드 같은 모양이라고 말해진다 //

That is, / at the wide base / are many jobs with high school athletic teams, / while at the narrow tip / are the few, highly desired jobs with professional organizations. //
즉 / 넓은 밑바닥에는 / 고등학교 체육팀들과의 많은 일자리들이 있다 / 반면에 좁은 끝부분에는 / 프로 단체들과의 매우 선망되는 극소수 일자리들이 있다 //

Thus there are many sports jobs altogether, / but the competition becomes increasingly tough / as one works their way up. //
이와 같이 전체로는 많은 스포츠 일자리들이 있다 / 하지만 경쟁이 갈수록 치열해진다 / 위로 승진을 할수록 //

The salaries of various positions reflect this pyramid model. //
서로 다른 지위의 봉급들이 이 피라미드 모델을 반영한다 //

For example, / high school football coaches are typically teachers / who paid(→ are paid) a little extra for their afterclass work. //
예를 들어 / 고등학교 미식축구 코치들은 일반적으로 교사들이다 / 그들의 방과후 일에 대한 약간의 초과 수당을 지급 받는 //

But coaches of the same sport at big universities / can earn more than $1 million a year, / causing the salaries of college presidents to look small in comparison. //
그러나 큰 대학교에 있는 같은 스포츠의 코치들은 / 1년에 백만 달러 이상을 벌 수 있다 / 대학 총장들의 봉급들을 상대적으로 적어 보이게 만들면서 //

One degree higher up is the National Football League, / where head coaches can earn many times more / than their best-paid campus counterparts. //
한 단계 더 높은 것이 NFL(전미 미식축구 연맹)인데 / 그곳에서 감독들은 몇 배 더 많이 벌 수 있다 / 가장 잘 지급받는 대학 상대들(감독들)보다 //

해석

스포츠 분야에서 일자리 승진의 과정은 피라미드 모양이라고 종종 말해진다. 즉, 넓은 하단부에는 고등학교 체육팀과 관련된 많은 일자리가 있는 반면에, 좁은 꼭대기에는 프로 단체와 관련된, 사람들이 몹시 선망하는 매우 적은 수의 직업이 있다. 그래서 전체로는 많은 스포츠 관련 일자리가 있지만 사람들은 올라갈수록 경쟁이 점점 더 치열해진다. 서로 다른 지위의 봉급이 이러한 피라미드 모델을 반영하고 있다. 예를 들어 고등학교 미식축구 코치들은 그들의 방과 후 일에 대해 약간의 초과수당을 지급받는 교사들이다. 하지만 큰 대학에서 일하는 미식축구 코치들은 매년 백만 달러 이상의 돈을 버는데, 이는 대학 총장의 봉급을 상대적으로 적어보이게 한다. 한 단계 위로 올라간 것이 NFL(전미 미식축구 연맹)인데, 그곳에서 감독들은 돈을 가장 잘 버는 대학 감독들보다 몇 배를 더 벌 수 있다.

046

해설

(A) 관계부사 why의 문장이므로 'why + 주어 + 동사'의 형태가 된다. 따라서 have가 오는 것이 맞다.

(B) dress는 '옷을 입다'의미의 자동사로 쓰였고 의미상으로도 그 계층의 여자들은 보통 스스로 옷을 입지 않는 것이 되기 때문에 themselves가 적절하다.

(C) (C)부분 뒤에 완전한 문장이 왔고, 의미상으로도 '접속사 + 부사(on the woman's left)'가 되어야 하므로 관계부사인 where이 와야 한다.

따라서 정답은 '③ have - themselves - where'이다.

직독직해

It is easier for right-handed people / to push buttons on the right / through holes on the left. //
오른손잡이 사람들에게는 더 쉽다 / 오른쪽에 있는 단추들을 끼우는 것이 / 왼쪽에 있는 구멍들을 통하여 //

This is why men's clothes have buttons on the right / since most people are right-handed. //
이것이 남성복 단추가 오른쪽에 있는 이유이다 / 대부분의 사람들이 오른손잡이이기 때문에 //

But what about women, / who are also mostly right-handed? //
그런데 여자들은 어떠한가 / 그들 역시 대부분 오른손잡이인데 //

When buttons first came to be used, / they were very expensive and / were worn primarily by the rich. //
단추들이 처음 사용되기 시작했을 때 / 그것들은 매우 비쌌고 / 주로 부자들에 의해서만 착용되었다 //

Women in that class / did not usually dress themselves / but were dressed by maids. //
그 계층의 여자들은 / 보통 옷을 스스로 입었던 것이 아니라 / 하녀에 의해 입혀졌다 //

Since a maid would be facing a woman she was dressing, / dressmakers put the buttons on the maid's right, / and this, of course, put them on the woman's left / where they have remained. //
하녀는 그녀가 옷을 입히고 있는 여자를 마주보고 있을 것이기 때문에 / 양재사들은 단추들을 하녀의 오른쪽에 달았다 / 그리고 이것은 당연히 단추들을 그 여자의 왼쪽에 달았고 / 그 자리에 단추들이 남게 된 것이다 //

해석

오른손잡이인 사람들에게는 왼쪽에 있는 단추 구멍을 통하여 오른쪽에 있는 단추를 끼우는 것이 더 쉽다. 이것은 대부분의 사람들이 오른손잡이이기 때문에 남성복은 오른쪽에 단추가 달려있는 이유이다. 그러면, 대부분이 오른손잡이인 여성들의 경우는 어떨까? 단추가 최초로 사용되기 시작했을 때, 그것들은 매우 비쌌고, 주로 부유층에 의하여 사용되었다. 그 계층의 여자들은 보통 스스로 옷을 입지 않고 하녀들이 옷을 입혀주었다. 하녀는 자신이 옷을 입히고 있는 여자를 마주보기 때문에 양재사들은 단추를 하녀의 입장에서 보았을 때 하녀의 오른쪽에 두었다. 그리고 물론 이것이 단추를 여자의 왼쪽에 두게 만들었고, 그쪽에 단추가 지금까지도 남아있다.

047

해설

④앞에 있는 it과 문장 처음의 It은 모두 the(The) washing machine을 가리킨다. 여기서 ④는 대동사의 올바른 쓰임을 묻고 있다. It not only cleans clothes, but it 에서 'not only A but (also) B: A뿐만 아니라 B도'임을 알 수 있고 흐름상 cleans를 대신해야 하므로 does를 써야 한다.

직독직해

Before the washing machine was invented, / people used washboards to scrub, / or they carried their laundry to riverbanks and streams, / where they beat and rubbed it against rocks. //
세탁기가 발명되기 전에 / 사람들은 비벼 빨기 위해 빨래판을 사용했다 / 또는 그들은 그들의 세탁물을 강둑이나 개울로 가져가서 / 거기서 그들은 그것을 바위에 때리거나 문질렀다 //

Such backbreaking labor is still commonplace in parts of the world, / but for most homeowners the work is now done by a machine / that automatically regulates water temperature, / measures out the detergent, / washes, rinses, and spin-dries. //
그러한 대단히 힘든 노동은 세계 곳곳에서 여전히 흔하다 / 그러나 대부분의 주택 소유자들에게 그 일은 이제 기계에 의해 행해진다 / 자동으로 물 온도를 조절하고 / 세제 양을 재고 / 빨고 헹구고 탈수하는 //

With its electrical and mechanical system, / the washing machine is one of the most technologically advanced examples of a large household appliance. //
그 전기적이고 기계적인 체계와 함께 / 세탁기는 가장 기술적으로 진보한 대형 가전 제품 사례들 중 하나이다 //

It not only cleans clothes, / but it is(→ does) so with far less water, detergent, and energy / than washing by hand requires. //
그것은 옷을 세탁할 뿐만 아니라 / 훨씬 적은 물과 세제, 에너지를 가지고도 그러하다 / 손빨래가 필요로 하는 것보다 //

Compared with the old washers / that squeezed out excess water by feeding clothes through rollers, / modern washers are indeed an electrical-mechanical phenomenon. //
구식 세탁기들에 비하면 / 롤러 사이로 빨래를 넣어 여분의 물을 짜냈던 / 현대식 세탁기들은 정말 경이로운 전기적-기계적 물건이다 //

해석

세탁기가 발명되기 전, 사람들은 비벼 빨기 위한 빨래판을 이용하거나, 세탁물을 강가나 개울가로 가져가 그곳에서 바위에 때리거나 문질러 빨았다. 그러한 대단히 힘든 노동은 세계 각지에서 아직도 흔한 일이지만, 대부분의 집을 가진 사람들에게 있어 이제 그 일은 자동으로 물의 온도를 조절하고, 세제를 덜어내고, 빨고, 헹구고, 원심력으로 탈수하는 기계에 의해 행해지고 있다. 세탁기는 그 전기적이고 기계적인 체계 때문에 대형 가전제품 중 가장 기술적으로 진보한 예 중 하나이다. 그것은 옷을 깨끗하게 할 뿐만 아니라, 손으로 빠는 것이 요구하는 것보다 훨씬 적은 양의 물과 세제, 에너지를 가지고 그렇게 한다. 롤러에 빨래를 넣어서 남은 물기를 짜냈던 구식 세탁기와 비교할 때, 현대식 세탁기는 정말로 경이로운 전기적-기계적 물건이다.

048

해설

(A) persuade는 to부정사를 목적보어로 취하는 동사이므로, future customers가 persuade의 목적어 그 뒤로 to purchase의 형태의 목적보어가 된다. (A)앞에 to가 있으므로 purchase가 알맞다.
(B) 문장의 주어가 Those, 즉 복수이므로 feel이 와야 한다.
(C) 문장의 앞 부분은 분사구문이고 초대를 받은 것이므로 Invited가 오는 것이 적절하다.
따라서 정답은 '② purchase – feel – Invited'이다.

직독직해

Many businesses send free gifts or samples through the mail, / or allow customers to try and test new products / in order to persuade future customers to purchase them. //
많은 기업들은 우편을 통하여 공짜 선물이나 샘플을 보낸다 / 혹은 고객들에게 새로운 제품들을 사용해 보고 테스트해 볼 수 있도록 한다 / 미래의 고객들이 그것들을 구매하도록 설득하기 위하여 //

Charity organizations, too, use the give-and-take approach / by perhaps sending target persons a package of Christmas cards or calendars. //
자선 단체들 역시 주고받기 접근법을 사용한다 / 어쩌면 목표로 한 사람들에게 크리스마스 카드나 달력 패키지를 보냄으로써 //

Those who receive the package / feel obligated to send something in return. //
그 패키지를 받은 사람들은 / 보답으로 뭔가를 보낼 의무가 있다고 느낀다 //

So powerful is this sense of obligation to return the favor / that it affects our daily lives very much. //
호의를 되돌려 주어야 한다는 이 의무감은 매우 강력하여 / 우리의 일상생활에 아주 많은 영향을 끼친다 //

Invited to a dinner party, / we feel under pressure / to invite our hosts to one of ours. //
저녁 파티에 초대를 받으면 / 우리는 압박감을 느낀다 / 파티를 열어준 사람들을 우리의 파티들 중 하나에 초대해야 한다는 //

If someone gives us a gift, / we need to return it in kind. //
누군가가 우리에게 선물을 주면 / 우리는 그것을 같은 종류로 되돌려 줄 필요가 있다 //

해석

많은 기업들은 미래의 고객들이 새로운 제품을 사도록 설득하기 위해서 우편으로 공짜 선물이나 샘플을 보내거나 고객들이 그 제품을 사용해보고 테스트 해볼 수 있게 한다. 자선단체 역시 목표로 한 사람들에게 크리스마스 카드나 달력 패키지를 보냄으로써 주고받기 접근법을 사용한다. 그 패키지를 받은 사람들은 보답으로 무언가를 보내야만 한다는 의무감을 느낀다. 호의를 되돌려 주어야 한다는 이 의무감은 매우 강력하여 우리의 일상생활에 아주 많은 영향을 끼친다. 저녁 식사에 초대받았을 때, 우리는 파티를 열어준 사람을 우리의 저녁식사에 한번 초대해야 한다는 압박감을 느낀다. 만약 누군가가 우리에게 선물을 주면, 우리는 동일한 것으로 답례해야 한다.

049

정답 ④

해설

임대료는 일반적으로 운영비를 충당하기 위해 청구되어야 할 최소한의 비용(minimum) 밑으로는 떨어지지 않는다고 해야 논리에 맞는데 ④ 에서는 최대한의 비용(maximum)으로 되어 있으므로 '④ maximum → minimum'으로 고쳐야 한다.

직독직해

A special feature of the real estate rental market / is its tendency to undergo a severe and prolonged contraction phase, / more so than with manufactured products. //
부동산 임대 시장의 특별한 특징은 / 극심하고 장기적인 수축기를 겪는 경향인데 / 공산품의 경우보다 더 많이 그러하다 //
When the supply of a manufactured product exceeds the demand, / the manufacturer cuts back on output, / and the merchant reduces inventory / to balance supply and demand. //
어떤 공산품의 공급이 수요를 초과하면 / 제조업자는 생산량을 줄이고 / 또 상인은 재고를 줄인다 / 공급과 수요의 균형을 맞추기 위하여 //
However, / property owners cannot reduce the amount of space / available for rent in their buildings. //
그러나 / 부동산 소유자들은 공간의 양을 줄일 수 없다 / 그들의 건물들에서 임대에 이용할 수 있는 //
Space that was constructed / to accommodate business and consumer needs at the peak of the cycle / remains, / so vacancy rates climb and / the downward trend becomes more severe. //
공간이 건설된 건 / 주기의 절정에서 업체와 소비자 요구를 수용하기 위해서 였는데 / 그대로 남는다 / 그래서 공실률이 오르고 / 하향 추세가 더욱 심해진다 //
Rental rates generally do not drop / below a certain point, / the maximum(→ minimum) that must be charged in order to cover operating expenses. //
임대료는 일반적으로 떨어지지 않는다 / 어떤 지점 밑으로는 / 즉, 운영비를 충당하기 위해 청구되어야 하는 최대치(→ 최소치) 밑으로는 //
Some owners will take space off the market / rather than lose money on it. //
어떤 소유자들은 시장에서 공간을 빼버릴 것이다 / 그것에서 돈을 잃기보다는 //
A few, unable to subsidize the property, / will sell at distress prices, / and lenders will repossess others. //
그 부동산에 보조금을 댈 수 없는 몇몇은 / 투매 가격에 팔 것이다 / 그리고 대출기관들은 다른 것들을 회수할 것이다 //
These may then be placed on the market / at lower rental rates, / further depressing the market. //
이것들은 다음에 시장에 내놓일 수 있다 / 더 낮은 임대료에 / 이는 시장을 더욱 침체시킨다 //

해석

부동산 임대 시장의 특별한 특징은 그것이 심한 장기적 경기 수축기를 겪는 경향이 있다는 것인데, 공산품보다 그 경향이 더 강하다. 어떤 공산품의 공급이 수요를 초과하면, 수요와 공급의 균형을 맞추기 위해 제조업자는 생산량을 줄이고 상인은 재고를 줄인다. 하지만 부동산 소유자는 자신들 건물의 임대 가능한 공간의 양을 줄일 수 없다. 주기의 절정기에 업체와 소비자 요구를 수용하기 위해 건설된 공간은 남아있고, 그래서 공실률은 오르고 하향 추세는 더욱 심해진다. 임대료는 일반적으로 어떤 지점, 즉 운영비를 충당하기 위해 청구되어야 할 최대한의 비용(→ 최소한의 비용) 밑으로는 떨어지지 않는다. 어떤 소유자들은 그것 때문에 돈을 잃으니 그 공간을 시장에서 빼버릴 것이다. 그 부동산의 비용 일부를 지급할 수 없는 소수는 투매 가격에 팔 것이고 대출기관은 (임대료를 치르지 않은) 다른 부동산들을 회수(압류)할 것이다. 그렇게 되면 이것들은 더 낮은 임대료로 시장에 나올 수도 있는데, 이는 시장을 더욱 침체시킨다.

050

정답 ③

해설

(A) 앞 문장에서 인간들이 맹렬한 속도로 갈대밭을 베어 넘어뜨리는 내용이 있으므로 '적응, 조화'의 의미의 accommodation이 아니라 '파괴'의 의미인 destruction이 와야 한다.
(B) (B)의 뒷 문장에서 호수가 가지고 있는 결함을 보충하기 위해 Large-mouthed Bass를 도입했다고 언급하고 있으므로 그 호수에는 스포츠용[낚시용] 물고기가 부족했다는 것을 알 수 있다. 그러므로 '지지하다'의 의미인 support가 아닌 '없었다, 부족했다' 의 의미인 lacked가 적절하다.
(C) Atitlán Giant Grebe가 호수에서 생존에 어려움을 겪게 된 원인을 설명하고 있는 글이므로, 새로 도입된 Large-mouthed Bass가 먹이를 두고 Atitlán Giant Grebe와 경쟁하게 되었다는 것을 알 수 있다. '협력하다'의 의미인 cooperate가 아닌 '경쟁하다'의 의미인 'competing'이 알맞다.

직독직해

The Atitlán Giant Grebe was a large, flightless bird / that had evolved from the much more widespread and smaller Pied-billed Grebe. //
Atitlán Giant Grebe는 날지 못하는 큰 새였다 / 훨씬 더 널리 퍼졌었고 크기도 더 작았던 Pied-billed Grebe에서 진화한 //
By 1965 there were only around 80 birds left on Lake Atitlán. //
1965년까지는 Atitlán 호수에 겨우 약 80마리가 남아 있었다 //
One immediate reason was easy enough to spot: / the local human population was cutting down the reed beds at a furious rate. //
한 가지 직접적인 원인은 알아내기에 충분히 쉬웠다 / 그 지역 주민들이 맹렬한 속도로 갈대밭을 베어 넘기고 있었다 //
This destruction was driven / by the needs of a fast growing mat-making industry. //
이 파괴는 추진되었다 / 빠르게 성장하는 돗자리 제조 산업의 요구에 의해 //
But there were other problems. //
그러나 다른 문제들이 있었다 //
An American airline was intent on developing the lake / as a tourist destination for fishermen. //
한 미국 항공사가 그 호수를 개발하는 데에 열중하고 있었다 / 낚시꾼들을 위한 관광지로 //
However, / there was a major problem with this idea: / the lake lacked any suitable sporting fish! //
하지만 / 이 생각에는 중대한 문제가 있었다 / 그 호수는 적합한 스포츠용 물고기가 없었다! //

To compensate for this rather obvious defect, / a specially selected species of fish called the Large-mouthed Bass was introduced. //
이 다소 명백한 결함을 보완하기 위하여 / Large-mouthed Bass라 불리는 특별히 선택된 물고기 종이 도입되었다 //
The introduced individuals immediately turned their attentions / to the crabs and small fish that lived in the lake, / thus <u>competing</u> with the few remaining grebes for food. //
그 도입된 개체들은 즉시 그들의 주의를 돌렸다 / 그 호수에 살던 게와 작은 물고기에게 / 그래서 몇 마리 안 남은 grebes와 먹이를 위해 경쟁하였다 //
There is also little doubt / that they sometimes gobbled up the zebra-striped Atitlán Giant Grebe's chicks. //
또한 의심의 여지가 거의 없다 / 그것들이 가끔은 얼룩말 줄무늬가 있는 Atitlán Giant Grebe 새끼들을 게걸스럽게 먹어 치웠다는 것은 //

해석

Atitlán Giant Grebe는 훨씬 더 널리 퍼져 있던 더 작은 Piedbilled Grebe(얼룩부리 논병아리)에서 진화한 날지 못하는 큰 새였다. 1965년 무렵에는 Atitlán 호수에 약 80마리만이 남아 있었다. 한 가지 직접적인 원인은 알아내기 매우 쉬웠는데, 현지의 인간들이 맹렬한 속도로 갈대밭을 베어 넘어뜨리는 것이었다. 이런 파괴는 빠르게 성장하는 매트 제조 산업의 요구에 의해 추진되었다. 그러나 다른 문제들이 있었다. 한 미국 항공사가 그 호수를 낚시꾼들의 관광지로 개발하는 데 강한 관심을 보였다. 하지만 이 생각에 큰 문제가 있었는데, 그 호수에는 적절한 스포츠용(낚시용) 물고기가 없었다! 이런 다소 분명한 결함을 보충하기 위해 Large-mouthed Bass(큰입 농어)라 불리는 특별히 선택된 물고기 종이 도입되었다. 그 도입된 개체는 즉각 그 호수에 사는 게와 작은 물고기에게 관심을 돌렸고, 이리하여 몇 마리 안 남은 논병아리와 먹이를 놓고 경쟁하였다. 또한, 가끔 그들(큰입 농어들)이 얼룩말 줄무늬가 있는 Atitlán Giant Grebe 새끼들을 게걸스럽게 먹어 치웠다는 데 의심의 여지가 거의 없다.

051
정답 ⑤

해설

글에서 긴장감이 주는 긍정적 효과에 대해 말해오고 있고, 마지막 부분에서 서커스 개가 머뭇거리며 한참 노력할 때 우리는 조마조마하며 기다리고 그런 기다림이 우리에게 즐거움을 안겨준다는 내용이다. 따라서 ⑤에서 편안한(relieved) 마음이 아니라 긴장된(nervous) 마음이 되어야 하므로 정답은 ⑤이다.

직독직해

Suspense takes up a great share of our interest in life. //
긴장감은 삶에 대한 우리 흥미의 큰 비중을 차지한다 //
A play or a novel is often robbed of much of its interest / if you know the plot beforehand. //
연극이나 소설은 종종 그 흥미로움을 많이 빼앗긴다 / 만약 당신이 그 줄거리를 미리 알면 //
We like to keep guessing as to the outcome. //
우리는 결과에 대해 계속 추측하기를 좋아한다 //
The circus acrobat employs this principle / when he achieves a feat / after purposely failing to perform it several times. //
서커스 곡예사는 이 원칙을 이용한다 / 그가 묘기를 성공할 때 / 묘기 부리는 것을 일부러 몇 번 실패한 후에 //

Even the deliberate manner in which he arranges the opening scene / increases our expectation. //
심지어 그가 첫 장면을 짜는 고의적인 태도조차도 / 우리의 기대를 증대시킨다 //
In the last act of a play, / a little circus dog balances a ball on its nose. //
한 연극의 마지막 장에서 / 작은 서커스 개는 공을 코 위에 올려 균형을 잡는다 //
One night when the dog hesitated and worked with a long time / before he would perform his feat, / he got a lot more applause / than when he did his trick at once. //
어느 날 밤 그 개가 머뭇거리고 한참을 노력했을 때 / 그가 재주를 부리기 전에 / 그는 훨씬 많은 박수를 받았다 / 그가 즉시 성공했을 때보다 //
We not only like to wait, feeling relieved(→ nervous), / but we appreciate what we wait for. //
우리는 안도(→ 긴장)하며 기다리는 것을 좋아할 뿐만 아니라 / 우리가 기다리는 그것의 진가를 인정하기도 한다 //

해석

긴장감은 삶에 대한 우리 흥미의 많은 부분을 차지한다. 만일 우리가 연극이나 소설의 줄거리를 미리 안다면 많은 흥미를 종종 잃는다. 우리는 결과에 관해서 추측을 지속하고 싶어 한다. 서커스 곡예사는 그가 여러 번의 고의적인 실패 이후에 자신의 연기를 성공할 때 이 원칙을 적용한다. 심지어 그가 첫 장면을 구성하는 그러한 고의적인 태도조차도 우리의 기대를 증가시킨다. 한 연극의 마지막 장에서 곡예를 하는 작은 개가 코에 공을 올리고 균형을 잡는 연기를 한다. 어느 날 밤 그 개는 연기를 성공하기 전에 주저하고 오랫동안 시도를 했을 때, 그 개는 한 번에 기술을 보여주었을 때보다 훨씬 더 많은 박수갈채를 받았다. 우리는 편안한(→ 긴장된) 마음으로 기다리기를 좋아할 뿐만 아니라 우리가 기다린 것의 진가를 인정할 줄도 안다.

052
정답 ⑤

해설

(A) 에베레스트 산 정상에 도달하는 일이 놀라운 업적으로 여겨졌으므로, 국가적 '불명예(disgrace)'가 아닌 '명예(honor)'가 알맞다
(B) 앞 문장에서 과거보다 훨씬 많은 사람들이 정상에 도달하고 있다고 했으므로, 무엇이 정상에 도달하는 것을 '가능하게(possible)' 했는가가 적절하다
(C) 과거에는 정보가 부족해서 어려웠다는 내용이므로 '존재'의 의미인 'presence'가 아니라 '부족'의 의미인 'lack'이 와야 한다.

직독직해

It was once considered an amazing achievement / to reach the summit of Mount Everest. //
한때는 놀라운 업적으로 여겨졌다 / 에베레스트 산 정상에 도달하는 것은 //
It was even a national <u>honor</u> / to have a climber waving a national flag there. //
심지어 국가적인 명예였다 / 거기에서 국기를 흔드는 등반가가 있다는 것은 //
But now that almost 4,000 people have reached its summit, / the achievement means less than it did a half century ago. //
하지만 거의 4,000명이 그 정상에 도달했기 때문에 / 그 업적은 반 세기 전에 그랬던 것보다 의미가 덜하다 //

In 1963, / six people reached the top, / but in the spring of 2012, / the summit was crowded with more than 500 people. //
1963년에는 / 6명이 정상에 도달했다 / 그러나 2012년 봄에 / 그 정상은 500명이 넘는 사람들로 붐볐다 //

Then what makes it <u>possible</u> / for so many people to reach the summit? //
그렇다면 무엇이 가능하게 만드는가? / 그렇게 많은 사람들이 정상에 도달하는 것을 //

One important factor is improved weather forecasting. //
한 가지 중요한 요인은 향상된 일기 예보이다 //

In the past, / <u>lack</u> of information led expeditions to attempt the summit / whenever their team members were ready. //
과거에 / 정보의 부족은 원정대들이 정상 등정을 시도하도록 이끌었다 / 그들 팀 구성원들이 준비가 될 때마다 //

Today, / with hyper-accurate satellite forecasts, / all teams know exactly when the weather will be perfect for climbing, / and they often go for the top on the same days. //
오늘날에는 / 초정밀 위성 예보가 있어서 / 모든 팀들은 정확히 언제 날씨가 등반에 완벽할지를 안다 / 그래서 그들은 종종 같은 날에 정상을 향해 간다 //

에베레스트 산 정상에 도달하는 것은 한때 놀라운 업적으로 여겨졌었다. 그곳에서 국기를 흔드는 등반가를 갖는 것은 심지어 국가적 명예였다. 그러나 거의 4,000명이 그곳의 정상에 도달했기 때문에, 그 업적은 반세기 전보다 의미하는 바가 더 적다. 1963년에 6명이 정상에 도달했지만, 2012년 봄에 정상에는 500명 이상의 사람들로 붐볐다. 그렇다면 그렇게 많은 사람들이 정상에 도달하는 것을 가능하게 하는 것은 무엇인가? 한 가지 중요한 요인은 향상된 일기 예보이다. 과거에 정보의 부족은 원정대들이 그들의 팀 구성원들이 준비가 될 때마다 정상(등정)을 시도하게 했다. 오늘날 초정밀 위성 예보와 함께 모든 팀들은 등반을 위해 날씨가 언제 완벽할지를 정확하게 알며, 그들은 종종 같은 날에 정상을 향해 간다.

053
정답 ③

해설

사업에서 개방성이 중요하다고 첫 문장에서 이야기하고 뒤로 뒷받침하는 사실들을 열거하고 있다. 자금의 운영을 투명하게 공개했을 때 기부자들이 기부금이 좋은 일을 위해 쓰이고 있다는 것을 확실하게 느끼게 해준다. 따라서 ③의 uncertain을 certain으로 바꿔야 한다.

직독직해

Openness is important / no matter what your business or venture. //
개방성은 중요하다 / 당신의 사업이나 벤처가 무엇이든 간에 //

The Charity Water website includes a Google Map location and photographs of every well. //
Charity Water 웹사이트는 모든 우물의 구글 지도 상 위치와 사진들을 포함한다 //

When you look at the site, / you can see what Charity Water is doing.
당신이 그 사이트를 보면 / 당신은 Charity Water가 무엇을 하고 있는지 볼 수 있다 //

Many people are hesitant to give to nonprofits, / because they don't know / where or how their money is actually going to be used. //
많은 사람들은 비영리 단체들에게 주는 것을 망설인다 / 그들이 모르기 때문에 / 어디서 또는 어떻게 그들의 돈이 실제로 사용될 것인지를 //

This is why it can be a good idea / to get individuals or an organization to underwrite your operational costs. //
그래서 좋은 아이디어가 될 수 있다 / 개인들이나 단체가 당신의 업무비를 부담하는 데 동의하도록 하는 것이 //

This way, / all the donations you collect go straight / to the people you are working to help / — making your donors feel uncertain(→ certain) their dollars are doing good things — / and that only creates more generosity on their part. //
이렇게 하면 / 당신이 모집하는 모든 기부금은 똑바로 간다 / 당신이 도우려고 일하고 있는 사람들에게 / 이는 기부자들이 그들의 돈이 좋은 일을 하고 있다는 것을 불확실(→ 확실)하게 만든다 / 그래서 결국 그들의 역할에 더 많은 아량이 생기도록 한다 //

Being open also encourages you / to be responsible with the money you take in. //
개방적인 것은 또한 당신을 격려한다 / 당신이 받는 돈에 책임을 지도록 //

If people are aware of where their money goes, / you'll be less likely to spend it on a fancy office or high salaries. //
사람들이 그들의 돈이 어디로 가는지를 알면 / 당신은 화려한 사무실이나 높은 급여에 그 돈을 쓸 가능성이 덜할 것이다 //

당신의 사업이 무엇이든지 간에 개방성이 중요하다. Charity Water 웹사이트는 모든 우물의 Google Map 위치와 사진을 담고 있다. 당신이 그 사이트를 볼 때 당신은 Charity Water가 하고 있는 일을 볼 수 있다. 많은 사람들은 그들의 돈이 실제로 어디에서 혹은 어떻게 사용되는지를 알 수 없기 때문에 비영리 단체에 기부하는 것을 망설인다. 이것은 개인이나 단체가 업무비 부담에 동의하여 서명하도록 하는 것이 좋은 이유이다. 이렇게 하면, 당신이 거둔 모든 기부금들은 당신이 돕고 있는 사람들에게 곧장 가게 되고, 이것은 기부자들로 하여금 기부금이 좋은 일을 하고 있다는 것을 불확실(→확실)하게 느끼도록 해준다. 또한 기부자들은 더 아량을 베풀게 된다. 개방적인 것은 또한 당신이 받는 돈에 대해서 책임감을 느끼도록 만들어 준다. 만약에 사람들이 그들의 돈의 흐름을 알고 있다면 당신은 멋진 사무실이나 높은 급여에 그 돈을 쓰게 될 가능성이 덜할 것이다.

054
정답 ①

해설

(A) 직장에서 불평하는 동료를 그냥 받아준다는 내용이므로 '금지하다'라는 의미의 forbid가 아닌 '허용하다'의미의 allow가 맞다.
(B) 가족에게 자신을 맞춘 후, 스스로는 시간이 부족해서 만족하는 게 아니라 좌절할 수도 있다고 해야 적절하므로 frustrated가 와야 한다.
(C) 자신의 욕구보단 다른 사람한테 맞추기 위해 산다고 말하고 있다. 따라서 자신의 욕구를 '충족하는(fulfilling)'데 아닌 '무시하는(ignoring)'이 적절하다.
그러므로 정답은 '① allow – frustrated – ignoring'이다.

Most of us play it safe by putting our needs aside / when faced with the possibility of feeling guilty or disappointing others. //
우리 대부분은 우리의 요구를 제쳐둠으로써 안전을 기한다 / 죄책감을 느끼거나 남들을 실망시킬 가능성에 직면할 때 //
At work / you may <u>allow</u> a complaining coworker to keep stealing your energy / to avoid conflict — ending up hating your job. //
직장에서 / 당신은 불평하는 동료가 당신의 에너지를 계속 훔쳐 가도록 허용할지도 모른다 / 마찰을 피하기 위해 / 그러다 결국 당신의 직장을 싫어하게 된다 //
At home / you may say yes to family members who give you a hard time / to avoid their emotional rejection, / only to feel <u>frustrated</u> by the lack of quality time that you have for yourself. //
집에서 / 당신은 당신을 힘들게 하는 가족 구성원들에게 '그래'라고 말할지도 모른다 / 그들의 정서적인 거부를 피하기 위해 / 그러다 결국 당신은 자신을 위해 가지는 귀중한 시간의 부족으로 좌절감을 느낀다 //
We work hard to manage the perceptions of others, / <u>ignoring</u> our own needs, / and in the end we give up / the very thing that will enable us to live meaningful lives. //
우리는 남들의 인식을 관리하기 위해 열심히 노력한다 / 우리 자신의 요구를 무시하면서 / 그리고 결국 우리는 포기하고 만다 / 우리가 의미 있는 삶을 살 수 있도록 해 줄 바로 그것을 //

우리 대부분은 죄책감을 느끼거나 다른 사람들이 실망하게 할 수 있는 가능성에 직면했을 때 우리의 요구를 제쳐둠으로써 위험을 무릅쓰지 않는다. 직장에서 마찰을 피하려고 여러분은 불평하는 직장 동료가 계속 여러분의 에너지를 빼앗아 가는 것을 허용하여 결국 여러분 자신의 직장을 싫어하게 될 지도 모른다. 집에서는 여러분을 힘들게 하는 가족 구성원들이 정서적으로 거절당한다는 느낌을 갖지 않도록 하기 위하여 그들에게 '그래'라고 말해 결국 여러분 자신을 위한 양질의 시간의 부족으로 좌절하게 될지도 모른다. 우리는 자신의 요구를 무시한 채로 다른 사람들의 (우리에 대한) 인식을 관리하기 위해 열심히 노력하고, 결국 자신이 의미 있는 삶을 살도록 해 줄 바로 그것을 포기한다.

CHAPTER 10

본문 p. 90

055

정답 ④

밑줄 친 ④는 Bob을 지칭하고 있고, 나머지는 모두 Paul을 지칭하고 있으므로 정답은 ④이다.

Dr. Paul Odland and his friend Bob travel frequently to South America, / where they provide free medical treatment / for disabled children of poor families. //
Paul Odland 박사와 그의 친구 Bob은 남미로 자주 여행을 한다 / 무료로 의료 치료를 제공해 주는 곳 / 가난한 가정의 장애 어린이들에게 //

One day, / they went to a local marketplace. //
어느 날 / 그들은 현지의 시장에 갔다 //
Paul wanted to buy some souvenirs, / and <u>he</u> spotted a carving that he liked. //
Paul은 기념품 몇 개를 사고 싶었다 / 그리고 그는 마음에 드는 조각품을 발견했다 //
The non-English speaking seller / was asking 500 pesos for the carving. //
영어를 쓰지 않는 판매원은 / 그 조각품에 대해 500 페소를 요구했다 //
With Bob acting as interpreter, / Paul offered 300 and <u>his</u> opponent proposed 450. //
Bob이 통역사의 역할을 하며 / Paul은 300페소를 제안했고 그의 상대는 450페소를 제안했다 //
The bargaining in the noisy market / became spirited, even intense, / with Paul stepping up <u>his</u> price slightly and the seller going down slowly. //
시끄러운 시장에서의 그 거래는 / 활기를 띠었고 심지어 치열해졌다 / Paul이 자신의 가격은 조금씩 올리고 판매자는 가격을 천천히 내리면서 //
The pace increased so fast that Bob could not keep up with / the back-and-forth interpretation. //
그 속도가 너무 빨라져서 Bob은 따라갈 수가 없었다 / 왔다 갔다 하는 통역을 //
Meanwhile, / observing the seller carefully, Paul sensed something wrong / in Bob's interpretation. //
한편 / 판매자를 주의 깊게 살피던 Paul은 뭔가 잘못 됨을 느꼈다 / Bob의 통역에서 //
In fact, / the seller had gone below Paul's last offer. //
사실 / 판매자는 Paul의 마지막 제안보다 더 내려가 있었다 //
When Paul raised his doubt, / Bob instantly recognized the error and corrected <u>his</u> interpretation. //
Paul이 그의 의심을 제기했을 때 / Bob은 즉시 실수를 알아차리고 그의 통역을 바로잡았다 //
At length, / they settled the deal, / and <u>he</u> was delighted to purchase the carving at a reasonable price / and thanked Bob. //
마침내 / 그들은 거래를 마쳤다 / 그리고 그는 적당한 가격에 그 조각품을 사게 되어 기뻐했다 / 그리고 Bob에게 고마워 했다 //

Paul Odland 박사와 그의 친구 Bob은 남미로 자주 여행하는데, 그곳에서 그들은 가난한 가정의 장애 어린이들에게 무료로 의료 행위를 베푼다. 어느 날 그들은 현지의 어느 시장에 갔다. Paul은 몇 가지 기념품을 사고 싶었는데 그는 마음에 드는 조각품을 발견했다. 영어를 전혀 쓰지 않는 판매원은 그 조각품에 대해 500페소를 요구했다. Bob이 통역사의 역할을 하는 가운데, Paul은 300페소를 제안했고 그의 상대는 450 페소를 제안했다. Paul이 <u>자신</u>의 가격을 조금씩 올리고 판매자가 천천히 가격을 내리면서 시끄러운 시장에서의 그 거래는 활기를 띠었고, 심지어는 치열해졌다. 속도가 너무나 빨라져 Bob은 오가는 통역을 제대로 할 수가 없었다. 그 사이, 판매자를 주의 깊게 살피던 Paul은 Bob의 통역에서 뭔가 잘못된 것을 감지했다. 사실 판매자는 Paul의 마지막 제안보다도 더 내려가 있었다. Paul이 자신의 의구심을 제기하자, Bob은 즉시 실수를 인정하고는 <u>자신</u>의 통역을 바로잡았다. 마침내 그들은 거래를 성사시켰고, 그는 적절한 가격에 그 조각품을 사게 되어 기뻐했고 Bob 에게 고마움을 표했다.

056

해설

①~④는 아기인 Slade를 지칭하고 ⑤의 밑줄 친 him은 아기의 아빠를 지칭하고 있으므로 정답은 ⑤이다.

직독직해

Dad just laughed and walked out of the room / still holding Slade in his arms. //
아빠는 그저 웃었고 방에서 걸어 나왔다 / 여전히 Slade를 그의 팔 안에 안은 채로 //
He had dressed him / and now he put <u>him</u> in his chair. //
그는 그의 옷을 입혔다 / 그리고 이제 그는 그를 의자에 앉혔다 //
As Slade sat in his chair / eating a biscuit that Dad had spread with butter and homemade strawberry jam, / Mom walked into the kitchen. //
Slade가 그의 의자에 앉아 있을 때 / 아빠가 버터와 집에서 만든 딸기잼을 발라준 비스킷을 먹으며 / 엄마가 부엌으로 걸어왔다 //
She took one look at her little boy / and started laughing; /
그녀는 그녀의 어린 아들을 한 번 흘깃 보았다 / 그리고 웃기 시작했다 /
<u>his</u> little face and hands / were covered with biscuit and jam. //
그의 작은 얼굴과 손은 / 비스킷과 잼으로 덮여 있었다 //
She thought / how really cute he was. //
그녀는 생각했다 / 그가 얼마나 귀여운가를 //
"Honey, what have you done? / Look at him. //
"여보, 무엇을 한 거예요? / 그를 보세요 //
I will never get <u>him</u> clean again. //
나는 절대 그를 다시 깨끗하게 할 수 없을 거예요 //
I guess / when he gets through eating you can take <u>him</u> out / and dump him in the bathtub." //
나는 생각해요 / 그가 먹는 것을 다 마치면 당신은 그를 데리고 가세요 / 그리고 그를 욕조에 담그세요" //
Dad laughed. //
아빠는 웃었다 //
Slade giggled / and tried to spit biscuit all over Dad. //
Slade는 낄낄거렸다 / 그리고 아빠를 향해 비스킷을 뱉으려 했다 //
It didn't hit <u>him</u> / because luckily he avoided the spray. //
그것은 그를 맞추지 못했다 / 왜냐하면 다행히도 그가 그 파편들을 피했기 때문이다 //
That made Mom laugh even more / and soon the little cabin was full of love and laughter. //
그것은 엄마를 훨씬 더 웃도록 만들었다 / 그리고 곧 그 작은 오두막집은 사랑과 웃음소리로 가득 찼다 //

해석

아빠는 그저 웃으며 Slade를 여전히 그의 팔에 안은 채 방을 걸어 나왔다. 그는 Slade의 옷을 입히고 그를 의자에 앉혔다. Slade가 자신의 의자에 앉아서 아빠가 버터와 집에서 만든 딸기 잼을 발라 준 비스킷을 먹고 있을 때, 엄마가 부엌으로 들어왔다. 그녀는 그녀의 작은 아이를 슬쩍 보고는 웃기 시작했다; 그의 조그마한 얼굴과 손은 온통 비스킷과 잼으로 뒤덮여 있었다. 그녀는 그 애가 얼마나 너무나 귀엽다고 생각했다. "여보, 대체 뭘 한 거예요? 저 애를 한 번 봐요. 나는 그를 다시는 깨끗이 씻겨줄 수 없을 거예요. 내 생각에 저 애가 먹는 걸 다 마치면 당신이 그를 데리고 가서 욕조에 푹 담그면 될 것 같아요." 아빠는 웃었다. Slade는 낄낄거리며 씹고 있던 비스킷을 아빠를 향해 뿜으려 했다. 그가 운 좋게도 그것들을 피할 수 있었기 때문에 비스킷들은 그를 맞추지 못했다. 그 광경은 엄마를 더욱 웃게 만들었으며 곧 작은 오두막집은 사랑과 웃음소리로 가득 차게 되었다.

057

해설

①, ②, ③, ⑤는 상담 받고 있는 환자의 아버지를 가리키고 있고, ④는 상담 받고 있는 환자를 가리키고 있으므로 정답은 ④이다.

직독직해

A 17-year-old patient sat in my counseling office some time ago / and said, /
얼마 전에 한 17세 환자가 내 상담실에 앉아있었다 / 그리고 말했다 /
"I'm so tired of my father telling me / that I don't live up to my potential. //
"나는 내 아버지가 나에게 말씀하시는 것에 진저리가 나요 / 내가 내 잠재력에 부응하지 않는다고 //
<u>He</u> says it about once a month." //
그는 대략 한 달에 한 번쯤 그것을 말해요" //
This young man is a typical product / of a high-achieving father. //
이 젊은이는 전형적인 산물이다 / 성취도가 높은 아버지의 //
His father is a physician / who has a terrible time / with both his employees and his children /
그의 아버지는 내과 의사이다 / 끔찍한 시간을 보내고 있는 / 그의 직원들과 그의 아들 양쪽 모두와 /
because <u>he</u> expects the same sort of drive / in everyone else. //
왜냐하면 그는 같은 종류의 추진력을 기대한다 / 다른 모든 이에게서 //
<u>He</u> is trying to inspire his son, / but the result is defiance. //
그는 그의 아들을 고무시키려 노력하고 있다 / 하지만 그 결과는 반항이다 //
Here is why. //
여기에 그 이유가 있다 //
If the father says, / "You have great potential," /
만일 아버지가 말한다면, / "너는 훌륭한 잠재력을 갖고 있어" /
it is a compliment / to <u>his</u> talent, / but it is quickly spoiled / with the remark, /
그것은 칭찬이다 / 그의 재능에 대한 / 하지만 그것은 재빠르게 손상된다 / 이 말과 함께 /
"You don't live up to your potential." //
"너는 너의 잠재력에 부응하고 있지 않아" //
In the process / <u>he</u> has attacked his son's character. //
그 과정에서 / 그는 그의 아들의 인격을 공격한 것이다 //

해석

얼마 전 17세의 한 환자가 나의 상담실에 앉아서 "제가 가진 잠재력에 부응하지 못하고 있다고 아버지가 제게 말씀하시는 것에 아주 진저리가 나요. 그는 한 달에 한 번 정도 그 말씀을 하세요." 라고 말했다. 이 젊은이는 성취도가 높은 아버지의 전형적인 산물이다. 그의 아버지는 자신의 직원들과 자녀 양쪽 모두와 아주 힘든 시간을 보내는 내과 의사인데, 그는 다른 사람 모두에게서 자신이 가진 것과 똑같은 종류의 추진력을 기대하기 때문이다. 그는 자신의 아들을 고무시키려 애를 쓰고 있지만, 돌아오는 결과는 반항이다. 그 이유는 다음과 같다. 아버지가 "너는 훌륭한 잠재력을 가졌어," 라고 말하면, 그것은 그의 재능에 대한 칭찬이지만, 그 말은 "너는 너의 잠재력에 부응하지 못하고 있어." 라는 말 때문에 금방 그 의미가 훼손되어 버린다. 그 과정에서 그는 그의 아들의 인격을 공격한 것이다.

058

해설

①, ②, ④, ⑤는 Auguste Renoir를 가리키고 있고, ③은 Henri Matisse를 가리키고 있으므로 대상이 나머지 넷과 다른 것은 ③이다.

직독직해

Henri Matisse and Auguste Renoir were dear friends / and frequent companions. //
Henri Matisse와 Auguste Renoir는 절친한 친구였다 / 그리고 자주 왕래하는 벗이었다 //

When Renoir was confined to his home during the last decade of his life, / Matisse visited him daily. //
Renoir가 그의 인생 마지막 십 년 동안 그의 집에 갇혀 지낼 때 / Matisse는 매일 그를 방문했다 //

Renoir, / almost paralyzed by arthritis, / continued to paint in spite of his illness. //
Renoir는 / 관절염으로 거의 마비가 되어서도 / 그의 질병에도 불구하고 그림 그리는 것을 지속했다 //

One day, / as Matisse watched the painter working in his studio, / fighting torturous pain with each brush stroke, / he said abruptly: //
어느 날, / Matisse가 그의 작업실에서 그림 그리는 그 화가를 지켜보면서 / 매 번 붓을 칠할 때 마다 고문에 가까운 고통과 싸우면서 / 그는 통명스럽게 말했다 //

"Why do you continue to paint / when you are in such agony?" //
"왜 그림 그리기를 계속하는 가 / 그러한 고통 속에 있는 와중에도" //

Renoir answered simply: /
Renoir는 짧게 대답했다 /

"The beauty remains; / the pain passes." //
"아름다움은 남지만 / 고통은 지나가는 것이네" //

And so, / almost to his dying day, / Renoir put paint to canvas. //
그리고는 / 거의 그의 죽는 날까지 / Renoir는 캔버스에 물감을 칠했다 //

One of his most famous paintings, / The Bathers, / was completed just two years before his passing, / 14 years after he was stricken by the disabling disease. //
그의 가장 유명한 작품들 중 하나인 / The Bathers는 / 그가 죽기 딱 2년 전에 완성되었다 / 그가 불구로 만드는 질병에 걸린 지 14년 뒤에 //

해석

Henri Matisse와 Auguste Renoir는 절친한 사이로 서로를 자주 왕래하는 벗이었다. Renoir가 인생의 마지막 10년 간 집에만 틀어 박혀 있어야 했을 때, Matisse는 매일 그를 방문했다. 관절염으로 거의 마비가 된 Renoir는 질병에도 불구하고 계속 그림을 그렸다. 어느 날 Matisse는 그 화가가 붓을 화면에 한 번 스칠 때마다 고문에 가까운 고통과 싸우면서도 화실에서 작업을 하고 있는 것을 보았고, 그는 통명스레 말을 내뱉었다. "그렇게 고통스러우면서 자네는 왜 계속 그림을 그리는 거요?" Renoir는 간단히 답했다. "아름다움은 남고, 고통은 지나 간다네." 그리고는 거의 그의 죽음에 이르는 날까지, Renoir는 캔버스에 물감을 칠했다. 그의 가장 유명한 그림 중 하나인 'The Bathers'은 그가 죽기 2년 전에야 완성되었고, 그것은 그가 자신의 신체를 불구로 만드는 질병에 걸리고 14년이 지난 후의 일이었다.

059

해설

①, ②, ④, ⑤는 글쓴이의 아버지를 지칭하고 있고, ③은 아들을 지칭하고 있으므로 정답은 ③이다.

직독직해

When I was young, / I played a game, / *power of observation*, / with my father. //
내가 어렸을 적에 / 나는 power of observation라는 게임을 했다 / 아버지와 함께 //

At first, / I was terrible, / but I'd get better. //
처음에는 / 나는 잘하지 못했다 / 하지만 점차 나아졌다 //

After 20 minutes, / I felt like I was taking snapshots / with my mind. //
20분 후에 / 나는 내가 스냅사진을 찍고 있는 중이라고 느꼈다 / 마음 속으로 //

He taught me that memory, or at least observation, / is a muscle. //
그는 나에게 기억은, 혹은 적어도 관찰은 가르쳐주었다 / 근육이라는 것을 //

I've been flexing it every day since then, / or at least trying to. //
그 때 이후로 나는 매일 그것을 해오고 있다 / 혹은 적어도 그렇게 노력해오고 있다 //

Whenever I miss him, / I play the same game with my own son, / who's named after my father, Solomon. //
내가 그를 그리워할 때마다 / 나는 내 아들과 함께 같은 게임을 한다 / 내 아버지 솔로몬의 이름을 따서 지어진 //

He is better at it than I was. //
그는 내가 했던 것 보다 그 게임을 더 잘 한다 //

He is nearly ten years old, / the age I was when my father died. //
그는 거의 열 살이다 / 내 아버지가 돌아가셨을 때의 내 나이 //

I doubt / this Solomon will grow up to be a writer. //
나는 의심한다 / 내 아들 솔로몬이 자라서 작가가 될 지는 //

But it comforts me to know / that whatever he does, he'll go forth in the world / with something handed down from my father / even though he wasn't around / to give it to Solomon directly. //
하지만 안다는 것이 나를 위안해 준다 / 그가 무엇을 하든 그는 세상으로 나아갈 것이라는 것을 / 내 아버지로부터 물려받은 무언가를 갖고 / 비록 그는 없더라도 / 직접 그것을 솔로몬에게 주기 위해 /

He was a truly good man, and a good father / even if he just didn't have the longevity / that I hoped. //
그는 진정으로 좋은 사람, 그리고 좋은 아버지였다 / 비록 그가 장수를 하지는 않았지만 / 내가 원했던 만큼 //

해석

어렸을 때, 나는 아버지와 함께 power of observation이라는 게임을 했었다. 처음에, 나는 잘하지 못 했지만, 점점 나아졌다. 20분 후에 나는 내 머릿속에다가 스냅사진을 찍는 것 같은 기분이 들었다. 그는 나에게 기억은, 적어도 관찰은, 근육이라고 가르쳤다. 나는 그 때 이후로 매일 기억을 조금씩이나마 사용하거나, 적어도 그렇게 하려고 노력하고 있다. 내가 그를 그리워할 때마다, 나는 때때로 아버지 이름을 따서 이름 지은 내 아들, 솔로몬과 함께 똑같은 게임을 한다. 그는 내가 했던 것보다 더 잘한다. 그는 열 살이 다 되어가며, 그것은 아버지가 돌아가셨을 때 내 나이였다. 나는 내 아들 솔로몬이 작가로 자랄 수 있을지 확신할 수 없다. 하지만 그가 무엇을 하든, 비록 내 아버지가 그것을 솔로몬에게 직접 주지는 않았을지라도, 내 아들은 나의 아버지로부터 물려받은 무엇인가로 세상을 살아갈 것이라는 사실을 알고 있으며, 그것은 나에게 위안이 된다. 비록 그는 내가 원했던 만큼 장수를 누리지는 못하셨지만 정말 좋은 사람이었고 좋은 아버지였다.

060

정답 ④

해설

①, ②, ③, ⑤는 Igor Cerc를 가리키고 있지만 ④는 시계가게의 점원을 가리키고 있다. 따라서 정답은 ④이다.

직독직해

Igor Cerc went to a store / to have a clock engraved. //
Igor Cerc는 가게에 갔다 / 시계에 문구를 새기려고 //

It was a gift he was taking to a wedding / the day he was picking it up. //
그것은 그가 결혼식에 가져갈 선물이었다 / 그가 그것을 가지러 가는 당일에 있을 //

However, / when he arrived at the store, / he found that the technician had broken the glass of the clock / during the engraving process. //
하지만 / 그가 가게에 도착했을 때 / 그는 기술자가 시계의 유리를 깨뜨렸다는 것을 알게 되었다 / 문구를 새기는 과정 중에 //

They offered to replace the entire clock, / after they got money from their insurance company, / but Igor needed the clock now. //
그들은 시계 전체를 교체해 주겠다고 제안했다 / 그들이 보험회사로부터 돈을 받은 후에 / 하지만 Igor는 그 시계가 당장 필요했다 //

He realized / that it would not serve his goals to get upset. //
그는 깨달았다 / 화를 내는 것은 그의 목적을 이루는 데에 도움이 되지 않는다는 것을 //

He calmly said / that he needed to go to a wedding in thirty minutes; /
그는 차분히 말했다 / 그는 결혼식에 30분안에 가야 한다고 /

the clock was his wedding gift. //
그 시계는 그의 결혼식 선물이라는 것을 //

He noted / that there was similar glass / in other clocks in the store. //
그는 알아챘다 / 비슷한 유리가 있는 것을 / 가게에 있는 다른 시계들 안에 //

Couldn't the store take apart another clock / to fix his? //
그 가게가 다른 시계를 분해하는 것을 할 수는 없을까 / 그의 시계를 수리하기 위해 //

He was calm and polite throughout. //
그는 시종일관 차분하고 정중했다 //

"The clerk thanked me / for not yelling at him / as other customers do," / said Igor. //
"그 점원은 나에게 고마워 했어요 / 그에게 소리를 치지 않았다는 것에 / 다른 손님들이 하는 것처럼" / 하고 Igor는 말했다 //

"I realized / that he would do everything he could for me / as long as I remained polite." //
"나는 깨달았어요 / 그가 나를 위해 할 수 있는 모든 것을 해 줄 것이라는 것을 / 내가 정중한 태도를 유지하는 한" //

The clerk took apart another clock / and quickly replaced the glass, / and Igor went on his way. //
점원은 다른 시계를 분해했다 / 그리고 빠르게 유리를 교체했다 / 그리고 Igor는 그의 갈 길을 갔다 //

해석

Igor Cerc는 시계에 문구를 새겨 넣으려고 가게에 갔다. 그것은 그가 시계를 찾기로 한 당일 날에 있을 결혼식에 가져가야 할 선물이었다. 하지만 그 가게에 시계를 찾으러 도착했을 때, 그는 기술자가 문구를 새기는 과정에서 시계 유리를 깨뜨렸다는 것을 알게 되었다. 그들은 보험사로부터 돈을 받은 후 시계 전체를 교체해 주겠다는 제안을 했지만, Igor는 그 시계가 당장 필요했다. 그는 화를 내본들 그것이 그의 목적에 도움이 되지 않을 것임을 직감했다. 그는 30분 안에 결혼식에 가야 한다고 차분하게 말했다. 그 시계는 그의 결혼식 선물이었다. 그는 그 가게에 있는 다른 시계에 비슷한 유리가 있다는 것을 발견했다. 가게에서 그의 시계를 고치기 위해 다른 시계를 분해해 줄 수는 없을까? 그는 시종 침착하고 정중했다. "그 점원은 다른 손님들이 하듯 내가 그에게 소리치지 않는다는 것을 고마워했어요. 내가 계속 정중함을 유지하면 그가 나를 위해 할 수 있는 모든 것을 해주리라는 것을 알았어요."라고 Igor는 말했다. 그 점원은 다른 시계를 분해해서 빠르게 그 유리를 교체해 주었고 이내 Igor는 자기 갈 길을 갔다.

PART 04

CHAPTER 11
본문 p. 100

061
정답 ②

해설

빈칸문장의 앞 문장들에서 흥미로운 발견이 모두 적용성이 있는 것이 아니며 정확히 무엇에 유용할지 모른다고 했다. 빈칸 뒤로는 발명이 되었지만 오랜 시간이 지난 후에 상품으로 연결된 예들을 들고 있으므로 빈칸에 적절한 것은 '② 상품으로 연결되었다'이다.
① 새로운 것들로 대체되었다
③ 이론에 의해 뒷받침되었다
④ 친환경적인 것으로 밝혀졌다
⑤ 정확성에 대한 테스트를 받았다

직독직해

Not / all interesting discoveries / have an obvious application. //
아니다 / 흥미로운 발견이 모두 다 / 명백한 적용성을 가지고 있다 //
If you believe you have something, / but you're not sure what exactly it's going to be good for, / don't give up. //
무언가를 가지고 있다고 확신한다면, / 정확히 무엇에 유용할지 잘 모르지만 / 포기하지 마라 //
Many innovations languished in labs for years / until they were matched to a product. //
많은 혁신 제품들이 수년 동안 실험실에서 시들해져 있었다 / 상품으로 연결되기 전까지 //
Teflon, an extremely slippery synthetic substance / employed as a coating on cooking utensils, / was invented in 1938, / but it didn't coat its first pan till 1954. //
매우 미끈거리는 합성 물질인 Teflon은 / 조리 기구의 코팅 막으로 쓰이는 / 1938년에 발명되었다 / 하지만 1954년 전까지는 첫 번째 (프라이)팬에 코팅 막을 씌우지 못했다 //
The Post-it note was built / on the back of some not-very-good glue. //
Post-it 메모장은 만들어졌다 / 성능이 별로 좋지 않은 어떤 풀의 결과를 바탕으로 //
Its inventor believed it might have value, / but it took him five years / to find a potentially profitable use for it. //
그것의 발명가는 그것이 가치가 있을 수 있다고 믿었다 / 하지만 5년이 걸렸다 / 잠재적 수익 용도를 찾는 데 //
HP had a breakthrough with a super-accurate thermometer / that was created in the HP Labs. //
HP는 초정밀 온도계로 획기적인 발전을 이룩했다 / HP 실험실에서 만들어진 //
Despite its accuracy, / there was no clear use for the device / until it was used to measure fluctuations in ocean temperature. //
정확성에도 불구하고 / 그 장비에 대한 분명한 용도가 없었다 / 해수 온도의 변화를 측정하는데 사용될 때까지 //

해석

흥미로운 발견이 모두 다 명백한 적용성을 가지고 있는 것은 아니다. 무언가를 가지고 있다고 확신하지만, 그것이 정확히 무엇에 유용할지 잘 모른다 해도, 포기하지 마라. 많은 혁신 제품들이 수년 동안 실험실에서 상품으로 연결되기 전까지 시들해져 있었다 조리 기구의 코팅 막으로 쓰이는 매우 미끈거리는 합성 물질인 Teflon은 1938년에 발명되었지만 1954년 전까지는 첫 번째 (프라이)팬에 코팅 막을 씌우지 못했다 Post-it 메모장은 성능이 별로 좋지 않은 어떤 풀의 결과를 바탕으로 만들어졌다. 그것의 발명가는 그것이 가치가 있을 수 있다고 믿었지만, 그것의 잠재적 수익 용도를 찾는데 5년이 걸렸다. HP는 HP 실험실에서 만들어진 초정밀 온도계로 획기적 발전을 이룩했다. 정확성에도 불구하고 해수 온도의 변화를 측정하는 데 사용될 때까지 그 장비에 대한 분명한 용도가 없었다.

062
정답 ⑤

해설

첫 문장에서 자기 아기 특유의 울음소리를 식별할 수 있다는 내용으로 시작하여 빈칸 바로 앞에서 자기 자신의 특정한 아기의 소리에만 깨도록 프로그램 되었다는 내용이 나온다. 지시어 This는 앞의 내용을 가리켜야 하므로 결국 위 내용들을 종합하여 한 단어로 압축한 '⑤ 민감성'이 가장 적절하다.

직독직해

A sleeping mother has the ability / to identify the particular cry of her own baby. //
자고 있는 엄마는 능력을 가지고 있다 / 자기 아기의 특유의 울음소리를 식별할 수 있는 //
This is one of the bonding factors / that has been forgotten because of the way / in which we live today. //
이것은 유대감 형성의 요인 중에 하나다 / 방식 때문에 잊게 된 / 현재 우리가 사는 //
Typically, there is now only one newborn baby / in any family house or apartment, / so there is no way to test this ability. //
일반적으로, 이제는 단지 한 명의 신생아가 있다 / 어느 주택이나 아파트에도 / 그래서 이런 능력을 시험해 볼 방법이 없다 //
In an ancient tribe, however, / living in small huts in a tiny village settlement, / a mother would have been able / to hear any of the babies crying in the night. //
하지만, 고대 부족에서 / 소규모 마을 정착지의 작은 움막에 살았던 / 아기 엄마는 들을 수 있었을 것이다 / 밤에 우는 어떤 아기의 울음소리도 //
If she woke up every time / one of them screamed for food, / she might get no sleep at all. //
만약 그녀가 매번 잠이 깬다면 / 그 아기들 중 한 명이 배고파서 크게 울 때 / 그녀는 잠을 한숨도 자지 못할 것이다 //
During the course of evolution she became programmed / to awake only at the sound of her own particular baby. //
진화 과정 동안 아기 엄마는 프로그램화된 것이다 / 자신의 특정한 아기의 소리에만 일어나도록 //

This sensitivity is still there to this day, / even though it is seldom used. //
이런 민감성이 오늘날에도 여전히 존재한다 / 비록 이제는 거의 사용되지 않지만 //

자고 있는 엄마는 자기 아기 특유의 울음소리를 식별할 수 있는 능력을 가지고 있다. 이것은 현재 우리가 사는 방식 때문에 잊게 된 유대감 형성 요인 중의 하나이다. 일반적으로, 이제는 어느 주택이나 아파트에도 단지 한 명의 신생아가 있기 때문에, 이런 능력을 시험해 볼 방법은 없다. 하지만, 소규모 마을 정착지의 작은 움막에 살았던 고대 부족에서 아기 엄마는 밤에 우는 어떤 아기의 울음소리도 들을 수 있었을 것이다. 만약 그녀가 그 아기들 중 한 명이 배고파서 크게 울 때마다 잠이 깬다면 그녀는 잠을 한숨도 자지 못할 것이다. 진화 과정 동안 아기 엄마는 자신의 특정한 아기의 소리에만 일어나도록 프로그램화된 것이다. 비록 이제는 거의 사용되지 않지만 이런 민감성이 오늘날에도 여전히 존재한다.

063
정답 ②

해설

빈칸 뒤로 이어지는 글에서 소비자들이 옵션을 제거하는 과정에서 그들이 선호하던 것과 반대로 선택하게 되는 예를 제시하고 있다. 따라서 빈칸에 적절한 단어는 '② 뒤바꾸다'이다.

직독직해

People make purchasing decisions / by choosing between alternatives / or by rejecting certain options. //
사람들은 구매 의사 결정을 한다 / 대안들 중에 선택하거나 / 특정한 옵션을 제거함으로써 //
But a new study in the *Journal of Consumer Research* finds / that focusing on rejecting an option / can lead consumers to reverse their preferences. //
하지만 *Journal of Consumer Research*에서의 새로운 연구는 발견했다 / 하나의 옵션을 제거하는 데 집중하는 것이 / 소비자들이 그들이 선호하는 것을 뒤바꾸도록 한다는 것을 //
Why does this happen? //
이것은 왜 일어날까 //
When consumers reject options, / they need to decide which alternative they do not want, / so they focus on options that are less preferred / in order to assess if they should reject those options. //
소비자들이 옵션을 제거할 때 / 그들은 그들이 원하지 않는 대안을 결정할 필요가 있다 / 그래서 그들은 덜 선호하는 옵션에 집중하게 된다 / 만약 그들이 그러한 옵션들을 제거할 지 안 할지를 평가하기 위해서 //
This shift of focus makes them more likely / to notice appealing features of the initially less preferred option. //
이러한 집중의 변화는 그들을 더 만든다 / 처음에 덜 선호되었던 옵션의 매력적인 특징에 주목하게 //
For example, / a newly married couple who prefers an apartment closer to the subway station / because of easy access to it, / but doesn't have enough money, / was told to select an apartment to 'reject': /
예를 들어, / 지하철역과 가까운 아파트를 선호하는 신혼부부가 / 쉬운 접근성 때문에 / 하지만 충분한 돈이 없다 / '제거'할 아파트를 고르라는 말을 들었다 /

an apartment closer to the subway station / or a less expensive one farther from the station. //
지하철역과 가까운 아파트 / 또는 멀리 있는 덜 비싼 아파트 //
Simply instructing them to decide which one they would like to 'reject' / makes them more likely to choose the less expensive apartment / as their place to live in. //
어떤 것을 '제거'할지를 단순히 결정하라고 지시하는 것이 / 덜 비싼 아파트를 선택하게 만드는 경향이 있다 / 그들이 살 곳으로 //
Similarly, / those who said they would prefer a less-expensive apartment / selected the apartment close to the station. //
비슷하게, / 덜 비싼 아파트를 선호하는 사람들은 / 가까운 아파트를 골랐다 //

해석

사람들은 대안들 중에서 선택하거나 특정한 옵션을 제거함으로써 구매 의사결정을 한다. 하지만 *Journal of Consumer Research*에서의 새로운 연구는 하나의 옵션을 제거하는 데 집중하는 것이 소비자들이 그들이 선호하는 것을 뒤바꾸도록 한다는 것을 발견했다. 이것은 왜 일어나는 것일까? 소비자들이 옵션을 제거할 때 그들은 원하지 않는지 어떤 대안을 결정할 필요가 있다. 그래서 그들은 그러한 옵션들을 제거해야 할지 안 할지를 평가하기 위해 덜 선호하는 옵션에 집중을 하게 된다. 이러한 집중의 변화는 그들을 처음에 덜 선호되었던 옵션의 매력적인 특징에 더 주목하게 만든다. 예를 들어, 쉬운 접근성 때문에 지하철역에 더 가까운 아파트를 선호하지만 충분한 돈이 없는 신혼부부가 '제거'할 아파트를 고르라는 말을 들었다: 지하철역에서 가까운 아파트 혹은 역에서 더 멀리 있는 덜 비싼 아파트 중에서. 단순히 그들에게 어떤 것을 '제거'할지를 결정하도록 지시하는 것이 그들에게 덜 비싼 아파트를 살 곳으로 선택하게 만드는 경향이 있다. 비슷하게, 덜 비싼 아파트를 선호한다고 했던 사람들은 역에서 가까운 아파트를 골랐다.

064
정답 ③

해설

첫 문장에서 재활용을 특징짓는 것이 중요성이 아닌 개인 참여의 용이성과 행동의 가시성이라고 말하고 뒤로 그 주장을 뒷받침하고 있다. 마지막 문장에서 우리가 왜 재활용에 집중하는 것 같은지 그 이유가 빈칸에 들어가야 한다. 필자는 그 이유가 사람들이 눈 앞에 있는 과제가 하기 쉽고 뭔가를 하고 있다는 생각도 들기 때문이라고 했으므로, 정답은 '③ 재활용이 당면한 과제를 가장 잘 드러낸다'가 된다.

직독직해

What distinguishes recycling / is not its importance, / but rather the ease with which individuals can participate, / and the visibility of actions taken / to promote the common good. //
재활용을 구별 짓는 것은 / 그것의 중요성이 아니라 / 오히려 개인들이 참여할 수 있는 용이성과 / 행해질 수 있는 행동의 가시성이다 / 공익을 증진시키기 위해 //
You may care passionately about the threat of global warming / or the destruction of the rain forests / — but you can't have an immediate effect on these problems / that is perceptible to yourself or others. //
여러분은 지구 온난화의 위협에 대해 열의에 찬 관심을 보일 수도 있다 / 또는 열대 우림의 파괴 / 그러나 여러분은 이런 문제들에 대해 즉각적인 영향을 미치지 못한다 / 자기 자신이나 다른 이들이 인지할 수 있는 //

The rain forest salvation truck doesn't make weekly pickups, / let alone the clean air truck. //
열대 우림 보호 트럭은 매주 수거하러 오지 않고, / 공기 정화 트럭은 고사하고 //

When a public opinion poll in 1990 asked people / what they had done in connection with environmental problems, / 80 to 85% answered / that they or their households had participated in various aspects of recycling; / no other significant steps had been taken / by a majority of respondents. //
1990년의 여론 조사가 사람들에게 물었을 때 / 그들이 환경 문제와 관련하여 무엇을 했는지를 / 80~85%가 대답했다 / 자신 혹은 자신의 가정이 다양한 측면의 재활용에 참여했다고 / 그 외의 어떤 중요한 조치도 취해지지 않았다 / 대부분의 응답자들에 의해 //

Like the drunk / looking for his wallet under the lamppost, / we may focus on recycling / because it is where the immediate tasks are best illuminated. //
술에 취한 사람처럼 / 가로등 밑에서 지갑을 찾는 / 우리는 재활용에 집중하는 것일지도 모른다 / 당면한 과업이 가장 잘 드러나는 경우이기 때문에 //

해석

재활용을 구별짓는 것은 그것의 중요성이 아니라, 오히려 개인들이 참여할 수 있는 용이성과 공익을 증진시키기 위해 행해질 수 있는 행동의 가시성이다. 여러분은 지구 온난화의 위협이나 열대 우림의 파괴에 대해 열의에 찬 관심을 보일지도 모른다. 그러나 여러분은 자기 자신이나 다른 이들이 인지할 수 있는 이런 문제들에 대해 즉각적인 영향을 미치지 못한다. 공기 정화 트럭은 고사하고, 열대 우림 보호 트럭이 매주 수거하러 오지는 않는다. 1990년의 여론 조사가 사람들에게 그들이 환경 문제와 관련하여 무엇을 했는지를 물었을 때, 80~85%가 자신 혹은 자신의 가정이 다양한 측면의 재활용에 참여했다고 답했으며, 대부분의 응답자들에 의해 그 외의 어떤 중대한 조치도 취해지지 않았다. 가로등 밑에서 자신의 지갑을 찾는 술에 취한 사람처럼 우리는 재활용이 당면한 과업이 가장 잘 드러나는 경우이기 때문에 그것에 집중하는 것일지도 모른다.

065
정답 ④

해설

주제는 첫 문장에서 말하고 있다. 그리고 빈칸이 있는 문장 뒤에 예를 든 문장에서 더 작은 집으로 옮겼을 때 심리적으로 괴롭고, 그 손실을 피하기 위해 어떤 희생도 기꺼이 한다는 말이 있으므로 앞 문장에서 실제로는 그럴 것 같지 않다는 것이 무엇인지 유추가 가능하다. 따라서 빈칸에는 '④ 우리가 손실 이전의 상태로 돌아갈 수 있다는'이 적절함을 알 수 있다.

직독직해

There is no known cure / for the ills of ownership. //
약이 없다 / 소유의 병폐에는 //

As Adam Smith said, / ownership is woven into our lives. //
Adam Smith가 말했듯이 / 소유는 우리 삶에 얽혀 있다 //

But being aware of it / might help. //
하지만 그것을 인식하는 것은 / 도움을 줄 수 있다 //

Everywhere around us / we see the temptation to improve the quality of our lives / by buying a larger home, a second car, a new dishwasher, a lawn mower, and so on. //
우리 주변 어디에나 / 우리는 우리 삶의 질을 향상시키기 위한 유혹을 보게 된다 / 더 큰 집, 두 번째 차, 새로운 식기 세척기, 잔디 깎는 기계 등을 구매함으로써 //

But, once we upgrade our possessions / we have a very hard time going back down. //
그러나, 일단 우리가 우리의 소유물을 상위 등급으로 높이면, / 우리는 다시 되돌아가는데 굉장한 힘이 든다 //

Ownership simply changes our perspective. //
소유는 우리의 견해를 손쉽게 바꾸어버린다 //

Suddenly, moving backward to our pre-ownership state / is a loss, one that we cannot accept. //
갑자기 이전의 소유 상태로 되돌아가는 것은 / 우리가 받아들일 수 없는 손실이다 //

And so, while moving up in life, / we fall into the fantasy / that we can always return to the previous state, / but in reality, it's unlikely. //
그래서, 삶의 질이 향상될 때, / 우리는 환상에 빠진다 / 언제나 이전의 상태로 되돌아 갈 수 있다는 / 하지만 실제로는 그럴 것 같지 않다 //

Downgrading to a smaller home, / for instance, is experienced as a loss, / it is psychologically painful, / and we are willing to make all kinds of sacrifices / in order to avoid such losses. //
더 작은 집으로 수준이 낮아지는 것은 / 예를 들어, 손실로 받아들여, / 심리적으로 괴롭고, / 온갖 종류의 희생도 기꺼이 한다 / 그러한 손실을 피하기 위해서 //

해석

소유의 병폐에는 약이 없다. Adam Smith가 말했듯이 소유는 우리 삶에 깊이 얽혀 있다. 하지만 그것을 인식하는 것은 도움을 줄 수 있다. 우리 주변 어디서나 더 큰 집, 두 번째 차, 새로운 식기세척기, 잔디 깎는 기계 등을 구매함으로써 우리 삶의 질을 향상시키기 위한 유혹을 보게 된다. 그러나, 일단 우리가 우리의 소유물을 상위 등급으로 높이면 다시 되돌아가는 데 굉장한 힘이 든다. 소유는 우리의 견해를 손쉽게 바꾸어 버린다. 갑자기 이전의 소유 상태로 되돌아가는 것은 우리가 받아들일 수 없는 손실이다. 그래서 삶의 질이 향상될 때, 우리는 언제나 이전의 상태로 되돌아갈 수 있다는 환상에 빠지지만 실제로는 그럴 것 같지 않다. 예를 들어, 더 작은 집으로 수준이 낮아지는 것은 손실로 받아들여 심리적으로 괴롭고 그러한 손실을 피하기 위해서 온갖 종류의 희생도 기꺼이 한다.

066
정답 ④

해설

첫 문장이 주제이고 그 뒤로 주장을 뒷받침하고 있다. 인간 지각 기관의 속성 상 충분한 크기가 아니면 그것의 구성 부분들을 잘 볼 수 없고, 아름다울 수 없다는 내용이다. 그러므로 빈칸에 예술 작품을 어떤 최소한의 크기 이상이 되어야 한다는 내용이 들어감을 추론할 수 있다. 정답은 '④ 어떤 최소한의 크기 이상이다'이 적절하다.

직독직해

In order to succeed, / a work of art must be above a certain minimum size, / but this requirement is not about the nature of art so much as / about the nature of the human perceptive apparatus. //
성공하기 위해서 / 예술 작품은 최소한의 크기 이상이 되어야 한다 / 하지만 이러한 요건은 예술의 속성에 관한 것이라기 보다 / 인간 지각 기관의 속성에 관한 것이다 //

Without sufficient size, / no object can be perceived as having parts / that can be arranged in a pattern, or a perceptible structure. //
충분한 크기가 아니면, / 어떤 물체도 부분들을 가진 것으로 지각될 수 없다 / 패턴이나 지각할 수 있는 구조로 마련될 수 있는 //
A lion or a shark, therefore, can be beautiful, / because their parts form a meaningful, well-structured whole. //
그러므로 사자나 상어는 아름다울 수 있다 / 그들의 부분들이 유의미하고, 잘 구조화된 전체를 형성하기 때문에 //
A flea, however, cannot be beautiful, / not because it is a trifling or disagreeable animal, / but because it is too minute for the unaided eye / to perceive parts that are arranged meaningfully. //
하지만 벼룩은 아름다울 수 없다 / 하찮고 불쾌한 동물이어서가 아니라 / 육안으로 너무 미세하기 때문에 / 유의미하게 구성된 부분들을 지각하기에 //
A speck cannot possibly by itself be beautiful; / beauty is only possible where an object has visible parts. //
점은 아마 그 자체로 아름다울 수 없다 / 아름다움은 물체가 알아볼 수 있는 부분들을 가지고 있을 때만 가능하다 //

해석

성공하기 위해서 예술 작품은 어떤 <u>최소한의 크기 이상이 되어야 한다</u>. 하지만, 이러한 요건은 예술의 속성에 관한 것이라기보다는 인간 지각 기관의 속성에 관한 것이다. 충분한 크기가 아니면 어떤 물체도 패턴이나 지각할 수 있는 구조로 마련될 수 있는 부분들을 가진 것으로 지각될 수 없다. 그러므로 사자나 상어는 그들의 부분들이 유의미하고 잘 구조화된 전체를 형성하기 때문에 아름다울 수 있다. 하지만 벼룩은 하찮고 불쾌한 동물이어서가 아니라 유의미하게 구성된 부분들을 지각하기에는 육안으로 너무 미세하기 때문에 아름다울 수 없다. 점은 아마 그 자체로 아름다울 수 없다. 아름다움은 물체가 알아볼 수 있는 부분들을 가지고 있을 때만 가능하다.

CHAPTER 12
본문 p. 108

067
정답 ①

해설

(A) (A)의 앞 부분에서 새로운 매체의 정의를 이용하고 그 정의를 이용하면 어떤 매체가 구식인지 신식인지 구별할 수 있다면서 (A) 뒤로 구체적인 예를 들고 있으므로 (A)에는 for example이 와야 한다.
(B) (B)의 앞 문장에서 쌍방향 텔레비전을 그리고 (B)의 뒤로는 새로운 세대의 이동식 또는 고정식 전화 통신이라는 새로운 매체의 예를 추가적으로 제시하고 있으므로, (B)에는 Additionally가적절하다.
그러므로 정답은 '① 예를 들어–뿐만 아니라'이다.

직독직해

New media can be defined by four characteristics simultaneously: / they are media at the turn of the 20th and 21st centuries / which are both integrated and interactive / and use digital code and hypertext as technical means. //
새로운 매체는 네 가지 특징에 의해 동시에 정의될 수 있다 / 그것들은 20세기와 21세기의 전환기의 매체이다 / 통합적이고 쌍방향이며 / 디지털코드와 하이퍼텍스트를 사용하는 기술적 수단으로 //

It follows / that their most common alternative names / are multimedia, interactive media and digital media. //
그것은 따른다 / 가장 일반적으로 대체할 만한 이름은 / 다중매체, 쌍방향 매체, 디지털 매체이다 //
By using this definition, / it is easy to identify media as old or new. //
이 정의를 사용하면 / 매체가 구식인지 신식인지를 구별하는 것이 쉽다 //
<u>For example</u>, traditional television is integrated / as it contains images, sound and text, / but it is not interactive or based on digital code. //
예를 들어, 전통적인 텔레비전은 통합적이다 / 그것이 이미지, 소리, 글을 포함하고 있기 때문에 / 하지만, 쌍방향이 아니며, 디지털코드에 기반을 두고 있지 않다 //
The plain old telephone was interactive, / but not integrated as it only transmitted speech and sounds / and it did not work with digital code. //
평범한 오래된 전화는 쌍방향이었다 / 하지만 그것은 오로지 말과 소리로만 전송되기 때문에 통합적이지 않다 / 그리고 디지털코드로 작동하지 않았다 //
In contrast, / the new medium of interactive television / adds interactivity and digital code. //
대조적으로 / 새로운 매체인 쌍방향의 텔레비전은 / 쌍방향성과 디지털 코드를 더한다 //
<u>Additionally</u>, the new generations of mobile or fixed telephony / are fully digitalized and integrated / as they add text, pictures or video / and they are connected to the Internet. //
뿐만 아니라, 이동식 또는 고정식 전화 통신의 새로운 세대는 / 완전히 디지털화 되고 통합적이다 / 글, 그림, 영상을 추가하고 / 인터넷과 연결되기 때문에 //

해석

새로운 매체는 네 가지 특징에 의해 동시에 정의될 수 있다. 그것들은 통합적이고 쌍방향이며 디지털코드와 하이퍼텍스트를 기술적 수단으로 사용하는, 20세기와 21세기의 전환기의 매체이다. 그것은 가장 일반적으로 대체할 만한 이름인 다중매체, 쌍방향매체, 디지털매체를 따른다. 이 정의를 사용하면 매체가 구식인지 신식인 지를 구별하는 것이 쉽다. <u>예를 들어,</u> 전통적인 텔레비전은 그것이 이미지, 소리, 글을 포함하고 있기 때문에 통합적이지만, 쌍방향이 아니며 디지털코드에 기반을 두고 있지않다. 평범한 구식전화는 쌍방향이었지만, 그것은 오로지 말과 소리만 전송하기 때문에 통합적이지 않았으며, 디지털코드로 작동하지 않았다. 대조적으로, 새로운 매체인 쌍방향의 텔레비전은 쌍방향성과 디지털 코드를 더한다. <u>뿐만 아니라,</u> 이동식 또는 고정식 전화 통신의 새로운 세대는 글, 그림 또는 영상을 추가하고 인터넷과 연결되기 때문에 완전히 디지털화 되고 통합적이다.

068
정답 ③

해설

(A) 전통적인 수학 교육의 방법에 대해 이야기하다가 (A)뒤로는 최근의 수학 교육의 변화로 이야기가 바뀌고 있으므로 (A)에는 대조의 의미를 지닌 연결어 however가 알맞다.
(B) (B)의 앞 부분에서 직장과 인생에서 단순 사실의 습득보다 수학의 적용이 기대될 것이라 했고, (B)의 뒤에서는 수학교육은 이러한 실생활의 적용을 반영해야 한다고 하고 있으므로 (B)에는 인과관계의 연결어인 consequently가 적절하다.
따라서 정답은 '③ 그렇지만–결과적으로'이다.
① 그렇지만–그렇지 않으면 ② 그렇지만–그렇기는 하지만
④ 더욱이–그에 맞게 ⑤ 더욱이–비슷하게

Traditionally we have assessed mathematics ability / based on the number of correct answers / on a page full of computational problems. //
전통적으로 우리는 수학 능력을 평가해왔다 / 정답 수에 근거해서 / 계산 문제들로 가득 찬 페이지에서 //
Learning and memorizing facts, / therefore, was the key component to the mathematics instructional program. //
사실을 학습하고 암기하는 것은 / 그러므로 수학 교육 프로그램의 핵심 요소였다 //
Recently, <u>however</u>, / many teachers have started placing a greater emphasis / on mathematical understanding, problem solving, hands-on experiences, and collaborative work. //
그렇지만, 최근에 / 많은 교사들은 더 큰 중점을 두기 시작했다 / 수학적 이해, 문제 해결, 직접 경험, 공동작업에 //
This change in the instructional program / can be attributed to well-informed teachers and the work of the National Council of Teachers of Mathematics. //
교육 프로그램에서 이런 변화는 / 정보에 정통한 선생님과 수학교사 전국협의회의 노력에 기인할 수 있다 //
Now teachers should realize / that their students will be using mathematics in a world / where calculators, computers, and other forms of technology are readily available. //
이제 교사들은 인식해야 한다 / 학생들이 세상에서 수학을 사용할 것이라는 것을 / 계산기와 컴퓨터 그리고 다른 형태의 기술을 손쉽게 이용할 수 있는 //
Therefore, the application of mathematics, / rather than mere fact acquisition, / is what will be expected of them in the workplace and in life, / and <u>consequently</u> mathematics instruction should mirror this real life application. //
그러므로 수학의 적용은 / 단순한 사실 습득 보다는 / 직장과 인생에서 그들에게 기대될 것이며 / 결과적으로 수학교육은 이런 실생활의 적용을 반영해야 한다 //

해석

전통적으로 우리는 계산 문제들로 가득 찬 페이지에서 정답 수에 근거해서 수학 능력을 평가해왔다. 그러므로 사실을 학습하고 암기하는 것은 수학 교육프로그램의 핵심요소였다. 그렇지만, 최근에 많은 교사들은 수학적 이해, 문제 해결, 직접 경험 그리고 공동 작업에 더 큰 중점을 두기 시작했다. 교육 프로그램에서의 이런 변화는 정보에 정통한 교사들과 수학교사전국협의회의 노력에 기인할 수 있다. 이제 교사들은 학생들이 계산기와 컴퓨터, 그리고 다른 형태의 기술을 손쉽게 이용할 수 있는 세상에서 수학을 사용할 것임을 인식해야 한다. 그러므로 단순한 사실 습득보다는 수학의 적용이 직장과 인생에서 그들에게 기대될 것이며, <u>결과적으로</u> 수학교육은 이런 실생활의 적용을 반영해야 한다.

069
정답 ①

해설

(A) (A)의 앞부분에서는 우리 대부분이 무엇이 스포츠인지 안다고 생각한다 했고, 뒤에서는 스포츠, 여가 활동, 놀이의 사례들 사이에 그어지는 선이 항상 분명한 것은 아니라고 상반된 이야기를 하고 있으므로 (A)에는 However가 알맞다.
(B) (B)의 앞 문장에서 오늘날 놀이로 여겨지는 활동이 미래에 스포츠의 지위를 얻을 수 있다고 말하고, (B) 뒤에서 예전엔 놀이던 배드민턴이 스포츠가 된 예를 들고 있으므로 (B)에는 For example이 적절하다.
그러므로 정답은 '① 하지만–예를 들어'이다.
② 하지만–결론적으로 ③ 게다가–결론적으로
④ 마찬가지로–예를 들어 ⑤ 마찬가지로–다시 말해

If you ask someone to name three sports, / most likely he or she will be able to answer with ease. //
만약 당신이 누군가에게 스포츠 이름 세 가지를 말하라고 요청하면, / 그 사람은 필시 쉽게 대답할 수 있을 것이다 //
After all, / nearly everyone has an idea about / what types of activities are regarded as sports and which are not. //
어쨌든, / 거의 모든 사람이 생각을 가지고 있다 / 어떤 유형의 활동이 스포츠로 여겨지고 어떤 것이 그렇지 않은지 //
Most of us think we know / what sports are. //
우리 대부분은 안다고 생각한다 / 무엇이 스포츠인지 //
<u>However</u>, the line drawn between examples of sports, leisure, and play / is not always clear. //
하지만, 스포츠, 여가활동, 놀이의 사례들 사이에서 그어지는 선이 / 항상 분명한 것은 아니다 //
In fact, devising a definition that establishes clear and clean / parameters around what types of activities should be included and excluded / is relatively difficult to do. //
사실, 분명하고, 깔끔하게 규명하는 정의를 고안하는 것은 / 어떤 유형의 활동이 포함되어야 하고 제외 되어야 하는 지를 둘러싼 규정요소들을 / 하는 것은 비교적 어렵다 //
Activities that are regarded as play today / may gain the status of sport in the future. //
오늘날 놀이로 여겨지는 활동이 / 미래에 스포츠의 지위를 얻을 수도 있다 //
<u>For example</u>, many people once played badminton in their backyards / but this activity was hardly considered a sport. //
예를 들어, 많은 사람들이 자기 뒤뜰에서 배드민턴을 쳤다 / 하지만 이 활동은 거의 스포츠로 여겨지지 않았다 //
Since 1992, however, badminton has been an Olympic sport! //
하지만 1992년이래, 배드민턴은 올림픽 스포츠가 되었다 //

해석

만약 당신이 누군가에게 스포츠 이름 세 가지를 말하라고 요청하면, 그 사람은 필시 쉽게 대답할 수 있을 것이다. 어쨌든, 거의 모든 사람이 어떤 유형의 활동이 스포츠로 여겨지고 어떤 것이 그렇지 않은 지에 대한 생각을 가지고 있다. 우리 대부분은 무엇이 스포츠인지 안다고 생각한다. <u>하지만</u>, 스포츠, 여가활동, 놀이의 사례들 사이에 그어지는 선이 항상 분명한 것은 아니다. 사실, 어떤 유형의 활동이 포함 되어야하고 제외 되어야하는 지를 둘러싼 규정 요소들을 분명하고 깔끔하게 규명하는 정의를 고안하는 것은 비교적 어렵다. 오늘날 놀이로 여겨지는 활동이 미래에 <u>스포츠의 지위</u>를 얻을 수도 있다. <u>예를 들면</u>, 많은 사람들이 예전에 자기 뒤뜰에서 배드민턴을 쳤지만 이 활동은 거의 스포츠로 여겨지지 않았다. 하지만 1992년이래 배드민턴은 올림픽 스포츠가 되었다!

070
정답 ②

해설

(A) 첫 문장에서 주제를 이야기하고 그 뒤로 그 내용에 대한 구체적 예가 이어지고 있으므로 (A)에는 for example이 와야 한다.
(B) (B)의 앞 부분에서 말한 것을 다시 한 번 말해주고 있으므로 (B)에 적절한 말은 In other words이다.
그러므로 정답은 '② 예를 들어–다시 말해서'이다.

Psychologists have noted a strong difference / that separates Western from Chinese thought: / the way each culture explains social events. //
심리학자들은 강력한 차이점에 주목해왔다 / 서양과 중국의 사고방식을 구별하는 / 각각의 문화가 사회적 사건을 설명하는 방식에 //

Suppose, <u>for example</u>, / that you see a person driving carelessly through a red traffic light. //
가정해 보자 / 예를 들어, / 당신이 빨간 교통 신호를 부주의하게 지나쳐 운전하는 사람을 본다고 //

Westerners are more likely to criticize the person, / assuming he generally cares little for the safety of others. //
서양인들은 사람을 비난할 가능성이 더 높다 / 그가 다른 사람들의 안전에 대해 신경을 대체로 안 쓴다고 추정하고 //

In contrast, East Asians including Chinese are more likely to believe / that the driver has been forced to drive fast / because he's in the midst of an emergency. //
반대로, 중국인을 포함한 동아시아인들은 믿을 가능성이 더 많다 / 그 운전자가 빨리 운전할 수 밖에 없었을 것이라고 / 그가 긴급한 상황에 있기 때문에 //

Perhaps he's transporting someone to the hospital, / or perhaps he's going to school to pick up a sick child. //
아마도 그는 누군가를 병원으로 옮기고 있거나 / 아마도 아픈 아이를 태워오기 위해 학교로 가는 중일지도 모른다 //

<u>In other words</u>, the person is behaving badly / because he's responding to the situation, / and not because he's irresponsible. //
다시 말하자면, 그 사람은 나쁘게 행동하는 것이다 / 그는 그 상황에 대응하고 있기 때문에 / 그 사람은 무책임해서가 아니라 //

해석

심리학자들은 서양과 중국의 사고방식을 구별하는 각각의 문화가 사회적 사건을 설명하는 방식에 강력한 차이점에 주목해왔다. 예를 들어, 당신이 부주의하게 빨간 교통 신호를 지나쳐 운전하는 사람을 본다고 가정해보자. 서양인들은 그가 다른 사람들의 안전에 대해 신경을 대체로 안 쓴다고 추정하고 그를 비난할 가능성이 더 높다. 반대로 중국인을 포함한 동아시아인들은 그 운전자가 긴급한 상황 중에 있기 때문에 빨리 운전할 수밖에 없었을 것이라고 믿을 가능성이 더 높다. 아마도 그는 누군가를 병원으로 옮기고 있거나 아마도 아픈 아이를 태워오기 위해 학교로 가는 중일지도 모른다. 다시 말하자면, 그 사람은 무책임해서가 아니라 그 상황에 대응하고 있기 때문에 나쁘게 행동하고 있는 것이다.

071
정답 ①

해설

(A) (A)의 앞 문장에서 소금과 단 것에 관한 욕구는 유아기 초기에 시작되므로 부모가 할 수 있는 것이 거의 없다고 했는데, (A) 뒤에서 어릴 때 먹는 것으로 아이가 단 맛과 짠 맛을 찾게 될 상황을 적어도 바꿀 수 있다고 상반된 내용이 나오고 있으므로 (A)에 적절한 연결어는 However이다.

(B) (B)의 앞 문장에서 소금에 노출된 아이들의 이야기가 나오고 (B)의 뒤에서는 설탕에 노출되는 이야기가 나온다. 같은 결과를 보여주는 예이므로 (B)에는 Similarly가 오는 것이 알맞다.

따라서 (A), (B)에 들어갈 말은 '① 하지만-마찬가지로'가 가장 적절하다.
② 게다가-마찬가지로
③ 하지만-그러므로
④ 게다가-대조적으로
⑤ 예를 들어-그러므로

When it comes to salt and sweets, / there's little a parent can do / to change a child's inborn desire for them, / which begins early in infancy. //
짠 것과 단 것에 관해서 / 부모가 할 수 있는 것은 거의 없다 / 아이의 선천적인 욕구를 바꾸기 위하여 / 그 욕구는 유아기 초기에 시작된다 //

<u>However</u>, there is some evidence / that early diet can at least change the circumstances / in which children will seek out sweet and salty flavors. //
하지만, 몇몇 증거가 있다 / 어릴 때 먹는 것이 상황을 적어도 바꿀 수 있다 / 아이가 단맛과 짠맛을 찾게 될 //

As early as six months of age, / babies who have been exposed more often to salted food / show a stronger preference for salted cereal / than babies with less salt experience. //
불과 생후 6개월일 때에도 / 소금 간을 한 음식에 더 자주 노출된 아기들은 / 소금을 가미한 시리얼에 더 강한 선호를 보인다 / 소금을 덜 맛본 아이들 보다 //

<u>Similarly</u>, six-month-old babies who have been fed sugar water / tend to drink more of it / than babies not previously exposed to it. //
마찬가지로, 설탕물을 먹어 본 적 있는 6개월 된 아기들은 / 그것을 더 마시는 경향이 있다 / 그것에 이전에 노출되지 않은 아기들 보다 //

This effect lasts a surprisingly long time, / because even if the parents stop giving their baby sugar water by six months of age, / she will continue to show a greater preference for it at age two. //
이러한 효과는 놀라울 정도로 오랜 기간 지속된다 / 그 이유는 심지어 부모가 생후 6개월이 되어 아이에게 설탕물을 주는 것을 멈추더라도 / 그 아기는 두 살에도 그것에 대한 더 큰 선호를 지속적으로 보일 것이기 때문이다 //

해석

짠 것과 단 것에 관해서 아이의 선천적인 욕구를 바꾸기 위하여 부모가 할 수 있는 것은 거의 없는데, 그 욕구는 유아기 초기에 시작된다. 하지만, 어릴 때 먹는 것이 아이가 단맛과 짠맛을 찾게 될 상황을 적어도 바꾸어줄 수 있다는 몇몇 증거가 있다. 불과 생후 6개월일 때에도, 소금 간을 한 음식에 더 자주 노출된 아기들은 소금을 덜 맛본 아기들보다 소금을 가미한 시리얼에 대해 더 강한 선호를 보인다. 마찬가지로, 설탕물을 먹어본 적 있는 6개월 된 아기들은 그것에 이전에 노출되지 않은 아기들보다 그것을 더 마시는 경향이 있다. 이러한 효과는 놀라울 정도로 오랜 기간 지속되는데, 그 이유는 심지어 부모가 생후 6개월이 된 아기에게 설탕물을 주는 것을 멈추더라도 그 아기는 두 살에도 그것에 대한 더 큰 선호를 지속적으로 보일 것이기 때문이다.

072
정답 ③

해설

(A) (A)의 앞 문장에 있는 예와 뒤로 이어지는 예가 같은 예들이므로 (A)에는 For the same reason이 알맞다.

(B) (B)의 앞 문장에서 우회적이고 민감한 조심스러운 용어를 사용하는 것은 문제가 없다고 했고, (B)의 뒤에서는 우리가 그런 노력을 극단으로 몰아가서는 안 된다고 말하고 있으므로 빈칸에 적절한 연결어는 Nevertheless이다.

그러므로 정답은 '③ 같은 이유로-그럼에도 불구하고'이다.

Thanks to the introduction of numerous politically correct words, / we have become more sensitive in our speech. //
수많은 정치적으로 올바른 단어들의 소개 덕분에 / 우리는 말할 때 좀 더 신중을 요하게 되었다 //

Instead of using 'disabled' or 'handicapped,' / we use a more encouraging expression such as 'physically challenged.' //
'불구가 된', '장애가 있는' 말을 사용하는 대신에 / 우리는 '신체적으로 노력을 요하는' 이라는 좀 더 고무적인 표현을 사용한다 //

For the same reason, / 'stewardess' is now referred to as 'flight attendant' and 'garbage man' as 'sanitation officer.'//
같은 이유로, / '여승무원'은 이제 '비행기 승무원'으로 '쓰레기 청소부'는 '환경미화원'으로 불린다 //

It is undeniable / that most politically correct terms are positive and encouraging. //
부정할 수 없다 / 대부분의 정치적으로 옳은 용어들은 긍정적이고 고무적인 것을 //

Some of them, however, / are much too radical. //
하지만 그중 몇몇은 / 너무 극단적이다 //

For example, / substituting 'gasoline transfer technician' for 'gas station attendant' / is going much too far. //
예를 들어 / '주유소 종업원'을 '휘발유 전송 기술자'로 대체하는 것은 / 너무 지나치다 //

Another extreme would be calling 'hunter' 'animal assassin.' //
또 다른 극단적인 것은 '사냥꾼'을 '동물 암살자'로 부르는 것이다 //

There is nothing wrong with / using indirect expressions and sensitive terms. //
문제가 없다 / 우회적이고 조심스러운 용어를 사용하는 것에는 //

Nevertheless, / we should not push such endeavors to the extreme, / because as Leslie Fiedler puts it, 'The middle against both ends' is the best rule of thumb. //
그럼에도 불구하고 / 우리는 그러한 노력을 극단으로 몰아가서는 안 된다 / Leslie Fiedler 가 말했듯이 '중도를 지키는 것이야 말로 최고의 경험적 지식이기 때문이다' //

수많은 Politically corret words(정치적으로 올바른 단어들)의 소개 덕분에 우리는 말할 때 좀 더 신중을 요하게 되었다. 우리는 '불구가 된', '장애가 있는'이라는 말을 사용하는 대신에 '신체적으로 노력을 요하는' 이라는 좀 더 고무적인 표현을 사용한다. 같은 이유로 '여승무원'은 이제 '비행기 승무원'으로, '쓰레기 청소부'는 '환경미화원'으로 불린다. 대부분의 정치적으로 옳은 표현들이 긍정적이고 고무적이라는 것은 부정할 수 없다. 하지만, 그중 몇몇은 너무나 극단적이다. 예를 들어, '주유소 종업원'을 '휘발유 전송 기술자'로 대체하는 것은 너무 지나치다. 또 다른 극단적인 예는 '사냥꾼'을 '동물 암살자'로 부르는 것이다. 우회적이고 조심스러운 용어를 사용하는 것에는 문제가 없다. 그럼에도 불구하고, 우리는 그러한 노력을 극단으로 몰아가서는 안 된다. Leslie Fiedler가 말했듯이, 중도를 지키는 것이야말로 최고의 경험적 지식이기 때문이다.

PART 05

CHAPTER 13

본문 p. 118

073

정답 ④

해설

이 글은 영화에서 음악이 하는 몇 가지 기능에 대해서 말하고 있다. 영화의 범위나 규모, 시점을 전달하는 기능을 한다는 것이다. 하지만 음악이 악기에 의해 분류된다는 것은 전체 흐름에서 벗어남으로 정답은 ④이다.

직독직해

Music can convey the scope of a film, / effectively communicating / whether the motion picture is an epic drama or a story that exists on a more personal scale. //
음악은 영화의 범위를 알려줄 수 있다 / 효과적으로 전달하면서 / 영화가 서사극인지 아니면 더 사적인 영역에 존재하는 이야기인지 //
Music can convey / the quality and size of a space. //
음악은 전달할 수 있다 / 공간의 특징과 규모를 //
For example, / in Alien and Olivier's Hamlet, the music serves at times / to make small and or artificial spaces seem more grand / and to enhance the sense of realism. //
예를 들어 / Alien 과 Olivier's Hamlet 에서 음악은 가끔씩 도움이 된다 / 규모가 작거나 인위적인 공간들을 좀 더 웅장하게 보이게 만들고 / 사실적인 느낌을 높이는 데 //
In addition, / music can establish / a narrative's placement in time. //
게다가 / 음악은 설정할 수 있다 / 이야기의 배치를 적시에 //
Music for motion pictures often serves / to authenticate the era or to provide a sense of nostalgia. //
영화를 위한 음악은 종종 도움을 준다 / 그 시대를 인증하거나 향수를 제공하는데 //
Music has traditionally been classified / by musical instruments. //
음악은 전통적으로 분류된다 / 악기별로 //
Examples of the former would include Amadeus and Immortal Beloved, / while a sense of nostalgia is communicated through the music selected for films / such as American Graffiti and The Big Chill. //
전자(시대를 인증하는)의 예는 Amadeus 와 Immortal Beloved 를 포함할 것이고 / 반면에 향수는 영화를 위해 선택된 음악을 통해 전달된다 / American Graffiti and The Big Chill 와 같은 //

해석

음악은 영화가 서사극인지 아니면 더 사적인 영역에 있는 이야기인지를 효과적으로 전달하며 영화의 범위를 알려 줄 수 있다. 음악은 공간의 특성과 크기를 전달할 수 있다. 예를 들어, 'Alien'과 Olivier의 'Hamlet'에서 음악이 때때로 규모가 작은 작거나 인위적인 공간을 좀 더 웅장해 보이게 만들고 사실적인 느낌을 고양하는 역할을 한다. 뿐만 아니라, 음악은 이야기의 시간상 배치(시점)를 설정할 수 있다. 영화 음악은 흔히 시대를 확인시키거나 향수의 느낌을 주는 역할을 한다. 음악은 전통적으로 악기에 의해 분류되었다. 향수의 느낌은 'American Graffiti'와 'The Big Chill'과 같은 영화를 위해 선택된 음악을 통해 전달되는 반면, 전자(시대를 확인시키는 역할)의 예는 'Amadeus'와 'Immortal Beloved'가 포함될 것이다.

074

정답 ②

해설

이 글은 기술발전 자체가 환경 문제를 초래한 것이 아니므로 기술 발전을 비난하거나 멈추게 하려는 것은 잘못된 생각이라는 글이다. 태양에너지에 관한 이야기는 글의 흐름과 관계가 없으므로 정답은 ②이다.

직독직해

A currently popular attitude is to blame technology or technologists / for having brought on the environmental problems we face today, / and thus to try to slow technological advance / by blocking economic growth. //
현재 대중의 태도는 기술이나 기술자를 비난하는 것이다 / 오늘날 우리가 직면한 환경의 문제를 야기한 것에 대해 / 따라서 기술의 진보를 늦추기 위해서이다 / 경제의 성장을 멈춤으로써 //
We believe / this view to be thoroughly misguided. //
우리는 믿는다 / 이 관점이 완전히 잘못된 것이라고 //
If technology produced automobiles that pollute the air, / it is because pollution was not recognized / as a problem which engineers had to consider in their designs. //
만약에 기술이 공기를 오염시키는 자동차를 생산했다면 / 그것은 오염이 인식되지 않았기 때문이다 / 공학자들이 설계할 때 고려했어야만 했던 문제로서 //
Solar energy can be a practical alternative energy source for us / in the foreseeable future. //
태양 에너지가 우리를 위한 실용적인 대체 에너지원이 될 수 있다 / 가까운 미래에 //
Obviously, / technology that produces pollution is generally cheaper, / but now that it has been decided that cleaner cars are wanted, / less polluting cars will be produced; /
분명히 / 오염을 일으키는 과학은 일반적으로 저렴하다 / 그러나 깨끗한 차를 원한다는 결정이 내려졌으므로 / 덜 오염시키는 차들이 생산될 것이다 /
cars which scarcely pollute at all / could even be made. //
거의 오염시키지 않는 차들이 / 만들어질 수 있다 //
This last option, however, / would require several years and much investment. //
그러나 마지막 선택은 / 수년간의 시간과 많은 투자를 필요할 것이다 //
Although technology is responsive to the will of the people, / it can seldom respond instantaneously and is never free. //
비록 기술이 인간의 의지에 반응하지만 / 그것이 즉각적으로 반응하는 경우는 없고 절대 무료가 아니다 //

해석

현재 대중의 태도는 오늘날 우리가 직면하고 있는 환경 문제들을 초래했던 것에 대해 기술이나 기술자들을 비난하고 따라서 경제 성장을 멈춤으로써 기술적인 진보를 늦추려고 하는 것이다. 우리는 이러한 관점이 완전히 잘못된 것이라고 믿는다. 기술이 공기를 오염시키는 자동차를 생산했다면 그것은 공학자들이 설계할 때 오염이 고려해야 할 문제로서 인식되지 않았기 때문이다. 태양 에너지가 예측 가능한 미래에 우리를 위한 실용적인 대체 에너지원이 될 수 있다. 분명히 오염을 발생시키는 기술은 일반적으로 더 저렴하지만, 더 깨끗한 자동차를 원한다는 결정이 내려졌으므로 오염을 덜 시키는 차들이 생산될 것이며, 심지어 오염을 거의 시키지 않는 차들이 만들어질 수도 있다. 그러나 이 마지막 선택은 수년간의 시간과 많은 투자를 필요로 할 것이다. 기술이 사람들의 의지에 반응하긴 하지만, 거의 즉각적으로 반응할 수 없고 절대 무료가 아니다.

075

해설

단순히 학습된 사실과 스스로 생각하여 습득된 사실을 비교하여 설명하는데 먼저 신체에 빗대어 두 방식의 차이점을 부각시키고 이어서 완벽한 색의 조화를 이루는 그림과 조화는 없는 팔레트로 비유하여 한번 더 차이점을 강조하는 글이다. ④번의 문장에서는 실제 그림에서 색의 역할에 대해 언급하고 있고 지식이 학습되는 방식과는 전혀 관계가 없으므로 글의 흐름에서 벗어난다.

직독직해

The truth that has been merely learned / sticks to us like an artificial limb, a false tooth, or a nose of wax. //
단순히 학습된 사실은 / 인공 팔다리, 틀니, 혹은 밀랍 코와 같이 우리에게 달라붙어 있다 //
On the other hand, / the truth acquired through our own thinking / is like the natural limb; / it alone really belongs to us. //
반면 / 우리 스스로의 사고를 통해 습득된 사실은 / 본래의 팔다리와 같다 / 그것이 정말로 우리에게 속한 것이다 //
On this rests the distinction / between the thinker and the mere scholar. //
이것에 차이가 있다 / 생각하는 사람과 단순한 학자 사이에는 //
The intellectual gain of the thinker who thinks for himself is, therefore, / like a beautiful painting / that vividly stands out with perfect harmony of colors. //
그러므로 스스로 생각하는 사람의 지적인 얻음은 / 아름다운 그림과 같다 / 완벽한 색의 조화로 선명하게 두드러지는 //
Color in painting is a major influence on our emotions, / and therefore plays a huge part in / how we appreciate art. //
그림의 색은 우리의 감정에 중요한 영향력이다 / 그래서 큰 역할을 한다 / 우리가 어떻게 미술을 감상하는지에 //
The intellectual acquisition of the mere scholar, on the other hand, / is like a large palette full of bright colors / but without harmony. //
반면, 단순한 학자의 지적인 습득은 / 밝은 색들로 가득 차 있는 큰 팔레트와 같다 / 하지만 조화가 없는 //

해석

단순히 학습된 사실은 인공 팔과 다리, 틀니, 혹은 밀랍 코와 같이 우리에게 달라붙어 있다. 반면, 우리 자신의 사고를 통해 습득된 사실은 본래의 팔과 다리와 같다. 즉, 그것만이 정말로 우리의 것이다. 사고하는 사람과 단지 학식이 있는 사람 사이의 차이가 이것에 있다. 그러므로 스스로 생각하는 사람의 지적인 얻음은 완벽한 색의 조화를 이루어 선명하게 두드러지는 아름다운 그림과 같다. 그림을 그릴 때 색은 우리의 정서에 중요한 영향력이고, 그래서 우리가 미술을 감상하는 방식에 있어서 큰 역할을 한다. 반면, 단지 학식이 있는 사람의 지적인 습득은 밝은 색들로 가득 차 있지만 조화는 없는 큰 팔레트와 같다.

076

해설

포유류와 조류만이 소리로 자신들의 존재가 느껴지게 만들고 소통을 하지만, 조류가 그런 것에 훨씬 능숙하다고 말하고 있다. 그런데 ④의 문장은 포유류가 사는 장소, 돌아다니는 방식 등이 서로 다르다고 말하고 있으므로 전체 흐름에서 벗어남을 알 수 있다. 그러므로 정답은 ④이다.

직독직해

Both mammals and birds are noisy creatures. //
포유류와 조류 둘 다 시끄러운 생물이다 //
They commonly make their presence felt, and communicate, / by sound, / but birds are far better at it. //
그것들은 흔히 자신들의 존재를 느끼게 만들고 소통한다 / 소리로 / 그러나 조류가 훨씬 그것에 능숙하다 //
Many mammals produce different sounds for different objects, / but few can match the range of meaningful sounds / that birds may give voice to. //
많은 포유류가 다른 대상에 대해 다른 소리를 낸다 / 그러나 의미 있는 소리의 범위에 필적할 수 있는 포유류는 거의 없다 / 조류가 낼 수 있는 //
Apart from human beings, / mammals on the whole are not melodious / and there is little evidence / that they intend to be. //
인간을 제외하고 / 포유류는 전반적으로 노래하지 못한다 / 그리고 증거가 거의 없다 / 그것들이 그렇게 하려 한다는 //
Some mammals bellow, / but few sing, / apart from human beings and perhaps whales. //
몇몇의 포유류는 큰 소리로 운다 / 그러나 거의 노래하지 않는다 / 인간과 아마 고래를 제외하고는 //
Some mammals are different / in where they live, how they move around and what they eat. //
몇몇의 포유류는 다르다 / 사는 장소, 돌아다니는 방식과 먹는 것에 있어 //
Yet many birds are famed for their songs / and some of the most glorious songsters / are the ones we encounter most often. //
그러나 많은 조류는 노래로 유명하다 / 그리고 가장 멋진 명금(고운 소리로 우는 새)의 몇몇은 / 우리가 흔하게 마주치는 것들이다 //

해석

포유류와 조류 둘 다 시끄러운 동물이다. 일반적으로 그것들은 소리로 자신들의 존재가 느껴지도록 만들고 소통을 하지만, 조류가 그것에 훨씬 더 능숙하다. 많은 포유류가 각기 다른 물체에 대해 각기 다른 소리를 내지만, 조류가 낼 수 있는 유의미한 소리의 범위에 필적할 수 있는 포유류는 거의 없다. 인간을 제외하고 포유류는 대체로 노래하지 못하고, 그렇게 하려 한다는 증거도 거의 없다. 몇몇 포유류가 큰 소리로 울부짖기는 하지만, 인간과 아마도 고래를 제외하고 노래하는 포유류는 거의 없다. 몇몇 포유류는 사는 장소, 돌아다니는 방식, 먹는 것에 있어서 서로 다르다. 하지만 많은 조류는 노래로 유명하며, 가장 멋진 명금(고운 소리로 우는 새) 중의 일부는 우리가 가장 흔하게 마주치는 것들이다.

077

해설

이 글은 사람의 오감 중 어느 것에 호소하는가에 따라 온라인에서 더 잘 팔리거나 오프라인에서 더 잘 팔린다는 내용이다. 그런데 ④는 온라인 쇼핑의 위험성을 피할 수 있는지에 관한 이야기는 글의 흐름과 무관함을 알 수 있다. 따라서 정답은 ④이다.

On the surface, / some products are easier to sell online than others. //
표면상으로는 / 어떤 상품들은 다른 것들보다 온라인으로 팔기가 더 쉽다 //

For instance, / anything that can be delivered in a digital format / is likely to do well online / and we have already seen / the decline of traditional record shops and photo processors. //
예를 들어 / 디지털 형태로 전달될 수 있는 것은 / 온라인에서 더 팔리는 경향이 있다 / 그리고 우리는 이미 목격했다 / 전통적 레코드 가게와 사진 현상기의 쇠퇴를 //

However, / there are many products / which benefit from being touched or experienced in some way / before being purchased. //
그러나 / 많은 상품들이 있다 / 어떤 방식으로 접촉되거나 경험되는 것에서 득을 보는 / 구입되기 전에 //

Thus / a customer may wish / to test-drive a new car before buying it / or feel the weight of a piece of furniture / to assess its solidity. //
그래서 / 어떤 고객은 원할 수 있다 / 새 차를 사기 전에 시행하기를 / 또는 가구의 무게를 느끼기를 / 견고함을 평가하기 위해 //

Michael de Kare-Silver suggests / that a product's propensity to online selling depends to a certain degree / on which of the five senses it appeals to. //
Michael de Kare-Silver는 말한다 / 상품의 온라인 판매 경향은 어느 정도에 달려있다 / 오감 중 어떤 것에 호소하는가 //

Although not all the risks of online shopping can be eliminated, / a great deal of them can be avoided / by choices the customer makes. //
온라인 쇼핑의 모든 위험이 제거될 수 없지만 / 그 중 상당수는 피해질 수 있다 / 고객이 하는 선택에 의해 //

Thus, / products which are sold on the basis of sight or sound alone / can be sold online relatively easily, / whereas those appealing to the senses of touch, taste, or smell cannot. //
따라서 / 단지 보는 것이나 듣는 것만 기반으로 하며 팔리는 상품들은 / 온라인에서 비교적 쉽게 팔린다 / 반면에 촉각, 미각, 후각에 호소하는 것들은 그렇지 않다 //

해석

표면적으로 어떤 상품들은 다른 것들보다 온라인으로 팔기가 더 쉽다. 예를 들어, 디지털 형태로 전달되는 것은 무엇이든 온라인으로 잘 팔리는 경향이 있어 우리는 이미 전통적인 음반 가게와 사진 현상기의 쇠퇴를 목격했다. 하지만 구매되기 전에 어떤 방식으로 접촉되거나 경험되는 것에서 득을 보는 많은 상품들이 있다. 따라서 어떤 고객은 구입하기 전에 새로운 차를 시험 운행해 보거나 견고함을 평가하기 위해 가구의 무게를 느껴 보고 싶을 수도 있다. Michael de Kare-Silver는 상품의 온라인 판매 경향은 그것이 오감 중 어떤 것에 호소하는가에 어느 정도 달려 있다고 말한다. 온라인 쇼핑의 모든 위험성이 제거될 수는 없을지라도 그 중의 상당수는 고객이 하는 선택에 의해 피해질 수 있다. 따라서 보는 것이나 듣는 것만을 기반으로 팔리는 상품들은 온라인에서 상대적으로 쉽게 팔릴 수 있는데 반면, 촉각, 미각 또는 후각에 호소하는 것들은 그렇지 않을 수 있다.

078

해설

사람에게는 공간적인 능력이 있어 왔다는 내용의 글로, 그런 능력 덕에 예로부터 수렵생활이나 사냥을 해왔다고 말한다. ④에서는 지도가 어떻게 그려졌는지가 설명되어 있으므로 전체적인 흐름과는 무관함을 알 수 있으므로 정답은 ④이다.

직독직해

Human beings have always had the capacity to think spatially / — this is here, that is there — / even though not everybody chooses to express / this understanding in mapmaking. //
인간은 공간적으로 생각하는 능력을 항상 지녀왔다 / 이것은 여기 있고, 저것은 저기 있다고 / 비록 모든 사람들이 표현하기로 선택하는 것은 아니지만 / 지도 제작에 그런 이해력을 //

The capacity to form mental maps / must have been essential for the early humans. //
머릿속 지도를 형성할 수 있는 능력은 / 초기 인류에게 필수적이었음이 분명하다 //

Hunter-gatherers, for instance, recognized / the routes of the migratory animals and the best places to hunt them down / even without a physical map. //
예를 들어, 수렵채집 인들은 인식했다 / 이주동물들의 경로와 그 동물들은 사냥할 수 있는 좋은 장소들을 / 눈에 보이는 지도 없이 //

Wandering tribesmen needed to know / how they could cross deserts safely / without dying of thirst. //
이리저리 돌아다니며 사는 부족민들은 알 필요가 있었다 / 어떻게 안전하게 사막을 건너야 할지 / 갈증으로 죽지 않고 //

Before the invention of printing from wood blocks, / maps were drawn on sheepskin or other suitable material / and could be reproduced only by hand copying. //
목판 인쇄술을 발명하기 전에 / 지도는 양가죽이나 다른 적합한 재료에 그려졌고 / 오직 손으로 베껴야만 복사될 수 있었다 //

All these people would have carried / a map of their land in their head. //
이 모든 사람들은 가졌을 것이다 / 그들의 머릿속에 그들 땅에 대한 지도를 //

해석

비록 모든 사람들이 지도 제작에 그런 이해력을 표현하기로 선택하지는 않지만, 인간은 공간적으로, 즉 이것은 여기에 있고, 저것은 저기에 있다고 생각하는 능력을 항상 지녀왔다. 머릿속 지도를 구성할 수 있는 능력은 초기 인류에게 필수적이었음이 분명하다. 예를 들어 수렵 채집인들은 실제 지도 없이 이주 동물들의 경로와 그 동물들을 사냥할 수 있는 가장 좋은 장소를 알아보았다. 이리저리 돌아다니며 사는 부족민들은 갈증으로 죽지 않고 안전하게 사막을 건널 수 있는 방법을 알 필요가 있었다. 목판 인쇄술을 발명하기 전에 지도는 양가죽이나 다른 적당한 재료에 그려졌고 오직 손으로 베껴야만 복사될 수 있었다. 이 모든 사람들은 머릿속에 그들의 땅에 대한 지도를 지녔을 것이다.

079   정답 ④

해설

주어진 글에서는 처벌이 몇 번 가해지면 그 뒤로는 처벌하겠다는 위협만으로도 바라는 행동을 끌어낼 수 있다고 나와 있다. (C)에서 'this avoidance training'이라고 이어서 언급하며 정의를 내리고 있으므로 (C)가 와야 하고, 다음으로는 이러한 회피 훈련이 항상 우리에게 유리한 것만은 아니라는 내용의 (A)가 이어지는 것이 자연스럽다. 그리고 (A)에서 예로 제시된 아이의 문제점과 그 문제점을 해결하기 위한 방법이 제시된 (B)가 이어져야 한다. 그러므로 정답은 '④ (C)–(A)–(B)'이다.

직독직해

Sometimes, / after punishment has been administered a few times, / it needn't be continued, / because the mere threat of punishment / is enough to induce the desired behavior. //
때때로 / 처벌이 여러 번 가해진 후에는 / 그것이 계속될 필요는 없다 / 왜냐하면 처벌의 단순한 위협이 / 바라는 행동을 끌어내기에 충분하다 //
(C) Psychologists call this avoidance training / because the person is learning to avoid / the possibility of a punishing consequence. //
심리학자들은 이것을 회피 훈련이라 부른다 / 왜냐하면 그 사람이 피하는 것을 배우는 중이다 / 처벌 결과의 가능성을 //
Avoidance training / is responsible for many everyday behaviors. //
회피 훈련은 / 많은 일상 행동의 책임이 있다 (일상 행동의 원인이다) //
It has taught you to carry an umbrella / when it looks like rain to avoid the punishment of getting wet, / and to keep your hand away from a hot iron / to avoid the punishment of a burn. //
그것(회피 훈련)은 우산을 가져가라고 당신에게 가르쳐준다 / 비가 올 것 같을 때 젖는 처벌을 피하기 위해 / 뜨거운 다리미에서 손을 떼라고 / 화상의 처벌을 피하기 위해 //
(A) Avoidance training, however, / doesn't always work in our favor. //
그러나 회피 훈련이 / 항상 유리하게 작용하지 않는다 //
For instance, / a child who has been repeatedly criticized for poor performance on math / may learn to dodge difficult math problems / in order to avoid further punishment. //
예를 들어 / 부진한 수학 수행에 있어 반복적으로 비난을 받는 아이들은 / 어려운 수학문제를 기피하는 것을 배울 수도 있다 / 더 큰 처벌을 피하기 위해서 //
(B) Unfortunately, / because of this avoidance, / the child fails to develop his math skills and therefore improve the capabilities he has, / and so a vicious cycle has set in. //
불행하게도 / 이런 회피 때문에 / 그 아이는 자신의 수학 능력을 발전시키고 따라서 그가 가진 능력을 개선하는데 실패한다 / 그리고 악순환이 시작된다 //
The avoidance must be unlearned / through some positive experiences with math / in order for this cycle to be broken. //
이러한 회피는 잊혀져야만 한다 / 수학의 긍정적인 경험을 통해 / 이 고리를 끊기 위해 //

해석

때때로 처벌이 몇 번 가해진 후에는 그것(처벌)이 계속될 필요가 없는데, 그 이유는 처벌하겠다고 단순히 위협만 해도 바라는 행동을 끌어내기에 충분하기 때문이다. (C) 당사자가 처벌 결과의 가능성을 피하는 법을 배우고 있으므로 심리학자들은 이것을 회피 훈련이라고 부른다. 일상의 많은 행동이 회피 훈련에 기인한다. 그것(회피 훈련) 때문에 여러분은 비가 올 것 같으면 젖게 되는 처벌을 피하고자 우산을 가져가고, 화상의 처벌을 피하고자 뜨거운 다리미에서 손을 멀리하는 법을 배웠다. (A) 그러나 회피 훈련이 항상 우리에게 유리하게 작용하는 것은 아니다. 예를 들어 수학에서 부진한 (학업) 성취로 반복해서 야단을 맞은 아이는 더 심한 처벌을 면하기 위해 어려운 수학 문제를 요리조리 피하는 방법을 배우게 될 것이다. (B) 불행하게도 이러한 회피 때문에 그 아이는 자신의 수학 기술을 발전시키지 못하고, 따라서 자신이 갖춘 능력을 개선하지 못하게 되어 악순환이 시작된다. 이 (악순환의) 고리를 끊기 위해서 회피는 수학에서의 몇 가지 긍정적인 경험을 통해 잊혀져야 한다.

080   정답 ②

해설

주어진 문장에서는 음식이 야외 활동을 얼마나 즐기는지에 많은 역할을 하고 얼마나 다양한 식단을 만들어 낼 수 있는지 말하고 있다. 그 후 야생에서의 식사의 양극단이 있음을 말하며 미식가의 식사법을 소개한 (B)가 오고, 미식가의 식사법에 이어 생존을 위한 식사법을 설명한 (A)가 이어지며 생존을 위한 식사법에 대한 보충 설명이 있는 (C)가 마지막에 오는 것이 흐름상 자연스럽다. 따라서 정답은 '② (B)–(A)–(C)'이다.

직독직해

Food plays a large part / in how much you enjoy the outdoors. //
음식은 많은 역할을 한다 / 얼마나 많이 당신이 야외활동을 즐기는가에 //
The possibilities are endless, / so you can constantly vary your diet. //
그 가능성은 무한하다 / 그래서 당신은 끊임없이 식단을 다양화 할 수 있다 //
(B) Wilderness dining has two extremes: / gourmet eaters and survival eaters. //
자연에서의 식사는 두 가지 극단이 있다 / 미식가와 생존을 위해 먹는 사람 //
The first like to make camp at lunchtime / so they have several hours / to set up field ovens; / they bake cakes and bread / and cook multi-course dinners. //
첫 번째(미식가)는 점심때 텐트를 세운다 / 몇 시간을 얻기 위해 / 야외 오븐을 설치할 / 그들은 케이크와 빵을 굽고 / 여러 코스의 저녁을 요리한다 //
(A) They walk only a few miles each day / and may use the same campsite for several nights. //
그들은 매일 단지 몇 마일을 걷는다 / 그리고 며칠 밤 동안 같은 야영장을 사용할 수 있다 //
Survival eaters eat some dry cereal for breakfast, / and are up and walking / within minutes of waking. //
생존을 위해 먹는 이들은 아침으로 건조한 시리얼을 먹는다 / 그리고 일어나서 걷는다 / 잠에서 깨어난 지 몇 분만에 //
(C) They walk dozens of miles every day; / lunch is a series of cold snacks / eaten on the move. //
그들은 매일 수십 마일을 걷는다 / 점심은 일련의 차가운 간식으로 이뤄진다 / 이동하면서 먹는 //
Dinner consists of a freeze-dried meal, / "cooked" by pouring hot water into the package. //
저녁 식사는 차갑고 건조된 음식으로 이뤄진다 / 뜨거운 물을 용기 안에 부으면 "조리되는" //

음식은 여러분이 야외 활동을 얼마큼 즐기는가에 많은 역할을 한다. 가능성은 무한하므로 끊임없이 식단을 다양화할 수 있다. (B) 야생에서의 식사는 양극단이 있는데, 그것은 미식가와 생존을 위해 먹는 사람이다. 첫 번째(미식가)는 야외 화덕을 설치하기 위한 몇 시간을 확보하기 위해 점심 때 텐트 치는 것을 즐긴다. 그리고 케이크와 빵을 굽고 여러 단계 코스의 저녁 식사를 요리한다. (A) 그들은 매일 단지 몇 마일만 걸으며 같은 야영장에서 며칠 밤을 보낼 수도 있다. 생존을 위해 먹는 사람들은 아침 식사로 약간의 마른 시리얼을 먹고 잠에서 깬 지 몇 분 만에 일어나서 걷는다. (C) 그들은 매일 수십 마일을 걷고 점심은 이동하면서 먹는 일련의 데워 먹지 않는 간식으로 이루어진다. 저녁은 용기 안에 뜨거운 물을 부어 '조리되는' 동결 건조식으로 이루어진다.

081

정답 ③

해설

주어진 글에서 산업 디자이너인 Dieter Rams는 그의 일은 본질에 도달할 때까지 불필요한 것을 걸러내는 일이라고 말한다. 그에 관한 구체적인 예가 나오는 (B)가 이어지고, 다음으로는 어떻게 불필요한 부분을 제거 했는지에 관한 이야기인 (C)가, 마지막으로 그것이 인기를 얻게 되었다는 내용의 (A)가 이어지는 것이 적절하다. 따라서 정답은 '③ (B)-(C)-(A)'이다.

직독직해

Dieter Rams, a German industrial designer, is driven by the idea / that almost everything is noise. //
독일 산업 디자이너인 Dieter Rams은 생각에 이끌린다 / 거의 모든 것이 소음이라는 //
He believes / very few things are essential. //
그는 믿는다 / 극히 소수만 중요하다고 //
His job is to filter through that noise / until he gets to the essence. //
그의 일은 그 소음을 걸러내는 것이다 / 그가 본질적인 것을 얻을 때까지 //
(B) For example, / when he was the lead designer at a company, / he was asked to collaborate on a record player. //
예를 들어 / 그가 회사의 수석 디자이너였을 때 / 그는 레코드 플레이어를 공동 제작 하자고 요청 받았다 //
The norm at the time / was to cover the turntable in a solid wooden lid / or even to incorporate the player / into a piece of living room furniture. //
그 당시의 표준은 / 턴테이블을 딱딱한 나무 뚜껑으로 덮거나 / 그 플레이어를 포함하는 것이었다 / 거실 가구의 일부에 //
(C) Instead, / he and his team removed the clutter / and designed a player with a clear plastic cover on the top / and nothing more. //
대신에 / 그와 그의 팀은 불필요한 것들을 제거하고 / 위에 투명한 플라스틱 덮개를 디자인 했으며 / 더 이상 아무것도 하지 않았다 //
It was the first time such a design had been used, / and it was so revolutionary that people worried / it might bankrupt the company because nobody would buy it. //
그 때가 그런 디자인이 처음 사용되었을 때인데, / 너무 혁신적이어서 사람들이 걱정했다 / 회사가 파산할 지 모른다고 / 아무도 그것을 사지 않을 수 있기 때문에 //
(A) It took courage, / as it always does, / to eliminate the non-essential. //
용기가 필요했다 / 항상 그렇듯이 / 비본질적인 것을 제거하는데 //

By the sixties this aesthetic started to become / more and more popular. //
60년대까지 이 미학은 되기(얻기) 시작했다 / 점점 더 인기를 //
In time it became the design / every other record player followed. //
곧 그것은 디자인이 되었다 / 모든 다른 레코드 플레이어가 따라 하는 //

해석

독일의 산업 디자이너인 Dieter Rams는 거의 모든 것이 소음(불필요한 것)이라는 생각에 이끌린다. 그는 극소수만이 본질적이라고 믿는다. 그가 하는 일은 본질에 도달할 때까지 불필요한 것을 걸러내는 것이다. (B) 예를 들어, 그가 한 회사에서 수석 디자이너였을 때 레코드플레이어를 공동 제작하도록 요청 받았다. 당시 표준은 턴테이블을 단단한 나무 덮개로 가리거나 심지어 레코드 플레이어를 거실 가구의 일부로 통합하는 것이었다. (C) 대신에 그와 그의 팀은 불필요한 것을 제거하고 위에 투명한 플라스틱 덮개가 있고 그 외에는 아무것도 없는 레코드플레이어를 디자인했다. 그때가 그런 디자인이 처음 사용되었는데, 그것이 매우 혁신적이어서 사람들은 아무도 그것을 사지 않아서 회사를 파산시킬지도 모른다고 걱정했다. (A) 항상 그러하듯 불필요한 것을 제거하는 것은 용기가 필요했다. 60년대까지 이 미학은 점점 더 인기를 얻기 시작했다. 이윽고 그것은 모든 다른 레코드플레이어가 따라 하는 디자인이 되었다.

082

정답 ③

해설

주어진 글에서 확률에 대한 주관적인 접근법은 과학적인 시도가 아닌 사람들의 의견, 감정, 희망을 기초로 한다고 제시되었다. (A)에서는 두 가지 경우 모두 팬들에게 재미있는 이야기 거리가 된다고 했으므로 마지막에 가야하고, (B)는 예를 제시하고 있으므로 주어진 문장 다음에 나옴을 알 수 있다. 그리고 (C)에서는 other people이라 하면서 앞에서 제시된 예와 다른 경우를 말해주고 있으므로 (B)다음에 이어지는 것이 자연스럽다. 그러므로 정답은 '③ (B)-(C)-(A)'가 된다.

직독직해

The subjective approach to probability / is based mostly on opinions, feelings, or hopes. //
확률에 대한 주관적인 접근은 / 주로 의견, 느낌, 희망을 기초로 한다 //
Therefore, / we don't typically use this approach / in real scientific attempts. //
그러므로 / 우리는 일반적으로 이 접근을 사용하지 않는다 / 실제 과학적 시도에서는 //
(B) Although the actual probability / that the Ohio State football team will win the national championship / is out there somewhere, / no one knows what it is. //
비록 실제 확률이 / Ohio 주 미식축구 팀이 전국 선수권 대회에서 우승할 것이라는 / 어딘가에 있지만 / 아무도 그것이 무엇인지 알지 못한다 //
Some fans will have ideas / about what that chance is / based on how much they love or hate Ohio State. //
몇몇의 팬들은 생각을 가질 것이다 / 그 확률이 얼마인지에 관해 / 얼마나 Ohio 주 팀을 좋아하거나 싫어하는지를 기반으로 하여 //
(C) Other people will take a slightly more scientific approach / — evaluating players' stats, analyzing all the statistics of the Ohio State team over the last 100 years, / looking at the strength of the competition, and so on. //
다른 사람들은 약간 더 과학적인 접근을 사용할 것이다 / 선수의 통계 평가, 100년 간 Ohio 주 팀의 모든 통계 분석 / 다른 경쟁자의 강점을 보는 것 등등 //

(A) But the probability of an event / in either case is mostly subjective, / and although this approach isn't scientific, / it sure makes for some great sports talk amongst the fans. //
그러나 사건의 확률은 / 두 경우 모두 주로 주관적이고 / 이 접근이 과학적이지 않음에도 불구하고 / 팬들 중에서는 확실히 재미있는 스포츠 이야기를 만든다 //

해석

확률에 대한 주관적인 접근법은 대체로 사람들의 의견, 감정, 희망을 기초로 한다. 따라서, 우리는 일반적으로 실제 과학적인 시도에서는 이러한 접근법을 사용하지 않는다. (B) Ohio주 미식축구팀이 전국선수권대회에서 우승하리라는 실제 확률이 어딘가에 있겠지만, 어느 누구도 그것을 알지 못한다. 몇몇 팬들은 Ohio주 팀을 얼마나 좋아하고 싫어하느냐에 기초해서 (이길) 확률이 얼마인지 생각 할 것이다. (C) 다른 사람들은 약간 더 과학적인 접근법을 사용할 것이다. 선수들의 개인 기록을 측정하거나, 지난 100년간의 Ohio주팀의 통계치를 분석하거나, 경쟁력을 보는 것 등과 같이. (A) 하지만, 두 가지 경우 모두, 사건에 대한 확률은 거의 주관적이고, 이러한 접근법은 과학적이지 않지만 팬들 사이에서 확실히 재미있는 이야깃거리가 된다.

083 정답 ⑤

해설

영국의 발명품인 탱크가 육군들에게 거절당했다는 내용의 글이 제시되어 있다. (C)에서, 하지만 한 장군이 잠재성이 있다고 생각하고 탱크의 개발에 자금을 지원했고, 전투에 사용되는 이야기가 나오므로 제시된 문장 다음에 이어져야 한다. (B)에서 탱크는 영국군의 사기를 높이고 독일군에게는 불안감을 조성했지만 아주 느린 속도임이 나오고 (A)에서 처음에는 제대로 기능을 하지 못했지만 1년 후에 빠르게 적의 전선을 돌파하는 내용이 나오므로 글의 순서는 '⑤ (C)–(B)–(A)'로 이어지는 것이 알맞다.

직독직해

The tank was a British invention. //
탱크는 영국의 발명품이었다 //
Early in the war inventors / came to the army leaders with the idea / but the army rejected it / as impractical. //
전쟁 초기 발명가들이 / 육군 지휘관들에게 이 생각을 가지고 갔다 / 그러나 육군은 그것을 거절했다 / 비실용적이라고 //
(C) However, / Winston Churchill, head of the navy, / thought the idea had potential / and his department funded its development. //
그러나 / 해군 장관인 Winston Churchill은 / 이 아이디어가 잠재력이 있다고 생각했다 / 그리고 그의 본부는 그것의 개발에 지원했다 //
Two years later the tanks were used for the first time / at the Battle of the Somme. //
2년 후 그 탱크들은 처음으로 사용되었다 / Somme 전투에서 //
They advanced ahead of the infantry, / crushing defences and spraying the enemy with machine-gun fire. //
그것들은 보병대를 앞서서 전진했다 / 방어선을 부수고 적들에게 기관총을 가지고 퍼부으면서 //
(B) They caused alarm among the Germans / and raised the morale of the British troops. //
그것들은 독일군 사이에 불안을 일으켰다 / 그리고 영국 군대의 사기를 높였다 //

Surely this was the weapon / that could achieve a breakthrough! //
분명히 그것은 무기였다 / 돌파구를 찾을 수 있는 //
However, / these first machines only moved at walking pace. //
그러나 / 이 최초의 기계는 단지 걷는 속도로 움직였다 //
(A) More than half of them broke down / before they got to the German trenches. //
그것들 중 절반 이상이 고장 났다 / 그들이 독일군 참호에 도착하기 전에 //
They were not very reliable. //
그것들은 매우 믿을만하지 않았다 //
It was not until a year later / that tanks actually achieved great success. //
그것은 일년 이후까지 안되었다 (일년이 지난 후에 되었다) / 탱크들이 실제로 큰 성공을 성취하는데 //
They blasted through enemy lines / so quickly that the infantry could not keep up. //
그것들은 적의 전선을 돌파했다 / 너무 빨라서 보병대가 따라잡을 수 없을 정도로 //

해석

탱크는 영국의 발명품이었다. 전쟁 초기에 발명가들이 육군 지휘관들에게 탱크에 관한 아이디어를 제시했지만 육군은 비실용적이라고 그것을 거절했다. (C) 하지만 해군 장관이었던 Winston Churchill은 그 아이디어가 잠재성이 있다고 생각했고 해군 본부는 그것의 개발에 자금을 지원했다. 2년 후, 탱크는 Somme 전투에서 처음으로 사용되었다. 탱크는 보병대보다 앞서서 진격하여 방어선을 돌파하고 적군에게 기관총을 난사했다. (B) 탱크는 독일군 사이에서 불안감을 조성했고 영국군의 사기를 높였다. 틀림없이 이것은 획기적인 돌파구가 될 수 있는 무기였다. 하지만 이 최초의 기계는 고작 걷는 속도로 이동했다. (A) 그것 중 절반 이상이 독일군 참호에 도달하기 전에 망가졌다. 그것은 그다지 믿을 만하지 못했다. 1년 후에야 탱크는 실제로 큰 성과를 거두었다. 탱크는 보병대가 따라올 수 없을 정도로 빠르게 적의 전선을 돌파했다.

084 정답 ③

해설

주어진 글에서 특정 매체에의 접근 가능성은 그 매체의 기술적 특성에 의해 형성된다고 말하면서 텔레비전과 전화의 예를 들었다. 다음으로 모든 매체가 접근을 용이하게 혹은 어렵게 만드는 특성들이 있다고 말하는 (B)가 와야 하고, (B)의 뒷문장에서 컴퓨터와 그 네트워크 왜 접근을 용이하게 하는지 말하고 있으므로 모든 이들에게 유용한 응용프로그램이 있다는 (C)가 뒤에 이어져야 한다. 마지막으로 접근의 공평성을 감소시키는 다른 특성을 언급한 (A)가 오는 것이 적절하므로 정답은 '③ (B)–(C)–(A)'이다.

직독직해

The potential of access to a particular medium is shaped / by the technological characteristics of the medium concerned. //
특정한 매체의 접근 가능성은 형성된다 / 관련 매체의 기술적 특성에 의해 //
Access to TV sets and telephones / is not the same as access to computers and networks. //
텔레비전과 전화의 접근은 / 컴퓨터와 네트워크의 접근과 같지 않다 //
(B) All media have characteristics / supporting and discouraging access. //
모든 매체는 특징을 가지고 있다 / 접근을 지원하고 막아내는 //

Computers and their networks support access / because they are multi-purpose or multi-functional technologies / enabling all kinds of information, communication, transaction, work, education and entertainment. //

컴퓨터와 네트워크는 접근을 지원한다 / 그것들은 다목적이거나 다기능적 기술이기 때문에 / 모든 종류의 정보, 의사소통, 거래, 일, 교육과 오락을 가능하게 하는 //

(C) So, / there are useful applications for everybody. //

그래서 / 모든 사람들을 위한 유용한 응용이 있다 //

Moreover, / the extension of networks produces network effects: / the more people gain access, / the more valuable a connection becomes. //

게다가 / 네트워크의 확장은 네트워크 효과를 생산한다 / 사람들이 접근할수록 / 더 가치 있는 연결이 생기는 //

(A) However, / multi-functionality also results in extremely different applications, / both advanced, with many opportunities to learn and build a career, / and simple, mainly focused on entertainment. //

그러나 / 다기능성은 또한 극도의 다른 적용들에 결과를 낸다 / 학습하고 경력을 쌓을 수 있는 많은 기회를 가진 앞선 것과 / 주로 즐거움에 중점을 둔 단순한 것 //

Other characteristics decreasing equality of access / are the complexity, expensiveness and lack of user-friendliness / of many contemporary new media. //

접근의 공평성을 감소시키는 다른 특성들은 / 복잡성, 비싼 가격 그리고 사용자 편의성의 부족이 있다 / 많은 현대의 새로운 매체의 //

해석

특정한 매체에의 접근 가능성은 해당 매체의 기술적 특성에 의해 형성된다. 텔레비전과 전화에의 접근은 컴퓨터와 네트워크의 접근과 동일하지 않다. (B) 모든 매체는 접근을 용이하게 하거나 어렵게 만드는 특성들을 지니고 있다. 컴퓨터와 그 네트워크는 온갖 종류의 정보, 소통, 거래, 업무, 교육, 오락을 가능하게 하는 다목적 혹은 다기능적 기술이기 때문에 접근을 용이하게 한다. (C) 그래서 모든 이들에게 유용한 응용 프로그램이 있다. 게다가 네트워크의 확장은 네트워크 효과를 초래하는데, 즉 더 많은 사람이 접근할수록, 연결이 더 가치 있어진다는 것이다. (A) 그러나 다기능성은 확연히 다른 응용 프로그램을 만들어 내기도 하는데, 이는 학습하고 경력을 쌓을 많은 기회를 주는 진보적인 것이면서도, 주로 오락에 초점이 맞춰진 단순한 것이기도 하다. 접근의 공평성을 감소시키는 다른 특성에는 많은 현대의 새로운 매체의 복잡성, 비싼 가격, 사용자 편의성의 부족이 있다.

CHAPTER **15** 본문 p. 134

085 정답 ③

해설

주어진 문장에서 this에 해당하는 것을 먼저 찾는다. 연구자들은 뿌리를 먹는 복숭아 나무가 햇빛에 노출되는 기간을 늘려서 this가 발생하게 했다고 했으므로, 실험 결과인 this가 나온 문장 뒤에 주어진 문장이 와야 한다. 따라서 결과가 애벌레가 성체로 나타나려면 2년이 더 필요했지만 1년만 걸린 것이므로 주어진 문장이 들어갈 적절한 위치는 ③이다.

Exactly how cicadas keep track of time / has always intrigued researchers, / and it has always been assumed / that the insects must rely on an internal clock. //

정확히 어떻게 매미가 시간을 추적하는지는 / 항상 연구자들의 호기심을 불러일으켰다 / 그리고 항상 추정되었다 / 그 곤충들은 체내 시계에 의존하는 것이 틀림없다고 //

Recently, however, / one group of scientists working with the 17-year cicada in California have suggested / that the nymphs use an external cue / and that they can count. //

최근에 그러나 / 캘리포니아에서 17년 된 매미를 연구하는 한 과학자 집단이 시사했다 / 애벌레들이 외부의 신호를 사용하고 / 그것들이 수를 셀 수 있다고 //

For their experiments / they took 15-year-old nymphs and moved them / to an experimental enclosure. //

실험을 위해 / 그들은 15년 된 애벌레를 잡아서 옮겼다 / 실험용 구역으로 //

These nymphs should have taken a further two years / to emerge as adults, / but in fact they took just one year. //

그 애벌레들은 2년 더 걸려야 했다 / 성체로 나타나기 위해 / 그러나 사실 일년만 걸렸다 //

The researchers had made this happen / by lengthening the period of daylight / to which the peach trees on whose roots the insects fed / were exposed. //

연구자들은 이 일을 발생하게 했다 / 햇빛의 기간을 늘림으로써 / 그 뿌리를 곤충이 먹고 있는 복숭아 나무가 / 노출된 //

By doing this, / the trees were "tricked" into flowering / twice during the year rather than the usual once. //

이렇게 함으로써 / 나무들은 "속아서" 꽃을 피웠다 / 보통 한 번이 아닌 일년에 두 번 //

Flowering in trees coincides with a peak / in amino acid concentrations in the sap / that the insects feed on. //

나무에 꽃이 피는 것은 최고점과 일치한다 / 수액 안 아미노산 농도의 / 곤충들이 먹는 //

So it seems that the cicadas keep track of time / by counting the peaks. //

그래서, 매미들이 시간을 파악하는 것처럼 보인다 / 최고점을 세면서 //

해석

정확히 어떻게 매미가 시간을 추적하는지는 항상 연구자들의 호기심을 자아냈으며 그 곤충은 체내 시계에 의존하는 것이 틀림없다고 항상 여겨져 왔다. 하지만 최근에 California에서 17년 매미를 연구하는 과학자 집단은 애벌레들이 외부의 신호를 사용하며 그것들이 수를 셀 수 있음을 시사했다. 실험을 위해 그들은 15년 묵은 애벌레를 잡아서 실험용 구역으로 옮겼다. 애벌레들이 성체로 나타나려면 2년이 더 필요했어야 했지만, 사실은 불과 1년만 걸렸다. 연구자들은 그 뿌리를 곤충들이 먹는 복숭아 나무가 햇빛에 노출되는 기간을 늘려서 이 일이 발생하게 했다. 이 일을 함으로써 나무들은 '속아서' 그 해에 평소의 한 번이 아닌 두 번 꽃을 피웠다. 나무에 꽃이 피는 것은 그 곤충들이 먹는 수액의 아미노산 농도의 최고점과 일치한다. 그러므로 매미는 그 최고점의 수를 세어 시간을 파악하는 것처럼 보인다.

086

해설

주어진 문장은 But으로 시작하며 앞 내용과 상반된 이야기를 하고 있다. 주어진 문장에서 표시가 없는 건널목에서는 둘 중 어느 쪽도 이 사실을 인지하지 못한다고 했으므로, 그 전 문장에서는 표시가 있는 건널목에서 운전자와 보행자 모두 이 사실(건널목에서는 운전자가 보행자에게 양보해야 한다는 것)을 인식한다는 내용이 있어야 한다. 따라서 주어진 문장은 ③의 위치에 와야 한다.

직독직해

Studies do show / that motorists are more likely to yield to pedestrians / in marked crosswalks than at unmarked crosswalks. //
연구들은 보여준다 / 운전자들이 보행자들에게 더 양보하려고 한다는 것을 / 표시되지 않은 건널목 보다 표시된 건널목에서 //

But as some researchers found, / that does not necessarily make things safer. //
그러나 몇몇의 연구자들이 알아낸 것처럼 / 반드시 그것이 안전하게 만들지 않는다 //

When they compared / the way pedestrians crossed at both kinds of crosswalks / on roads with considerable traffic volumes, / they found / that people at unmarked crosswalks tended to look both ways more often, / waited more often for gaps in traffic, / and crossed the road more quickly. //
그들이 비교했을 때 / 보행자들이 두 가지 종류의 건널목을 건너는 방식을 / 교통량이 많은 도로에서 / 그들은 알아냈다 / 표시되지 않은 건널목에서 사람들이 양방향을 모두 처다보는 경향이 있고, / 교통이 끊어지는 공간을 더 기다리고 / 더 빨리 길을 건넌다는 것을 //

Researchers suspect / that both drivers and pedestrians are more aware / that drivers should yield to pedestrians in marked crosswalks. //
연구자들은 생각한다 / 운전자와 보행자 모두 더 인지한다고 / 운전자가 표시된 건널목에서 보행자에게 양보해야 하는 것을 //

But neither are aware of this fact / when it comes to unmarked crosswalks. //
그러나 둘 다 이 사실을 인지하지 못한다 / 표시가 없는 횡단보도에 관해서는 //

Not knowing traffic safety laws, it turns out, / is actually a good thing for pedestrians. //
교통 안전 법규를 모르는 것이 드러난다 / 사실은 보행자들에게 좋은 일이다 //

Because they do not know whether cars are supposed to stop, / they act more cautiously. //
그들은 자동차가 멈출 것인지 모르기 때문에 / 그들이 더 조심스럽게 행동한다 //

Marked crosswalks, by contrast, / may give pedestrians an unrealistic picture of their own safety. //
표시된 건널목은 이와 반대로 / 보행자들에게 그들 안전에 대한 비현실적인 모습을 줄 수 있다 //

해석

연구들은 건널목 표시가 없는 건널목보다 표시가 되어 있는 건널목에서 운전자들이 보행자들에게 양보할 가능성이 더 높다는 것을 보여준다. 그러나 몇몇 연구자들이 알아냈듯이, 그것이 반드시 상황을 더 안전하게 해 주지는 않는다. 그들은 교통량이 많은 도로에서 두 가지 종류의 건널목에서 보행자들이 건너는 방식을 비교했는데, 표시가 되어 있지 않은 건널목에서는 사람들이 양쪽을 더 자주 쳐다보는 경향이 있고, 교통이 끊기는 순간을 더 자주 기다려 길을 더 빨리 건넌다는 것을 알아냈다. 연구자들은 표시가 있는 건널목에서는 운전자가 보행자에게 양보해야 한다는 것을 운전자와 보행자 모두 더 잘 인지하고 있을 것 같다고 생각한다. 그러나 표시가 없는 건널목에서는 둘 중 어느 쪽도 이 사실을 인지하지 못한다. 교통 안전 법규를 모르는 것이 알고 보면 보행자들에게 실은 좋은 일이다. 보행자들은 자동차가 멈출 것인지에 대해 모르기 때문에 더 조심스럽게 행동한다. 그와 대조적으로, 표시가 있는 건널목은 보행자들에게 자신의 안전에 대한 비현실적인 모습(생각)을 심어 줄 수 있다.

087

해설

주어진 문장이 But으로 시작하며 체스를 잘한다는 것이 '지능'의 실제 척도는 아니라고 말하고 있으므로 이와 상반되는 의미를 가진 문장이 이 문장의 앞에 와야 됨을 알 수 있다. ②번 앞의 문장에서 컴퓨터가 인간의 뇌보다 많은 체스 말의 움직임을 저장하고 있다고 말하고 있으므로 따라서 주어진 문장은 ②의 위치에 들어가는 것이 적절하다.

직독직해

Do you think a computer is smarter than people? //
당신은 컴퓨터가 사람보다 똑똑하다고 생각하는가 //

In the case of chess, / it has been proven / that a computer can store and handle more bits of information about chess moves / than a human brain can. //
체스에 있어서 / 증명되었다 / 컴퓨터가 체스의 움직임에 관한 정보를 더 많이 저장하고 다룰 수 있다는 것을 / 인간의 뇌보다 //

But / being good at chess / isn't a real measure of "intelligence." //
그러나 / 체스를 잘한다는 것이 / "지능"의 실제 척도는 아니다 //

In fact, / there are other board games / that computers are pretty hopeless at. //
사실 / 다른 보드 게임들이 있다 / 컴퓨터가 서툰 //

For instance, / in the complex board game Go, / even the most advanced computers can't beat beginners. //
예를 들어 / 복잡한 보드 게임 Go 에서 / 가장 진보된 컴퓨터 조차 초보자를 이길 수 없다 //

The same goes for complex card games / like poker, players do. //
다른 복잡한 카드 게임의 경우도 마찬가지다 / 포커처럼, 선수들이 하는 //

To play poker or Go well, / you need other things like intuition and creativity / which computers are not good at / because they can't bluff (or even cheat) / the way human. //
포커나 Go를 잘하기 위해서 / 당신은 직관이나 창의성과 같은 다른 것들이 필요하다 / 컴퓨터가 잘 못하는 / 왜냐하면 그것들은 허세(또는 속임수)를 부릴 수 없다 / 인간 방식으로 //

해석

컴퓨터가 사람보다 더 똑똑하다고 생각하는가? 체스게임의 경우, (체스의) 말의 움직임에 관해서는 컴퓨터가 인간의 뇌보다 더 많은 양의 정보를 저장하고 다룰 수 있다는 것이 입증되었다. 그러나 체스를 잘한다는 것이 '지능'의 실제 척도는 아니다. 사실, 컴퓨터가 매우 형편없이 못하는 다른 보드게임들이 있다. 예를 들어, 복잡한 보드게임 Go에서는 최첨단 컴퓨터조차 초보자를 이길 수 없다. 포커와 같은 복잡한 카드 게임도 마찬가지다. 포커나 Go를 잘하기 위해서는, 직관이나 창의성처럼 컴퓨터가 잘 못하는 것들이 필요한데, 컴퓨터는 인간처럼 허세 (혹은 속임수)를 부릴 수 없기 때문이다.

088

이 글은 과학적 발견의 실제 적용에 있어서 과거와 현재의 차이점을 부각시키는 글이다. 주어진 문장에서 such delays란 표현이 있으므로 앞에 반드시 지연된 사건이 최소한 두 가지 이상 있어야 한다. 그리고 과거와 다른 오늘날에 대한 이야기가 ④ 이후에 나오고 있다. 또한 ④ 전후 문장들의 시제를 봐도 과거와 현재가 명확히 구분된다.

Scientific discoveries are being brought to fruition / at a faster rate than ever before. //
과학적인 발견은 성과를 가져오고 있다 / 이전보다 더 빠른 속도로 //
For example, / in 1836, a machine was invented / that mowed, threshed, and tied straw into bundles / and poured grain into sacks. //
예를 들어 / 1836년에 기계가 발명되었다 / 베고, 타작하고, 짚을 다발로 묶고 / 곡식을 자루 안에 붓는 //
The machine was based on technology that even then was twenty years old, / but it was not until 1930 / that such a machine actually was marketed. //
그 기계는 20년이 된 기술에 기초를 둔다 / 하지만 1930년이 되어서야 되었다 / 그런 기계가 실제로 유통이 되기에 //
The first English patent for a typewriter was issued in 1714, / but another 150 years passed / before typewriters were commercially available. //
타자기에 대한 최초의 영국 특허권이 1714년에 발급되었다 / 그러나 다른 150년이 지났다 / 타자기가 상업적으로 이용가능하기 전까지 //
Today, / such delays between ideas and application / are almost unthinkable. //
오늘날 / 아이디어와 실제 적용 간의 그런 연기는 / 거의 생각할 수 없다 //
It is not / that we are more eager or more ambitious than our ancestors / but that we have, over time, / invented all sorts of social devices / to hasten the process. //
아니다 / 우리가 우리 조상들보다 더 갈망하거나 의욕이 있어서 / 하지만 시간이 지나면서 우리가 / 모든 종류의 사회적 장치를 발명해왔기 때문이다 / 그 과정을 앞당기기 위해서 //
Thus, we find / that the time between the first and second stages of the innovative cycle / — between idea and application — / has been cut radically. //
그러므로 우리는 안다 / 혁신적인 순환의 첫 번째와 두 번째 단계 사이 시간이 / 아이디어와 적용 사이 / 급격하게 줄어들어왔다 //

과학적 발견들이 과거 어느 때보다 더 빠른 속도로 결실을 맺고 있다. 예를 들어, 1836년에 (곡식을) 베고, 타작하고, 짚을 다발로 묶고, 낟알을 자루 안으로 쏟아 부어 주는 기계가 발명되었다. 그 기계는 심지어 당시에도 20년 된 기술에 기초하였지만, 1930년이 되어서야 비로소 그러한 기계가 실제로 유통되었다. 타자기에 대한 최초의 영국 특허권이 1714년에 발급되었지만, 150년이 더 지나서야 타자기는 상업적으로 판매되었다. 오늘날, 아이디어와 적용 사이의 그러한 지연은 거의 생각할 수 없다. 그것은 우리가 우리 조상들보다 더 간절하거나 열망이 더 강해서가 아니라, 시간이 지나면서 우리가 그 과정을 앞당기는 모든 종류의 사회적 장치들을 발명해 오기 때문이다. 그러므로 혁신적인 순환의 첫 번째와 두 번째 단계 사이, 즉 아이디어와 적용 사이의 시간이 급격히 줄어들어 왔다는 것을 우리는 알게 된다.

089

주어진 문장에서 this categorizing and labeling of children이라는 말이 있으므로 아이들을 어떻게 나누었는지를 설명한 문장 뒤에 주어진 문장이 와야 한다. ⑤번 앞의 문장에서 아이들을 세 개의 집단으로 나누었다는 설명이 있으므로 주어진 문장은 ⑤에 들어가야 한다.

In the last twenty years or so / research on the brain has radically changed / the way intelligence is understood. //
지난 20여 년 동안 / 뇌에 관한 연구가 급격하게 변화시켜왔다 / 지능을 이해하는 방식을 //
There is now considerable controversy / surrounding the notion of general intelligence. //
지금 상당한 논란이 있다 / 일반적 지능의 개념을 둘러싼 //
Some of our intelligence may indeed be inherited, / but our life experience is now thought / to have a profound effect upon intelligence. //
우리의 몇몇 지능은 정말로 물려받을지도 모른다 / 그러나 우리의 경험이 이제는 여겨진다 / 지능에 엄청난 영향을 준다고 //
Scientists have suggested / that intelligence changes and modifies / as one progresses through life. //
과학자들은 말한다 / 지능이 변화하고 수정된다고 / 우리가 삶을 나아가면서 //
This finding has not yet impacted on / schooling in any significant way. //
이 발견은 아직 영향을 주지 않고 있다 / 학교 교육에서 어떤 중요한 방식으로 //
When asked to describe a class / they had met for the first time, / some teachers immediately divided the children into three groups, / the bright, the middle-of-the-road and the "no hopers." //
학급을 묘사하라고 요청 받을 때 / 그들이 처음 만난 / 몇몇의 교사들은 즉시 아이들을 세 그룹으로 나눈다 / 가장 똑똑한, 중간의, 그리고 "희망 없는" 그룹으로 //
The old idea of innate intelligence / has had a major effect on this / categorizing and labelling of children. //
선천적 지능의 오래된 생각은 / 여기에 주요한 영향을 미쳐왔다 / 아이들을 분류하고 꼬리표를 붙이는데 //
It has contributed to many children / growing up with the mistaken idea / that they are not intelligent / and cannot succeed in education. //
그것은 많은 아이들에게 원인이 된다 / 잘못된 생각을 가지고 자라는데 / 그들은 똑똑하지 않고 / 교육에 있어 성공할 수 없다는 //

최근 20여 년 동안 두뇌에 대한 연구가 지능을 이해하는 방식을 급격하게 변화시켜 왔다. 이제는 일반 지능의 개념을 둘러싼 상당한 논쟁이 있다. 우리 지능의 일부는 실제로 물려받을지 모르지만 삶의 경험이 이제는 지능에 엄청난 영향을 미치는 것으로 여겨진다. 과학자들은 우리가 인생을 살아가면서 지능이 변화하고 수정된다고 말한다. 이러한 발견은 아직 그 어떤 중대한 방식으로도 학교 교육에 영향을 미치지 못하고 있다. 처음 만난 학급을 묘사해달라고 요청 받았을 때, 일부 교사들은 즉시 아이들을 영리한 아이, 중간 수준의 아이, '희망이 없는 아이'라는 세 개 집단으로 나누었다. 지능이 선천적이라는 옛 관념이 아이들을 이렇게 분류하고 명명하는 것에 주된 영향을 미친 것이다. 그것은 많은 아이들이 자신이 똑똑하지 않고 교육에서 성공할 수 없다는 잘못된 생각을 가지고 성장하는 원인이 되어 왔다.

090

해설

주어진 문장에 Nevertheless가 있으므로 남녀 생산성의 차이가 줄어들 상황이 앞 문장에 기술되어야 함을 알 수 있다. ⑤번 앞의 문장에서 향상된 농업 장비의 도입으로 남성의 근력에 대한 필요가 줄었다고 했으므로 주어진 문장은 ⑤에 위치해야 한다.

직독직해

In primitive agricultural systems, / the difference in productivity between male and female agricultural labor is roughly proportional / to the difference in physical strength. //
원시 농경체제에서 / 남성과 여성 농업 노동력의 생산성 차이점은 대략 비례한다 / 물리적 힘의 차이에 //

As agriculture becomes less dependent upon human muscular power, / the difference in labor productivity between the two genders / might be expected to narrow. //
농업이 인간의 근육의 힘에 의존하는 것이 줄어듦에 따라 / 양성 간의 노동 생산성의 차이점은 / 좁혀질 것이라 예상된다 //

However, / this is far from being so. //
그러나 / 전혀 그렇게 되지 않는다 //

It is usually the men / who learn to operate new types of equipment / while women continue / to work with old hand tools. //
이것은 주로 남자다 / 새로운 유형의 장비를 작동하는 것을 배우는 것은 / 반면에 여자는 계속한다 / 예전의 손 도구로 일하는 것을 //

With the introduction of improved agricultural equipment, / there is less need for male muscular strength. //
개선된 농업 장비의 도입에 따라 / 남성 근력에 대한 필요가 줄어든다 //

<u>Nevertheless, / the productivity gap tends to widen / because men dominate / the use of the new equipment and modern agricultural methods. //</u>
그럼에도 불구하고 / 생산성의 차이는 벌어지는 경향이 있다 / 왜냐하면 남자들이 지배하기 때문에 / 새로운 장비의 사용과 현대의 농업 방식을 //

Thus, / in the course of agricultural development, / women's labor productivity remains unchanged / compared to men's. //
그리하여 / 농업 발전의 과정에서 / 여성의 노동 생산성은 변하지 않고 남아있다 / 남성의 것 (노동생산성)과 비교했을 때 //

해석

원시 농업 체제에서 남성과 여성의 농업 노동력 생산성의 차이점은 물리적인 힘의 차이에 대략 비례한다. 농업이 점차 인간의 근력에 의존을 덜하게 됨에 따라 양성간의 노동 생산성의 차이는 좁혀질 것이라 예상된다. 하지만, 이것은 전혀 그렇지 않다. 새로운 유형의 장비를 사용하는 법을 배우는 것은 주로 남성인 반면 여성은 옛날의 손 도구로 계속 일한다. 향상된 농업 장비가 도입됨에 따라 남성의 근력에 대한 필요가 줄었다. <u>그럼에도 불구하고, 남성이 새로운 장비와 현대적인 농업 방식의 사용을 지배하기 때문에, 생산성의 차이가 오히려 늘어나는 경향이 있다.</u> 그리하여, 농업 발전의 과정에서 여성의 노동 생산성은 남성에 비해 정체되어 있다.

091

해설

기업조직에 기능형 관리자와 사업형 관리자가 있음을 이야기 하고 각각의 역할과 자질을 설명하는 글이다. 기능형 관리자는 전체 시스템을 작은 요소들로 나누는데 능숙하고, 사업형 관리자는 전체 조각들을 모아서 일관성 있는 전체를 만들 수 있는 능력이 요구된다고 했으므로 (A), (B)에 적절한 단어는 '② 분석하는—결합하는'이다.

직독직해

There are two types of managers in business organizations: / functional managers and project managers. //
기업 조직에는 두 유형의 관리자가 있는데 / 기능 관리자와 사업 관리자이다 //

Both types of managers have different roles and qualities. //
두 유형의 관리자는 서로 다른 역할과 자질을 갖고 있다 //

Functional managers head one of a firm's departments / such as marketing or engineering, / and they are specialists in the area they manage. //
기능 관리자들은 한 회사의 부서들 중 하나를 이끄는데 / 예를 들어 마케팅이나 엔지니어링 같은 것이다 / 또한 그들은 그들이 관리하는 영역에서 전문가들이다 //

They are skilled at breaking the components of a system into smaller elements, / knowing something of the details of each operation / for which they are responsible. //
그들은 어떤 시스템의 구성 성분들을 더 작은 요소들로 쪼개는 데 능숙하며 / 각 작업의 세부사항들에 관한 것을 알고 있다 / 그들이 책임지고 있는 //

On the other hand, / project managers begin their career as specialists in some field. //
반면에 / 사업 관리자는 어떤 분야의 전문가로서 직장생활을 시작한다 //

When promoted to the position of project manager, / they must transform from technical caterpillar to generalist butterfly. //
사업 관리자의 지위로 승진될 때 / 그들은 전문적인 애벌레에서 종합적인 나비로 변해야 한다 //

They oversee many functional areas, / each with its own specialists. //
그들은 많은 기능 영역들을 감독하는데 / 각 영역은 자체의 전문가들을 갖고 있다 //

Therefore, / what is required is an ability to put many pieces of a task together / to form a coherent whole. //
그러므로 / 요구되는 것은 어떤 과업의 많은 조각들을 모으는 능력이다 / 일관성 있는 전체를 만들기 위하여 //

Thus, / to understand a frog, for example, / functional managers cut it open to examine it, / but project managers watch it swim with other frogs and / consider the environment. //
따라서 / 예를 들어, 개구리를 이해하기 위해 / 기능 관리자들은 그것을 조사하려고 잘라서 열어본다 / 그러나 사업 관리자들은 그것이 다른 개구리들과 헤엄치는 것을 지켜보며 / 그 환경을 깊이 생각한다 //

→ In business organizations, / compared with the functional managers who generally <u>analyze</u> what forms a system, / project managers focus on <u>combining</u> all of its elements. //
기업 조직에서 / 일반적으로 한 시스템을 형성하는 것을 분석하는 기능 관리자들과 비교하여 / 사업 관리자들은 그것의 요소들 전부를 결합하는 데 집중한다 //

기업 조직에는 기능 관리자와 사업 관리자라는 두 유형의 관리자들이 있다. 두 유형의 관리자들 모두 서로 다른 역할과 자질을 지니고 있다. 기능 관리자들은 마케팅이나 엔지니어링 같은 한 회사의 부서 중의 하나를 이끌고, 자신들이 관리하는 영역에서 전문가들이다. 그들은 어떤 시스템의 구성 성분들을 더 작은 요소들로 쪼개는 데 능숙하고 자신들이 담당하는 각각의 작업의 세부사항들에 관한 것을 알고 있다. 반면에, 사업 관리자들은 어떤 분야의 전문가로서 직장생활을 시작한다. 사업관리자의 지위로 승진될 때, 그들은 (특정 분야에) 전문적인 애벌레에서 여러 분야에 대해 많이 알고 있는 나비로 바뀌어야 한다. 그들은 각각 그 영역의 전문가들을 지닌, 많은 기능 영역들을 감독한다. 그러므로 (그들에게) 요구되는 것은 어떤 과업의 많은 조각을 모아 일관성이 있는 전체를 만들 수 있는 능력이다. 따라서 예를 들어 개구리를 이해하기 위해, 기능 관리자들은 그것을 절개해 그것을 자세히 살펴보지만, 사업 관리자들은 그것이 다른 개구리들과 헤엄치는 것을 보고 환경을 고려한다.
→ 기업 조직에서, 일반적으로 어떤 시스템을 형성하는 것을 <u>분석하는</u> 기능 관리자들과 비교해볼 때, 사업 관리자들은 그것(시스템)의 요소들 전부를 <u>결합하는</u> 데 중점을 둔다.

092

정답 ④

해설

개발도상국의 도시들이 빠른 속도로 성장하면서 도시 거주민들이 자연 환경에서 오는 위험 그 자체보다는 위험에 대처할 수 없는 인간의 취약성 때문에 재난을 겪게 될 것이라는 내용이다. 그러므로 (A), (B)에 들어갈 말은 '④ 도시들—대처하다'이다.
① 인구—과장하다 ② 경제—이해하다
③ 경제—대처하다 ⑤ 도시—과장하다

직독직해

During the 1970s, / researchers began to suggest / that human vulnerability to hazards, rather than the hazards themselves, / was central to understanding the importance of hazards, / particularly when considering that a city is a geographical focus for large populations. //
1970년대에 / 연구자들이 제안하기 시작했다 / 위험 자체보다 위험에 대한 인간의 취약성이 / 위험의 중요성을 이해하는 데 중요하다는 것을 / 특히 도시가 대규모 인구에게 지리적인 중심이라는 것을 고려할 때 //
Further, it was reported / that human and material losses from disasters had increased / during the 20th century. //
게다가 보고된 바로는 / 재난으로 인한 인적 그리고 물적 손실이 증가해왔다 / 20세기에 //
This happened at a time / when cities in the developing world were growing at unprecedented rates, / bringing together large populations of low income urban residents, / often on hazardous spontaneous settlements / which made them far more vulnerable to natural and human-induced hazards. //
이것이 발생했던 때는 / 개발도상국의 도시들이 전례 없는 속도로 성장하고 있던 시기여서 / 엄청난 수의 저소득 도시 거주민들을 끌어 모았는데 / 종종 위험한 자생적 정착지들에서 / 거주민들은 자연적 위험과 인간이 야기한 위험에 훨씬 더 취약하게 되었다 //

It is precisely this issue of vulnerability / on which a number of social scientists focused, / arguing that / although floods, landslides and earthquakes are natural processes, / the disasters that can be associated with them / are not a result of natural processes, but of human vulnerability. //
바로 이 취약성의 문제가 / 많은 사회과학자들이 집중했던 것인데 / 주장하는 것은 / 홍수나 산사태, 지진이 자연적인 과정일지라도 / 그것들과 연관될 수 있는 재난들은 / 자연적인 과정의 결과가 아니라 인간의 취약성의 결과라는 것이다 //
→ With the dramatic growth of <u>cities</u> in developing countries, / environmental hazards could turn into disasters / for those who are unable to <u>cope with</u> their impacts. //
개발도상국에서 도시들의 엄청난 성장으로 / 환경적인 위험들이 재난이 될 수 있었다 / 그것들의 영향력에 대처할 수 없는 사람들에게 //

해석

1970년대에, 특히 도시가 많은 사람들을 위한 지리적인 중심이라는 것을 고려할 때 위험 그 자체보다는 위험에 대한 인간의 취약성이 위험의 중요성을 이해하는데 중요하다는 사실을 연구자들이 제안하기 시작했다. 게다가, 재난로 인한 인적, 물적 손실이 20세기에 증가해왔다고 보고되었다. 이것은 개발도상국의 도시들이 전례 없는 속도로 성장해서, 저소득층의 많은 도시 거주민들을 훨씬 더 자연과 인간이 야기한 위험에 대해 취약하게 했던 위험한 자생적 정착지에서 흔히 발생했다. 많은 사회과학자들이 집중했던 것이 바로 취약성의 문제인데, 그들은 홍수, 산사태, 그리고 지진이 자연적인 과정임에도 불구하고, 그들과 관련될 수 있는 재난들이 자연과정이 아닌 인간의 취약성에 의한 결과라고 주장했다.
→ 개발도상국에서 <u>도시들</u>의 엄청난 성장으로, 환경적인 위험들이 그 영향력을 <u>대처</u>할 수 없는 사람들에게 재난이 될 수 있었다.

093

정답 ④

해설

아이가 자기 자신이 할 수 있는 것보다 더 하고 싶어할 때 직접 경험해 보게 함으로써 자신의 한계를 알게 하는 일화를 소개하고 있다. 따라서 요약문 속 (A), (B)에 적절한 단어는 '④ 한계—경험'이다.
① 흥미—협력 ② 흥미—경험
③ 한계—논의 ⑤ 책임—논의

직독직해

Sometimes children may want to do / more than they are capable of doing. //
때로 아이들은 하고 싶어 할 수도 있다 / 그들이 할 수 있는 것 이상으로 //
For example, / the five-year-old son of a friend of ours / went on a hike with his father. //
예를 들어 / 우리 친구의 5살 난 아들이 / 그의 아버지와 하이킹을 갔다 //
At one point the boy asked his father / to let him carry a heavy backpack / the way the "big people" do. //
어느 시점에 그 소년이 그의 아버지에게 요청했다 / 그에게 무거운 배낭을 메게 해 달라고 / '큰 사람들'이 하는 식으로 //
Without saying a word, / the father took his backpack off and handed it to his son, / who immediately discovered / that it was too heavy for him to carry. //
아무 말 없이 / 그 아버지는 그의 배낭을 벗어 그것을 그의 아들에게 건네주었는데 / 아들은 즉시 깨달았다 / 그것이 그가 메기에는 너무 무겁다는 것을 //

The boy simply exclaimed, / "Dad, it's too heavy for me." //
그 소년은 그저 소리쳤다 / "아빠, 제겐 너무 무거워요." //
He then went happily on his way up the trail. //
그는 그러고 나서 즐겁게 산길을 올라갔다 //
In a safe way / the father had allowed his son to discover experientially / that he was, indeed, too small. //
안전한 방법으로 / 그 아버지는 그의 아들이 경험적으로 알아내도록 했다 / 그가 정말로 너무 작다는 것을 //
He had also avoided a potential argument with his son. //
또한 그는 아들과 벌일 수 있는 논쟁도 피했다 //
→ One way to let your children know their limitations without conflict / is through experience. //
갈등 없이 아이들에게 그들의 한계를 알도록 하는 한 방법은 / 경험을 통하는 것이다 //

해석

때로 아이들은 그들이 할 수 있는 것보다 더 하고 싶어 할 수도 있다. 예를 들어 5살 난 우리 친구 아들이 아버지와 함께 산행을 갔다. 어느 시점에 그 아이가 아버지에게 '어른들'이 하는 것처럼 무거운 배낭을 메게 해 달라고 요청했다. 말없이 아버지는 그의 배낭을 벗어 아들에게 건네주었고, 아들은 곧 그것이 자기가 메기에는 너무 무겁다는 것을 발견했다. 아들은 그저 외쳤다. "아빠, 가방이 제겐 너무 무거워요." 그런 후에 그는 산길을 행복하게 올라갔다. 안전한 방법으로 아버지는 아들이 정말로 너무 작다는 것을 (아들이) 스스로 경험을 통해 발견할 수 있도록 했다. 그는 또한 아들과 있을 수 있는 논쟁을 피했다.
→ 갈등 없이 아이들이 자신들의 한계를 알게 하는 한 방법은 경험을 통해서이다.

094
정답 ④

해설

고객지원센터가 자동응답 시스템을 가지고 있어서 실제로 고객들의 전화 대기시간에는 차이가 없었는데 고객들은 자신의 문제가 즉시 해결되었는가의 여부에 따라 전화응답에 걸리는 시간에 대한 인식을 다르게 했다는 내용이다. 그러므로 (A), (B)에 알맞은 단어는 '④ 즉시-인식'이다.

직독직해

One of the companies I work with / gets thousands of calls every day / to its customer support center. //
내가 함께 일하는 회사들 중 하나 / 매일 수천 통의 전화를 받는다 / 그것의 고객지원센터로 //
Sometimes the problems can be solved right away, / but often the service representative has to look into the matter and call back later. //
때때로 문제들은 즉시 해결될 수 있다 / 그러나 종종 서비스 대표자가 그 문제를 조사하여 나중에 다시 전화를 해줘야 한다 //
When the company subsequently surveyed its customers / to see how satisfied they had been with the support center, / one of the results was something intriguing: / 58 percent of customers whose problem had been solved right away / remembered that their call had been answered "immediately" or "very quickly," / while only 4 percent remembered having been kept waiting "too long." //
나중에 그 회사가 고객들을 설문 조사를 했을 때는 / 그들이 지원센터에 대해 얼마나 만족했는지를 알아보기 위해서 였는데 / 그 결과들 중 하나가 흥미로운 것이었다 / 문제가 바로 해결됐던 고객들 중의 58퍼센트는 / 그들의 전화가 '바로' 또는 '매우 빨리' 응대를 받았다고 기억했다 / 반면에 겨우 4퍼센트만 '너무 오래' 계속 기다렸다고 기억했다 //

Meanwhile, / of those customers whose problem had not been solved right away, / only 36 percent remembered their call had been answered "immediately" or "very quickly," / while 18 percent recalled they had waited "too long." //
한편 / 문제가 바로 해결되지 않았던 고객들 중에서는 / 겨우 36퍼센트만이 그들의 전화가 '즉시' 또는 '매우 빨리' 응대를 받았다고 기억했다 / 반면에 18퍼센트는 그들이 '너무 오래' 기다렸다고 회상했다 //
In fact, / the company had an automated answering system and / there was no difference in waiting time between the two groups. //
실제로 / 그 회사는 자동 응답 시스템을 갖고 있었고 / 그 두 집단 사이에 대기 시간의 차이는 없었다 //
→ According to the survey, / whether a customer's problem was solved immediately or not / had an impact on the customer's perception / of how fast the phone call had been answered.
설문조사에 따르면 / 고객의 문제가 즉시 해결됐는지 아닌지가 / 고객의 인식에 영향을 미쳤다 / 전화가 얼마나 빨리 응대를 받았는가에 대한 //

해석

나와 함께 일하는 회사들 중의 하나는 그 회사의 고객지원센터로 매일 수천 통의 전화를 받는다. 때때로 그 문제들은 즉시 해결될 수 있지만, 자주 서비스 대표자가 그 문제를 조사해보고 나중에 전화를 해줘야 한다. 이 회사가 그 후에 고객들에게 고객지원센터에 대해 얼마나 만족했는지를 알아보기 위해 설문 조사했을 때, 그 결과 중의 하나는 흥미로운 것이었다. 즉시 문제가 해결된 고객 중 58퍼센트는 그들의 전화가 '바로' 또는 '매우 빠르게' 응대를 받았다고 기억한 반면, 오직 4퍼센트만이 '매우 오래' 기다렸다고 기억했다. 한편, 문제가 바로 해결되지 않은 고객 중에서, 오직 36퍼센트만이 그들의 전화가 '바로' 또는 '매우 빠르게' 응대를 받았다고 기억한 반면, 18퍼센트는 그들이 '매우 오래' 기다렸다고 회상했다. 실제로, 이 회사는 자동 응답 시스템을 가지고 있었고 두 집단 사이에 기다리는 시간에는 차이가 없었다.
→ 설문조사에 따르면, 고객의 문제가 즉시 해결되었는지 여부가 전화가 얼마나 빨리 응답되었는가에 대한 고객의 인식에 영향을 미쳤다.

095
정답 ①

해설

사람들이 개인을 돕는 일에는 적극적으로 나서지만 일반 대중의 고통이 되면 무관심해진다는 것을 보여주는 실험에 관해 설명한 글이다. 따라서 빈칸에 적절한 (A), (B)는 '① 개인-더 큰'이다.

직독직해

Research by Paul Slovic of Decision Research and the University of Oregon shows / that people who are otherwise caring and / would go out of their way to help another individual / become indifferent to the suffering of the masses. //
Decision Research와 Oregon 대학의 Paul Slovic의 연구는 보여준다 / 다른 경우에는 동정심 있고 / 다른 개인을 돕기 위해 특별히 노력할 사람들이 / 일반 대중의 고통에 대해서는 무관심해진다는 것을 //
In one experiment, / people were given $5 / to donate to lessen hunger overseas. //
한 실험에서 / 사람들은 5달러를 받았다 / 해외의 기아를 줄이기 위해 기부하도록 //
The first choice was to give the money to a particular child, / Rokia, a seven-year-old in Mali. //
첫 번째 선택은 특정한 아이에게 그 돈을 주는 것이었다 / Mali에 있는 일곱살 Rokia라는 //

The second choice was to help twenty-one million hungry Africans. //

두 번째 선택은 이천백만명의 굶주린 아프리카인들을 돕는 것이었다 //

The third choice was to help Rokia, / but as just one of many victims of hunger. //

세 번째 선택은 Rokia를 돕는 것이었는데 / 다만 많은 기아 피해자들 중의 그저 한 명으로서 //

Can you guess which choice was most popular? //

어떤 선택이 가장 인기가 있었는지 짐작할 수 있는가 //

Slovic reported that donations to the individual, Rokia, were far greater / than donations to the second choice, the statistical portrayal of the hunger crisis. //

Solvic은 Rokia라는 개인에 대한 기부금이 훨씬 많았다고 보고했다 / 기아 위기의 통계적 묘사인 두 번째 선택에 대한 기부금보다 //

That's not particularly surprising. //

그것은 특별히 놀랍지 않다 //

But what is surprising, / and some would say discouraging, / is that adding the statistical realities of the larger hunger problem to Rokia's story / significantly reduced the contributions to Rokia. //

그러나 놀라운 것은 / 또 일부 사람들이 절망적이라고 말할지도 모르는 것은 / 더 큰 기아 문제의 통계적 현실을 Rokia 이야기에 추가한 것이 / Rokia에 대한 기부금을 상당히 감소시켰다는 것이다 //

→ An experiment shows that / while people are more willing to help an individual in need, / they become indifferent / when given the larger perspective of hunger. //

한 실험은 보여준다 / 사람들이 어려움에 처한 개인은 더 기꺼이 도와주는 반면에 / 그들은 무관심하게 된다는 것을 / 기아에 대한 더 큰 관점이 주어질 때는 //

해석

Decision Research와 Oregon 대학의 Paul Slovic의 연구는 다른 경우에는 동정심이 있고 다른 개인을 돕는데 발 벗고 나설 사람들이 일반 대중의 고통에 대해서는 무관심해 진다는 것을 보여주고 있다. 한 실험에서 사람들은 해외의 기아를 줄이는 데 기부하도록 5달러를 받았다. 첫 번째 선택은 Mali의 일곱 살짜리 Rokia라는 특정 아동에게 돈을 주는 것이었다. 두 번째 선택은 이천백만의 굶주린 아프리카 사람들을 도와주는 것이었다. 세 번째 선택은 기아에 허덕이는 많은 사람들 중의 그저 한 사람으로서의 Rokia를 돕는 것이었다. 어떤 선택을 가장 많이 할 것이라고 생각하는가? Slovic은 Rokia라는 개인에게 하는 기부가 기아 위기를 통계적으로 묘사하는 것인 두 번째 선택에 하는 기부보다 훨씬 더 컸음을 보여주었다. 그것은 특별히 놀랍지는 않다. 그러나 놀라운 것은 일부 사람들이 절망적이라고 말할 것 같은 것은 Rokia의 이야기에 더 커다란 기아 문제에 대한 통계적 현실을 추가했을 때 Rokia에 대한 기부가 상당히 줄어들었다는 것이다.

→ 한 실험은 사람들이 도움이 필요한 개인을 더 기꺼이 도와주는 반면, 기아에 대한 더 큰 관점이 주어지면 무관심하게 된다는 것을 보여준다.

096

정답 ⑤

해설

우리가 세상을 이해하는데 있어서 시간 인식이 중요하다는 내용이다. 즉, 순서에 대한 이해가 되어야 사건 사이의 관계를 알 수 있다고 했으므로 (A), (B)는 '⑤ 순서-관계'가 된다.

직독직해

The essence of a sense of time is the experience of things / happening in a given sequence: /

시간 감각의 본질은 일들의 경험이다 / 정해진 순서로 일어나는 /

that is, / knowing that such and such a thing happened first, and then that happened. //

즉 / 이러이러한 일이 먼저 일어났고 그 다음에 저것이 일어났다는 것을 아는 것이다 //

This basic experience of time is vital / to the way we make sense of the world, / as was entertainingly explored in a novel by Rob Grant / about a world in which time runs backwards. //

시간에 대한 이런 기본적인 경험은 필수적이다 / 우리가 세상을 이해하는 방식에게 / Rob Grant에 의해 한 소설 속에서 재미있게 탐색되었듯이 / 시간이 거꾸로 흐르는 세계에 대하여 //

For example, / our understanding of the sequence / determines how we see causal connection. //

예를 들어 / 순서에 대한 우리의 이해는 / 우리가 인과관계를 이해하는 방식을 결정한다 //

In our world, / St. Francis picked up injured birds, / then he healed them and / then he released them from his hand / - a saintly action. //

우리 세상에서 / St. Francis는 다친 새들을 주웠다 / 그리고 나서 그는 그들을 치료했고 / 그 다음에 그는 그들을 그의 손에서 놓아주었다 / - 성스러운 행동 //

In Grant's backwards world / the time sequence is reversed: / healthy birds fly to Francis' hands, / then they are injured, / and then he puts them down / - a sequence of events that is more sadistic than saintly. //

Grant의 거꾸로 세상에서는 / 시간 순서가 거꾸로 된다 / 건강한 새가 St. Francis의 손으로 날아오고 / 그리고 나서 그들은 다치고 / 그 다음에 그는 그들을 내려놓는다 / - 성스럽다기보다 가학적인 사건들의 연속 //

→ If we saw no order in the events, / we could make no relations between one thing and another at all. //

만약 우리가 사건들의 순서를 알지 못하면 / 우리는 한 일과 다른 일 사이에 어떤 관련도 전혀 지을 수 없을 것이다 //

해석

시간 감각의 본질은 정해진 순서로 일어나는 일들의 경험이다. 즉, 이러이러한 일이 먼저 일어났고 그 다음에 저 일이 일어났다는 것을 아는 것이다 시간이 거꾸로 흐르는 세계에 관한 Rob Grant의 소설에서 재미있게 탐색 되었듯이. 시간에 대한 이런 기본적 경험은 우리가 세상을 이해하는 방식에 필수적이다. 예를 들어서, 순서에 대한 우리의 이해는 우리가 인과관계를 이해하는 방식을 결정한다. 우리가 사는 세상에서 St. Francis는 다친 새를 주워서, 치료해 주고, 그 다음 그의 손에서 새를 날려 보냈다 - 성스러운 행동이다. Grant가 묘사한 거꾸로 흘러가는 세상에서는 시간의 차례가 거꾸로 된다. 건강한 새가 St. Francis의 손으로 날아오고, 그 새를 다치게 하고, 그리고 나서 내려 놓는다 - 성스럽기 보다는 가학적인 사건들의 연속이다.

→ 만약 우리가 사건들에서 순서를 알지 못하면, 한 가지 일과 다른 일을 전혀 연관지을 수 없을 것이다.

PART 06

CHAPTER 17

본문 p. 152

[097~098]

097

정답 ②

해설

유기체의 먹이를 찾는 경쟁력, 주변 상황 등에 의해서 어떻게 우월한 경쟁자가 결정되는지 설명하는 내용의 글이므로 글의 제목으로 가장 적절한 것은 '② 어떻게 우월한 자가 결정되는가?'이다.
① 강자의 타고난 장점 ③ 해양 생물의 개체 수 증가 ④ 생물의 종은 왜 경쟁을 피하는가? ⑤ 생물 종의 생활양식의 모든 측면

098

정답 ①

해설

빈 칸의 앞 부분에서 계절적 변화에 어느 한 종이 다른 종을 지배하는 것을 막아준다고 했으므로, 경쟁하는 두 종 사이에 ① '이동성 균형'이 빈칸에 들어갈 말로 알맞다.
② 고정된 계층 ③ 강한 의존성
④ 지속적인 협동 ⑤ 일방적 관계

직독직해

Organisms must compete for resources / not only with members of their own species, / but with members of other species. //
유기체들은 자원을 위해 경쟁해야 한다 / 그들 자신 종의 구성원들뿐만 아니라 / 다른 종의 구성원들과도 //
When two species use the same resource and the resource is scarce, / the species must compete / just as if they were members of the same population. //
두 종이 동일한 자원을 사용하고 그 자원이 부족할 때 / 그 종들은 경쟁해야 한다 / 마치 그들이 같은 개체군의 구성원들인 것처럼 //
One of the two species usually / turns out to be better at the competition. //
대개 그 두 종들 중의 하나가 / 그 경쟁에서 더 우수한 것으로 드러난다 //
If two species eat exactly the same food, for example, / one of the two will be better at catching it. //
예를 들어, 두 종이 정확히 동일한 먹이를 먹는다면 / 둘 중의 하나가 그것을 잡는 데에 더 뛰어날 것이다 //
Unless something interferes, / the inferior competitor loses out and / the competitively superior species takes over. //
뭔가가 개입하지 않는다면 / 열등한 경쟁자는 밀려나고 / 경쟁적으로 우수한 종이 장악한다 //
When one species eliminates another by outcompeting it, / it is called competitive exclusion. //
한 종이 다른 종을 경쟁에서 이겨 제거할 때 / 그것은 경쟁적 배제라고 불린다 //

Sometimes a competitively superior species / is prevented from excluding poorer competitors. //
때로는 경쟁적으로 우수한 종이 / 열등한 경쟁자를 배제하지 못하기도 한다 //
Periodic disturbances / such as severe storms, battering by drifting logs, or underwater landslides / can reduce the population of a dominant competitor and / give other species a chance. //
주기적인 방해가 / 예를 들어 심한 폭풍, 떠다니는 통나무들에 의한 타격, 혹은 수중 산사태 같은 것이 / 지배적인 경쟁자의 개체 수를 감소시켜서 / 다른 종에게 기회를 줄 수 있다 //
Furthermore, / which species is competitively superior / sometimes depends on the conditions. //
더욱이 / 어느 종이 경쟁적으로 우수한가가 / 때로는 상황에 좌우된다 //
On rocky shores in tropical Hong Kong, for example, / foliose (leaf-like) algae are the dominant seaweeds / during the relatively cool winter. //
예를 들어, 열대지방 홍콩의 바위투성이 해안에서 / 엽상 조류(잎처럼 생긴)는 지배적인 해조류이다 / 비교적 선선한 겨울 동안에 //
In the summer heat, / these forms die out and / are replaced by more resistant encrusting algae. //
여름 더위에는 / 이런 형태들은 자취를 감추고 / 더 저항력 있는 덮개상 조류에 의해 대체된다 //
Seasonal variation thus prevents either group from excluding the other, / and there is a shifting balance between the competing species. //
따라서 계절적인 변화가 어느 집단이 다른 집단을 배제하는 것을 막는다 / 그래서 경쟁하는 종들 사이에는 이동성 균형이 있다 //

해석

유기체들은 자신과 같은 종의 구성원들뿐만 아니라 다른 종의 구성원들과도 자원을 두고 경쟁해야 한다. 두 개의 종이 동일한 자원을 사용하는데 그 자원이 부족할 때, 그 종들은 마치 같은 종의 개체군의 구성원들인 것처럼 경쟁해야 한다. 대개 두 종들 중 한 종이 경쟁에서 더 우수하다는 것이 드러나게 된다. 예를 들어, 두 종이 정확하게 똑같은 먹이를 먹는다면, 둘 중 하나가 그것을 잡는 데 더 능숙할 것이다. 어떤 것이 개입하지 않는다면, 열등한 경쟁자가 패배하여 경쟁적으로 우수한 종이 장악하게 된다. 한 종이 다른 종과 경쟁하여 그것을 물리쳐서 제거할 때에, 그것을 경쟁적 배제라고 부른다.
때로 경쟁적으로 우수한 종이 열등한 경쟁자를 배제하지 못하게 되는 경우도 있다. 심한 폭풍, 떠다니는 통나무에 의한 타격, 혹은 수중 산사태와 같은 주기적인 방해가 지배적인 경쟁자의 개체 수를 감소시켜 다른 종에게 기회를 줄 수 있다. 더욱이 어떤 종이 경쟁적으로 우수한가 하는 것은 때로 상황에 의해 좌우된다. 예를 들어, 열대지역 홍콩의 바위로 이루어진 해변에서 (잎처럼 생긴) 엽상 조류는 비교적 선선한 겨울 동안에는 지배적인 해조류이다. 여름철 더울 때에는 이러한 형태의 식물들이 자취를 감추고 더 저항력이 강한 덮개상 조류에 의해 대체된다. 따라서 계절적 변화가 어느 한 종이 다른 종을 배제하는 것을 막아주며, 경쟁하는 두 종들 사이에는 이동성 균형이 존재한다.

[099~100]

099
정답 ①

해설

다른 사람의 감정이나 인격을 모독하는 말을 삼가고 체면을 지켜주며 배려 있는 말을 해야 한다는 주제의 글이다. 이 글에 알맞은 제목은 '① 체면을 지키는 것, 자부심을 지키는 길'이다.

100
정답 ①

해설

이 글의 주제가 마지막 문장이라고 할 수 있으므로 빈칸에 적절한 단어는 '① 존엄성'이다.

직독직해

Years ago, / the G.E. Company was faced with the delicate task / of removing Charles Steinmetz from the head of a department. //
수년 전에 / G.E.사는 미묘한 과제에 직면했다 / Charles Steinmetz를 한 부서의 장에서 해임하는 //
Steinmetz, a genius of the first magnitude when it came to electricity, / was a failure as the head of the calculating department. //
전기에 관한 한 최고의 천재인 Steinmetz는 / 회계부서의 장으로서는 실패자였다 //
Yet the company didn't dare offend the man. //
그러나 회사는 감히 그 사람의 기분을 상하게 할 수 없었다 //
He was indispensable – and highly sensitive. //
그는 없어서는 안 되는 사람이었고 아주 예민했다 //
So they gave him a new title. //
그래서 그들은 그에게 새로운 직함을 주었다 //
They made him Consulting Engineer of G.E. / - a new title for work he was already doing - / and let someone else head up the department. //
그들은 그를 G.E.의 고문 엔지니어로 임명했는데 / 그가 이미 하고 있던 일에 대한 새로운 직함이었다 / 그리고 그 부서는 다른 사람이 이끌도록 했다 //
Steinmetz was happy. //
Steinmetz는 행복했다 //
So were the officers of G.E. //
G.E.의 임원들도 그러했다 //
They had done it without a storm / by letting him save face. //
그들은 큰 파장 없이 해냈다 / 그가 체면을 지키도록 해줌으로써 //
How important, how vitally important that is! //
그게 얼마나 중요한, 얼마나 지극히 중요한 일인가 //
And how few of us ever stop to think of it! //
또 우리 중에 얼마나 적은 수가 그것을 깊이 생각하는가 //
We do not think about the feelings of others, / getting our own way, / finding fault, / and criticizing an employee in front of others, / without ever considering the hurt to the other person's pride. //
우리는 다른 사람들의 감정에 대해 생각하지 않고 / 자기 고집을 부리고, / 결점을 찾고, / 그리고 다른 사람들 앞에서 직원을 비판한다 / 다른 사람의 자존심에 주는 상처를 고려해보지 않은 채 //

On the contrary, / a few minutes' thought, / a considerate word or two, / and a genuine understanding of the other person's attitude / would go so far toward relieving the hurt. //
그와 반대로 / 잠깐의 생각과 / 사려 깊은 말 한 두 마디 / 그리고 다른 사람의 태도에 대한 진정한 이해는 / 그 상처를 덜어주기까지 할 것이다 //
Even if we are right and the other person is definitely wrong, / we only destroy ego by causing someone to lose face. //
비록 우리가 옳고 다른 사람은 명백히 틀렸다 하더라도 / 우리가 누군가로 하여금 체면을 잃게 하는 것은 자아를 파괴하는 것일 뿐이다 //
A legendary French author once wrote: / "I have no right to say or do anything that diminishes a man in his own eyes." //
한 전설적인 프랑스 작가는 일찍이 썼다 / "나는 자기 소견이 있는 사람을 깎아내리는 말이나 행동을 할 자격이 전혀 없다" //
What matters is not what we think of him, / but what he thinks of himself. //
중요한 것은 우리가 그를 어떻게 생각하느냐가 아니라 / 그가 자신을 어떻게 생각하느냐이다 //
Hurting a man's <u>dignity</u> is a crime. //
한 사람의 존엄성을 상하게 하는 것은 범죄이다 //

해석

수년 전에 G.E.회사는 Charles Steinmetz를 한 부서의 부장에서 직위 해제를 시켜야 하는 미묘한 문제에 직면했다. Steinmetz는 전기 분야에 있어서 최고의 천재였지만, 회계부서의 부장으로서는 실패자였다. 그러나 회사에서는 감히 그의 기분을 상하게 하지 못했다. 그는 없어서는 안 되는 사람이고 상당히 예민했다. 회사에서는 그에게 새로운 직함을 주었다. 그들은 그를 G.E.의 고문 엔지니어로 임명했는데, 그가 이미 하고 있던 일에 대한 새로운 직함이었고, 다른 사람에게 그가 맡던 부서의 부장 역할을 맡도록 했다. Steinmetz는 행복했다. G.E.의 임원들 또한 행복했다. 그들은 큰 파장 없이 그의 체면을 세워주었다. 이러한 일은 정말 얼마나 중요한 일인가! 또 우리 중에 그것을 곰곰이 생각하는 사람이 얼마나 적은가! 우리는 다른 사람이 자존심 상하는 것은 전혀 고려하지 않으면서, 다른 사람의 감정에 무관심하고, 고집을 부리며, 다른 사람의 결점을 찾고, 직원을 다른 사람들 앞에서 비판하기도 한다. 이와는 반대로, 잠깐의 생각이나, 사려 깊은 한 두 마디의 말, 다른 사람의 태도에 대한 진정한 이해는 그러한 상처를 덜어주게 할 것이다. 비록 우리가 옳고 다른 사람이 명백히 틀렸다 하더라도 우리는 누군가의 체면을 구김으로써 그의 자아를 파괴한다. 프랑스의 전설적인 한 작가는 "나는 자기 소견이 있는 사람을 깎아내리는 말이나 행동을 할 자격이 전혀 없다" 고 글을 쓴 적이 있다. 중요한 것은 우리가 그에 대해 어떻게 생각하느냐가 아니라 그가 자신에 대해 어떤 생각을 하느냐이다. 한 사람의 존엄성에 상처를 주는 것은 범죄이다.

[101~102]

101
정답 ③

해설

호텔 방화사건 때 보안요원에게 eye-blocking을 사용해서 사건의 의문을 해결된 예를 들면서 eye-blocking의 기능에 대해 설명해 준 글이므로, 이 글의 제목으로 적절한 것은 '③ eye-blocking은 숨은 정보를 드러낸다' 이다.

102

정답 ③

빈칸 뒤에 이어지는 글에서 보안요원이 불이 난 시각에 여자친구를 만나서 자리를 떠났음을 인정했다는 내용이 나옴으로 중요한 이슈는 '위치'임을 알 수 있다. 따라서 정답은 '③ 위치'이다.

직독직해

Eye-blocking is a nonverbal behavior / that can occur when we feel threatened or don't like what we see. //
eye-blocking은 비언어적인 행동이다 / 우리가 위협을 느낄 때 혹은 우리가 본 것을 좋아하지 않을 때 발생할 수 있는 //
Squinting and closing or shielding our eyes / are actions that have evolved / to protect the brain from seeing undesirable images. //
눈 가늘게 뜨기와 눈 감기나 가리기는 / 진화해 온 행동들이다 / 달갑지 않은 이미지들을 보는 것으로부터 뇌를 보호하기 위해 //
As an investigator, / I used eye-blocking behaviors / to assist in the arson investigation of a tragic hotel fire in Puerto Rico. //
조사관으로서 / 나는 eye-blocking 행동을 이용했다 / Puerto Rico의 비극적인 호텔 화재에 대한 방화 조사에 협조하기 위해 //
A security guard came under immediate suspicion / because the blaze broke out in an area where he was assigned. //
한 경비원이 즉각적인 혐의를 받았다 / 화염이 그가 배정된 구역에서 발생했기 때문에 //
One of the ways we determined / he had nothing to do with starting the fire / was by asking him some specific questions / as to where he was before the fire, at the time of the fire, / and whether or not he set the fire. //
우리가 단정하는 방법 중 하나는 / 그가 화재를 일으킨 것과 관련이 없다고 / 그에게 몇 가지 구체적인 질문을 하는 것이었다 / 그가 화재 전과 화재 당시에 어디에 있었는지에 대하여 / 또 그가 불을 질렀는지 아닌지에 관하여 //
After each question I observed his face / for any telltale signs of eye-blocking behavior. //
각 질문 후에 나는 그의 얼굴을 관찰했다 / eye-blocking 행위의 숨길 수 없는 징후를 위하여 //
He blocked his eyes / only when questioned about where he was / when the fire started. //
그는 그의 눈을 가렸다 / 그가 어디에 있었는지에 대해 질문 받았을 때에만 / 화재가 시작됐을 당시에 //
Oddly, in contrast, / he did not seem troubled by the question, / "Did you set the fire?" //
반면에 이상하게도 / 그 질문으로는 곤란한 것 같지 않았다 / "당신이 불을 질렀습니까?" //
This told me / the real issue was his <u>location</u> at the time of the fire. //
이것이 내게 말한 바는 / 진짜 문제는 화재 당시에 그의 위치라는 것이었다 //
He was questioned further by the investigators and / eventually admitted to leaving his post to visit his girlfriend, / who also worked at the hotel. //
그는 조사관들에게서 더 심문을 받았고 / 결국 여자 친구를 만나기 위해 그의 위치를 떠났음을 인정했다 / 그녀 역시 그 호텔에서 일했다 //

Unfortunately, / while he was gone, / the arsonists entered the area he should have been guarding and / started the fire. //
불행하게도 / 그가 간 사이에 / 방화범들이 그가 지키고 있었어야 할 구역에 들어와서 / 불을 질렀다 //
In this case, / the guard's eye-blocking behavior gave us the insight / we needed to pursue a line of questioning that eventually broke the case open. //
이 경우에서 / 경비원의 eye-blocking 행위가 우리에게 통찰력을 주었다 / 결국 사건을 해결한 일련의 질문을 계속하기 위해 우리가 필요했던 //

해석

eye-blocking은 우리가 위협을 느끼거나 보는 것을 좋아하지 않을 때, 발생하는 비언어적 행동이다. 눈 가늘게 뜨기와 눈 감기나 가리기는 보고 싶지 않은 이미지를 보는 것으로부터 뇌를 보호하기 위해 진화된 행동이다. 조사관으로서, 나는 Puerto Rico의 비극적인 호텔 방화 사건의 조사를 돕기 위해 eye-blocking 행동을 활용했다. 보안 요원이 그가 배정받은 지역에서 화재가 발생했기 때문에 즉각적인 용의 선상에 올랐다. 그가 화재의 발생과 관련이 없다는 것을 결정하기 위한 방법 중 하나는 불이 나기 전과 화재 당시에 그가 어디에 있었는지, 그리고 그가 불을 질렀는지에 대한 몇 가지 구체적인 질문을 하는 것이었다. 각각의 질문을 할 때마다 나는 그의 얼굴에서 eye-blocking 행위가 드러나는 징후가 있는지를 관찰했다. 화재 당시에 어디에 있었는지에 대한 질문을 받을 때만 그는 eye-blocking을 사용했다. 이상하게 대조적으로, "당신이 불을 질렀습니까?"라는 질문에는 문제가 없는 것처럼 보였다. 이것은 중요한 이슈는 불이 났을 때 그의 위치였다는 것을 나에게 말해 주었다. 그는 조사관으로부터 심도 깊은 심문을 받았고 결국 같은 호텔에서 일하는 여자 친구를 만나기 위해 그의 자리를 떠났음을 인정했다. 불행하게도, 그가 떠났을 때, 방화범들이 그가 지켰어야 할 장소에 들어와 불을 질렀다. 이 경우에 보안 요원의 eye-blocking 행위가 결국 사건을 해결하게 만드는 일련의 질문을 계속하는 데 필요한 통찰력을 주었다.

CHAPTER **18**

본문 p. 158

[103~105]

103

정답 ②

해설

(A)의 마지막 부분에서 'Here is my story'라고 하면서 자신의 이야기를 할 것을 예고하고 있다. (B)의 첫 문장에서 the box가 무엇인지 (A)에서 찾을 수 없다. 바로 (C)로 넘어가 보면 첫 문장에서 태어난 이야기부터 어릴 때 이야기가 있는 것으로 보아 자신의 이야기를 시간의 흐름을 따라가면서 하고 있음을 알 수 있다. (D)의 첫 문장은 군대이야기이기 때문에 (C)가 (D)보다는 앞에 있어야 함을 알 수 있다. (C)의 마지막 문장에서 a box가 결국 (B)의 the box로 연결되기 때문에 (C) 다음에 (B)가 적절하다. (B)의 마지막 부분에서 최고의 대학에 가서 풋볼을 할 꿈을 꾸고 (D)에서 대학을 간 이야기가 이어진다. 그러므로 글의 순서는 '② (C)-(B)-(D)'가 된다.

104

해설

(a)~(d)는 글쓴이 자신이고, (e)는 교수님을 지칭하고 있다. 따라서 정답은 ⑤이다.

105

해설

고등학교 졸업 후 대학을 가지 않고 시간제 일을 얻었다고 했으므로 글의 내용과 일치하지 않는 것은 ④이다.

직독직해

(A) It was my last football game as a college player. //
그것은 대학 선수로서의 내 마지막 풋볼 경기였다 //
I made the final tackle and we won. //
내가 마지막 태클을 했고 우리는 이겼다 //
As people chanted my name, / I was carried off the field / on the shoulders of my teammates. //
사람들이 내 이름을 연호할 때 / 나는 경기장 밖으로 옮겨졌다 / 팀 동료들의 어깨 위에서 //
Although I wasn't a great student or a great football player, / I ended up not only graduating from my dream university / but becoming a hero of the team. //
나는 비록 대단한 학생이나 대단한 풋볼 선수는 아니었지만 / 나는 결국 내 꿈의 대학교를 졸업하게 되었을 뿐만 아니라 / 팀의 영웅이 되었다 //
People keep asking me how I did it. //
사람들은 내가 어떻게 그것을 했는지 계속 묻는다 //
Here is my story. //
여기 내 이야기가 있다 //
(C) I was born into a large poor family in Chicago. //
나는 시카고의 가난한 대가족에서 태어났다 //
As a kid, / I had visions of being a hero / — a police officer or an astronaut. //
어릴 때 / 나는 영웅이 되는 비전을 가졌다 / 경찰관이나 우주 비행사 같은 //
However, / people would always tell me, /
그러나 / 사람들은 항상 내게 말하곤 했다 /
"You can't do that. / You aren't smart enough. / You aren't strong enough." //
"너는 그것을 할 수 없어 / 너는 충분히 똑똑하지 않아 / 너는 충분히 힘이 세지도 않아" //
Moreover, / I didn't do well in school, / and I had no hope of getting into any college. //
게다가 / 나는 학교에서 잘하지 못했다 / 그래서 어떤 대학에도 들어갈 가망이 없었다 //
After high school, / I gave up on my dream of going to college and / got a part-time job instead. //
고등학교를 마친 후 / 나는 대학에 가는 꿈을 포기하고 / 대신에 시간제 일을 구했다 //
I felt like I was living in a box / labeled "This is where you belong." //
나는 내가 상자 안에서 살고 있는 것처럼 느꼈다 / "이곳이 네가 속한 곳이야"라는 표시가 붙은 //

(B) It was so hard to break out of the box, / but I began to feel an urgent need for a change. //
그 상자에서 벗어나는 것은 너무 어려웠다 / 하지만 나는 변화에 대한 절박한 필요를 느끼기 시작했다 //
I signed up for the Army and / went to the Vietnam War. //
나는 육군에 입대해서 / 베트남 전쟁으로 갔다 //
A lot of people were worried, / but I said, / "Well, I'm going to get out of my box / by deciding what to do myself / instead of having someone else tell me what to do." //
많은 사람들이 걱정했다 / 그러나 나는 말했다 / "나는 내 상자에서 나갈 거야 / 나 스스로 무엇을 할지를 결정함으로써 / 다른 누군가가 내게 무엇을 할지 말하게 하는 대신에" //
With that one crucial shift in thinking, / my whole attitude changed. //
그 하나의 결정적인 생각의 변화와 함께 / 내 전체 태도가 바뀌었다 //
I began to dream / of going to one of the best universities in the country and playing football. //
나는 꿈을 꾸기 시작했다 / 나라에서 가장 좋은 대학들 중의 하나로 가서 풋볼을 하는 //
(D) After I finished my time in the Army, / I packed my bags and went to my dream university. //
나는 군대에서의 시간을 끝낸 후에 / 가방을 싸서 내 꿈의 대학교로 갔다 //
I knocked on the door of one of the professors' offices and said, / "Please, tell me how to get in here." //
나는 교수 사무실들 중 하나의 문을 노크하고 말했다 / "이곳에 들어오는 방법 좀 알려주세요" //
The professor could see that I was determined. //
그 교수는 내가 결심이 단단하다는 것을 알 수 있었다 //
He said, / "I can't let you in the university, / but I will see you / whenever you need my advice or help." //
그는 말했다 / "나는 자네를 대학교에 들여보내 줄 수는 없어 / 하지만 내가 자네를 만나겠네 / 자네가 내 조언이나 도움이 필요할 때마다" //
It took me a long time, / but I eventually got into that university, / became a football player, and graduated. //
나에게 오랜 시간이 걸렸지만 / 난 결국 그 대학교에 들어가 / 풋볼 선수가 되었고 졸업했다 //

해석

(A) 대학 선수로서의 내 마지막 풋볼 경기였다. 내가 마지막 태클을 했고 우리는 승리했다. 사람들이 내 이름을 일제히 외칠 때 나는 내 팀 동료들의 어깨 위에 실려 축구장 밖으로 나갔다. 비록 내가 대단한 학생도 아니었고 대단한 풋볼 선수도 아니었지만 나는 결국 나의 꿈의 대학교를 졸업했을 뿐만 아니라 팀의 영웅이 되었다. 사람들은 내가 어떻게 그것을 했는지 계속 묻는다. 여기 내 이야기가 있다.

(C) 나는 시카고에서 가난한 대가족에 태어났다. 어렸을 때 나는 경찰이나 우주 비행사와 같은 영웅이 되는 미래상을 가졌다. 그러나 사람들은 "너는 그것을 할 수 없어. 너는 충분히 똑똑하지 않아. 너는 충분히 힘이 세지 않아."라고 항상 나에게 말하곤 했다. 게다가 나는 학교에서 잘하지 못했고 어떤 대학에도 들어갈 가망이 없었다. 고등학교를 졸업한 후 나는 대학에 가는 꿈을 포기하고 대신에 시간제 일을 얻었다. 나는 "이것이 네가 속한 곳이야."라고 꼬리표가 붙어있는 상자 안에 살고 있는 것처럼 느껴졌다.

(B) 그 상자에서 벗어나는 것은 너무 어려웠지만 나는 변화에 대한 절박한 필요성을 느끼기 시작했다. 나는 육군에 지원했고 베트남 전쟁으로 갔다. 많은 사람들이 걱정했지만 나는 "나는 어떤 다른 사람이 나에게 무엇을 해야 할지를 말하게 하는 대신에 나 스스로

무엇을 해야 할지를 결정함으로써 내 상자 밖으로 나갈거야."라고 말했다. 그 하나의 중대한 생각의 변화와 더불어 내 태도 전체가 바뀌었다. 나는 우리나라의 최고의 대학교 중 하나로 가서 풋볼을 할 꿈을 꾸기 시작했다.

(D) 육군에서의 복무를 마친 다음에 나는 가방을 싸고 나의 꿈의 대학교로 갔다. 나는 교수 사무실 중 하나의 문을 노크하고 "이곳에 들어오는 방법을 부디 알려주세요."라고 말했다. 그 교수는 내가 결의가 굳다는 것을 알 수 있었다. 그는 "나는 자네를 대학교에 들여보낼 수 없네. 하지만 자네가 내 조언이나 도움이 필요할 때마다 <u>나는</u> 자네를 만나겠네."라고 말했다. 나에게 오랜 시간 시간이 걸렸지만 나는 결국 그 대학교에 들어가 풋볼 선수가 되었고 졸업했다.

[106~108]

106
정답 ⑤

해설

(A)의 마지막 부분에서 'Jason hung his head and said no'라고 했는데, (D)의 첫 부분에 'Bob wondered why Jason said no'가 있으므로 (A)다음에 (D)가 이어짐을 알 수 있다. 그리고 (D)의 뒷부분에서 Jason의 아버지가 코치에게 데려갔고 코치는 경기를 하게 했으므로 경기를 시작하는 (C)가 다음에 이어져야 한다. (B)는 경기에서 Jason이 공을 치고 기뻐하는 내용이므로 (C)다음에 와야 한다. 그러므로 글의 순서는 '⑤ (D)-(C)-(B)'가 되는 것이 자연스럽다.

107
정답 ⑤

해설

(a)~(d)는 Jason을 가리키고 있지만, (e)는 Jason의 아버지를 가리키고 있으므로 정답은 ⑤이다.

108
정답 ③

해설

동네 야구팀 아이들은 학교에서 Jason을 본 적이 있어서 알고 있지만, 상대편에서는 어느 누구도 그를 알지 못했다고 했으므로 내용과 일치하지 않는 것은 ③이다.

직독직해

(A) Jason was ten years old and loved baseball, / but he suffered from physical disabilities. //
Jason은 10살이고 야구를 좋아했다 / 하지만 그는 신체 장애로 고통을 받았다 //

His father, Bob, wanted to protect <u>him</u>, / and so he played catch with him in their back yard and / avoided any community games. //
그의 아버지 Bob은 그를 보호하고 싶었다 / 그래서 그는 뒷마당에서 그와 함께 캐치볼을 하면서 / 어떠한 동네 시합도 피했다 //

One day Bob got home from work and / asked Jason if he wanted to play catch, / but Jason hung his head and said no. //
어느 날 Bob이 직장에서 귀가하여 / Jason에게 캐치볼을 하고 싶은지 물었다 / 그러나 Jason은 고개를 떨구며 아니라고 말했다 //

(D) Bob wondered why Jason said no, / and when <u>he</u> asked, Jason started to cry: /
Bob은 왜 Jason이 아니라고 말했는지 궁금했다 / 그래서 그가 물었을 때 Jason은 울기 시작했다 /

"I want to play on a team, Daddy. / Why won't you let me play with the other kids?" //
"저는 팀에서 경기를 하고 싶어요, 아빠 / 왜 아빠는 제가 다른 아이들과 경기하게 해주지 않아요?" //

Although Bob was worried / that Jason might be teased or mocked by the other kids, / he decided to take the risk, / and so he brought Jason to the town baseball field that evening. //
Bob은 걱정이 되었지만 / Jason이 다른 아이들에게 괴롭힘이나 놀림을 당할지도 모른다는 것이 / 그는 위험을 감수하기로 결심했다 / 그래서 그는 그날 저녁 Jason을 동네 야구장으로 데려갔다 //

When they arrived at the field, / it turned out that a baseball game was about to start. //
그들이 경기장에 도착했을 때 // 알고 보니 야구 시합이 막 시작하려고 했다 //

Bob talked to the coach about Jason, / and the coach invited Jason to play. //
Bob은 코치에게 Jason에 대해 말했다 / 그리고 코치는 Jason에게 경기를 하도록 청했다 //

(C) At the coach's suggestion, / Jason was very excited, / and <u>he</u> hurried to put on his baseball gear. //
코치의 제안에 / Jason은 매우 신이 났다 / 그리고 그는 서둘러 그의 야구 장비를 착용했다 //

Most of the kids on the town team recognized Jason from school, / but no one from the other team knew him. //
동네 야구팀 아이들의 대부분은 학교에서 봐서 Jason을 알아보았다 / 그러나 다른 팀에서는 아무도 그를 몰랐다 //

However, they could see / that <u>he</u> was different by the way he moved / as he ran onto the field to hit the ball for his team. //
하지만 그들은 알 수 있었다 / 그가 움직이는 방식에서 다르다는 것을 / 그가 그의 팀을 위해 공을 치려고 경기장으로 뛰어 들어갔을 때 //

To make it easier for Jason, / the pitcher moved in closer, / threw the ball gently, and / kept throwing until he could hit one. //
Jason에게 더 쉽도록 하려고 / 투수는 더 가까이 다가와 / 공을 부드럽게 던졌고 / 그가 하나를 칠 수 있을 때까지 계속 던졌다 //

(B) When Jason finally hit the ball after seven swings, / it didn't go far, / but the kids who knew Jason started yelling, / "Run, Jason! Run!" //
Jason이 일곱 번 스윙 후에 마침내 공을 쳤을 때 / 그것은 멀리 가지 않았다 / 그러나 Jason을 아는 아이들은 소리치기 시작했다 "뛰어, Jason! 뛰어!" //

Their voices were soon joined by those of all the players, / on both teams. //
그들의 목소리는 곧 모든 선수들의 목소리에 의해 합쳐졌다 / 양팀 모두의 //

Everyone was cheering and Jason's face glowed / when <u>he</u> finally scored. //
모두가 환호하고 있었고 Jason의 얼굴은 상기되었다 / 그가 마침내 득점했을 때 //

He shouted, / "I did it Daddy! I did it!" //
그는 외쳤다 / "제가 해냈어요, 아빠! 제가 해냈어요!" //

Tears slid down Bob's cheeks / as he hugged his joyful son. //
눈물이 Bob의 볼에 흘러내렸다 / 그가 그의 기뻐하는 아들을 안았을 때 //

(A) Jason은 10살이고 야구를 좋아하지만, 그는 신체 장애로 고통을 받았다. 그의 아버지 Bob은 그를 보호하고 싶어서 뒷마당에서 그와 캐치볼을 했으며 어떠한 동네 시합도 피했다. 어느 날 Bob이 직장에서 돌아와, Jason에게 캐치볼을 하기를 원하는지 물었지만, Jason은 고개를 떨구며 아니라고 대답했다.

(D) Bob은 왜 Jason이 아니라고 말했는지 궁금했고, 그가 물었을 때 Jason은 "저는 팀에서 경기를 하고 싶어요, 아빠. 왜 제가 다른 아이들과 시합을 하도록 해 주지 않는 건가요?"라며 울기 시작했다. Bob은 Jason이 다른 아이들한테 놀림당하고, 조롱을 당할 것을 우려하긴 했지만, 그는 위험을 감수하기로 결심했고, 그래서 Jason을 그날 저녁 동네 야구장으로 데려갔다. 그들이 경기장에 도착했을 때, 경기가 막 시작하려는 것이 보였다. Bob은 코치에게 Jason에 대해 이야기했고, 코치는 Jason에게 경기를 하도록 청했다.

(C) 코치의 제안에 Jason은 매우 흥분했고 그는 서둘러 야구 장비를 착용했다. 동네 야구팀의 대부분의 아이들은 학교에서 본 적이 있어서 Jason을 알아보았지만, 상대편의 어느 누구도 그를 알지는 못했다. 그러나 그가 팀을 위해 공을 치려고 경기장으로 뛰어 들어갔을 때 그가 몸을 움직이는 방식으로 그가 다르다는 것을 알 수 있었다. Jason이 쉽게 할 수 있도록, 투수는 좀 더 가깝게 다가서서 공을 부드럽게 던졌고 그가 공을 칠 수 있을 때까지 계속 던졌다.

(B) Jason이 마침내 일곱 번의 스윙 후에 공을 쳤을 때, 공이 멀리 나가지는 않았지만 Jason을 아는 아이들이 "뛰어, Jason! 뛰어!"라고 소리치기 시작했다. 그들의 목소리는 곧 양 팀의 모든 선수들의 목소리로 합쳐졌다. 모두가 환호했고, 마침내 그가 득점했을 때 그의 얼굴은 상기되었다. "제가 해냈어요, 아빠! 해냈다고요!"라고 그는 외쳤다. 그가 기뻐하는 아들을 포옹했을 때 Bob의 볼에는 눈물이 흘러 내렸다.

[109~111]

109
정답 ④

해설

(A)에서 William이 모든 잠든 밤에 책을 읽은 습관이 있다고 말하고 있다. 그 뒤로 시간과 사건이 일어난 순서를 보면 되는데 (D)에서 아버지가 그 습관을 좋아하지 않았다고 하므로 (A) 뒤에 이어짐을 알 수 있다. (B)는 아버지가 그 버릇을 싫어함에도 계속해오다가 불빛을 불이 난 것으로 알고 달려 내려가는 이야기가 이어지고 (C)는 놀라 달려간 아버지가 태평하게 책 읽고 있는 아들을 발견하는 내용이므로 (B)뒤에 와야 한다. 따라서 글의 순서는 '④ (D)-(B)-(C)'가 적절하다.

110
정답 ③

해설

(c)는 William의 아버지를 지칭하고 있고, 나머지 넷은 William을 지칭하고 있으므로 정답은 ③이다.

111
정답 ③

해설

William은 벽난로 앞에서 잔 것이 아니라 책을 읽었으므로 ③이 글의 내용과 일치하지 않는다.

(A) William Miller stayed up after the family had gone to bed, / then read until the morning. //
William Miller는 가족이 잠자리에 든 후에도 잠자지 않았다 / 그리고는 아침까지 독서했다 //

Candles were expensive, / but there were plenty of pine knots, / and all he had to do was gather them from the woods. //
양초는 비쌌다 / 그러나 관솔은 많이 있었다 / 그래서 그가 해야 하는 일은 숲에서 그것들을 모으는 것뿐이었다 //

So William formed the habit of burning pine knots in the fireplace / for his nightly reading light. //
그래서 William은 벽난로에서 관솔을 태우는 습관이 생겼다 / 그의 밤의 독서 불빛을 위하여 //

(D) But his father didn't like the habit and / tried to stop it. //
그러나 그의 아버지는 그 습관을 좋아하지 않았고 / 그것을 그만두게 하려고 애썼다 //

His father felt / that his son's late-night reading / would cut into his energy for the next day's work. //
그의 아버지는 느꼈다 / 그의 아들의 늦은 밤 독서가 / 이튿날의 일을 위한 그의 힘을 줄일 것이라고 //

And the farm required every ounce of work / he could get from his son. //
그리고 농장은 모든 노동이 필요했다 / 그가 아들에게서 얻을 수 있는 //

He insisted that William retire for the night / when the rest of the family did. //
그는 William이 잠자리에 들어야 한다고 주장했다 / 나머지 가족이 그렇게 할 때 //

And his father thought / the growing boy should sleep soundly through the night. //
또 그의 아버지는 생각했다 / 자라는 소년은 밤새 내내 푹 자야 한다고 //

(B) William's "secret life" continued for some time, though. //
하지만 William의 '비밀 생활'은 한동안 계속되었다 //

Night after night he read as long as he could, / then made his way back upstairs, / and slept until it was time to do the morning chores. //
밤마다 그는 할 수 있는 한 오래 독서를 했다 / 그리고 나서 위층으로 돌아가서 / 아침 집안 일을 할 시간이 될 때까지 잤다 //

But one night something happened that he hadn't expected. //
그러나 어느 날 밤 그가 예상하지 않았던 일이 생겼다 //

His father awoke and saw a glow downstairs. //
그의 아버지가 잠을 깨서 아래층의 불빛을 보았다 //

Thinking the house was on fire, / he came rushing down the stairs / to save his home and family from going up in flames. //
집에 불이 났다고 생각하여 / 그는 계단을 급히 내려갔다 / 그의 집과 가족을 불길에 휩싸이는 것으로부터 구하기 위해 //

(C) Instead of a house fire, however, / he saw his son William lying peacefully before the fireplace / reading a book he'd borrowed from a neighbor. //
그러나 집에 난 불 대신에 / 그는 그의 아들 William이 벽난로 앞에 평화롭게 누워있는 것을 보았다 / 그가 이웃에게서 빌린 책을 읽으면서 //

His father grabbed a broomstick and / chased his son around the room, yelling, / "Young man, if you don't get to bed right now, / I'll kick you out of the house!" //
그의 아버지는 빗자루를 움켜잡고 / 방 이리저리로 아들을 쫓아다니며 고함쳤다 / "이놈아, 지금 당장 자러 가지 않으면 / 내가 너를 집에서 내쫓을 거야!" //

William went up to bed, / at least for this night. //
William은 자러 갔다 / 적어도 이날 밤에는 //
He was only trying to get an education / that he couldn't get from the teachers in the community. //
그는 교육을 받으려고 애쓰고 있었을 뿐이었다 / 그가 그 마을의 선생님들로부터 받을 수 없었던 //

해석

(A) William Miller는 가족이 잠자리에 든 후 잠자지 않고 아침까지 책을 읽었다. 양초가 비쌌지만 관솔이 많이 있어 그는 숲에서 관솔을 모으기만 하면 되었다. 그래서 William은 밤에 책을 읽는 데 필요한 불빛을 위해 벽난로에 관솔을 태우는 습관을 갖게 되었다.

(D) 하지만 그의 아버지는 그 습관을 좋아하지 않았고 그 습관을 그만두게 하려 애썼다. 그의 아버지는 아들의 늦은 밤 독서가 그 다음 날의 일에 필요한 그의 힘을 줄일 것이라 느꼈다. 그리고 농장은 자기 아들로부터 그가 얻어 낼 수 있는 모든 노동이 필요했다. 그는 나머지 가족들이 잠자리에 들 때 William이 잠자리에 들어야 한다고 강하게 주장했다. 그리고 그의 아버지는 커가는 소년이 밤 내내 푹 자야 한다고 생각했다.

(B) 하지만 William의 '비밀 생활'은 한동안 지속되었다. 밤마다 그는 할 수 있는 한 오랫동안 책을 읽은 후 위층으로 (그가) 다시 올라가 아침에 하는 집안 일을 할 시간이 될 때까지 잠을 잤다. 그러던 어느 날 밤 그가 예상치 못했던 일이 생겼다. 그의 아버지가 잠에서 깨어 아래층의 불빛을 보게 되었던 것이다. 집에 불이 난 것으로 생각하여 자신의 집과 가족이 불길에 휩싸이는 것으로부터 구하려고 그(아버지)는 계단을 급히 달려 내려갔다.

(C) 그러나 그는 집에 난 불 대신 자기 아들 William이 벽난로 앞에 태평하게 누워 이웃으로부터 빌린 책을 읽고 있는 모습을 보았다. 그의 아버지는 빗자루를 움켜잡고는 방에서 아들을 쫓아다니며 "이놈, 지금 당장 잠자리에 들지 않으면 집에서 내쫓을 거야!"라고 소리 질렀다. William은 적어도 이날 밤만은 자러 갔다. 그는 그저 그 마을에 있는 선생님들로부터 얻을 수 없었던 교육을 얻으려 애쓰고 있었을 뿐이었다.

MEMO

MEMO

MEMO

절대평가를 위한 **절대신뢰** 독해 솔루션!

수능직방
READING 도약편

수능 만점을 향한 수능직방 시리즈

· 수직 Voca 시리즈 (Start, Master)
· 수직 Listening 시리즈 (Level 1~3, 종합편)
· 수직 Reading 시리즈 (기본편, 도약편, 실전편)

woongjin compass

www.wjcompass.com/sjreading